·才思飞扬系列·

材料之星耀马房

田仕石 虎张 巍 主编
原思辰 李扬帆 王 玮 陈海霞 副主编
徐张满仓 成子巍 王 璐 卢佳浩 编 委

2017—2020届

武汉理工大学出版社
Wuhan University of Technology Press

图书在版编目(CIP)数据

材料之星耀马房：2017—2020届 / 田仕，石虎，张巍主编. -- 武汉：武汉理工大学出版社，2025. 6.

ISBN 978-7-5629-7457-4

Ⅰ. K828.4

中国国家版本馆CIP数据核字第202591JJ01号

材料之星耀马房：2017—2020届

CAILIAOZHIXING YAOMAFANG: 2017—2020 JIE

项目负责人：向玉露　　**责任编辑**：向玉露

责 任 校 对：王　旭　　**排版设计**：芳华时代

出 版 发 行：武汉理工大学出版社

社　　址：武汉市洪山区珞狮路122号

邮　　编：430070

网　　址：http://www.wutp.com.cn

经　　销：各地新华书店

印　　刷：武汉兴和彩色印务有限公司

开　　本：787×1092　1/16

印　　张：26.5

字　　数：485千字

版　　次：2025年6月第1版

印　　次：2025年6月第1次印刷

定　　价：88.50元

前　言

青年兴则国家兴，青年强则国家强。青年是民族的希望、祖国的未来，青年大学生更是国家的宝贵人才资源，肩负着实现中华民族伟大复兴的历史使命。习近平总书记在全国高校思想政治工作会议上强调，高校思想政治工作关系到高校培养什么样的人、如何培养人以及为谁培养人这个根本问题。做好高校思想政治工作，要因事而化、因时而进、因势而新，更加注重以文化人、以文育人。

长期以来，武汉理工大学材料科学与工程学院紧紧围绕“瞄准国际一流、突出行业特色、建设研究型学院”的目标，遵循让更多学生“享受卓越教育、成为卓越人才、成就卓越人生”的指导思想，积极整合材料学科资源，发挥优势，坚持以立德树人为根本任务，积极探索文化育人的有效模式和实践载体，成效显著。自2006年11月以来，学院在官方网站设立“材料之星”专栏，对师生中涌现出的先进个人或集体进行宣传，全面营造向上、向善、向美的文化育人氛围，以“全国大学生年度人物”、“中国青少年科技创新奖”获得者、“中国大学生自强之星标兵”赵云龙为代表的一大批优秀学子，在马房山上如群星般璀璨。

为了进一步总结近年来的育人成果，充分发挥先进典型的教育、引领和示范作用，让更多在校学生了解榜样、学习典型、争创先进，自2014年5月起，材料科学与工程学院充分吸收在学院官方网站设立“材料之星”专栏所积累的宝贵经验，依托学院通讯社，每年在毕业生中精心评选出一批优秀本科生、硕士生、博士生和先进集体，授予其“材料之星”荣誉称号，选派低年级学生记者对他们进行专访，以渴求成长进步的独特视角，撰写学长们砥砺奋斗的历程与筑梦、追梦、圆梦的故事，充分运用网站、橱窗、微信公众号、QQ 空间等平台进行全方位常态化宣传。同时，每年组织“材料之星”优秀学子专场报告会，用优秀毕业生成长的故事教育引导入学新生，为学院学风建设注入强劲持久的正能量，有力地推动魅力学院建设。

典型和榜样，是先行者、拓荒者和引路人，其孕育于平凡，在学生中具有强大的感召力，学生对其也有强烈的认同感。回望过去，“材料之星”经过多年积淀传承和发展创新，凭借其积极向上的精神内涵、榜样育人的引领形式、强有力的宣传效果，让越来越多的理工学子找到了学习的榜样，其案例曾获评武汉理工大学2016年度新闻宣传工作创新奖，跻身“十佳创新案例”。展望未来，武汉理工大学材料科学与工程学科是国家“双一流”重点建设学科，在第四轮学科评估中获评A+学科，其良好的社会声誉既离不开这些优秀学子过去的卓越表现，又需要他们在未来做出更大贡献。因此，培养这些优秀学子，关注、报道他们的事迹，形成头雁效应，任重而道远。

本书收录了2017—2020届获得学院“材料之星”荣誉称号的学生与部分教师的先进事迹，设置了“本固枝荣”“研途有为”“博学宏才”“群英荟萃”四个板块进行分类介绍。我们将历届“材料之星”的事迹材料重新梳理，结集出版，希望通过这些近在咫尺的优秀案例展示，鼓励更多理工学子树立远大志向，勤奋学习、开拓创新、锐意进取，自觉肩负起成为卓越人才的责任和使命。当前，我们正处于建设中国特色社会主义、实现中华民族伟大复兴的历史关头和时代节点上，为祖国培养卓越人才，是一项需要我们长期坚持和不断创新的工作。希望武汉理工大学材料科学与工程学院继续朝着新时代“旗帜领航卓越人生”的方向，围绕学校“责任、诚信、成才”三项教育，不断拓展人才培养的新途径和新方法，丰富“材料之星”的内涵，充分发挥“理工群星”的引领作用和示范效应，营造健康高雅的校园文化风尚，不断提升人才培养质量，为武汉理工大学乃至全国高等院校学生的健康成才贡献智慧和力量！

编　者

2024年10月9日

本固枝荣

研途有为

博学宏才

群英荟萃

本固枝荣

成型[①]1303班　高奎：百死方百生

图1-1　高奎

高奎(图1-1)，成型1303班班长，曾获“校一等奖学金”、“校三等奖学金”、“利德尔”社会奖学金、“维耕”社会奖学金等多项奖学金；获“创青春”湖北青年创新创业大赛银奖，武汉理工大学课外科技学术作品竞赛二等奖；被评为“校优秀学生干部”“校三好学生”。在担任班长期间，他带领班级先后获得“优秀班集体”“标兵班集体”等荣誉称号。现已保研至华中科技大学。

高奎学长的学习成绩在班级排名第二，在焊接方向排名第一。他获得过湖北青年创新创业大赛银奖、五项校级奖励、二十余项院级奖励，最终保研至华中科技大学。这样的成绩已足够耀眼，要是我再告诉你，他还是一班之长，带领他们班获得了“优秀班集体”“标兵班集体”的荣誉称号，你是不是以为荣誉到此为止了？不可能的！他还担任材料学院学生科协项目部副部长兼马克思主义研究学习部副部长，担任武汉理工大学学生科协创业部部长兼校团委科技创新部副部长，担任本科生自主创新项目负责人等职务。在任职期间，他依然有着属于自己的精彩。

今天，我们有幸采访了他。

“大学四年，漫长又短暂，所幸，我的目标一直明确而坚定！”

学长说他是一个复读生，再也不想经历那种残酷的大型考试，所以摆在面前的只有两条路，要么用一份完美的简历找到一份好工作，要么以优异的成绩保研。所以，在大学四年的学习生涯中，他从来没有因外界因素而动摇过对学习的信念。大一的

---

① 成型，材料成型及控制工程专业的简称。书中材料科学与工程专业简称材料，材料科学与工程专业国际班简称材料 gj，材料科学与工程专业实验班简称材料 sy，材料科学与工程专业基地班简称材料 jd，材料科学与工程专业学硕班简称材料 xs，材料物理专业简称材物，材料化学专业简称材化，新能源材料与器件专业简称新能源，复合材料与工程专业简称复材，高分子材料与工程专业简称高分子，无机非金属材料与工程专业简称无机非，材料成型及控制工程专业卓越班简称成型 zy，材料工程专业（专硕）简称材工，材料科学与工程专业（学硕）简称材研，材料科学与工程专业（学博）和材料与化工专业（专博）简称材博。

生活，如果没有参加社团活动的经历，一定是不完整的。这一年里，学长加入了两个协会，生活虽然忙碌，但很充实。学长指出，不同的协会有着不同的氛围，或许重视学习，或许重视能力，这些可能与你的追求相悖，但你不能因此予以否定，因为生活中处处都可能存在值得你学习的地方。无论将来结果如何，做好当下的事总是没错的。

大二对于学长来说，可能是痛并快乐着的。他白天要去实验室，晚上要写入党材料，上学期他的成绩还能保持在班级第一或第二，下学期就出现了下滑。在这种情况下，一个坚定又明确的目标就显得重要得多。再三思考后，学长决定退出实验室，因为没有什么是比学习更重要的。学长所在的学霸寝室中，有三个同学获得保研资格，为学习营造出了相互帮助、相互竞争的良好氛围。

到了大三，学长退出了院科协，去面试校科协，成功当选为创业部部长。为了保研，他参加过许多比赛。虽然后来觉得比赛过程十分辛苦，但是他不后悔，因为这也是一种学习！

最后，我们聊到了班级。学长表示，班集体和每一个班级成员都在成长，虽然刚开始可能不够成熟，但最后会有很大的改变！

纵观学长的大学生涯，当众多荣誉全都汇集到简历上的时候，他才知道，自己的大学生活有多么充实，自己的各种尝试都是对的。只要努力，就不会有遗憾！

采访中，学长的一句话让我至今记忆犹新：“所谓学习，就是兴趣使然，对你个人而言，参加活动是学习，从事学生工作也是学习。如果你只把学习的概念局限于读书，那么很可能，你从来都没能够真正学习过。”

生活中总有值得学习的地方，而你的目标一定要明确，要不断地尝试与探索。

后人评价神农尝百草时，曾作诗云：“尽识参无毒，明知堇有灾。安知尝试者，百死百生来。”我们的大学生活也应如此，为了心中的念想，坚守着，并不断尝试着，唯百死方得百生！

（记者：岳旺、季颖琪　编辑：郑芮）

复材1402班　王旭：敢为人先　活出精彩人生

图1-2　王旭

王旭(图1–2)，复材1402班学生，曾获2015年“高教社杯”全国大学生数学建模竞赛本科组二等奖，并因此获得B类保研资格(保研本校)。在校期间她曾获“校三等奖学金”、“永环”社会奖学金、“惠柏”社会奖学金等多项奖学金，在“CPIC杯”复合材料技术竞赛中获得一等奖，同时获得材料学院“三好学生”“体育先进个人”“文艺先进个人”等荣誉称号，所在队伍在“理工杯”篮球赛中获得女子组第一名的好成绩。

当一群穿着学士服的人在校园拍毕业照时，意味着又有一届学生要毕业了，难分难舍的情绪又在空气中弥漫开来。六月，阳光正好，夏天的风吹不散毕业的离愁，吹不走四年的硕果。此刻，让我们把目光聚焦在材料学院优秀毕业生王旭学姐身上，她用一口流利、标准的普通话，笑着向我们讲述她的四年精彩生活……

俯首甘为孺子牛

大一的王旭担任班长，又加入了校学生会、校青年志愿者协会、院学生会等社团。她每天像个陀螺，扑在开会、做表格、写策划案等学生工作上。虽然时间被占得满满的，但王旭感到了前所未有的充实。即使距离任务截止没有多少时间了，即使感觉快到崩溃的边缘，她还是一如既往地坚持了下来。

作为一个女班长，她的情商自然是极高的。每当组织班级活动时，王旭并不像其他班干部那样只是简单地在群里发公告，而是另辟蹊径——事先征询班内少数内向成员的意见并尽可能采纳，使之与多数人的意见相一致。班级成员受到了班长的尊重，也都积极配合，保证了较高的活动参与度，大家都能玩得开心，进而增强了班集体的凝聚力。

一寸光阴不可轻

生活像是一条漫长的山路，总会有曲折的一段。当谈及令她获得保研资格的“高教社杯”全国大学生数学建模竞赛时，王旭学姐表示，那是一段类似高三的日子，很苦，又难以忘怀。

那是大二的暑假，七八月份，在有着“三大火炉之一”称号的武汉，烈日无情地炙烤着大地。为了能够参加比赛而留校上课的王旭学姐，忍受着酷暑，背着沉重的电脑，奔走在鉴湖校区与南湖校区之间，过着“三点一线”的生活，每天除了做模拟题便是查资料、写论文。

正是因为有一丝不苟的学习态度，王旭学姐不仅获得了数学建模竞赛国家二等奖，而且获得了B类保研资格。不仅如此，优秀的她还获得了“校三等奖学金”、“永环”社会奖学金、“惠柏”社会奖学金等多项奖学金和“院三好学生”荣誉称号。另外，她在“CPIC杯”复合材料技术竞赛中获得了一等奖。

千磨万击还坚劲

对王旭学姐来说，四年来让她印象最深刻的便是“理工杯”篮球赛夺冠的经历。

在角逐冠军时，对手是高水准、高素质的物流女篮，而己方主力在决赛时因腿部受伤无法上场，前有狼后有虎的局面一度让她所在的球队陷入被动。然而正如内马尔在里约奥运会上的宣言“为了创造历史而来”一样，在激烈比拼的过程中，整个球队的气势渐渐高昂起来，她们愈挫愈勇，拼尽全力，最终夺得冠军。在这次篮球比赛中，王旭学姐收获了友谊，认识了一大群可爱率真的朋友，同时获得了成长。

一路走来，王旭学姐不仅和队友们齐心突破了自己球队的局限，而且在比赛中展现了“坚持不懈，永不言败”的奋斗精神。

在生活的方方面面，直爽的王旭学姐总是敢为人先，乐于接受挑战，不断尝试。正是因为有了这股冲劲儿，她才能够在短短的四年时间内体验不一样的大学生活，活出了不一样的自己。希望在未来的日子里，她同样可以留下不一样的青春印迹。

（记者：罗羽、金成静、许梦伊　编辑：郑芮）

成型1301班　孟皞：邂逅舞蹈　三生有幸

图1-3　孟皞

孟皞(图1-3)，成型1301班学生，曾获“校二等奖学金”，被评为“校三好学生”。在湖北省大学生艺术节舞蹈比赛中，其作品《书香》获得二等奖，他因此获得“文化体育先进个人”“校优秀共青团员”称号；在第十四届金秋艺术节舞蹈比赛中，作品《军中律歌》荣获二等奖；舞蹈作品《盛世鸿姿》在武汉市高校艺术节舞蹈比赛中获得银奖；《江·梦》在第十五届金秋艺术节舞蹈比赛中获校级二等奖；《傲雪梅》荣获第十六届金秋艺术节舞蹈比赛校级一等奖。凭借出色表现，他已获得保研资格(本校)。

孟皞学长擅长舞蹈，言谈中能够深刻感受到他的满腔激情和满心喜悦。虽然他很少提及排练舞蹈时艰辛的付出和挥洒的汗水，但还是不难发现他在文工团四年的舞蹈生涯并没有想象中的那么轻松自如。学长对伤痛经历的轻描淡写恰恰说明了他对舞蹈的执着与热爱，而这也深深触动了我。

大一那年，孟皞学长毅然决然地选择加入文工团。当初羞涩懵懂的他有幸被选中参加湖北省大学生艺术节的舞蹈比赛，这对他而言既是机遇，又是挑战。经过几个月的刻苦排练，他参与的舞蹈作品《书香》获得了二等奖，他也因此获得“文化体育先进个人”称号，并被评为“校优秀共青团员”和“校三好学生”。大二期间，他开始担任材料学院文工团舞蹈部副部长，任职长达一年。他说：“我把担任副部长看成一种肯定，同时也视作一种鞭策。我喜欢继续追逐自己的舞蹈之梦。”在第十四届金秋艺术节舞蹈比赛中，他参与的舞蹈作品《军中律歌》荣获二等奖。大三时，他参与的舞蹈作品《盛世鸿姿》在武汉市高校艺术节舞蹈比赛中获得了银奖，而另一个舞蹈作品《江·梦》在第十五届金秋艺术节舞蹈比赛中获得校级二等奖，该作品还登上了新年音乐会和材料国际会议的舞台，受到了学校领导乃至社会各界的好评。大四期间，很多同学都在就业与升学之间徘徊不定，而孟皞学长依旧没有放弃舞蹈，他积极投入学校第十六届金秋艺术节的舞蹈编排工作。他说：“当时的我也感到迷茫、焦虑，但舞蹈是释放压力的最好方式。那个阶段，我很庆幸有舞蹈相伴。”把压力转换成动力，学长为此前前后后忙活了近三个月，从挑选舞蹈作品到确定参演人员，再到编排舞蹈动作，学长都亲力亲为，不敢有一丝懈怠。他在排练过程中流的泪、忍的痛、受的伤，最后都化作金秋艺术节上《傲雪梅》的完美呈现。该舞蹈作品荣获第十六届金秋艺术节校级一等奖。

一路走来，他只用了一句话去概括："人的精力是有限的，我很庆幸把有限的精力花在了自己热爱的舞蹈上。"看似简简单单的一句话，让我们看到了学长从容的人生态度，正所谓"我喜欢，我选择；我选择，我坚持"。学长说，舞蹈是他四年大学生活的一个小幸运，真心希望这个小幸运能一直陪伴在他身边。

四年的大学生活不只有舞蹈，还有学习。机遇是留给有准备的人的，孟皞学长过去四年的努力和付出为他成功保研奠定了坚实的基础。谈到学习时，孟皞学长首先强调学习的主动性，要从内心认识到学习的重要性。在他看来，学习最重要的就是跟着老师走，上课听讲，课后总结、归纳、理解记忆、做题、实战运用。其次是提高学习效率。学习中最忌讳的就是一味苦学，要劳逸结合。学习必须注重效率，只有高效学习才能事半功倍。学习效率取决于学习能力和学习计划。正是因为掌握了科学的学习方法，学长才能在时间有限的情况下仍然取得优异的成绩，在激烈的竞争中获得保研资格。可能有人以为材料专业学生要通过发表论文或参加科研竞赛来获得保研资格，而学长的保研经历则反映出学校因材施教和对学生兴趣的培养。

在采访期间，学长那种如大海般波澜不惊的气质深深影响了我们。学长说他曾去泰国旅游，在那个慢生活节奏的国家，人们堵车时仍泰然自若。这深深影响了他，使他在学习、工作、生活中也保持着不紧不慢的节奏，让他能更好地完成各种任务。对于未来，学长希望舞蹈可以陪伴他一生。

（记者：庄振明、奚莹莹　编辑：郑芮）

材化1301班　游辉：坚持不懈　终有所成

图1-4　游辉

游辉（图 1-4），材化 1301 班学生。学习勤奋刻苦，成绩优异，绩点在班级名列前茅。他曾获得"校奖学金"，被评为"校三好学生""院三好学生"。他在考研期间坚持不懈，最终取得总分 439 分、数学满分的好成绩。

收到学长的个人信息后，我思考了很久：考研总分439分，其中数学满分，这是怎样的一个学霸呢？是每天抱着课本泡在图书馆，还是在实验室里不停地记录实验数据、分析实验结果？

学长说他的大学生活很普通，除了认真上课，他有时候会去图书馆坐一坐，看看想看的书，或者和同学一起去打游戏，周末去某个好吃的烧烤店喝喝小酒、谈天说地。学习、读书、游戏、聚餐，这似乎是每一个大学生都会做的事，那不同的是什么呢？

在考研准备期间，学长每天穿梭在自习室、食堂和寝室三点之间，时常产生困惑和自我怀疑，但从来没想过放弃。提及考研历程时，学长和我们分享了他所读到的一段话："考研就像是在黑屋子里洗衣服，你也不知道到底洗干净了没有，能做的只有一遍遍地去洗。等到灯亮了，你就会发现，只要认真洗过了，衣服就是洁净如新的。"

莎士比亚说："学问必须合乎自己的兴趣，方才可以得益。"学长说当学习金属热处理的专业知识时，他回想起金工实习中做完小锤子要经高温煅烧后放入冷水中，领悟到原来这叫淬火，从而生出一种成就感，对专业知识的学习越来越感兴趣了。学长就是这样在实践中理解枯燥的理论，从而发现学习的乐趣。

不是每个人都可以把生活过得绚烂，过得惊艳，但只要坚持不懈，就终有所成，正如学长一样。

（记者：韩佩柔　编辑：韩佩柔）

复材1301班　陈梦雪：道阻且长　行则将至

图1-5　陈梦雪

陈梦雪（图1-5），复材1301班学生，以初试437分的高分考研至本校。本科期间，她多次获得校三等奖学金及社会奖学金，被评为"校三好学生""院三好学生"。她积极参加复合材料性能设计与制备大赛，参与复合材料工艺与制备实验、复合材料性能试验以及复合材料近代测试技术实验等项目。

记者：刚进大学时，你对于未来的生活有哪些规划呢？在后来的大学生活中有没有去努力完成呢？

陈梦雪：刚进大学的时候，虽然氛围较为宽松自由，但学习习惯一时改不过来，还是会6点起床去背单词，背完去占座位上课；没有太多规划，只是好好听课，按时完成作业。

记者：复材专业的竞争十分激烈，你是怎样平衡学习与生活的？

陈梦雪：其实朋友的力量是很大的，朋友可以互相带动，一起去自习室、图书馆。遇到开心的事可以和朋友分享，不开心时也能互相疏导。有个志趣相投的朋友是很好的事情。

记者：有这样一位朋友真是一种幸运呀。选择考研是出于什么原因呢？漫长的备考过程你是怎么坚持下来的呢？

陈梦雪：其实我刚进大学的时候并没有考研的打算，后来渐渐地就改变了想法。我最大的优点是认定一件事情就坚持到底，所以决定考研之后就努力拼搏。要感谢我的好朋友黄雪莹，我们一起奋战，彼此鼓励，互相陪伴，备考就不是那么艰难了。

记者：四年时光转瞬即逝，有什么经历让你收获巨大且印象深刻？

陈梦雪：我最大的收获是找到了许许多多志趣相投的朋友，学会了调整生活的节奏，适当放慢步伐也会看到不一样的风景。

记者：对于想要考研的学弟学妹们，你能分享一下学习经验吗？

陈梦雪：考研挺苦的，但如果认真去准备，真的只是专注于考研这件事，你会发现，生活其实很简单，也很充实。对于要考研的人，早起是肯定的，可以每天把小目标记下来，完成一个勾掉一个，就会多一点成就感，也算是苦中作乐。多做题也是肯定的。当然，如果能早做规划，从现在开始努力，就不需要在考前那么拼命，会轻松一些。

（记者：高琪、韩雨欣　编辑：韩佩柔）

高分子1302班　曾诚：不甘心失去　就要努力争取

图1-6　曾诚

曾诚（图1-6），高分子1302班学生，学习成绩优异，曾荣获校一等奖学金、三等奖学金，被评为“校三好学生”“院三好学生”，在第七届大学生化学实验知识竞赛中荣获三等奖，在全国计算机二级考试中获得优秀等级，可以熟练使用C语言、ANSYS和ChemDraw，分别在*Chemcatchem*和*Green Chemistry*发表一篇论文，已被加州大学圣迭戈分校、华盛顿大学录取。

初识曾诚学长，是通过一段英文个人简介。简洁明了的文字，折射出选择出国深造的他四年来所付出的努力。

回忆起大学生活，曾诚坦言，大一、大二时还比较懵懂，大二下学期才慢慢萌生了出国的想法。当时，他的很多高中同学都通过“2+2”模式开始了国外的学习生活，他由此了解到国外高校的教学体系和选课系统，于是树立了出国的目标，想去外面闯一闯。做出决定之后的一年多，曾诚一直在为出国做准备。

想出国深造，语言是一道难关。为了提高自己的英语能力，他报了培训班，周六、周日整天上课。另外，曾诚在实验室会遇到很多外国人，刚开始和他们交流时遇到很多困难，彼此之间需要重复很多次才能明白对方想表达的内容。但努力没有被辜负，经过长时间且充分的准备，他在托福和GRE考试中均取得了理想的成绩。

“科研，是出国很重要的加分项。”曾诚作为负责人参与了国家级大学生创新创业训练计划项目“季铵盐salen与季铵盐卟啉金属催化剂催化机理的探究”，参与了材料性能制备大赛，分别在*Chemcatchem*和*Green Chemistry*上各发表了一篇学术论文。

兴趣是最好的老师，曾诚对科研的兴趣是他一路走来的动力。大二时，他积极把握机会，联系老师，走上了科研之路。谈起做实验，曾诚表示自己很喜欢实验失败，这让我们颇感意外。他说失败之后可以分析原因。他很享受上网找资料、看论文、分析失败原因的过程，这一过程极大地锻炼了他的思维能力。实验室的学姐曾给他一个课题，让他按自己的想法进行实验。他用一周时间进行文献调研，随后查阅资料，遇到疑惑时，学姐则给予他及时的指导。如今，这一项目已经结题，但他谈起来仍十分激动，充满了对科研的热爱与满足。虽然喜欢科研，但面对很多重复的实验他也会觉得无聊，“无聊了就休息，不硬撑”。曾诚表示，合理安排时间很重要。科研之路，道阻且长，而他依靠自己的毅力坚持了下来，并一步一步迈向美好的明天。

大学生活接近尾声，经过一年多的努力，曾诚终于如愿以偿地被心仪的华盛顿大学录取。回首大学生活，曾诚参加了很多活动，包括志愿活动、班级活动，这些活动丰富了他的经历，让他认识了不同的人。他建议学弟学妹们多参加活动，丰富的经历能够在潜移默化中提升自身能力。

最后，关于出国留学，他分享了自己的一些经验。一定要提前准备，很多语言考试都比较难，短时间内很难有成效。想获取详细的出国留学方面的信息可以咨询学长、上网搜索、在相关论坛查找资料等。“给自己树立一个目标，不甘心失去就要努力争取。”曾诚学长谦逊而充满自信地说。

（记者：成子巍　编辑：成子巍）

高分子1302班　许晋安：谦逊努力　相信过程

图1-7　许晋安

许晋安(图1-7)，高分子1302班学生。他积极参加各项活动，担任体育委员，并带领班级篮球队连续三次闯入学院篮球赛决赛。他实习表现突出，现已被厦门建发股份有限公司录用。

许晋安，一位平凡而又不凡的学长。现在，他已经被厦门建发股份有限公司录用。生活中，他乐于并善于与同学相处，参加了多次志愿活动，担任体育委员，带领班级篮球队连续三次闯入学院篮球赛决赛。热爱篮球的他，有幸成为学院篮球队的一员，并和队友们在“理工杯”篮球赛中取得了优异的成绩。

刚看到这位学长，我们就感受到了他的自信。首先谈起的是他获得这份工作的经历，他告诉我们：“如果想找工作，就不要拘泥于自己学校的‘大学生就业网’，要多去别的学校的就业网看看，了解自己心仪的公司和岗位。”知己知彼，百战不殆。没有目的、没有准备地找工作，是不容易成功的。

求职的第一步是制作简历。学长津津有味地说：“一份合格的简历是公司相中你的关键，千万不要在简历上说假话，弄虚作假一定会在面试过程中露出马脚，失去公司的信任。”“其次是无领导小组讨论。公司会给求职者提出一个关于公司的问题，依据每个人的解决方案判断其能力。在讨论中，一方面要清楚明白地表达自己的观点，这是能力的一种体现；另一方面，如果发现有人能解决这个问题，推荐这个人，也是能力的一种体现。”是啊，谦谦君子，温润如玉。谦逊不仅让自己心平气和，而且让和自己相处的人感到愉悦。

“最后就是面试了。面试的时候，要尽力展现出自信，要提前查阅应聘岗位的资料，进行有目的的面试。退一步说，即使对于这个公司的了解近乎白纸，也要表明自己有干好这份工作的决心。这是非常重要的。”学长还强调，本领不是一天就能练成的，要在大学四年里多多参加活动，提升自己的各方面能力。

许晋安在大学期间积极参加各种志愿服务——当马拉松志愿者，探望敬老院、孤儿院，组织爱心义卖……当被问及是否会花费太多时间，影响学习时，他说道：“如果没有参加这些活动，我可能会把时间花在打游戏或者其他消遣上，与其浪费时间，不如做点有意义的事情。”

随后，许晋安分享了志愿服务给他带来的收获。他指出从事志愿服务不能抱着一种功利的心态，不该有其他的目的。奉献本该是纯粹的，但并非没有回报。“我在志愿服务中最大的收获，就是整个人思想上的提升。比如去敬老院可以了解老人对事情的看法，去孤儿院会发现自己真的已经幸运很多了。”他在志愿服务的过程中，了解不同人的需求与想法，增加了自己的阅历，同时也得到了奉献的快乐。

一番交谈之后，许晋安的倾囊相授让我们受益匪浅。采访当天，他刚拍完毕业照，采访完后又匆忙赶去参加班级聚餐，大学的最后时光就是这般短暂而美好。他在大学里收获了宝贵的情谊、渊博的知识、丰富的阅历……这些无不是他人生路上的宝贵财富。我们这些还在象牙塔中奋斗的人，不妨想一下自己四年之后，是否能有所收获，而不至于荒废光阴。所以，从现在做起，谦逊而努力，相信有这样的过程，必将得到最好的结果！

（记者：赵泽昆、陈思行　编辑：成子巍）

新能源1303班　陈鹏飞：力求完美　不懈奋斗

图1-8　陈鹏飞

陈鹏飞（图1-8），新能源1303班学习委员，曾任材料学院学生工作办公室助理、年级委办公室副主任，武汉理工大学就业指导中心宣传中心副主任、学生会学习部副部长。他热衷于志愿服务，是青年志愿者协会成员。他曾获“校三好学生”“志愿服务先进个人”“优秀学生干部”“优秀学生会干部”“院优秀共青团员”等荣誉称号，并且多次获得奖学金。

陈鹏飞学长给人的感觉绝对不是文弱书生，而是一个多才多艺的人，即便如此，他依旧不懈努力，精益求精。

有信念，方能不忘初心

“让优秀成为一种习惯”，这是陈鹏飞高中时的座右铭，而它对他的影响一直持续至今。无论做什么事情，只要决定去做了，就把它做好，即使不一定出类拔萃，只要自己尽力了，就不会有遗憾。这不是空话大话，而是切实的感受。每次期末考试，他都会尽心尽力地认真准备，有时候分数并不理想，明明都会做，也检查了一遍，结果却和预期有一定差距，但是他绝不会感到遗憾。他知道，自己已经付出了很多，能力如此，不必强求。

有兴趣，方能充满动力

“都说兴趣是最好的老师，那为什么不趁着自己年轻多去尝试呢？”高考填报志愿时，考虑到就业等方面的因素，他最终选择了工科。他认为，无论在哪个行业，只要能做到前百分之五，都会有一个很好的前途。如果发现自己对某方面有兴趣，一定要去尝试。在大二的时候，他喜欢上了心理学，便在华师参加了相关的培训，希望以后能在这方面有所作为。

有目标，方能风雨兼程

他一直希望成为复合型人才。在大一的时候，他先后加入了校学生会、校青年志愿者协会、校就业指导中心、羽毛球协会、台球协会。这些经历，不仅锻炼了他的面试能力，而且让他明白了如何与他人进行有效沟通，如何有条不紊地做好一件事。大二时他通过考试，拿到了三级心理咨询师资格证，接触到心理咨询这个行业。在专业能力培养上，他认真学习，与老师保持沟通，了解学科发展的前沿内容。对于他来说，最大的困难莫过于突破自己。有时候很想去尝试，但是一直犹豫，最后错过了机会。因此，他采取心理暗示的方法，不停地告诉自己：“如果不去尝试，一切想法都是妄想，最终仍旧会碌碌无为。”

有想法，方能语出惊人

当被问到想对学弟学妹说的话时，他说：“最重要的是我们现在还年轻，要勇敢去尝试，不要被前人的经验所束缚。他人的经验可以借鉴，但不能照搬；老师的话可以反思，但不能盲从；学长的建议可以接受，但不能没有自己的思考。每个人都是独特的存在，要创造自己独特的价值。”

（记者：郝程远、唐绍文　编辑：陶申）

材科jd1301班　杨岳澔：未雨绸缪　方得始终

图1-9　杨岳澔

杨岳澔（图1-9），材科jd1301班学生，连续三年获得校级奖学金，被评为“校优秀共产党员”“院优秀共产党员”。在校期间，他先后获得“中国建材杯”第二届全国高校无机非金属材料基础知识大赛二等奖、2014年和2016年全国大学生英语竞赛二等奖、第六届材料设计与制备大赛二等奖。

杨岳澔自入学以来一直担任班级团支部书记。他所在的团支部在大一学年被评为“校优秀团支部”，在大二学年被评为“校五四红旗团支部”，跻身“百优青年志愿服务团支部”，在大三学年被评为“校五四红旗团支部”。他曾任材料学院第三届学生代表大会代表，并作为学院唯一的团员代表以评委身份参与2015—2016年度“校优秀基层团委书记”的评选工作。

面对如此辉煌的工作成绩，杨岳澔在接受采访时说：“要想让同学们积极参加团支部活动，活动设计必须有趣生动，不能枯燥。”在谈及如何建设一个团结的团支部时，他表示：“班级要有凝聚力，同学们的心要往一处想，这样才能建设一个好的团支部。”在如何轻松完成工作方面，他也有着自己的心得：要把精力放在一件事情上，当工作任务比较重时，要学会与其他班干部和同学分工合作、同心协力，这样工作就能简单轻松地完成。

杨岳澔在大三学年担任材料科学与工程国际化示范学院本科生党支部组织委员，大四学年任该学院本科生党支部书记。他在任职期间时刻严格要求自己，恪尽职守，积极主动按上级要求开展各项工作，并组织了丰富多彩的活动，最终带领党支部在2016年民主评议党支部的工作中获得了“好”的评议结果。

当被问及如何兼顾党支部工作和团支部工作时，他说：“要把时间花在前期的精心准备上，只有准备得足够充分，才能在工作时游刃有余，很好地完成上级布置的工作任务。”

学习上，杨岳澔的成绩始终名列班级前茅，他曾连续三年获得学校奖学金，在大学英语四级考试中取得了640分的高分，在大学英语六级考试中取得了581分的高分，并获得了2014年和2016年全国大学生英语竞赛二等奖、2016年“外研社杯”全国英语阅读大赛二等奖，以及“外研社杯”全国英语写作大赛校级二等奖。对于如何学好英语，他表示要从单词入手，去读去看，重在积累。此外，杨岳澔认为比赛是锻炼的好机会，适当地参加比赛对学习有很大的帮助。

在专业方面，杨岳澔还先后获得了“中国建材杯”第二届全国高校无机非金属材料基础知识大赛二等奖、校第七届大学生化学实验知识竞赛二等奖和院第一届材料基础知识大赛决赛一等奖。此外，他积极参与科研活动，曾参加学校自主创新项目“分级微纳结构板钛矿二氧化钛/石墨烯复合材料的制备及电化学性能的研究”并取得了良好的验收成绩，获得了第六届材料设计与制备大赛二等奖。在谈及参加比赛的收获时，他表示：“在扎实掌握理论知识的同时要明确自己的目标，明白自己该怎么去做，然后围绕目标去准备、去实践，这样才会有所收获。”

最后，杨岳澔留给学弟学妹们几句话：“上课要专注，平时注重积累，就不至于在考前手忙脚乱”；“珍惜时间，确定一个明确的目标，并付诸行动”；“做事不要敷衍，做就做到最好”；“要学会劳逸结合，身体才是革命的本钱”。

（记者：程敬赛　编辑：成子巍）

材料1304班　王钰杰：立冥冥之志 做惛惛之事 成赫赫之功

图1–10　王钰杰

王钰杰（图1–10），材料1304班学生，曾先后担任材料1318班军训负责人、班长，材料1306班班长，带领班级连续两次获得“优秀班集体”荣誉称号，并获得社会工作奖。他连续两届获得材料学院金相大赛三等奖，在大三学年获得校三等奖学金。在完成本专业学习任务的同时，在武汉大学辅修翻译专业，取得双学位，曾获湖北省第二十届翻译大赛优秀奖。

曾以为担任班长事务繁忙，他却轻松兼任武汉理工大学广播台播音员；曾以为专业学习任务重，他却在武汉大学辅修翻译双学位。他——王钰杰究竟是怎样的一个人呢？我们对他进行了采访。

冥冥之志

诸葛亮曰："志当存高远。"远大的志向是成功路上不可缺少的动力。当我们问他该如何实现自己的志向时，他思考了片刻，告诉我们："最重要的是要合理地规划自己的大学生活。"是啊，要实现远大志向，必须制定一个规划，然后一小步一小步地走，他正是这样一步步走过来的。入学之初，他担任军训负责人，后来又成为班长，再到兼任播音员，他的每一步都在自己的规划之中。

我们又追问他该如何规划自己的大学生活，他谈到如果以后想致力于科研，就要尽早积极与导师取得联系并进入课题组，申报创新项目等。学校在这方面有很多鼓励学生的政策，提供了广阔而高层次的平台，要善加利用。如果以后想尽早工作，就要积极参与社会实践，包括但不限于担任学生干部、从事党团工作等，还可以给心仪的企业发邮件申请实习机会，很多大公司乐于接受。要从自身条件出发，客观评价自己的不足，大学里有很多时间和资源可以用来提升自己。

人生只有一次，没有第二次尝试的机会。想要实现自己远大的志向，必须制定规划，才不至于手忙脚乱，最终一事无成。

惛惛之事

兼任班长和播音员的同时，他还在武汉大学辅修了翻译专业，我们有些好奇他为何会在时间紧、任务重、安排多的情况下选择辅修这门看似与材料学科关系不大的专业。他答道："辅修翻译专业对我来说最明显的作用就是自己在阅读文献方面的能力有了较大提高。武汉大学的课程安排比较合理，在课堂上有大量的翻译训练，认真对待，可以学到很多东西。"不过他也坦言，辅修该专业极为耗费时间，需要投入大量的精力才能有大的收获。从大二起，他就几乎没有了休息时间，大量的作业也占用了专业课的学习时间。但是最终，他坚持了下来，并获得了第二十届湖北省翻译大赛优秀奖。

爱迪生说："天才只不过是百分之一的灵感加上百分之九十九的汗水。"有多少耕耘就有多少收获，要想成功就必须苦干一番。他正是这样一个孜孜不倦、勤奋好学的人。

他有诸多事务缠身，但还能取得好成绩，其中必有秘诀——他认为最重要的是合理安排时间并做到严格自律。他说："我有许多非常优秀的朋友，他们无一例外都是严格自律、具有很强责任感的人，具体表现为严格执行计划和长期坚持。"严格自律是许多成功人士区别于他人的标志。大学不同于中学，没有人告诉你要做什么，一切靠自己。如果积极锻炼自己，努力学习掌握更多知识与技能，那么大学生活就是有意义的；如果做一天和尚撞一天钟，那么大学生活终将留下遗憾。

赫赫之功

自入学以来，他曾获得军训"优秀学员"的称号；担任材科1318班班长期间，调查校车情况，得到同学们的积极响应，引起后勤集团的重视；他曾担任材料1306班班长，带领班级连续两次获得"优秀班集体"荣誉称号，并获得社会工作奖；他连续两届获得材料学院金相大赛三等奖，在大三学年获得校三等奖学金。

"路漫漫其修远兮"，他还在路上一步步地前行，终有一日，会实现自己远大的志向。如果像他这样严格自律、目标明确的人都不能成功，那么成功还能属于谁呢？

（记者：赵泽昆、陈思行　编辑：成子巍）

新能源1301班　席凯：把握时光　成就梦想

图1–11　席凯

席凯（图 1–11），新能源 1301 班学生，连续三年综合测评成绩排名专业第一，被评为"校三好学生标兵""校优秀学生干部"等。在校期间，他还获得全国大学生英语竞赛二等奖、三等奖，湖北省翻译竞赛口译二等奖、笔译三等奖，美国大学生数学建模竞赛"Honorable Mention"等奖项。

学习上追求卓越，工作上精益求精，科研上潜心钻研，为了让大学生活更有意义，席凯愿意付出百分之百的努力。

让优秀成为一种习惯。席凯连续三年获得年级第一，他认为良好的学习习惯是至关重要的，大一是良好学习习惯养成的重要时期。大一基础课比较多，基础课是非常重要的，尤其对于那些想要深造的同学来说，一定要打好基础。虽然每个人的学习模式都是不同的，但课前预习上课内容，上课仔细听老师所教授的课程，不放过任何一个不懂的问题，积极提问，课后按时完成作业，认真复习，这些基本环节是必需的。在此基础上，他根据自己的学习情况找出薄弱环节，对症下药并做到药到病除。席凯对自己的评价并不是"非常学霸"，他认为学习是多个方面的，材料学院有很多优秀的学生，他们各有所长，要多向周围优秀的同学学习，努力充实自己。

不论是在上课期间还是在放假期间，席凯都精心规划自己的时间，努力提高时间的利用率。大二的暑假，他留校做实验，学习有关实验的知识。大三的暑假，他忙着GRE考试。他说："现在想想，那段日子特别充实，虽然忙碌，但是学到了很多东西，也很快乐。"

深知"纸上得来终觉浅"的道理，席凯积极投身科研，参加竞赛活动，取得累累硕果。他曾参加美国大学生数学建模竞赛，获得了"Honorable Mention"等奖项。席凯在英语方面也获得了很多奖项。对于英语学习，他表示自己也是煎熬着备考托福和GRE过来的。在英语口语的学习上，他敢于多说，让别人纠正自己的发音。为提高自己的听力水平，他经常收听BBC等电台的新闻广播。当然，要想追求高分，写作上要多写多改，阅读上要多读多练。学习英语是一个慢慢积累的过程，一定要坚持，不能放弃。除此之外，席凯还强调了数学的重要性："数学绝对是非常重要的，能解决很多实际的问题。如果想进一步提高，自学很重要。"

席凯不仅学习成绩优异，在社团和班级工作方面也出类拔萃。在大学前三年中，他获得了"校三好学生标兵""校三好学生""校优秀学生干部"等荣誉称号。回想起刚上大学时自己的选择恐惧症——担心参加课外社团活动会耽误学习，席凯现在觉得他的担忧是多余的。在大一、大二多参加社团活动能够提高自己的能力，大三多参加竞赛活动能够找到很多志同道合的优秀伙伴，和他们相处能潜移默化地提升自己的能力。大学四年是一个全方位提升自己的过程，在保证学习不掉队的情况下，多参与学生工作对于自身真的很有益处。席凯对在校青年志愿者协会的时光记忆犹新。在那里，他认识了很多不同背景的学生，与他们一起开展活动能增长自己的见识，让他明白作为一名大学生，应尽自己的全力去帮助他人，不求回报。不忘初心，方得始终。

大学是培养人才的地方。当谈到在大学期间重要的收获与体会时，席凯认为他主要学会了思考，学会了如何处理事情、如何提高自己。"我觉得知道自己想要什么是非常重要的。每天问自己，有没有往这个方向努力，有没有离自己想要的东西更近了一些。”

和很多同学一样，席凯在刚上大学时也有点儿不适应。现在，他想对大一的学弟学妹们说：“任何情况下都不要放弃自己，只要坚持，一切都有机会；一旦放弃，那就什么都没了。希望你们好好把握大学这几年的时光，多学习知识，多学些为人处世之道，多去感受这美丽的世界。”

（记者：任静柯、秦煦森、邬琳　编辑：成子巍）

无机非1302班　黄志杰：与优秀者同行　在挑战中成长

图1-12　黄志杰

黄志杰(图 1-12)，无机非 1302 班学生，成绩优异，曾荣获校二等、三等奖学金，CPIC 一等奖学金，被评为“校优秀学生干部”。本科期间他获得全国大学生英语竞赛三等奖、全国高校无机非金属材料知识竞赛二等奖、美国大学生数学建模竞赛 sp 奖。

作为优秀的武理(武汉理工大学简称“武理”，余同)材料人，已经考取浙江大学材料系学硕的黄志杰和我们一起畅谈了他的大学生活。

苦尽甘来　汗水化作今日成就

黄志杰之所以能够在学习上取得优异成绩，是因为他对自己严格要求。除了完成专业学习，他在大学期间还辅修了武汉大学经济与管理学院工程管理专业双学位。他是中共预备党员，获得过“校优秀学生干部”荣誉称号。

“宝剑锋从磨砺出，梅花香自苦寒来。”成功之后露出的微笑、收获的掌声，不仅意味着自豪与别人的认可，而且充盈着对自己从不辜负自我的庆幸，对自己坚持不懈、终有所获的肯定。黄志杰在大学里抓住了每一次锻炼自己的机会，在黑夜里奋战，在汗水中前行，严于律己，从未放弃。

见贤思齐 多和优秀的人交往

“大学里我参加了一些竞赛活动，如无机非金属材料知识竞赛和数学建模竞赛，一方面巩固了自己对专业知识和数学知识的理解，另一方面能和全院乃至全校的优秀学生一起学习。与优秀的同学相处，很容易在潜移默化中产生积极向上的动力。这或许是变得优秀的最简单的方法。”

“见贤思齐焉，见不贤而内自省也。”在这个血气方刚的年纪，每个人都对未来有无限美好的憧憬，但是成与不成，能够做到哪一步，身边的人是很关键的因素。与志同道合的人在一起，有合作也有竞争，大家互相激励，惺惺相惜，最终一起成为更好的人。让优秀成为一种习惯，这既成就了自己，又在不知不觉中带动了他人。

有志竟成 什么时候都不算晚

黄志杰本来想走保研这条路，但暑假里长达两个月的实习、无机非金属材料知识竞赛训练以及参加中国科学技术大学组织的夏令营使他无暇顾及保研复习。直到保研名单公布、确定落选后，他才全身心地投入考研复习。

时间只剩下三个月，考外校的研究生并非易事。虽然开始复习的时间比其他同学晚，但有志者事竟成，他最终还是考上了。这归功于他敢于为未来不顾一切，“不破楼兰终不还”的决心。或许之前还有迷茫，但背水一战的情况，反而激起了他的斗志。在这段时间内，黄志杰制订了合理的复习计划，充分利用每一分每一秒，让有限的时间发挥最大的效用。争分夺秒并不代表舍弃休息。放松而不放纵，劳逸结合，才能使复习的效率最大化。他脚踏实地，步步为营，一点点的量变最终积累成质变。

其实每个人都有无限的潜能，只是有的人愿意付出，有的人止步不前。黄志杰用亲身经历告诉我们，一个优秀的本科生在这四年应该如何有意义地度过。如今许多人贪图享乐，殊不知真正的豁达和自由是经历过艰苦后的沉淀，没有经历寒彻骨，哪能得到扑鼻香？

黄志杰是每个学生的榜样。只要下定决心，并且一直坚持，未来就有无限的可能。

（记者：张姝炜、赵晏　编辑：成子巍）

材料1303班　吕若男：莫问辛劳知多少　耕耘自有新收获

图1-13　吕若男

吕若男(图1-13)，材料1303班支教保研生。在大学期间，她担任班长、院青年志愿者协会实践部部长、副会长等职务。作为班长，她尽职尽责，带领班级两次获得“校优秀班级”荣誉称号。她曾多次在大型活动中担任志愿者，大学期间总服务时长超过200小时。作为武汉理工大学研究生支教团的队员，她将在本科毕业后去贫困地区支教，默默前行，发光发热。

心之所向，无怨无悔

学姐说，她是一个非常冲动的人，容易做一些让自己后悔的事，但是仔细回想，四年来所做的每个重大决定都是正确的。“我认为最重大的决定就是参加研究生支教团。当时我本来准备考研，到了报名的最后一天，辅导员给我打了个电话，问我为什么不考虑去支教。对于考研，我是有把握的，但是我心里更愿意去支教，我觉得这会是一段非常难得的经历，和一群志同道合的人做一件终生难忘的事！”乔布斯说：“要有勇气追随你的内心和直觉。”遵从自己的内心，然后为之不懈努力，才会有所成就。

合理安排，高效学习

身兼班长、副会长等职务，学姐花在学习上的时间是有限的，她尤其注重学习效率。“与其在教室里度日如年，不如出去散散步，整理心情，做到合理安排时间，而且必须根治拖延症，这样才能高效学习。”

赠人玫瑰，手留余香

学姐的志愿服务经历始于高中的一次家教活动。刚入大学时，她就加入了青年志愿者协会，立志做一个优秀的志愿者，为这个世界贡献出自己的一份力量。她牢记“奉献、友爱、互助、进步”的志愿精神，认真对待每一份志愿服务工作。我想，“志愿者”这三个字，能让她数十年后回忆起来时，仍然热泪盈眶。

勇于挑战，不忘初心

人总有迷茫或者想要放弃的时刻，学姐也不例外。大一的时候她刚担任青年志愿者协会实践部部长，当时部门存在很多问题，她很努力地想办法解决，却换来了一些冷言冷语。“如果放弃，你就被命运打败了。”在老部长的鼓励下，她坚信，没有什么事是过不去的。如果你觉得还没过去，那是因为还没到时候。在我们处于最能打拼、最能创造的年纪，多一点儿热血，多一点儿斗志，再多一点儿坚持，要拼尽全力去做一个战士。于是她坚强地挑起了部长的担子，带着部员一步一步向前走，最终那些挑战赋予他们的都是成长。

“希望所有的年轻人肩能扛，手能提，一步一个脚印，有二三好友相伴，永远开怀，永远在前进。”这是学姐给我们的话，也是她生活的箴言。

（记者：李正汉、谌玉莲　编辑：韩佩柔）

材科jd1301班　吴珊：以梦为马　步履不停

图1–14　吴珊

吴珊（图1–14），材科jd1301班学生，曾获得校奖学金，被评为“三好学生”“优秀学生干部”“优秀共产党员”，修得武汉大学“工商管理”专业双学位，获得法国南特高等商学院交换生项目结业证及二等奖学金。她还是校级大学生创新创业训练计划项目（以下简称“校创”）“手性纳米团簇L-NAC-AuNCs和D-NAC-AuNCs的合成及其光学性质研究”负责人。

与吴珊学姐的初次会面，让我颇为赞叹：世间竟真有如此秀外慧中、精明强干之人。本科三年半的时间里，她获得了校一等、二等奖学金，被评为“校三好学生”“校优秀学生干部”（校学生会生活与权益部副部长）和“优秀共产党员”，与此同时还拿到了武汉大学“工商管理”专业毕业证书和学士学位证书，法国南特高等商学院2016年交换生项目结业证以及二等奖学金。此外，她积极投身于生物与医学材料方面的科研工作，三年内累计申报三次校创基金。

谈及“优秀学生干部”时，吴珊学姐坦言当时并没有信心能够担任部长一职，便选择止步于副部长，并不觉得遗憾。“越是忙碌的人越能够全身心投入其中，那么他在其他方面也肯定是优秀的。”当我们问她如何处理工作与学习的关系时，学姐给出了她心中的答案。

其实更让我好奇的是为什么吴珊学姐在修读双学位的时候选择了工商管理专业，在法国做交换生时，学习的也是工商管理专业。对此，学姐表示工商管理与材料专业互补，她之所以这样做是为了丰富自己，提升各方面的能力，便于日后与人交流。“了解得多一些总是好的呀。”学姐笑道，“你会发现，工科老师和商科老师在讲课方式上差别很大！”谈到去法国做交换生的经历时，热爱旅游的吴珊学姐为我们讲述了不少在法国的见闻，她的娓娓而谈让我们对于外面的世界更加心驰神往。她希望学弟学妹们能够多出去走走看看，多认识一些人，因为四年的时间就在一个地方按部就班过日子不该是这个最好的年纪应有的样子。不管去哪里，都是一种对生活的丰富，一种别样的体验，从外面的世界中你能得到很多意想不到的收获。

在与我们的交流中，吴珊学姐讲到了跟着导师做科研时的一些趣事。她告诉我们，成功有时也需要一定的运气，但这并不是投机取巧。好运的故事听得多了，对于那些好像很轻松就把事情做好的人，我们真的以为他们是运气好或者有天赋，但事实上，幸运的背后都是坚持不懈的努力。学姐说，她在困难的时候会在实验室待到凌晨，不断去想实验思路，寻找并翻译需要的文献，出来时宿舍楼门都关了。但后来回想起之前的困难，她觉得一切都值得，因为心中有一个目标：“我希望过自己想要的那种生活，我知道唯有不断坚持才有可能得到它，而且什么困难都没有并不是好事。紧张的时候你会期待放松，而如果一直放松你连期待都不会有了。”目前吴珊正在准备雅思考试，“不管是不是要出国，都应该先用这些知识武装自己，当机会来临时才能有资格去抓住它”。

对于自己的经历和成就，吴珊说世间优秀的人大有人在，而她只是尝试得比较多罢了。早些时候她报名参加大学生英语竞赛，在考场上胸有成竹，然而第二天才突然想到忘记涂答题卡，这时候会觉得之前的努力都白费了，但她认为自己并非一无所获：“我在这个过程中学到了更多的英语知识，在以后的考试中更有经验。所以说，有时候你的付出并不见得和收获成正比，结果不重要，重要的是过程让你成长。”在这种时候，拥有一颗平常心极为重要，不放平心态就很难走出昨日的困境。回顾本科历程，吴珊坦言自己并不认为有多出彩。她说：“我只是一个平凡的人。”对于她的虚怀若谷，我万分敬佩。不必太纠结于当下，也不必太忧虑未来，当你经历过一些事情，眼前的风景已经和从前的不一样了。

最后，她表达了对学弟学妹的期待和祝福：多出去走走，多了解社团，要权衡好部门和自身的关系。吴珊学姐说她的大学生活即将结束，我认为她的精彩人生才刚刚开始，她让我想起刘瑜的那句话："一个人要像一支队伍，对着自己的大脑和心灵招兵买马。"

（记者：王亚男、李星甫　编辑：韩佩柔）

材料1307班　杨超：夯实基础求效率

图1–15　杨超

杨超（图1–15），材料1307班学生，平均学分绩点4.1，专业排名第三，英语六级成绩532分。他曾多次获得校奖学金及"校三好学生"荣誉称号，以综合成绩第一获得了复旦大学先进材料实验室的保研资格，成为众人眼中一颗闪亮的星。

在与杨超学长正式见面前，我看了学长的资料简介，脑海里不自觉勾勒出一个高冷严肃的学霸形象。可当与学长碰面之后，我看到的是一个活泼开朗的邻家大男孩，他平易近人的微笑让我倍感亲切。

刚入校园，懵懵懂懂

刚入大学时的他和我们一样，对大学生活充满好奇，好不容易逃脱高中的"牢笼"，哪会急着给自己定下远大目标？有时上课，他也会和几个好朋友一起偷偷地看篮球赛；每天上完课就和队友打篮球；偶尔考试前也会临时抱佛脚。但在适度放松的同时，他并未停止学习，每天必定会复习当天所学内容，认真完成作业以巩固知识。那时的他无法预见自己会取得如今的成绩，只是脚踏实地做着自己该做的事。

确立目标，全力前进

有着明确目标的人才会成功。大一上学期体验了新鲜与自由，在大一下学期进入实验室后，在身边优秀的师兄师姐的影响下，结合自身情况，他决定读研，自此以后，便全身心地投入学习。当被问到学习中什么品质最重要时，学长斩钉截铁地说："效率！"他说效率高低是衡量能否学好的重要指标，机械地堆积时间并不是很有用。选择自己效率最高的时间段来学习才是最佳方法。学长还强调基础一定要打牢。学习就好比建房，施工效率再高，地基未打好，一切都是徒劳。针对大学生离不开手机、娱乐活动影响效率的问题，学长说："当你心中有了一个坚定的目标，你想的就不会是玩手机，而是朝着这个目标一步步迈进。目标不够坚定，就一定会有杂念，会被外物所诱惑。"

成功保研，重新积淀

凭借坚定的目标、高效的学习，学长成功保研至复旦大学。他并未因此懈怠，而是开始追寻新的目标。为了弥补之前忽视实验的遗憾，他投入了不少精力，慢慢熟悉实验室的生活，为今后的研究生学习打下坚实的基础。

"宝剑锋从磨砺出，梅花香自苦寒来"，学长能有如此成绩实属不易，其中的辛酸苦楚只有他自己清楚。未来有太多的不确定，唯愿学长在继续深造的过程中，能坚持本心，成为一颗更加耀眼的星！

（记者：邱俊淇　编辑：韩佩柔）

材科1303班　马世林：投身科研　不断成长

图1-16　马世林

马世林（图1-16），材科1303班学生，曾获得"国家励志奖学金"、全国大学生数学建模竞赛湖北赛区一等奖、武汉理工大学第十五届"创新杯"课外科技作品竞赛二等奖、武汉理工大学材料学院金相分析技能竞赛二等奖，被评为"校三好学生"，被保送至北京航空航天大学材料科学与工程学院攻读硕士学位。

马世林学长2014年9月获得"校三等奖学金"及"院三好学生"称号，2015年9月获得"国家励志奖学金"及"校三好学生"称号，2015年10月获得全国大学生数学建模竞赛湖北赛区一等奖，2016年2月获得武汉理工大学第十五届"创新杯"课外科技作品竞赛二等奖，2016年6月获得武汉理工大学材料学院金相分析技能竞赛二等奖，2016年8月被保送至北京航空航天大学材料学院攻读硕士学位，2016年9月获得"国家励志奖学金”及“校三好标兵”称号，2016年10月担任材料1608班助理班主任。多项荣誉加身，我以为学长是一个严肃古板的人，然而现实中的他是那样平易近人。

提到科研，马世林学长有着说不完的经验和喜悦。

“我在大一下学期申请进入武汉理工大学‘材料复合新技术国家重点实验室’唐新峰教授的高性能热电课题组，跟着梁涛师兄从事‘基于SHS技术的n型$CoSb_3$基和p型SnTe中温热电材料的制备及热电性能’的相关研究，在实验室主要承担试样制备及测试工作。2016年2月，依托实验室的研究成果，我参加了武汉理工大学第十五届‘创新杯’课外科技作品竞赛，以《自蔓延高温合成结合等离子活化烧结超快速制备方法同时优化n-Bi_2Ti_3-xSex热电性能及力学性能》获得二等奖。”

“在课外科技活动方面，我从大一开始连续两年参加第七届和第八届华中地区大学生数学建模竞赛，2015年9月参加了全国大学生数学建模竞赛，获得湖北赛区一等奖。2016年2月我参加了国际大学生数学建模竞赛，获得成功参赛奖。”

在平时的生活中，学长注意保持工作、学习和课余生活的平衡。在同学眼中，他是一个负责的学习委员。正是因为学长在工作上严谨认真的态度和高效率解决问题的风格，同学们对他的工作积极配合，使他有更多更充分的时间做自己喜欢的事情。他通常在周末放松自己，适当缓解科研或学习的压力，或许这就是他对劳逸结合最好的诠释吧。

学长对学弟学妹们关心有加，他希望大家先要保证自己有一个健康的身体，按时吃饭睡觉，平时多进行体育锻炼，然后在学习上有所进步，有所成就。

（记者：陈媛　编辑：杜林远）

材料1304班　金志鹏：目标清晰　坚定不移

图1-17　金志鹏

金志鹏(图1-17)，材料1304班学生，已保研至西北工业大学。在第五届全国大学生金相技能大赛中，他荣获一等奖；曾以第一作者身份发表SCI论文一篇；申请国家发明专利三项，其中第一发明人一项，第二发明人一项。他从大一开始连续三年参与申报武汉理工大学自主创新项目，获得武汉理工大学第十六届“创新杯”科技竞赛二等奖。

初见学长，他比我们想象中的略瘦，落落大方，径直走来。

面对学长如此辉煌的成绩，我们在惊叹的同时，内心不禁好奇他是如何合理分配时间的。学长说："进入实验室后，为了不耽误专业知识的学习，效率变得尤为重要。听课时要认真并避免手机干扰，课后要在第一时间完成作业，因为此时的效率是最高的。"在没有课的时候，他每天都会跑去实验室，积极配合老师、师兄、师姐做实验，在遇到疑问时及时寻求帮助。正是老师、师兄、师姐的悉心帮助，让学长更有信心地在实验过程中坚持下去。他还提及他们班的学习氛围非常浓厚，在学习委员的带动下，成绩优异的人数远远高于其他班级，这也是他能兼顾学业的一大原因。

人生最重要的是目标，要趁早制定目标，并不怕失败地为之努力。他说成功是留给有准备的人的，自己在大一的时候就决定继续读研，并定下目标：走科研之路来争取保研资格。在其他人刚刚了解到导师制的相关事宜时，他已经对导师制和实验室规程非常熟悉，并借助社团的便利提前进入了实验室。比所有人都早，有目标地先飞，或许这就是他有所成就的原因吧。

俗话说，好的开始是成功的一半。赢在起跑线上，不是被口耳相传的吗？然而又有几人真正做到了呢？"提前进入实验室仅仅是一个开始，因为科研是一条比较艰苦的路，当年申请导师的时候有许多人，能坚持到最后的寥寥无几。"他说，"大学四年你可以玩得很开心，也可以努力学习，天天泡图书馆，以求得更好的深造机会，还可以选择科研，提前像研究生那样努力。不要管别人，做好自己应该做的，否则大学四年就没有意义。"平凡的话语句句在理，痛苦的时候自己忍一忍，该努力的时候自己搏一搏，若不想上进，谁还能推得动你？

"精感石没羽，岂云惮险艰。"当我们问到在实验上坚持了这么久，可曾害怕过失败时，他说："想取得成果，就不能害怕失败。失败是很正常的，我也不敢保证走科研之路就一定可以保研，但难道你知道可能无法保研就放弃吗？在这条路上经常会遭遇失败，不能因为失败就放弃了，只要不放弃总会成功的。"他提到自己第一次写论文时，仅仅是修改就花了将近三个月，写了多久自然不用多说，或许再次投稿仍然会被退回来，但他并没有因为怕被退稿就放弃，退多少次就改多少次。唯有放弃，才是真正的失败。

有了长远的目标，就不会因为暂时的挫折而沮丧。金志鹏学长正是坚信这一点，才能坚定不移地在科研的道路上默默前行，最终褪去平凡，成为一颗耀眼的星。

（记者：孙维一、杨世礼　编辑：杜林远）

材料1302班　陈卓：预则立　不预则废

图1–18　陈卓

陈卓(图1–18)，材料1302班班长，曾获“校二等奖学金”，被评为“校三好学生”，以第一作者身份发表SCI论文1篇。作为项目负责人，他成功申请了国家级大学生创新创业训练计划项目，项目最终被评定为“优秀”。目前已获得华南理工大学的保研资格。

初遇陈卓是在一个蒙蒙的雨天，他静静地坐在桌前，仿佛一个武功深厚却隐于闹市的大侠。

在大一下学期末，陈卓所在的学硕博特色班的同学都纷纷投身于学校的本科生“导师制”平台，提前进入实验室锻炼自己的科研能力。陈卓也不甘示弱，他选择了时任材料学院院长刘韩星教授的课题组，进行巨介电低损耗陶瓷的研究。后来，在同组研究生师兄的精心指导下，陈卓在大二就学会了陶瓷的整套制备工艺，具备了陶瓷介电性能的测试、分析能力。

大二下学期，作为项目负责人，陈卓成功申请了国家级大学生创新创业训练计划项目，整日泡在实验室里，和师兄一起做研究。全校共有134个项目，结题时只有9个项目被评为“优秀”，陈卓团队的项目即为其中之一。在周围同学纷纷因为怕苦怕累而放弃的时候，他依旧背起书包，早出晚归。经过一年多的努力，陈卓以第一作者的身份发表SCI论文*Dielectric properties and relaxation behavior of* Sm *substituted* $SrTiO_3$ *ceramics sintered in nitrogen atmosphere*。这段科研经历，不仅让陈卓收获了宝贵的科研经验，而且磨炼出了他吃苦耐劳的科研品质。正是由于陈卓所取得的优异成绩和踏实肯干的品质，他获得了华南理工大学的保研资格。

在大四，已成功保研的陈卓主动挑起重任，开始担任材料1302班的班长一职。他本以为只要勤学苦练，做到万事皆有准备，所有问题就可以迎刃而解。然而，事实并非如此，良好的沟通和管理能力才是履行职责的关键所在。在后续的综测评估和申报入党阶段，陈卓改变了以往一板一眼的工作方式，采取灵活的管理方法，终于收效显著，班上大部分人都十分满意，他也无愧于班长一职。2016年10月，陈卓有幸成为一名预备党员，在党组织的大家庭里继续进步成长。

当被问及大学生活中比较遗憾的事情时，陈卓略微低头思索，笑着说大二上学期的物理化学课程让他感到吃力，有段时间他甚至完全处于自暴自弃的状态。所幸考试顺利通过，只有70多分。所以凡事都要有充分的准备，“预则立，不预则废”，学弟学妹们应以此为戒。

除了热衷于科研外，陈卓平时会看看动漫、打打篮球、举举哑铃，毕竟人都有疲劳倦怠的时候。诚然，理想中的大学生活不过如此：有拼搏，有所成，还有触手可及的远方。

（记者：罗羽、金成静、许梦伊　编辑：郑芮）

材料jd1301班　刘子文：让优秀成为一种习惯

图1–19　刘子文

刘子文（图1–19），材料jd1301班学生。他是路过文学社前任社长，现任湖北省学生联合会理论调研部副部长。他连续三年获得校奖学金，曾获得“长飞”社会奖学金，在校期间先后被评为“校优秀学生干部”“校三好学生”“校优秀共产党员”“校优秀学生社团会长”等。

看到学长星光熠熠的简历，我们原以为他会是一个高冷的学霸，其实他开朗大方，风趣幽默，谈吐中掩盖不住才气。身处基地班的学长在大四下学期提前过着研究生的生活，每天在实验室看文献、做实验、处理实验数据。学长在大一时就以优异的成绩考入基地班，他没有因此骄傲自满，反而更加努力学习，并且积极参加各种学术竞赛，先后在“中国建材杯”第二届全国高校无机非金属材料基础知识大赛中荣获一等奖，在第五届材料性能制备大赛中荣获二等奖，在武汉理工大学四院联合百科知识竞赛中荣获第一名。

问及学长的“学霸”秘籍时，他说：“在学习上想有所收获，首先要把握课堂上的时间，专心听讲，将知识点都学透彻。其次，学习要讲究效率，合理分配时间，平衡好学习、工作和社团之间的关系，做到心中有数，才能事半功倍。另外，作息规律也是很重要的，晚上最好不要熬夜，按时就寝，保证充足的睡眠，拥有饱满的精神是提高效率

的基本要求。”

在大学里，许多同学对加入社团抱有很大的热情，但如何选择一个称心如意的社团的确是一个问题。刘子文学长出于对文学的热爱，加入了路过文学社，并且在大二时成为文学社社长。谈到担任路过文学社社长的经历时，学长兴致颇高：“这一段经历让我有了很大收获，我认识了一群志同道合、有着相同文学梦想的朋友。为了举办一场活动，大家齐心协力，即使中途历经波折也不放弃，最后活动举办成功，那种一块石头落了地的轻松感真的很棒。”正因为有了这一段经历，他的决策、组织协调和交际能力都有了显著提高。

文学在学长的生活中占据着很大一部分。“生活离不开文学，文学也离不开生活。阅读给予了我间接的人生经验，拓宽了我的视野，也加深了我对生活的思考。至于写作，由于灵感来自生活，我会更留意身边的细微与琐碎，同时写作也让我多了一种方式表达自我。”正所谓“人间有味是清欢”，在他看来，若要得至味，文乃盐。

关于实验室，学长说：“进实验室可以培养自己的能力，接触到前沿的科技成果，总体来说，有利无弊。在实验室学习，能够加深对课本知识的理解，培养独立思考问题、分析问题和解决问题的能力。”他建议大一的学弟学妹有时间多去实验室，即使是帮忙打下手也可以学到不少东西，要多和实验室的师兄师姐交流，能获得许多宝贵的经验。

大学时光匆匆流逝，学长难免留有遗憾。他说他最大的遗憾是没有好好学习英语，在听力和口语方面更是有所欠缺。由于六级考试成绩没有超过500分，他在研究生阶段不能免修英语，但相信这对学长来说也是个机会，可以弥补自己的遗憾，提升自己的英语能力。

敬其在己，不慕其在天，这是学长的处事原则。他总是时刻反省自己，向身边优秀的人学习，改正自己的不足之处。“让优秀成为一种习惯”，这是学长的导师赠予他的话。现在，学长想把这句话分享给每一个奋力前行的同学，与大家共勉。

（记者：余佳琦、徐欣杨　编辑：陶申）

材料1302班　贾岩：功崇惟志　业广惟勤

图1-20　贾岩

贾岩(图1-20)，材料1302班学生，先后三次荣获“校三好学生”“校优秀共青团员”称号，获得校一等奖学金一次、校二等奖学金两次，在全国大学生混凝土材料设计大赛中获得二等奖，并有一项国防专利被受理。作为一名国防生，他积极参与各项训练，苦练制敌本领，时刻准备战斗，最终以优异的成绩被保送至国防科技大学。

初次见面，贾岩学长身着迷彩服，英气逼人。他一路上侃侃而谈，我可以感受到他的优秀与谦逊。

时光追溯到大一。他学习十分努力，白天正常上课，在日常体能训练后仍继续学习。大二、大三时他不沉迷游戏，在自习室从上午九点一直学习到晚上九点。宿舍学风好，大家制定了寝室公约，每天晚上进宿舍后都不能说话，在考试月一起学到半夜两三点，最后宿舍里的四个人全部拿到了奖学金。不过大一期间贾岩学长后悔没有参加社团，没有认识更多的人。贾岩学长说，最痛苦的一段时间是大三下学期，当时竞争非常激烈，同时面临各方压力，但他最终顶住压力，参加了材料基础知识大赛、武汉理工大学大学生化学实验知识竞赛，获得一等奖的好成绩。

让贾岩学长获得成长的是参加全国大学生混凝土材料设计大赛，他说：“参加这个比赛时心理负担特别大，压力主要来自两个方面：第一是比赛结果的未知，第二是国防生在大三暑期要参加集训，二者在时间上相互冲突，万一领导不批假怎么办？而且正值研究生备考期间，这么宝贵的时间白白浪费了又怎么办？”说到这里，贾岩学长不得不感谢两个人：一个是参加大赛时指导他的赵青林老师。赵老师认真负责，对每个学生都悉心辅导，让他感到师恩难忘。另一个是陈诗臣干事。如果不是陈干事批假，让他在最后关头去参加比赛，他根本不可能取得优秀的成绩。

贾岩学长认为，自己最值得骄傲的一件事就是顶住各种压力，走上了保研这条路。由于竞争很激烈，当时周围好多人劝他放弃保研，如果不行就好好复习考研，可是学长坚信自己可以保研，努力拼搏，终有所成。

当被问及作为国防生，最深刻的体会是什么时，他回答道："人最重要的是突破自己，就像跑三千米、五千米，有时候你暗示自己跑不了，就真跑不了；如果你说能坚持，那就真的能跑下来。作为国防生，我学会了坚韧。还有一件让我记忆深刻的事，有一次上课时连长来查课，我因为迟到了一分钟，连累一个排的人跑了五千米，时间观念还是很重要的。你不是一个人在战斗，集体里的每个人都在一根绳上拴着，一个人犯错大家都要陪着你承担后果。"

"岂能尽如人意，但求无愧我心。不必纠结那么多，也不必有太多心理负担，只要把自己能掌控的事掌控好，加倍努力，就不会后悔了。"这是我采访学长时印象最深刻的一句话。的确，我们要做好各种准备，打有准备的仗，真正的对手就是自己。

作为学长，他以过来人的身份告诫学弟学妹：一定要早点投身导师制平台，因为学院的人才培养模式是金字塔形的，要通过参加省赛、国赛、"挑战杯"等比赛，一步一步往上走。此外，要尽早接触实验，这样以后在课本上见到就会觉得非常亲切，并且有自己的理解。将课本的知识、实验室的知识结合起来，就会发现所有知识都是相通的，会觉得十分有意思。

最后，他表示想说的话还有很多，大学生活不能只有学习一个支柱，要多交朋友，多运动。

话别学长之后，我久久不能平静，多希望自己能像他一样，经历生活的种种考验，做到从容不迫，无愧于家国，无愧于自己。

（记者：陶申　编辑：陶申）

材料jd1301班　郝志猛：严于律己显本色　稳中求胜绽风华

图1-21　郝志猛

郝志猛（图1-21），曾获社会工作奖学金（三次）、中国建材二等奖学金，获得金工实习作品评比大赛二等奖、材料制备大赛二等奖，多次被评为院优秀学生干部、校社会工作先进个人。作为项目部副部长参与组建材料学院科学技术协会，大四时任年级委办公室主任和辅导员助理。发表SCI论文两篇，获国家发明专利授权一项，另有一项专利已被受理。

当我和我的搭档见到郝志猛时，他刚从实验室出来。他没有我们想象中的霸气，取而代之的是亲切的问候和和善的微笑。

大一时的郝志猛，虽然和其他同学一样对大学不是十分了解，但很快就有了明确的目标。当其他同学还在为高考失利而抱怨时，他已经准备考研究生到其他学校，寻找一个更好的平台。开学不久，他抱着测试自己水平的心态参加了材料基地班的考试，结果令他满意，他以优异的成绩考进了基地班，并先后担任班长和副班长。经过两个学期的尝试，他体会到基地班的优势，并顺利进入纳米联合重点实验室。正是在这个堪称全校最好的实验室中，他由一个全力学习的大学生，转变成了潜心攻关的科研者。此后，他不断地努力，所取得的成果越来越多。

对于如今取得的成绩，郝志猛十分坦然。他告诉我们，不要急于求成，做任何事情都要循序渐进，最重要的一个字就是“稳”。他说：“我做事一直求‘稳’，会事先设定一个预期，这样就能知道怎么做收益才能最大。”谈及时间安排时，他提出了另一个关键字——严。“很多同学平时较为放松，到期末再努力，或者偶尔努力一下就作罢。所以很多人都抱怨平时时间不够用，我却觉得，只要能管住自己，就能很轻松地完成学习任务，甚至周末还能抽一点时间休息。”

最后，他总结道：“多思考，大胆做。这些年我一直提醒自己，千万不要自己感动自己。大部分人看似努力，事实却并非如此，什么熬夜看书到天亮，连续几天只睡几小时，多久没放假了，如果这些东西也值得夸耀，那么富士康流水线上任何一个人都比你努力多了。人难免天生有自怜的情绪，唯有时刻保持清醒，才能看清真正的价值在哪里。”

所以，你找到自己的价值了吗？

（记者：唐绍文、郝程远　编辑：陶申）

无机非1302班　刘思雨：不驰于空想　不骛于虚声

图1-22　刘思雨

刘思雨（图1-22），无机非1302班学生。他在校期间学习成绩优异，曾获得国家奖学金、海涛奖学金，被评为“校三好学生”“校优秀共青团员”等，已成功推免至西安交通大学继续攻读硕士学位。

刘思雨像古龙小说里的主人公，看似平平无奇却深藏不露。他学习成绩优异，班级排名第一，年级排名第三，曾多次获得奖学金，被评为“校三好学生”和“校优秀共青团员”。

书山有路勤为径

当谈到学习时，刘思雨显得神采奕奕，他说关键在于多练。他根据不同的学科采取不同的学习方法。如对于数学、物理等理科性质较强的科目，首先在上课时一定要紧跟老师的思路，按照要求完成作业；其次课后需要大量地练习；最后在考试临近时，要能够静下心复习。对于一些文科性质较强的科目，在听取老师的复习意见的基础上，应掌握背诵的技巧并且合理安排时间。

刘思雨认为，相较于高中枯燥的学习生活，大学的学习生活节奏更加轻松自由。高中阶段强调应试技巧，片面追求分数，大学阶段则注重专业知识与技术的学习、学生动手能力与独立思考能力的培养。与高中相似的是，大学学习同样需要大量练习，重要的是找出不同题目的相似之处，从中进行提炼，进而获得更加深刻的认识。刘思雨认为，大学的考试题目并不难，只要掌握了内在联系，就能举一反三，更加轻松地应对考试。与此同时，刘思雨养成了独立学习的习惯，即使与同伴一起前往自习室也会单独坐，让自己在学习的时候拥有独立思考的时间与空间。如果在学习方面遇到了问题，可以找时间与朋友进行讨论和分析。

在刘思雨看来，学习是一件需要全神贯注去做的事情。在大一，他参加了许多活动，并为此付出了很多精力，但并未耽误学业。到了大二，他更加明确了自己的方向，把重心放到学习上，不仅提高了学习效率，而且在学习中发现了一些乐趣，形成了良性循环，所以学业更上一层楼。

“拥有良好的习惯并且脚踏实地，你的付出终将有所回报。”这便是他大学四年中悟出的最深刻的道理。

闲敲棋子落灯花

谈到生活时，刘思雨变得轻松起来。他说在大四保研之后，除了来回奔走在实验室与图书馆之间，还会每周带上篮球去操场打一场酣畅淋漓的比赛。运动后，压力与烦乱会随之消失，精神再次回到饱满状态。在简单的交流中，刘思雨道出了他对生活的理解与感触：张弛有度才能行稳致远。

纸上得来终觉浅

谈到本科四年的学习生活中留下的缺憾时，刘思雨深深懊悔自己未能积极参与学校创建的导师制平台。由于缺乏在导师制平台的锻炼，他在后来的实践中需要付出更多的时间与精力来学习与提升自己的技能，如查阅论文资料的技巧等。因此，他反复向我们强调，如果有加入导师课题组的机会，一定要好好把握，为日后的毕业设计及论文撰写打下坚实的基础，避免自己在学习的过程中走弯路。

成，如朗月照花，深潭微澜，是不论顺逆、不论成败的超然，亦是扬鞭策马、登高临远的驿站；荣，江山依旧，风采犹然，恰似沧海巫山，熟视岁月流转，浮华万千，不屑过眼烟云。胸怀一颗宁静的心，周身流淌炙热的血，刘思雨在大学四年的成长过程中，以低调之姿，成高调之事。

（记者：罗雨晗、胡嘉瑞　编辑：陶申）

材料1303班　陈夏岩：做好自己

图1–23　陈夏岩

陈夏岩（图1–23），材料1303班学生，多次被评为“校三好学生”，综合排名长期居年级榜首，曾获华中数学建模大赛三等奖和全国金相技能大赛三等奖。

生活中总有些人一眼看上去就很优秀，他们总是充满自信，这样的气质可以从很多方面体现出来，如待人礼貌随和，待事从容不迫，你甚至见不到他们发脾气或者焦虑的样子。陈夏岩学长正是这样一个人。

没错，在旁人眼里，他做什么都很容易做到优秀，或许是因为有天赋，或者更通俗地讲是因为聪明。但是，仅仅依靠天赋或者聪明，是无法达到他现在这样的高度的。

学长获得过华中数学建模大赛三等奖和全国大学生金相技能大赛三等奖。

“参加华中数学建模大赛是因为我比较喜欢数学，有一定的数学基础，希望借参加这一赛事的机会了解数学建模，被选拔进入暑期的数学建模培训班学习。关于数学建模，我在前期看了不少相关书籍，学习了matlab等软件的用法、程序的编写。此次能够获奖，完全是和小伙伴们一起努力的结果。最后一晚大家都没睡觉，一直熬到早上将论文写完提交。

“7月份开始不断磨制金相试样的时候，我才渐渐发现其中的不易之处。暑假我们三个人每天坚持练习，一个月左右的时间磨制了200多个试样。有段时间怎么做都做不好，临近比赛压力越来越大，最后和伙伴们一起不断改进方法，慢慢做好了，成功获得奖项。”

学长述说着一次次参赛的经历，我们对他有了更深入的了解。这些奖项，绝非随意得之。从数学建模大赛到金相技能大赛，我们发现学长之所以能取得成功，是因为做到了持之以恒、刻苦钻研、团队协作。比赛期间遇到的困难，不是只言片语就能说完的。不论是建模大赛时熬夜写论文，还是金相技能大赛时的屡败屡战，他都坚持到了最后。坚持，是最朴实、最难得的一种品质，是成功必不可少的条件。阅读建模书籍、学习建模软件、改进金相磨制的方法，无一不需要刻苦钻研。一项成果，需要团队内的每个人都付出努力才能最终得到，而他在这一方面做得非常好。说到团队协作，学长说自己人缘很好。当被问到是如何维持良好的人际关系时，他说主要是多与同学交流，互相帮助，主动承担一些事情，多换位思考。竞选班委、参加社团活动都是不错的选择。另外，学长告诉我们，他曾经加入大学生心理健康协会并担任宣传部部长，对一个部门的运转模式有充分的了解，这类经历对自己的能力有一定的锻炼作用。

最后，学长建议学弟学妹在面对学习中的难题时，可以采取先自己思考、多与同学讨论的方法，毕竟大学是一个思想碰撞的地方，实在解决不了的问题，再去寻求老师的帮助。至于修双学位的问题，学长建议根据自己的目标来权衡。如果想考研，最好不要修双学位，因为考研需要投入大量的时间和精力。如果选择就业，双学位的确可以起到一定作用。因此，选择权在于自己。

学长说：“我喜欢有事做的感觉，总觉得忙起来才会有一种充实感。”我想，大概每个有所成就的人都是这么想的吧。

（记者：陈淑梅、刘志雄　编辑：陶申）

复材1302班　朱海军：目标决定前进方向

朱海军（图 1–24），复材 1302 班学生，曾担任两年班长，荣获复合材料设计与制备大赛（CPIC）一等奖等奖项，在中文核心期刊发表论文一篇，参与撰写SCI论文一篇，达到B类保研资格要求。

图 1–24　朱海军

面对这么多荣誉，我们不禁好奇：学长是怎么度过大学生活的呢？

在校生活：充实且快乐

朱海军在校时担任班长，虽然事务繁忙，他却可以很好地协调工作和学习的关系。他在考试月之前以班级工作为主，考试月期间以学习为主。起初在处理班级事务时，他因为不熟练而影响工作效率，但他从每一次的工作中汲取经验，下一次就能更高效地办事，也就会有更多的时间投入学习。

谈起学习经验，除了用功之外，朱海军认为积极向学霸们请教也十分重要，有的知识点不知道就是不知道，是需要有人帮忙指出的。在请教时要替学霸们着想，把不懂的问题归纳总结好，与他们约好时间，尽量不影响到别人的个人安排。

如果有厌学的想法，尤其是在考试月的时候，就听听歌或约朋友去看电影，适当放松，但放松后要立即回到课桌进行备考。当然最好把功夫下在平时，考试就会轻松很多。

科研生活：明确目标

大学的假期很长，任务相对较少。朱海军在不太忙的时候会去旅游、追剧，尤其是那些受世人称赞而自己没机会看的美剧。但是，当有一个明确的目标时，他就会为之努力。如大二的假期，为了准备开学后的复合材料设计与制备大赛，他自学了CAD软件和雕刻机软件路径设置；大三的假期则在为雅思考试做准备。

在大学期间，朱海军有机会就去参加不同的比赛，竞赛经验十分丰富。在参加比赛时，他接触到许多新鲜的事物、优秀的队友，同时发现自己的不足，并有针对性地去改善提高。他认为参加比赛要有梯度："大一新生可以先从院级比赛开始尝试，不断汲取经验，再去找机会参加校级、国家级的比赛，一定不能局限于眼前，要敢于挑战自己。"

朱海军在科研方面取得了不少成果，目标明确是他成功的一大助力，他不断激励自己要在这一领域有所作为并努力奋斗。他论文的发表得益于学校本科生自主创新项目。这一项目的结题并不一定需要发表论文，但他就是想着要借这次机会完成"发表一篇论文"的任务。那段时间，只要有空他就会去实验室，甚至假期也不例外。努力的汗水没有白费，最终他达到了自己的目标。

朋友圈：平平淡淡才是真

朋友，对一个人而言是不可缺少的。朱海军很喜欢交朋友，他身边的朋友都特别优秀，他们的闪光点一直吸引着他。正因为如此，他才知道自己要更加努力，去做一个够格的朋友。他强调，有一群志同道合的朋友会大大提高解决问题的效率并坚定自己的决心。

最后，朱海军再一次提到目标很重要。有了目标，才有明确的前进方向。但在实践的过程中，还有两点需要注意：用心和用脑。用心，就是要有决心，要能坚持自己的目标，并朝着目标努力；用脑，就是要学会思考和分析问题，找到更有效的解决方案。

（记者：程敬赛、杨公涵 编辑：成子巍）

高分子1302班　周淑芳：大学就像一盒夹心巧克力

图1–25　周淑芳

周淑芳(图1–25)，高分子1302班学生，在校期间两次被评为"校三好学生"，获得校二等奖学金和三等奖学金，在全国大学生英语竞赛、湖北省英语翻译大赛中均获得二等奖，现已被保送至复旦大学。

她是一个乐观活泼的姑娘，凭借倔强与坚持达到了一个新的高度。在她看来，如果世界上真的有奇迹，那努力就是它的代名词。她就是来自高分子1302班的周淑芳。

在尝试中成长

大学四年，我们有权利、有时间、有精力去编织自己的梦想，面对街头炫酷的个性女孩、潇洒自由的轮滑少年，我们会反问自己能否像他们一样做自己感兴趣的事情，纠结于会不会影响学习。对于这种困惑，周淑芳给出了她心中的答案。

在周淑芳看来，生活中处处都是课堂，犹如面对一盒未知口味的夹心巧克力，最好的方法就是尽可能地多尝几颗。在学习以及培养个性的过程中我们需要大胆尝试并顽强坚持。热爱运动的周淑芳大一期间就加入了院羽毛球队，羽毛球能够带给她纯粹的快乐，每年的"理工杯"羽毛球比赛更是让她热血沸腾。与此同时，她积极参与社团工作，在满足自己好奇心的同时开阔眼界，星光合唱团的大合唱里也有她的声音。

当然，她为此付出了很多，尤其是在学习跳舞的过程中。对于出身贫困家庭的周淑芳来说，小时候无法实现的学习舞蹈的梦想，读大学时终于有机会去实现了，但她不能自私地为了去追求自己的梦想而让爸爸妈妈受苦受累。她努力寻求经济独立——发过传单，当过图书馆管理员、家教老师、辅导员助理，努力申请助学贷款和赢得奖学金，在大学三年里基本没向家里人要过钱。如此辛苦地工作只是为了能有机会去接触她想学习的东西，在学习舞蹈的过程中有数不清的奔波和疲累，她无数次想要放弃，也没有人理解她为什么要学习这些和自己的未来没有什么关系的东西，可是出于内心深处的热爱，她坚持了下来。周淑芳认为，每一件值得去做的事情她都会尝试，要勇敢地面对质疑并坚持下去，每一个不曾尽心起舞的日子，都是对青春最大的辜负。

求知式的学习

周淑芳用一种独特的视角看待学习，她更看重“学习能力”。在她看来，学习是为了“解惑”。对于教材中的知识，她不仅满足于掌握，而且注重运用；对于公式和定理，她更偏爱弄清其由来。

学习是为了求得自身的进步。周淑芳对学习的态度带给她求知的乐趣，当“惑”被解开的那一瞬间，思想仿佛得到了升华，那种纯粹的学习的快乐是什么也换不来的。

除此之外，周淑芳对文学充满热爱。现在很多人宁愿在手机上刷视频、追剧，也不愿拿一本书来看。也许读书在短时间内并没有明显的作用，但是她认为看书能提高人的思维能力。她强烈推荐《平凡的世界》，强调品读这本书定能有更多的领悟。

做好准备　重视过程

没有天才，只有努力。虽然周淑芳在大二的时候申请了华中科技大学的英语双学位，但她的英语竞赛之路并非一帆风顺。她参加过英语竞赛，由于没有充分准备，成绩并不尽如人意。在此之后，她认真反思，分析英语竞赛题型，为之后的比赛做了透彻的分析与充足的准备。为了达到目标，她义无反顾，即使节假日也不休息，在奋斗的过程中从来没有放弃。

她的保研之路同样坎坷。为争取厦门大学的保研资格，周淑芳参加了厦门大学的夏令营，然而在面试环节出现差错，最终遗憾地被淘汰。这给一向自信满满的周淑芳沉重的一击。伤心过后，她认真反思，总结经验教训，为之后的面试做了充分的准备，最终获得了复旦大学的保研资格。

周淑芳在个性签名中写道:“优秀归根结底是生命力的渲染和传播。让自己自信，给他人自由，做一个有趣、有爱、有生命力的人。”她历经艰辛，不断成长，赢得了真挚的友情，没辜负自己的青春时光。愿她的事迹能够激励我们前进，愿她的精神能够帮助更多的材料学子找到属于自己独特口味的巧克力。

（记者：任静柯、秦煦森、邬琳　编辑：成子巍）

成型1302班　张丽萍：用汗水成就梦想

图1–26　张丽萍

张丽萍(图1–26)，成型1302班学生，学习成绩优异，班级排名第一，曾获得国家励志奖学金和两次国家奖学金，两次被评为"校三好学生标兵"。参加第一届"维耕杯"钢结构桥梁设计与制作大赛并获得一等奖，承担2015年武汉理工大学自主创新基金研究项目并已结题。如今已被保送至上海交通大学。

淅沥的小雨从空中飘落，笼罩了喧嚣的街道。张丽萍在完成实验之后，仍从东院匆匆返回，接受我们的采访，给学弟学妹们分享自己的经验和体会。

大学的任务不仅仅是学习，但学习是我们的首要任务。作为一名平均学分绩点4.3的学姐，张丽萍认为在大学中学习，最重要的还是自制力。初入大学，很多学生第一次真正地离开了父母的呵护，再也没有老师整日的督促，身边却多了许多诱惑，无论是刷剧、逛淘宝，还是聚餐、玩游戏，相比于枯燥的学习更充满吸引力。如果能够控制住自己，不沉溺于手机、电脑等的诱惑，以较高的标准要求自己，上课认真听讲做笔记，积极参与实验，及时巩固所学，就能取得令人满意的成绩。

一个人的优秀，不会单单体现在学习上。张丽萍在保持学习成绩名列前茅的同时，担任成型1302班的组织委员，积极配合班长，策划举办了多次班级活动，并配合学习委员，为班级凝聚力的形成和学习风气的营造贡献了自己的一份力量。在谈及担任班委是否会影响自身学习时，张丽萍的答案是否定的。虽然有的时候工作任务会比较繁重，但这仅限于一段时间，并没有到影响学习的程度。相反，担任班委能够很好地提升自己的能力，强化责任意识，使自身在人际交往方面更加适应社会的需要。

在认真学习专业知识的同时，张丽萍还积极参加课外活动，参加第一届"维耕杯"钢结构桥梁设计与制作大赛并获得一等奖，承担2015年武汉理工大学自主创新基金研究项目并已结题。在大学阶段需要培养的，不仅仅是自己的学习能力，还有自身的综合素质。参加此类实践活动，能够大幅度提高自身的人际交往能力，能够接触社会、了解社会，为自己未来的工作和生活打好基础。

谈及对材料学科的认识时，学姐表示严谨的科研态度很重要。而在科研之中，最重要的是独立，要独立思考、独立学习。当然，这里的独立并不是指不与他人合作，故步自封，而是指能有自己独立的看法和想法，不随波逐流、人云亦云。在张丽萍看来，兴趣永远是最好的老师。有了兴趣，才能够更多地去了解、去探究。她在学习与工作的过程中不仅不会觉得累，反而感到十分充实，愿意继续探索下去。

最后，对于同学们都很关心的考试，张丽萍也提出了一些有效而又实用的建议。比如不要待在寝室，效率过低；复习的时候不要带手机，以免自己分心；等等。她希望材料学子们都能找到自己未来的方向，为自己的目标不断奋斗。

奋斗不息，勇于拼搏，张丽萍身上体现的正是这样的精神。她的奋斗还在继续，属于她的成功之花将会开得更加明艳。

（记者：赵晏、张姝炜　编辑：成子巍）

高分子1302班　田晶晶：态度决定一切　付出总有回报

图1–27　田晶晶

田晶晶(图1–27)，高分子1302班A类优秀保研毕业生，曾获三次国家励志奖学金，被评为“勤奋好学先进个人”“校优秀团员”“校三好学生”等，金工实习作品荣获竞赛三等奖。

田晶晶常用“态度决定一切，付出总有回报”的话鼓励自己，她一步一个脚印，稳扎稳打地前行。

在采访学姐前我一直都很好奇学霸的生活是什么样的，和我们平常人的生活不一样吗？学姐告诉我，学霸也是正常人，一分耕耘，一分收获，平时好好积累就成了别人眼中的学霸。学习之余，她也会放松自己：晚上跑跑步、听听音乐，兴起时还练练书法。

以下为采访实录：

记者：关于大学学习你有什么心得体会？

田晶晶：大学中的学习主要靠自学。对于我们来说，学习仍然是最主要的任务。

虽然大学生活丰富多彩，我们可以参加各种各样的活动，但重心还是需要放在学习上。我相信每个人都有自己的学习方法，而我的学习方法主要就是充分把握上课时间，认真听老师的讲解。除了听课，还需要阅读课本，不懂的地方向同学或老师请教。相信每个人只要有了好的学习态度，都会成为真正的“学霸”。

记者：你在实验室学到了什么？

田晶晶：进入实验室之后，我最大的变化是可以逐渐独立思考，冷静对待实验过程中的问题并总结、寻找解决方案。我发现做实验就像挖宝藏，有太多的惊喜等着我们去发掘。正是因为这样，我对以后的实验充满了挑战的欲望，越来越有兴趣继续做下去。

记者：你对学弟学妹有什么好的建议？

田晶晶：希望学弟学妹们能充分有效地利用自己的时间，认真学习，毫不犹豫地抓住每一次机遇，多尝试那些自己喜欢的事情，不断挑战自我，度过美好且有意义的大学时光。

时光总是不经意间流逝了，四年说长不长，说短不短，能在四年间学会什么、懂得什么最重要。在采访学姐的过程中，我们认识到了态度和努力的重要性。田晶晶学姐努力过，最终成功保研，前往另一片更广阔的天地。你呢？现在的你正在努力吗？

（记者：谢丰　编辑：杜林远）

复材1302班　田聪聪：纵十年饮冰　亦不凉热血

图1-28　田聪聪

田聪聪（图1-28），2013级复材本科生，将继续在武汉理工大学攻读硕士学位。他学习成绩优秀，曾获得国家励志奖学金，多次获得校三等奖学金、亚唯奖学金，多次被评为“校三好学生”，获得第九届全国大学生节能减排社会实践与科技竞赛校级二等奖；担任材料学院学生会主席，带领学生会获评武汉理工大学“优秀学生会”，个人被评为“校优秀学生会主席”“校优秀学生会干部”；积极参加社会实践活动，带领的武汉理工大学赴湖北恩施地区“最美乡村行”暑期社会实践队获评“湖北省暑期社会实践优秀团队”，个人获评“湖北省暑期社会实践先进个人”。

田聪聪学长的学习成绩一直名列前茅。在学习生活中，他强调自学的重要性，不仅要自学课内的知识，而且要注重课外知识的获取和技能的提升。他说："对待每一门学科都要在横向和纵向上深入思考，构建知识框架，融会贯通。"

当被问到大学培养什么样的能力最重要时，田聪聪学长指出了自我判断能力的重要性。他说："现在是大数据时代，信息来源十分广泛，一个人必须学会面对信息，分析信息，做出选择。"从另一个方面来说，自我判断能力也是一种对自我作出客观公正的判断和选择自我发展方向的能力。比如，许多人面对读研和就业问题时困惑不已，但田聪聪学长从未感到困惑。他说："我明确地知道自己需要什么，所以从一开始就选择了读研的道路，并为之不断努力。"

进入武汉理工大学前，田聪聪学长就想过大学期间要加入学生会。新生报到后，他便开始为加入学生会做准备。天道酬勤，何事难为？加入学生会后，他对待每一个任务都十分认真仔细。大二时，他担任学生会的一个部长，带领自己的团队做好部门工作，努力与其他部门沟通交流，服务他人。大三时，已是院学生会主席的他面临更加繁重的学生会工作任务，他说："那个时候真是感觉自己的生活很辛苦，但是从来没有想过要放弃。"他把每一件事都打理得井井有条，在辛苦中锻炼自己。正是在他的带领下，院学生会荣获"武汉理工大学优秀学生会"称号，他个人也荣获"校优秀学生会主席"等称号。

田聪聪学长也加入了实验室研究团队，进行科学探索。他和队员参加第九届大学生节能减排大赛，主要研究太阳能变色玻璃。说起那段经历，他感触很深："每天除了上课外，其他时间全部在实验室做研究。每个周末都是从早上七点工作到晚上十一点半，有时候连饭都不去吃，就连宿舍楼的楼管阿姨都因为给我开门而认识我了。"正是在这样辛勤的努力下，他们的项目荣获校级二等奖。

生活中的田聪聪学长乐观向上，他报名参加马拉松长跑，不断挑战自我、完善自我。他说："当第一次在两千多人面前发言时，我真的很紧张，但是我必须去完成，因为我想要挑战自己。"

最后，田聪聪学长想对大家说："找准目标比盲目努力更重要。"

（记者：平安　编辑：韩佩柔）

材料jd1301班　徐甜甜：勇往直前　青春无悔

图1-29　徐甜甜

徐甜甜(图1-29)，材料jd1301班学生，大学四年平均学分绩点和综测排名均位列班级第一，曾获国家奖学金、国家励志奖学金，被评为"校三好学生""校三好学生标兵""校优秀共青团员""勤奋好学先进个人"等，在材料性能设计与制备竞赛中获得"最佳创意奖"。

在整个大学的学习生涯中，徐甜甜学姐始终保持着积极乐观的心态，时时以高标准要求自己，努力学习专业知识，积极参加各项实践活动，锻炼自己各方面的能力。

徐甜甜是班上的学习委员，她说担任学习委员的经历真的让人难忘："谈这个就一定要谈到'奇神'。'奇神'是我读大一时班里的学习委员，他特别负责，现在已经保研浙大啦。我经常在晚自习后向他请教难题，他总是很耐心地给我讲解。我觉得自己能取得还不错的学习成绩，真的与他的帮助有很大关系，所以特别感谢他，他一直是我学习和努力的榜样。我当时想担任学习委员一职有很多理由：首先，刚进入班级，和同学们不太熟悉，希望能有更多机会去认识、了解班上的同学，尽快融入这个大家庭；其次是受'奇神'这个榜样的影响，想试试看自己能不能像他当初帮助我那样去帮助班上的同学，哪怕起一点作用也好。"

每一个材料人都会走进实验室，当徐甜甜通过努力正式成为FCT课题组成员时，她感觉自己有了归属感，有了可以为之奋斗的目标。但是真正参与科研后才发现，一切并不是自己期望的那样，她也有过迷茫、颓废和辛酸。东野圭吾的《解忧杂货店》中的一句话点醒了她："要是什么都能按照计划顺利实现，谁还用辛苦打拼？"所以，不管外界怎样，做事竭尽全力、对得起自己就可以了。

闲暇时看看电视、追追剧，学习时全身心投入，学姐的生活堪称丰富多彩。她一直以这样一句话为座右铭："以拼搏之心创造生活，怀感恩之心享受生活。"是啊，优秀的人总是热爱生活、懂得生活的人。

徐甜甜学姐说："我感谢生活给我的一切，美好的和不顺的，我都欣然接受。美好的事情是生活的馈赠，我心怀感恩享受它带来的愉悦；对于不顺或是不理想的事情，我始终坚信这是生活对我的历练和考验，是为了锻炼我的某种能力或培养我的某种品质，以后定会对我有很大帮助。这是一种更可贵的馈赠，想到这我就会很乐观勇敢地接受它。”

最后学姐希望学弟学妹们可以以感恩之心接受生活给予的一切，希望我们能多给自己一些勇气，在花样年华勇敢地追求自己想要的，让自己的青春无怨无悔。

（记者：平安、王亚玲　编辑：韩佩柔）

材料xs1301班　曹宇：无悔科研路

图1–30　曹宇

曹宇（图1–30），材料xs1301班学生，学习上勤奋刻苦，严于律己，在大一、大二学年综合测评中连续获得国家奖学金，被评为“校三好学生”，在大三学年综合测评中获得校二等奖学金，被评为“校优秀学生干部”。他曾参与国家级大学生创新创业训练计划项目，最终顺利结题。

曹宇学长待人友善、热情，有耐心。在与我们约好的采访时间有冲突时，他特地跟我们道歉，重新约定时间，生怕给我们带来麻烦。

他已经直博了。他表示目前最重要的就是好好进行科研工作，争取做出一些值得骄傲的成绩，为科学的发展贡献出自己的一份力量。可见他对科研爱得深切，无怨无悔，即使形容憔悴，精神世界一定是充实且富足的吧！正如巴尔扎克所说，在各种孤独中，人最怕精神上的孤独。只有精神富足，才能带来内心真正的安稳。

他回想起刚刚入校时，有着对一切的新奇感，生活一段时间之后，他感觉到大学生活和以前的学习生活有很大的不同。大学以前自己唯一要考虑的就是学习，来到大学之后才发现，在大学里除了学习(虽然是主体)，还有社团、学生工作以及和室友之间的相处需要自己考虑清楚。这不得不占据一些时间，毕竟人不能脱离人际交往，而只跟学习打交道嘛！丰富多样的社团吸引着许多新生，学长不好意思地说，在社团方面他真的不是特别用心，只参加过军训合唱团。也许是这次经历给了他勇气，在后来学生会声乐部招新时，他去参加了面试。结果如何呢？他微微一笑，然后啊……就没有然后啦！之后他想参加一个对学习有帮助的社团，于是就去了数学建模社团。虽然在之后参加的数学建模比赛中没有脱颖而出，但通过社团开设的课程，他确实学到了很多东西，这是参加社团最大的意义了，虽有遗憾但他十分满足。

谈到社团活动就不得不谈到学生工作。作为班上的组织委员，他会和宣传委员一起协助团支书开展各项活动。他们几个会定期对所开展的活动进行讨论，事先思考活动怎么进行，在进行的过程中要注意哪些细节，为班级做出了很大的贡献。他认为工作与学习没有什么冲突，因为学习比较重要。平时每天晚上、周末他都会好好复习和预习每一门功课，这样有工作的时候优先进行工作也不会太影响学习。其实，只要花在娱乐方面的时间少一点，在学习和工作方面的时间一般不会不够。谈吐间，我们可以感受到他的严于律己。

他有时喜欢散散步，思考一下问题，或者什么也不想，放空自己来缓解压力，这是很不错的习惯。在人际关系方面，他认为要多为他人着想，做到换位思考，对方自然而然也会和你好好相处。正如《论语》中所言“己所不欲，勿施于人”，学长很好地践行了这句话。

当与优秀的人在一起时，自己也会变得优秀，这种“同伴效应”对他产生了不小的影响。学长说大家一起复习时效率很高，在与同学的讨论中，可以找到自己的薄弱环节，会意识到自己有哪些地方的知识没有掌握，能知道不同的同学对同一个问题的不同看法，同时这也很好地促进了同学之间的交往。善于向身边的人学习，从而取长补短，的确是他身上不可忽视的特质。在参加国家级大学生创新创业训练计划项目的时候，他是抱着“反正已经进了实验室开始帮师兄师姐做实验了，不如和实验室的同学们一起亲手做一个项目以加深自己在科研方面的理解”的念头去的，最后历经艰辛，一路前行，顺利结题。回想起那些日夜，他经历了许多，也收获了许多：首先，在实验开始前他进行了各种调研，学会了如何查阅文献、如何设计实验、如何撰写开题报告等；其次是学会了实验室里各种仪器的独立操作方法、怎么与人合作等。在遇到难题时大家一起努力，寻找答案。在这个过程中，他感觉自己确确实实对科研有了更加深入的了解，更重要的是知道了怎样进行科研。这些经历已经成为他生命中无法磨灭的一部分，成了他宝贵的财富。他至今仍难忘经过长时间努力，终于得到自己想要的产品时无可比拟的喜悦。

最后祝愿他在科研道路上越走越远，实现自己心中的宏伟蓝图！

（记者：尹钰婷　编辑：杜林远）

材料1304班　武佳璐：一轮行走的小太阳

图1-31　武佳璐

武佳璐(图1-31)，材料1304班学生，连续三年获得国家奖学金，多次被评为“勤奋好学先进个人”“校三好学生标兵”“校优秀共产党员”；发表三篇学术论文，作为项目负责人主持一项国家级大学生创新创业训练计划项目，项目已顺利结题；参加第一届材料基础知识竞赛并获得一等奖，参加第五届全国大学生金相技能大赛并获得三等奖。

水木清华，也许是很多人遥不可及的一个梦，可是对于武佳璐来说，不过是人生道路上的一个重要选择而已。

落落大方　泰而不骄

三月的武汉像是被浸泡在无尽的雨水之中，潮湿阴冷，让人心生倦怠。就着红茶的暖意，一抹蓝色的身影跃然眼前：“让你们久等啦，我刚从实验室赶来。”她一边放下包一边笑着和我们打招呼。在她身上似乎找不到那种学霸特有的高冷，反而如久违的太阳，让人眼前一亮，第一次见面的气氛变得轻松起来。

了解她之前，对她的印象仅仅停留在一些荣誉上，相信每个和她交谈过的人，无一例外会被她眼中无时无刻不在透露出的坚定与自信所感染，一扫之前的倦怠与疲态。这份极具感染力的正能量正是武佳璐学姐这四年不断磨炼自己所积累的。并不是人人生来乐观，并不是人人都懂得拼搏，更不是人人都能享受拼搏带来的压力，可是她做到了，她就成了脱颖而出的那一个。

科研所获　锦上添花

“首先保证成绩，科研只是锦上添花。”她说。武佳璐大一加入导师制平台，一直坚持到现在，目前已有一篇第三作者论文发表于*Materials Science and Engineering A*，一篇第一作者论文和一篇第二作者论文发表于*Journal of Alloys and Compounds*。作为项目负责人，她主持了一项国家级大学生创新创业训练计划项目，已顺利结题。

在学生工作方面，武佳璐一直担任班级学习委员，大二时担任学院马克思主义理论学习研究会学习部部长，现任武汉理工大学就业志愿服务队现场服务部副部长。在文体活动方面，她多次参加校运会和“理工杯”排球赛，取得了优异成绩。在第一届材料基础知识竞赛中，她获得一等奖，在第五届全国大学生金相技能大赛中获得三等奖。

“在大学，只要你敢想，就没有什么任务不能完成。”尽管已经被清华大学录取，直到现在她依然坚持在实验室工作，将自己的生活安排得更为充实，去蹭课，去当辅导员助理，对知识充满渴望的她不放弃任何一个可以提升自己能力的机会。因为即将进入一个更高的平台，她要将自己调整到最好的状态。

乐在其中　学无所憾

“接受你无法改变的，改变你无法接受的。”这是武佳璐一直以来所坚持的准则。难得的是，逆境对她来说，是一种享受，是一道用来跨越的门槛，“年轻人嘛，就要拼一拼”。无论是在实验室熬通宵，还是在安静的湖畔早读，她坚持做好每一个细节，点点滴滴看似平淡的小事日积月累，促成了她的优秀。

在被问到大学四年有没有什么遗憾的事情时，武佳璐思考片刻后给出了答案——没有。在被我们打趣“有一点强迫症”后，她笑道：“可能我对自己的要求比较苛刻。”的确，在面对自己定下的高要求时，武佳璐总是能主动融入环境，并且快速地适应环境。

曾经的校运会、排球赛、晨跑等活动仅是她娱乐生活的一小部分，她更大的乐趣在于不断地尝试将自己提升至一个新的高度。我们似乎能看见她面对新的挑战时的跃跃欲试，以及面对挫折时的愈战愈勇，这个好像永远不会疲惫的姑娘，总是以忙碌的身影和饱满的热情来把握她想要的人生。

（记者：倪倩、马静茹　编辑：杜林远）

材料1301班　赵书文：追逐微光的男孩

图1-32　赵书文

赵书文(图1-32)，材料1301班学生，以突出的工作表现和优异的学习成绩，被评为“校优秀学生干部”“院三好学生”。在全国大学生创新创业比赛中，以第一作者身份发表两篇SCI论文，三项国家发明专利获受理，在校“创新杯”创新创业系列竞赛中荣获能源化工生命科学类一等奖。

为什么要用“男孩”这个词？或许在我们第一眼见到赵书文的时候，就已经有了答案——他十分干净，略带懵懂又开朗直爽，不设防备且热心善良。就是这样一个简单的大男孩，在漆黑的路上，用“坚持”二字迎来了黎明的微光。

“看不到任何希望也要坚持下去。”他说。在信息爆炸、连心灵鸡汤都在不断进化的当下，随便找一个人都能说出这样的话，可经历过一次次的失败、一次次的碰壁，你还能继续在黑夜中摸索前行吗？“一两次成功就够了。”他又说。他做到了，所取得的傲人的成绩说明了一切。

像一名虔诚的信徒，在科研的道路上，他从未放弃，从未因希望的渺茫而退缩。你可以试着想象一下，在暑假里没有了家人的陪伴，没有了朋友的邀约，没有了音乐美食的享受，有的只是实验室的瓶瓶罐罐和一堆等待分析的实验数据，那该是多么坚定的人才能耐得住寂寞。而赵书文恰恰就是这样一个简单到认定了目标便会不懈追求的男孩。

“科研的道路不会平坦，曲折和困惑正是进步的契机。”为了取得预期的实验结果，他不辞辛苦，每天卡着关门的时间回宿舍，连假期也贡献给了实验室。终于，辛苦得到了回报，可样品的测试又成了另一个难题。往返于武汉大学、华中科技大学，他一次次地联系，一趟趟地奔波，都无功而返。好在天无绝人之路，偶然发现的小木虫网站给了赵书文一个大大的惊喜。通过一次次邮寄，样品一步步地被解析。在后期论文的写作与修改中，赵书文更是坚持着每天12~13个小时的工作时间。

除去科研，赵书文对待学习的态度也十分值得我们学习。在经过大一第一个学期的迷茫虚度之后，接下来的每一个学期，他都对自己严格要求，目标定为每科90分以上。他认为，上课认真听讲尤为重要，要跟随老师的思路，养成良好的学习习惯，认真完成作业。所有这一切，都会成为你走向成功的每一小步。

随着时间的流逝，我们的采访逐渐步入了尾声。赵书文告诉我们，其实刚开始他并没有想到自己会走上科研的道路，可谁又能预测未来呢？新老生交流会的启发和实验室学长的鼓励，终于让这颗种子在科学的沃土中生了根；而非凡的毅力以及简单的追求，终于让他破土而出，逐渐成长。当被问到志向时，他说，期待自己能在研究生期间实现一些突破，并将其产业化，或者回到高校继续进行研究的同时，播下更多像他一样的种子。

微光总在尽头，越浓的黑暗越能将其衬得耀眼，何不像赵书文一样去追逐呢？

（记者：高琪、韩雨欣　编辑：韩佩柔）

无机非1302班　唐焱杰：超越当下　尝试中成就未来

图 1–33　唐焱杰

唐焱杰(图 1–33)，无机非 1302 班学生，曾连续三年被评为“校优秀共青团干部”，综合测评排名班级第一，先后获得国家奖学金、校二等奖学金等。多次参与竞赛，获 2016 年“创青春”湖北省大学生创业大赛创业计划赛铜奖、2016 年“创青春”全国大学生创业大赛MBA专项赛银奖。注册并成立武汉金灵湾科技有限公司，获得学校 8 万元创业资助。曾担任院团委副书记，同时积极申请自主创新项目，最终被成功保送至武汉理工大学直接攻读博士学位。

这是一位创业经验丰富、学习成绩优异的学长——唐焱杰。由于唐焱杰学长一直投身于科学研究，时间安排十分紧凑，本次采访采用线上方式进行。我们正遗憾没能目睹学长风采，随后就收到了贴心的学长发来的几张生活照。照片里，一个面目清秀、温文儒雅的男生站在阳光下，对着镜头轻笑，那样从容。

唐焱杰说：“我的大学生活就是一个将所有事情都尝试一遍的过程。”的确，唐焱杰在大学四年期间，发表了一篇SCI论文，多次获得各项奖学金，连续三年被评为“校优秀共青团干部”，获得2016年“创青春”湖北省大学生创业大赛创业计划赛铜奖和

2016年“创青春”全国大学生创业大赛MBA专项赛银奖。他申请了自主创新项目“高校社团高效运营模式的创新与实践”并顺利结题。2015年4月，他开始担任武汉金灵湾科技有限公司的法定代表人及总经理，同时获得了武汉理工大学8万元的创业资助。他在担任院团委副书记期间，在学校“五四”评优考核中，材料学院“五四”红旗团支部数量居全校第一。院团委被评为“优秀基层团委”，他功不可没。最终，他成功被推免至武汉理工大学直博。不断尝试、提升并完善当下的自我，是唐焱杰大学四年的行为准则。

唐焱杰参加创业比赛的初衷是积累经验，锻炼自己。因为材料学院的强项并不是创业，所以一开始参加比赛时，他遇到了不少困难。由于对销售、市场常识的缺乏，唐焱杰所在的队伍不断调整，队员们一边磨合一边坚持。“大家经常一起熬夜，团委书记田仕老师常常陪着我们，及时给我们提出建议，为我们加油鼓劲。”尽管在省赛中发挥得不够好，但在8月份的MBA专项赛中，唐焱杰的队伍取得了满意的成绩。一年多倾尽心血地投入，唐焱杰在这些比赛中不断地挑战自己，他认识到有付出就会有收获。

然而，当大家以为唐焱杰会选择在创业这条道路上一直走下去时，他却意外地选择了科研。这是为什么呢？唐焱杰很快给出了答复——因为热爱。

尽管大多数人认为科研枯燥，但唐焱杰十分喜欢，家人也支持他继续深造。2015年3月，唐焱杰进入了实验室，尽管只是负责简简单单的操作，但在导师潜移默化的影响下，他觉得科研是个充满挑战的方向，愿意去尝试一番，所以参加了胶凝材料课题组，进入硅酸盐实验室进行科研工作，并成功在武汉理工大学直博。唐焱杰对自己性格的描述是：随性，但有时很拼，喜欢多尝试。他不会因为一条既定路线畅通无阻，就选择走那条路，而更愿意听从自己的内心，哪怕别人并不理解。他说，自己的科研能力并不十分突出，但做得好的不一定是自己热爱的，人生的尝试怎么能略过自己热爱的方向呢？唐焱杰希望学弟学妹们也能忠于自己的内心：“我们还年轻，生活充满许多可能性，不如多多尝试，吸取经验，超越当下，成就未来。”

唐焱杰不仅有高颜值，而且有一颗阳光上进的心。他爱好旅行，尽管学业繁忙，也不曾停下看世界的脚步。唐焱杰说：“人生就像一场旅行，趁年轻就应该多出去走走，增长见识，繁忙不是停下的理由。”他将每一次全新的尝试看作探索一座新的城市，这个过程充满了新奇与可能性。虽然他不知道前方会有什么在等他，但仍会义无反顾地选择前行。人生需要尝试，每一次开拓新的世界，都是在寻找更好的自己。

“生无所息”，这是最能概括唐焱杰的词语。他是一个不断超越当下、在尝试中成就自我的人，而这种精神正是许多安于现状的大学生所缺乏的。希望大家能拾起超越自我的信心，像唐焱杰一样不断去尝试新的方向，迎来属于自己的成功！

（记者：崔晶晶、刘波、王哲　编辑：郑芮）

材料1304班　马旭：你的坚持　终将美好

图1-34　马旭

马旭(图1-34)，材料1304班学生，多次被评为“校三好学生”“校优秀团员”“校优秀学生干部”等，获得国家励志奖学金、校三等奖学金；曾主持武汉理工大学自主创新项目，发表SCI论文一篇，一项专利获受理；在“求实杯”社会调研类学术作品竞赛中获一等奖，广泛参加志愿活动，被评为“志愿服务先进个人”“社会工作先进个人”等。

初次见面的那个下午，出现在我们面前的是一位气质儒雅的学姐，她长发飘飘，明眸善睐，笑如春风，让人不自觉地想要了解她。

大学四年，最让马旭有成就感的事莫过于顺利发表了一篇SCI论文。她感慨科研的道路异常艰辛，但收获是巨大的，关键在于自己能否耐得住寂寞，并持之以恒。

初入实验室时，她便给自己定下了一个目标——不辜负在实验室学习的每一天。得知她所在实验室的师兄、师姐都在科研上有所建树并成功发表了论文时，她坚信自己也可以通过努力成功发表一篇科研文章。然而逐梦之路向来坎坷，她刚接触薄膜等专业学术知识时，不得不查阅、翻译各种文献资料，并细心做笔记，有了浅层次的认识之后，便开始根据文献动手实践，每次实验往往需耗费数月时间。为了打破条件限制，她开始积极主动地向校内外相关领域的前辈们请教，周末挤出时间去外校教授的实验室学习测试方法及相关操作。历经奔波劳碌，只为了达成那个既定的目标。天道酬勤，她终于完成了自己的实验探究，取得了成果，顺利地发表了论文。坚持固然很难，然而现实告诉我们，坚持到最后的人运气都不会太差，因为机会只眷顾有准备的人。

除了在科研方面有所成就，马旭学姐的日常生活也格外丰富。为了锻炼自己，她同时加入了学校青年志愿者协会、学生会等多个社团组织。进入校学生会生活权益部以后，诸事繁杂，她却依旧从容不迫，逐项击破。了解到其他学校的学生维权体系后，她深刻地意识到本校与外校之间的差距，也理解了“权益”的真正含义。改变本校维权体系不完善的现状并非一件易事，只有拥有了发言权，才能将想法付诸实践。因此在大三担任校学生会权益部部长期间，她一直致力于开拓学生维权的途径，增强同学们的维权意识，并坚持要求校学生会公众号增设失物招领栏目。令人欣慰的是，这项提议已得以落实，学校的维权体系也逐步健全，这让她倍感自豪，觉得所有的坚持都是值得的。

作为学校青年志愿者协会的一员，她参与了大量志愿活动，被评为“优秀团员”“志愿服务先进个人”“社会工作先进个人”等。通过这些活动，她不仅提高了自己的组织策划能力，而且收获了珍贵的情谊——同学间的友谊、团队间的默契以及来自陌生人的温暖。

马旭学姐说，学习、社团活动和科研确实使她非常忙碌，但她认为这是值得的，这种忙碌而充实的生活可以让她学到更多东西。相比游手好闲、碌碌无为，我们更应该不断寻找机会来锻炼自己，从而遇见一个更为优秀的自己。

坚持是在任何一条道路上取得胜利的法宝。对于我们每个人来说，许多事情不会一蹴而就，需要不懈努力才能有所收获。有时虽然得不到想要的结果，但是只有坚持下去，才能不留遗憾，不负那段努力付出的青春岁月。

（记者：许梦伊、金成静、罗羽　编辑：郑芮）

材料xs1301班　唐士朋：认真做事　踏实做人

图1-35　唐士朋

唐士朋(图1-35)，材料xs1301班学生，曾获得国家励志奖学金、中国建材奖学金、校三等奖学金，被评为“社会工作先进个人”“校三好学生”等。参加过多项赛事，获第二届“中国建材杯”全国高校无机非金属材料基础知识大赛一等奖等。以负责人的身份申报自主创新项目，并顺利结题，被成功推免至武汉理工大学继续攻读硕士学位。

对于成功，每个人都有自己的见解。有的人认为，能过上体面的生活就是成功；有的人认为，有自己的事业就是成功；有的人认为，能让身边的人因为自己而生活得更好就是成功。对于他来说，踏踏实实走好自己的每一步，认认真真做好每一件事就是成功。他就是材料学硕1301班的唐士朋。

在校期间，他获得了多项殊荣，包括国家励志奖学金、中国建材奖学金、校三等奖学金，被评为“社会工作先进个人”“校三好学生”“院优秀学生干部”等。此外，他还积极参加学校举办的各项活动，取得了优异的成绩，如在第二届“中国建材杯”全国高校无机非金属材料基础知识大赛中获得一等奖，在学校太极拳比赛中获得二等奖，在学院金工实习大赛中获得一等奖等。他以负责人的身份申报了武汉理工大学自主创新研究基金项目“环境友好型公路路面建设方法调研及其发展趋势研究”，并顺利结题。作为班长，他团结同学，乐于助人，获得了同学们的一致好评。

未雨绸缪，厚积薄发

大二学年才进入实验室的他相比于很多同班同学来说有点落后，他却这么说：“进入实验室学习并不是一件轻而易举的事情，我得在掌握一定的专业技能之后才能更好地进入实验室学习。”当我们为来到大学感到惊喜时，当我们为大学的美好流连忘返时，当我们沉浸于大学的自由和无拘无束时，他已经在默默储备专业知识和技能，为日后进入实验室学习做充分的准备。当我们为繁重的课业忙得焦头烂额的时候，他却能挤出更多的时间去实验室进行科学研究。他并不是落后于他人，而是早就想好自己的每一步应该怎么走，需要付出怎样的努力。正是有了这样的准备和积累，才有后来的成功与喜悦。

制胜关键——平衡时间

大一入学时他就加入了材料学院学生会学术实践部，作为一名学生会干事参与策划并组织了多次活动。他告诉我们，一个大学生不仅要要求自己在学业上优秀，而且要通过参加社团活动锻炼自己的各种能力。

时间对每个人都是公平的。鲁迅说过，时间就像海绵里的水，只要愿挤，总还是有的。大部分人会考虑如何协调社团活动、学习以及科研的时间，对于这一点，他说作为一个学生，最重要的就是学习，但是光学习是不够的，因为当今社会需要的是能够全面发展的人才，而参加社团活动又恰恰能提高我们的实践能力和人际交往能力，这个时候就要看能否把自己休闲娱乐的时间拿出来做更多有意义的事情。在社团的选择方面，他提出要选择自己感兴趣的社团而不是盲目跟风。“不积跬步，无以至千里；不积小流，无以成江海。”他牺牲了自己的娱乐时间去完成别人交给他的任务，当社团活动和学习有冲突时，唯有找到二者的平衡点，才能尽可能成就自己。对于班级工作，他认为要用一种积极的心态去面对，班长是同学们的“领头羊”，更重要的是为同学们服务。同学们选择你当班长，是对你的信任，是对你的能力的肯定，所以不仅要完成任务，而且要出色、高效地完成任务。

无畏失败，勇往直前

回顾自己的大学生活，他也曾有过想要退缩的时候。当初竞选班长时，他觉得自己很普通，担心做不好，怕被人嘲笑。但是，因为有为大家服务的心，所以他鼓起勇气站到了讲台上，在全班同学面前发表了竞选演讲，然后他就真的做到了，而且做得并不差。如果当初没有鼓起勇气站上讲台，他就不会有这样的机会锻炼自己，他的生活轨迹也将会截然不同。所以，他总结道："当机会来临时，相信自己，不要害怕，勇敢地去把握，去争取，去尝试！"

"踏实做人，认真做事"是他给所有学弟学妹的建议。"学会做人，真诚的人总会受到大家欢迎，只有真诚地对待别人，才会交到真心的朋友；学会做事，不能空想，只有脚踏实地，认真地去做，才能做好一件事，不管学习、工作还是科研，都是这样。"

有人认为，野心和魄力是成功者的标配；我却想说，野心和魄力可以成就一个人，也可以摧毁一个人，正如《三国演义》里的曹操，是奸雄抑或是英雄，有时只是一线之隔。所以，一个成功者是应该懂得如何掌控躁动的心灵的。正如唐士朋学长所说，"踏实做人，认真做事"，摒弃浮躁的想法，踏踏实实、认认真真做好每一件事，才能守得云开见月明。

（记者：季颖琪、岳旺　编辑：郑芮）

复材1301班　刘灵珊：目标给予了我力量

图1-36　刘灵珊

刘灵珊（图1-36），复材1301班学生，在本科期间担任班主任助理、团支书等职务，因学习成绩优异、工作表现突出，被评为"校优秀共青团干部""校三好学生""三好学生标兵"等。参与各类比赛，获得全国大学生英语竞赛三等奖、校级职业生涯规划比赛优胜奖等。多次获得校一等、二等奖学金及利德尔奖学金，现已被保送至上海交通大学直博深造。

初见刘灵珊，她很美，干净的眼眸里闪烁着坚定的目光，脸上带着自信的微笑。

刘灵珊做事带着一定的目的性：为了锻炼交际能力、培养外向的性格，大学四年坚持担任团支书；为了提升技能，加入校报文学部；为了达到绩点的要求，奔走于各类课堂；为了建设班级，忍受辛酸委屈；为了提升自我，学习日语课程。

刘灵珊坦言，在大一时，她与大多数新生一样，并没有强烈的想去得到什么的愿望，也没有清晰的目标，可是到了大二就不一样了。大一3.7的平均绩点并没有让她获得优越感，而是激励她更加努力地去学习。大二学年她参加了全国大学生英语竞赛，获得三等奖的好成绩，这让她产生保研的想法，“有了保研的目标后就更拼了”。经过努力，大二学年她如愿获得国家奖学金。一路走到今天，刘灵珊提到最多的就是目标。她说对于自己的大学生活，印象最深的莫过于初学日语的那一段时间，她每天天不亮就起床去伯乐山练发音，然后去上课，并抽出课余时间去上日语补习班。就是这样忙碌到崩溃的日子让她刻骨铭心。“其实有了目标，不会觉得有多累，就是去做，有一股干劲。”

刘灵珊说：“在大学里可以做的事情太多了。”为了不虚度四年光阴，她一直积极参加各类比赛活动。她说，参加比赛的意义不在于获奖，而在于去学习、去与人交流。她参加过学院组织的材料性能设计与制备大赛、复合材料性能设计与制备大赛，并在导师的指导下从事过长纤维增强木塑复合材料、陶瓷化硅橡胶等的研究。正是这些赛事和科研活动，让她不断提高自己的水平，拥有更强的专业技能。

正是有了这些目标及向着目标努力的坚持，刘灵珊获得了一个又一个荣誉，并得到了直博上海交通大学的通行证，收获了达到目标后真正的喜悦。她表示自己会在接下来的科研道路上不断前行，即使前路充满坎坷，也无所畏惧。

（记者：韩雨欣、高琪　编辑：韩佩柔）

复材1301班　刘德旺：踏踏实实做事　认认真真待人

图1-37　刘德旺

刘德旺(图1-37)，在校四年一直担任班长一职，带领所在班级连续三年获得“校优秀班集体”荣誉称号；大二学年组织申报“复合材料液体模塑成型工艺现状调查”校创班级项目，带领全班同学一起完成课题任务，并顺利结题。除班长外，他还担任了校学生会社团管理部部长和材料学院2013级学生第四党支部宣传委员等职务，圆满完成各项任务。他曾获得国家励志奖学金，连续三年获得“上维”奖学金，并在2015年获得CPIC杯复合材料技术竞赛一等奖。

记者：学长你好，你在班上一直担任班长一职，能不能简单说一下当班长收获了什么？

刘德旺：我从大一开始就当了班长，其实当班长真的很累，经常会熬夜到一两点，尤其开学那一阵每天事情都很多。刚开始我想过放弃，但班上很多同学都鼓励我坚持下去，我当时很受感动，然后就坚持下来了，之后处理班级事务也算得心应手，不再像之前那么累了，就一直做到了现在。所以我想对学弟学妹们说，有很多自己觉得对的事情，只要咬咬牙坚持一下，熬过那段最痛苦的日子，后面就可能真的完全不一样了，你会因为自己的坚持取得成功。

记者：当班长的确非常辛苦，但在大学里学习还是最重要的，学长是如何平衡这两件事的呢？

刘德旺：当班长确实会分散我的注意力，尤其是在大一、大二时对各项事务都不熟悉，所以不能将全部精力集中在学习上。但我很重视学习，毕竟学习才是最重要的事。我那时的成绩算不上优异，不过绩点都在3.0以上。等到了大三，在工作方面有了经验，再加上专业课对我来说不是很难，所以成绩进步很明显。

记者：学长感觉自己压力特别大的时候会做些什么来释放一下呢？

刘德旺：一般我会选择去跑步，让自己放松下来，出一身汗，等平静之后再去处理那些事，效率会高许多。

记者：学长毕业之后有什么打算呢？是准备读研还是工作？

刘德旺：我已经找好了工作，其实身边很多同学、老师都劝我读研，可我还是想做自己的事。一方面我觉得自己在科研方面兴趣不够，如果只是为了拿研究生文凭而去读研，那就荒废了三年，对自己很不负责任，也不值得；另一方面我想到社会上锻炼一下自己，积累更多经验。

记者：在找到工作之后，学长应该比较轻松了，这段时间做了些什么呢？

刘德旺：找到工作后，我担任了校学生会社团管理部部长，事情非常多，我就是不想闲下来荒废时间。更多的时候，我是在帮助部里的干事处理棘手的问题。我觉得作为学长，这个时候帮他们一把很必要，很有可能他们因为我的帮助就坚持下来了，最后说不定还能有别的意想不到的收获。

（记者：王亚玲　编辑：成子巍）

高分子1302班　李昱皓：高分子的竞赛达人

图1-38　李昱皓

李昱皓(图1-38)，高分子1302班班长。大学四年，平均学分绩点与综合测评成绩均排名年级第一。曾获得三次国家奖学金，被评为“校优秀共产党员”“校三好学生标兵”“校三好学生”，在全国大学生数学建模竞赛中荣获湖北赛区二等奖。

李昱皓，获得香港中文大学材料系全额奖学金。12月25日，我们见到了这位学长，他的头发梳得一丝不苟，给人印象最深的是他深邃的眼神和自信的气质。

问：能用一段简短的话来形容你的大学四年吗？

答：大学四年过得平淡，我只是做好了一个学生应该做的事情：学好感兴趣的课程，做好感兴趣的科研项目，完成感兴趣的竞赛。

问：刚进大学的时候，大家都会感到不适应，学长当时是什么感觉，又是如何调整过来的呢？

答：第一个感觉是轻松愉快，没有了高中时的压抑，辅导员和班主任都管得很松，大家玩得很开心；第二个感觉是被边缘化，如果自己不积极表现，就会被大家忽略。调整的方法：给自己定几个目标，不让自己长期处于懈怠的状态。刚入学时看到宿舍门口宣传板上的喜报，一个管理学院的学姐连续三年拿到了国家奖学金，我对她十分敬佩，希望自己也能拿一次奖学金。

问：大一的时候大家都对社团很感兴趣，但参加社团势必会影响学习，你是怎么看的呢？

答：参加社团的确会影响学习，但是把握合适的时间节点能降低对学业的影响。刚开学学业负担轻的时候可以多做一些学生工作锻炼自己，临近考试的一个月内应该专注于课程的复习，在不同的时间段应采取不同的模式。

问：大一下学期，材料学院会开放具有特色的导师制平台，你对这一举措有什么看法吗？

答：导师制平台大有裨益，它给每个材院学子提供了接触科研的机会，让每个参与科研的学子知道，科研其实并不是遥不可及的，而是一份需要努力、才智、坚持和一点运气就能做好的工作。我的建议是尽早进入实验室，尽早尝试，从而判断自己是否适合做科研。

问：你参加过多次“创新杯”竞赛并取得了不错的成绩，对想要参加或者正在参加“创新杯”竞赛的同学有什么建议呢?

答：“创新杯”竞赛只是一个组织形式，重点在于你完成了科研项目。因此，要尽全力做好这些科研项目，只有优秀的成果才能让你在比赛中脱颖而出。

问：对于保研，你有什么经验之谈?

答：首先应该多了解往年的保研政策，知道保研主要分为A类和B类，前者看成绩和附加分，后者看科研和竞赛；其次应该根据自身情况进行分析，如果自己的成绩一直排在年级前10名甚至前5名，是很有可能拿到A类保研名额的，这时候你可以通过参加英语竞赛来增加自己的保研附加分。如果成绩不够好，从大二开始，就应该多了解科研和竞赛。科研途径是指通过在实验室工作一到两年时间，以第一作者身份发表论文，来获得B类保研资格。竞赛途径是指参加“挑战杯”系列科技学术竞赛、节能减排大赛、数学建模竞赛等并获得省级一等奖及以上奖项，来获得B类保研资格。

问：能用一段你最喜欢的话来与所有同学共勉吗?

答：“愿中国青年都摆脱冷气，只是向上走，不必听自暴自弃者流的话。能做事的做事，能发声的发声。有一分热，发一分光，就令萤火一般，也可以在黑暗里发一点光，不必等候炬火。”(鲁迅《热风 · 随感录四十一》)

(记者：谌玉莲、李正汉　编辑：韩佩柔)

复材1302班　黄杏：脚踏实地　只为遇见更好的自己

图1–39　黄杏

黄杏(图1–39)，复材1302班学生，曾连续三年获得学校、学院奖学金，被评为“社会工作先进个人”等。她参加全国大学生节能减排社会实践与科技竞赛，对“电致变色”涂膜的制备进行研究；参加武汉理工大学第五届材料设计与制备大赛并荣获一等奖；参加暑期社会实践活动，所在团队获得“湖北省暑期社会实践活动优秀团队”称号。经过四年的拼搏，她收到宝洁(中国)有限公司的录用通知。

在生活中，她是一个积极乐观、诚实开朗的乐天派；在学习上，她是一个勤奋刻苦、好学上进的奋斗者；在科研上，她是一个富于创新、求真不止的探索者；在社团中，她是一个认真负责、热情洋溢的工作狂。她就是黄杏，一个脚踏实地的人。

社团工作

“和大多数大学生一样，我的大学生活也是以学习为主。学习之余，我加入了材料学院学生会。大一那年，虽然只是学生会中平凡而又普通的一员，但我总能认真负责地完成学生会分配给自己的工作。我不期待完成这些学生工作能带来怎样的回报，只求无愧于自己的内心。也许是因为自己的那一份执着，大二那年，我担任了学生会的部长，感觉自己肩上的责任更重了，而我始终坚持初心，脚踏实地。大三那年，我担任学生会副主席，在长达一年的时间里负责撰写大型系列活动‘材料文化节’的策划和总结材料，印制的资料被大家传阅，被兄弟高校借鉴；同时我更加熟练地运用office、photoshop等软件，使用ppt进行展示汇报的能力也得到了提高。”在采访的一开始，黄杏学姐如是说。在进一步的交流和了解之后，笔者还得知，她作为负责人策划并组织了新生入学、志愿服务文化节、文艺晚会等各项活动二十余场，参与人数超8000人，编撰长文十余篇。“在学生会工作的这三年里，经历一番磨炼，我觉得自己有了很大的改变——领导能力、组织协调能力、团队合作能力、随机应变能力都得到了很大的提高，而这也为我后来的工作选择提供了一定的基础。”在交流过程中，她还谈及莫言的一句话：“作家能够站稳脚跟，让他站稳脚跟的还是他对现实生活的一种关注，对于这片土地的热爱，最重要的还是一种脚踏实地的、勤勤恳恳的、忠诚的写作状态。”她说：“在三年的学生会工作中，我始终坚持脚踏实地、尽己所能，不去计较结果，但行好事，莫问前程。”

科研创新

谈到科研时，她格外激动：“‘创新使领导者区别于追随者’，我一直把团委书记田仕老师说的这句话作为自己的人生格言。”她对创新始终怀揣热忱之心，对科研有着浓厚的兴趣。2015年11月至2016年4月，她参加了全国大学生节能减排社会实践与科技竞赛，所在团队的研究方向是“电致变色”涂膜的制备。“我们研制涂膜，设计梯度实验方案并测试，寻找原料最优配比。我们的创新研究首次实现了在柔性基板上镀膜，这大大降低了成本，更利于工业化生产。此外，这次创新研究利用太阳能发电产生极反电流，在不额外耗能的条件下实现室温调节，实现了太阳能的合理利用。”她自信地展示自己的科研成果。

此外，她还参加了材料性能设计与制备大赛。从最初的设计方案到通过ansys软件进行有限元分析计算，再根据相关参数制作产品。她与团队成员同心协力，相互配合，出色地完成了研究任务，最终获得了武汉理工大学第五届材料性能设计与制备大赛一等奖。在总结自己在科研创新上的心得时，她说："现在回想自己当初的科研之路，还是觉得要脚踏实地，不可操之过急。科研创新最重要的是心态，觉得自己做得到或做不到，只在一念之间。在科研的路上我们难免会遭到否定与质疑，这正是考验我们心志的时候，要么在质疑中死亡，要么在沉默中爆发，而我选择坚持下去，因为我相信自己。"

社会实践

2015年4月至9月，她报名参加武汉理工大学"最美乡村行"暑期社会实践活动，远赴恩施体验少数民族文化，探索新农村建设。该活动得到国家级和省级媒体的关注和报道，其团队获得"湖北省暑期社会实践活动优秀团队"殊荣。在那次社会实践活动中，她主要负责与当地政府部门联络，大到恩施州政府、新农村建设办公室，小到乡镇、村党支部，共举办八场座谈会，进行六场个人专访，使武汉理工大学成为当地首所建立暑期社会实践基地的高校。"通过参加那次社会实践活动，我在真正意义上走出校门，踏入社会，不敢说自己做得有多好，只要尽力就够了。"不去计较太多，尽量做好就行。她一直是这样说的，也是这样做的。

职业选择

"最后来说说我的职业选择吧。在大一的时候，我和很多大学生一样，对自己的未来一度感到很迷茫。不是不知道自己想要什么，而是想要的太多，而能做的太少。我曾想过出国，或者考研，但三年的学习生活和社团工作真的改变了我很多，直到后来我毅然决然地选择了毕业后步入职场。在这一路的转变过程中，我还是坚持脚踏实地，一步步规划自己的未来。"目前，黄杏已经收到宝洁(中国)有限公司的录用通知。人们常埋怨"理想很丰满，现实很骨感"，而对她而言，理想可以远大，但不应只是空话，要为自己的理想努力打拼。"不要一味去想我要怎么样，应该多想想我能怎么样，这样理想才有存在的意义。"她说。

(记者：奚莹莹、庄振明　编辑：郑芮)

复材1302班　洪时泉：读万卷书　行万里路

图1-40　洪时泉

洪时泉(图1-40)，复材1302班学生，曾以第一作者身份发表SCI论文一篇，拥有两项发明专利。他曾被评为"校三好学生"，多次获得国家励志奖学金、校一等奖学金、"亚唯"一等奖学金，多次参加竞赛，获得"创新杯"竞赛三等奖、CPIC复合材料技术竞赛二等奖以及武汉理工大学第五届材料性能设计与制备大赛一等奖，获得B类保研资格，被成功推免至上海交通大学。

初次见到洪时泉，他从教学楼方向走过来，不急不缓，盈着一脸笑意，很暖很暖，像春天的阳光。"我们找个草坪边晒太阳边谈吧。"采访愉快地开始了。

洪时泉在大一的时候并不清楚自己究竟适合做什么，"我和小伙伴们尝试过自主创业，但是由于社会阅历不够、经验不足、团队凝聚力不强等多种因素，这次创业最后以失败告终。"他笑得很坦然。他喜欢做实验，喜欢科研，而且认为参加科研竞赛可以积累经验，锻炼自己的心态。

认清自己的洪时泉，在茫茫学海中找到了自己的方向。他大二时通过导师制进入了实验室，跟着导师学习了两个月后，导师出国进行科研，指导他的研三学长毕业了，只有一个研二学长教他实验的入门知识，整个实验方案要靠他自己去摸索。从实验"小白"到完成实验方案、发表文章，跨度长达一年多，失败了无数次的他想过放弃，但真要放弃时又舍不得。他不断暗示自己："说不定下一次就成功了呢。"回想起独自探索的一年多时光，洪时泉把自己一次次的尝试看作历练，他相信有付出就会有收获。他认为自己是幸运的，运气是成功的一部分，然而笔者认为幸运也是实力的一部分，成功应该归功于他不断探索、永不言弃的精神。

洪时泉不是一个只专注于科研的人，他十分热爱生活。他建议学弟学妹们走出去，哪怕只是晒晒太阳、散散步也好。他每周保持一定的运动量，偶尔下棋、练书法，闲暇的时候也去图书馆阅读，拓宽视野。"我很喜欢一句话：读万卷书，行万里路。"他在大一的时候不仅看了许多书，而且几乎逛遍了整个武汉，路上看到的不仅是风景，还有各种各样的人。

秉持着“做正确的事，正确地做事”的理念，洪时泉每天都会用备忘录记下当天要做的事情，督促自己完成小目标。笔者问道：“是不是每天的事情都能完成呢？”他笑答：“当然不能啊！不过做事情要分清主次，把每天最重要的事完成，离小目标就不远了。”只有对未来有清晰的规划，督促自己去做事，才可以把学习和生活打理得井井有条。

时光总是匆匆而过，他就快毕业了。看着这个生活了四年的校园，他说仍为校训“厚德博学，追求卓越”而自豪。这四年遇到的人与事都使他成长了很多，虽然有遗憾，但回忆中都是美好的画面。最后，谈到未来时，他说喜欢挑战自我，读完研后，不管是读博、出国还是就业，都会勇于尝试，相信自己不会再留有遗憾！

在愉快又短暂的采访结束后，笔者深深地感受到了“学霸”光环背后的许多艰辛，他们为了自己而努力，为了未来而奋斗，值得我们学习。

（记者：崔晶晶、刘波、王哲　编辑：郑芮）

高分子1301班　郭佳丽：平凡的小目标

图1-41　郭佳丽

郭佳丽(图1-41)，高分子1301班学生，“材料之星”评选活动的最初组织者之一，保研至华南理工大学，曾以第一作者身份在核心期刊发表论文，带领团队参加第四届中国大学生高分子创新创业大赛，获得二等奖，多次获得国家励志奖学金、校三等奖学金、“晨宝”社会奖学金等，被授予“校三好学生标兵”称号。

初见学姐是在班主任助理聘任会上，当时竟不知学姐是这样一个“学霸”，今日再见，当被问及“采访了那么多‘材料之星’，今天你也作为‘材料之星’被采访，心里有什么特别的感受”时，学姐很直爽地回答：“梦想成真了吧。大三下学期的时候给自己定下一个小目标，希望自己也能作为‘材料之星’被采访一次，我觉得这是我参与‘材料之星’评选活动最佳的结束方式。”

开始磕磕绊绊

大一踏入校园，我们站在了同一个起点。刚开始的时候，我们对社团有一种新鲜感，但对于社团与学习的取舍，我们时常把握不好。在采访过程中，学姐也提到，大一的时候自己没有处理好工作与学习的关系，在社团工作上花费了过多的精力，影响了学习。现在想想，其实是自己没有合理规划时间，或者当时没有意识到学习的重要性。她说，花80%的精力和时间做出来的工作和用40%的时间和精力做出来的没有太大差别，可以利用剩下60%的时间做很多让生活变得充实又有意义的事情，比如看书、学习和运动。

当问到学姐在大一时的小目标时，性格爽朗的学姐坦言："期末考试不挂科！是不是特别没追求？当然，其实那会儿也挺蹉跎光阴，但留有遗憾是大学中再正常不过的事情了，希望大家能够走得无怨无悔。"

过程各有辛酸

当谈及社团和班委工作时，学姐有着独特的见解。我们大多数人只看到了做学生工作会浪费时间，殊不知学生工作也带给我们锻炼的机会，不同的工作带来的机会和体验是不同的。就拿社团和班委工作来说吧，它们最大的差别可能是在一些集体活动中你表现的主动程度不同。在社团锻炼较多的人会更加有领导意识，会更有想法，不会一味地随大流。

第四届中国大学生高分子创新创业大赛二等奖、2015年国家级大学生创新创业训练计划项目负责人，国家励志奖学金、校三等奖学金、"晨宝"社会奖学金等，对于这些荣誉，学姐一笑而过，只是语重心长地说："比赛最能锻炼人，希望大家多去尝试，不要那么在乎结果。"从最初的"材料文化节"院级比赛开始，她一点一点摸索，逐步提高能力，最终在大型比赛中崭露头角。

选择难以割舍

对于即将毕业的大学生来说，考研还是工作，似乎成了高考之后的又一人生选择难题。有的父母希望子女能通过考研获得更高的学历，有的父母认为工作可以让子女更好地将理论和实际相联系，使掌握的知识更加牢固。对此学姐给出了这样的解答："其实我在大一时也想要找工作，每个时期都不一样吧，想法是会随着时间和经历而改变的。不要把自己的路定得那么死，要灵活一些。做好当下的事，你会发现其实很多事情都会水到渠成。读研还是挺重要的，研究生和本科生的平台不一样，人的视野会不一样。大一时采访过的一个学长给了我很多指导，我也经历过迷茫与纠结的时期，大二的时候终于坚定了保研的目标。”

没有一个决定是轻易做出的，学姐做出了她自己的选择，而还在犹豫的我们，何不多看看、多问问、多尝试？做好当下的事，先把期末考试作为小目标，无论我们最后做出何种选择，都会有更多选择的余地。

结局问心无愧

对于自己的大学生活，学姐很风趣地总结道：“大一的时候比较天真懵懂吧，没有珍惜时间的意识，学也没学好，玩也没玩好；大二倒是玩好了，还是没学好；大三就是一个转折点吧，学好也玩好了；现在到了大四，给自己定个踏踏实实玩好的小目标。”在整个采访过程中，学姐让我感受到一种非常乐观的生活、学习态度，相信这是学姐一步步实现自己目标的基础吧！

“每个阶段，我们都要给自己立一个小目标，尽管在别人看起来这很傻。做不到先赚一个亿，那就先搞定一道题。”在采访临近结束时，学姐这样告诉我们。刚上大一的我们也许并不会觉得时间过得有多快，可时光真的在指缝间飞快地溜走。珍惜大学四年的宝贵光阴，让我们制定一个个小目标，并去努力实现它们。“希望每个有梦的人都能勇敢追梦，希望每个努力的人都有好的结局。这是我的一位导师对我说的话，我想把它送给更多的人。”

（记者：岳旺、季颖琪　编辑：郑芮）

复材1301班　郭海长：认识自己　听从内心

图1-42　郭海长

郭海长(1-42)，复材1301班学生，曾获得国家奖学金、校一等奖学金、海涛奖学金等，被评为“校三好学生标兵”“勤奋好学先进个人”；曾申报国家大学生创新项目“高能量密度钒酸钴负极材料合成与电化学性能研究”并顺利结题，以年级第一的成绩获得A类保研资格，被保送至北京大学。

保研之路漫长又艰辛，而郭海长以优异的成绩保研至北京大学，令人佩服。当笔者问他何时开始确立保研目标，他笑了笑说，大一时听说了很多学长的保研经历，曾当过记者采访了一位保研学姐，但当时并没有保研的念头，只是一心想着学好。郭海长说："喜欢一件事，并认真坚持去做，你就会做得很好，剩下的一切都会自然而然地发生。"他专心于学习，成绩一直处于年级前列，保研目标就理所当然地实现了。

我们常认为，成功的人一定有着明确的目标，郭海长却反问笔者："你们觉得大学阶段就只是一个确立目标、达成目标的过程吗？"其实我们所说的目标，比如不挂科，并不是真正的目标，而只是外在压力。他指出，很多学生在大一大二时仍旧处于迷茫的状态，只一味地关注奋斗目标，其实他们更应该去关注事情本身，倾听自己的内心。总是去询问别人的目标，总想着去模仿别人的成功，那自己想过的生活呢？自己内心的声音呢？只有倾听自己的内心，追寻自己想要的，才能获得属于自己的成功。

郭海长是一个喜欢读书的人，他对每一本书都有自己独特的理解与思考，能透过小故事看到自己追求的理念，并认识自我。当谈及怎样在保研与就业之间做出抉择时，他一直强调：认清自己，就能明白想做什么、适合什么，就能做出最好的选择。不必在意别人的评价，做自己想做的，就会有独特的收获，也会感到由衷的快乐，而不是稀里糊涂地混日子，在别人的评价和外界的压力下过完大学四年。

针对大学生离不开手机的现象，郭海长说："人生只有一次，不可重来。不管你的大学生活过得怎样，不管你多么后悔，你都不可能再来一次。在这个大背景下，有时候你会发现，放弃一些东西去达到自己的目标是比较容易的。所以，想要获得好成绩，想要过上理想的生活，离开手机并没有想象中那样困难。"

当被问到除了看书以外的休息方式时，郭海长说他一直热爱跑步，用跑步来放松大脑，让自己更加清醒。

转眼到了正午，我们不舍地结束了这次采访，那一句"认识自己，听从内心"久久萦绕于心间。正是认清了自己，郭海长才能保持学习的激情，以优异的成绩保研到北京大学；正是听从了内心，他才能拒绝外界的诱惑。大学时期正值奋斗年华的我们更需要认识自己、听从内心，去追寻自己想要的生活，去创造属于自己的辉煌！

（记者：崔晶晶、刘波、王哲　编辑：郑芮）

成型zy1301班　葛羽：坚守信念　找到更好的自己

图1-43　葛羽

葛羽(图1-43)，中共党员，成型zy班学生，成绩优异，先后获得"校二等奖学金"、"维耕"奖学金、"校一等奖学金"、"梁亮胜"奖学金、"国家奖学金"，被评为"校三好学生标兵""校三好学生""校优秀学生会干部"。她积极参加各项文体活动，获得武汉市高校艺术节金奖、湖北省第五届大学生艺术节甲组一等奖、武汉理工大学第十五届"创新杯"科技文化节大学生创业大赛铜奖。现已被保送至上海交通大学攻读硕士学位。

聊起大学四年的生活，学姐滔滔不绝地向我们讲述她的各种经历。

她表示，让她印象最深刻的是大二学年担任院文工团团长助理的那段时光。院文工团团长助理是一个事务繁多的职位，除了主要负责材料文化节部分文艺表演、新生才艺大赛、毕业生晚会等学院重大文艺活动的策划、统筹安排和举办外，还需要联系各部门配合相关工作以及报销活动费用等。于她而言，每一次活动策划都是一次历练，她会收获经验，也会因此成长。过程不总是一帆风顺的，伙伴们可能会因为意见不合而起争执，各部门可能因为对工作的熟悉程度不同而配合不默契。在时间紧迫和工作繁重的情况下，许多问题会一一浮现，但是每个人都有着共同的目标——将活动办好。因此，大家会克服一切困难，认真做好每一个细节。正是一次又一次的实践，让她学会如何合理安排自己的时间，在做好本职工作的同时，也不落下学习成绩。

提到学习经验时，学姐十分谦虚，说自己并不是学霸，只要内心重视学习，用心钻研，成绩自然不会差。在学姐看来，只要我们有自己想做的事并且愿意付出心血去做，拥有属于自己的信念，敢闯敢拼，不辜负大学四年的美好韶光，就可以找到那个最好的自己，把每一天都过得很充实。

学姐的业余生活既充实又惬意。她加入了管弦乐团，为了参加湖北省第五届大学生艺术节的比赛活动，暑假留校和伙伴们一起训练。艰苦的付出并不是为了拿到名次，她只是单纯地喜欢音乐，喜欢和伙伴们一起演奏，享受每个音符碰撞在一起的快乐。音乐在她们心间留下了感动，她们收获了珍贵的友谊。

在学术研究方面，学姐也小有成就。她进入现代汽车零部件技术湖北省重点实验室，时常抽空跟着老师、师兄师姐们学习。她的一项发明专利“一种中厚板差热体积成形装置与工艺”获得受理。作为负责人，她主持了国家级大学生创新创业训练计划项目，带领团队以“汽车变速换挡机构移步连续复合精冲成形研究”为课题，于2016年4月顺利结题。

四年的大学生活让她成长了许多。学姐表示，被保送到上海交通大学读研以后，她会继续坚持自己的原则、信念，继续向着远方、向着梦想前行，并保持一颗平和的心。在采访的最后，她衷心祝愿学弟学妹们都能坚持自己的信念，遇见更好的自己。

（记者：金成静、罗羽　编辑：郑芮）

成型zy1301班　方少英：要做就做到最好

图1-44　方少英

方少英（图1-44），成型zy1301班学生，曾获国家奖学金、校一等奖学金、二等奖学金、“维耕”助学金、中船黄埔文冲一等奖学金，被评为“军训优秀学员”“院优秀共青团员”，三次被评为“校三好学生”，光荣地成为一名中共党员，现已保研至华中科技大学。

与方少英学长见面之前，笔者有很多的猜测：他会是一个什么样的人？是不是“两耳不闻窗外事，一心只读圣贤书”的学霸？是不是个性内向甚至有些木讷的理工男？然而见到本人之后，这些猜测被一一推翻。与其说他是一位注重学习且为人低调的学长，不如说他是一位亲切健谈的大哥哥，交谈起来认真而又不失幽默风趣。

笔者先询问了保研的相关问题。方少英学长表示，自己在很久以前就决定要读研，而且家人也表示理解并支持。方少英说，在当今社会，虽然学历并不能代表一个人的全部，但高学历是一个人努力与优秀的最好证明。他告诉笔者，在争取保研名额的过程中，他遇到的最大问题是英语没有通过六级考试，这使他在报考院校时受到不少限制。然而这并没有让他丧失信心，相反，他更加专注于提升自己其他科目的成绩，并且积极参加学院与班级组织的活动。功夫不负有心人，他不仅以优异的成绩获得保研资格，而且以实际行动得到了党组织的认可，被发展为一名共产党员。方少英还告诉笔者，在面试时英语仍然十分重要。学习英语不能只注重笔试部分，学会如何用英语表达自己是同等重要的，不能放弃对英语的学习。方少英表示自己的记忆力并不算好，于是他利用一切可以利用的时间来背单词，努力学习英语。

关于接下来的努力方向，方少英告诉笔者，主要是努力当好班长并尽早完成毕业设计。由于他的研究方向是光电工程，他希望将毕业设计的重点放在光电工程上，但是成型专业与光电工程的相关之处并不多，这是一个极大的难题。除此之外，他还要为期末考试做准备，尽管获得保研资格的他只要不挂科就不会有任何影响，但他还是想争取考高分，为本科四年的学习画上一个完美的句号。时间允许的话，他还准备提前接触一些研究生的课程，为将来的学习作铺垫。

当谈到日常学习习惯时，方少英的话似乎多了起来。他先是强调了课堂听课效率的重要性，指出要珍惜上课时的每一分钟，只有这样才能更好地理解、消化知识，还可以为日后考前复习节省大把时间。他以自己参加计算机二级考试为例进行了说明。当时他既要参加考试，又要为入党准备各种材料，班级还有不少需要他参与的工作，权衡之下他决定放弃计算机二级考试的备考。因此，他几乎是以“裸考”的状态走进考场的，但是由于在上课时认真听讲并在重点处做了笔记，他顺利通过了计算机二级考试。说到这里，方少英还分享了一些关于考试的心得：首先，复习要有计划。面临考试时不能自乱阵脚，要稳住心态，一步一个脚印，踏踏实实地把学过的知识复习一遍。现在很多同学都有拖延症，他建议同学们给自己一个时限，一旦超过时限而未能完成，就给自己一点惩罚。其次，不要提前交卷，即使已经检查很多遍，也不要浪费宝贵的考试时间，能多检查一道题都是好的。

方少英告诉笔者，他觉得大学学习最重要的一点就是自制力，在室友玩电脑时静下心来学习是十分考验人的，这时自制力显得尤其重要。不仅如此，面对考试作弊、不良嗜好等时坚决说“不”，也需要很强的自制力。

采访快结束时，方少英应笔者请求，给同学们提出了一些建议。首先，不要总是将自己与其他人进行比较，这不仅毫无意义，而且会引起情绪波动，活出自己才是更重要的。其次，无论是学习还是生活都不要太功利。相比于结果，我们更应该重视过程。失败是每个人都必须经历的，经得起失败的人才配得上成功。最后，希望每个人都不要虚度大学四年的光阴，无论是学习上有所成就还是在兴趣爱好方面有所收获都是极有意义的，愿同学们拥有精彩纷呈的大学生活。

（记者：胡嘉瑞、罗雨晗　编辑：陶申）

复材1402班　彭雪娇：思者无域　行者无疆

图1-45　彭雪娇

彭雪娇(图1-45)，复材1402班学生，连续三年获得校三等奖学金，在雅思考试中取得7.0的好成绩。她利用课余时间在武汉大学修读法学双学位，并顺利通过了国家统一法律职业资格考试。她曾担任材料科学与工程学院通讯社宣传部部长，已获得曼彻斯特大学和谢菲尔德大学的录取通知书，将前往英国继续深造。

十一月底，天气微寒，彭雪娇来到日本东北大学交流学习已经一个多月了，在接到笔者的电话后，她平静而温和地接受了采访。

初到日本，语言是第一道难关。来自十多个国家的四十多名同学会聚在这里，学习、生活都离不开沟通交流。对于以高分通过雅思考试的她来说，学好语言的关键在于坚定目标不放弃。

“为者常成，行者常至。”大二下学期修读双学位是她的第一次出行。她失去了周末休息的时间，取而代之的是早起前往武汉大学的法学课堂学习，每个周末都是如此充实与忙碌。从材料科学到法学的跨学科学习，对于勤思笃学的她来说，并没有像常人眼中那样困难。学法是她高中时就有的心愿，“不论在大学里学习什么专业，以后从事什么工作，基本的法学知识都是必要的。”这是她修读法学的初衷。初衷一旦形成，加上自身对法学的热爱和日复一日的坚持，学有所成并不是一件难事。作为一名理工科学生，她坦言，学法最大的好处就在于帮助自己从单一的逻辑推导中跳出来，辩证地看待事物与思考问题。

出国是彭雪娇的第二次出行，而且是一次远行。她说，在一个地方待久了，总想出去看看。出国的想法最初就萌生于此。申请留学的过程并不容易，对于她来说，最困难之处就在于准备文书。文书需要经过反复修改，只要学会灵活运用语言包装自己，突出自己的闪光点，就有机会脱颖而出。

到日本之后，快速适应当地生活也是一大难题。出行方面，她用“美丽的仙台坐落在日本东北大学内”来形容学校校区的分散，这意味着从宿舍步行到教学楼需要一个小时之久。接着是人际关系方面的挑战。班级四十多名同学中，华人仅有五名，文化差异是不可避免的。交流过程中有困难，但她也开阔了眼界，收获了短暂而意义非凡的友谊。学习方面，彭雪娇一周有十个小时待在实验室，研究方向为染料敏化太阳能电池。“虽说与国内所学的复材知识联系不紧密，但材料的知识是互通的，研究方法也可以互鉴。”她说会不会有成果还不知道，但毕竟是在为科研做贡献，自己还是很开心的。

“红叶经霜久，依然恋故枝。”彭雪娇的两次出行，一次跨越了学科之域，一次跨越了国家之疆，“常为而不置，常行而不休”者，如是而已。愿她在异乡的土壤中继续汲取养分，早日学成归来。

（记者：王墨池、李岚　编辑：胡嘉瑞）

材化1401班　毛家威：一万年太久　只争朝夕

图1–46　毛家威

毛家威（图1–46），材化1401班学生，平均学分绩点及综合测评始终保持在年级第一，获两次国家奖学金、一次校一等奖学金，多次荣获“校三好学生”称号，曾参与三项专利申请及论文发表，在材料文化节“功能材料制备与性能”竞赛中带领团队获二等奖。现保送至上海交通大学。

非洲大草原的“草地之王”尖毛草能在几天之内长到一两米的高度，人们惊叹于它的生长速度之快、势头之猛，却不知道它的根部往往长达三十米。没有谁的成果是随随便便一蹴而就的，在你看不到的背后，更多的是不为人知的努力付出。毛家威正如尖毛草一样，在学习的海洋中汲取知识，最终绽放成一朵绚丽的花。

当谈到大一入学时的体验，毛家威表示自己同样经历了学习上的不适应：教室座位不再固定，同桌同学随时更换。他没有选择松懈，而是积极地面对各方面的挑战，不断调整自己以适应全新的生活、学习状态，不念过往，不惧将来，砥砺前行。

谈起大一、大二的学习生活，毛家威觉得自己过得充实而自在。他会在每一堂课前做好预习工作，在课后完成一本厚厚的习题集以巩固所学知识点，在自习室里朝乾夕惕，在每一次考试前分秒必争，加上平时的勤学苦练，他每次都会得到令自己满意的成绩。宝剑磨砺绝非在一朝一夕之间，而在持之以恒之中，正是对知识日复一日的累积，使得毛家威连续两年保持年级第一的成绩。当被问起如何保持学习的激情时，毛家威说："学习其实是一件很有意思的事情，就像解答一道高数难题，你会不自觉地感受到思考的乐趣，而当你发现一道题目的多种解法时，又会收获一份惊喜。"在学习中发现乐趣并视之为消遣，学习就不再是他人强加的任务，而是生活中的一种别样的调味料。

大二上学期，毛家威进入了新材料研究所邵刚勤老师的课题组学习。在这里，他参与了三项专利申请并发表若干论文。他说："做科研需要的是耐心与坚持，许多人在新鲜感丧失后就放弃了，这是很可惜的。只有坚持下来，才会有所收获。"毛家威还告诉记者，做科研其实并没有大家想象的那么深奥复杂，"只要跟着导师的步伐，多向学长学习，慢慢就会掌握其中的门道"。

竞赛方面，毛家威在材料文化节"功能材料制备与性能"竞赛中带领团队获得二等奖。作为一个团队的领导者与主心骨，他必然要付出更多，但同时也能收获更多。"做领队很能锻炼人，你可以从中学习如何与人沟通交流，学习团队协作，同时还能提升领导和组织能力。"

大四学年，在班上同学忙于为考研做准备时，毛家威主动担任了班长这一职务，尽心尽力为班级服务。在课余，他还参与了班级帮扶计划，帮助学习有困难的同学通过考试，督促成绩落后的同学一起自习，并积极解答其他同学提出的各学科的问题。

优秀的人总在路上，不为过往的浮沉所扰，不被将来的未知所困，认真走好当下的每一步便是制胜的关键。毛家威也正一步一步留下踏实的脚印。

（记者：胡嘉瑞、林心铭　编辑：胡嘉瑞）

材料 xs1401 班　戴宇航：两脚踏实地　风雨无飘摇

图 1-47　戴宇航

戴宇航（图 1-47），材料 xs1401 班学生，武汉理工大学第十二届十大风云才子之一。他积极投身科研，学术科技作品《电子/离子双连续传导的高倍率纳米电极材料》荣获第十五届"挑战杯"全国大学生课外学术科技作品竞赛一等奖和第十一届"挑战杯"湖北省大学生课外学术科技作品竞赛特等奖；以第一作者身份发表 SCI 论文两篇，申请国家发明专利两项。现已被保研至本校，获直博生资格。

“……有一类人，他们把世界体系及其构成作为他们的感情生活的支点，以便由此找到他们在个人经验的狭小范围里所不能找到的宁静和安定……他们每天的努力并非来自深思熟虑的意向或计划，而是直接来自激情。”这段话出自爱因斯坦的《探索的动机》，用来形容这位意气风发的学子是再合适不过了。他将科研作为自己的信仰，作为自己一生所追求的目标，饱含着对科学的激情和信念，矢志不渝地走下去。

刚入学时，面对缤纷复杂的大学生活，戴宇航与大多数同学一样，充满了迷茫。在他看来，他所经历的不仅仅是一个新生对于大学生活的探索，更多的是独自闯荡一个陌生环境所带来的孤独。不过幸运的是，他并没有被眼前的困难吓退，而是积极寻找方法走出困境——主动去和辅导员交流，约上好友相互鼓励。谈及那段迷茫的日子时，他说：“最重要的是做好自己的事情，完成自己的学业。当专心于一件事情的时候，很多烦恼都会被忘记。”困境和迷茫并不可怕，在困难面前绝不轻言放弃，坚持下去总有拨云见日的一天。就这样，在积极调整和不懈努力下，戴宇航顺利度过了迷茫期。

如果为戴宇航的大学四年标注一个关键词，那一定是“格物穷理”。

大一下学期5月，戴宇航通过导师制平台，进入了麦立强老师的联合纳米实验室。刚刚踏入实验室大门的他怎么也不会想到，一方窄窄的实验台、目不暇接的药品和让人眼花缭乱的实验设备，会最终成为他展翅高飞的平台，也成为他大学四年乃至一生的归属。“刚进实验室的时候我就想科研是不可能做的，这辈子都不可能做科研。”他猝不及防的幽默让我们情不自禁地笑起来。其实真正打动戴宇航的是他自己取得的研究成果。“这种感受是无法比拟的。就在结果出来的那一瞬间，我爱上了这种瓶瓶罐罐里的研究工作，也找到了真正值得我去努力的方向。”在不懈努力下，2017年10月，戴宇航作为第一作者在*Nano Energy*（SCI收录，影响因子12.343）发表论文一篇，在国际顶级材料期刊*Advanced Materials*（SCI收录，影响因子19.79）发表论文一篇，并获得两项国家发明专利。因为这些成就，他跻身武汉理工大学第十二届“十大风云才子”。他告诉笔者：“做科研是一个让人静心的过程，应该扎根一个地方，扎扎实实地做事情，每天想的不应该是我要去哪里，而应该是我能做什么。这个静心的过程能启发人的思考——思考项目，思考不足，不断反思总结才能有收获。”

在戴宇航眼中，研究课题就是解决问题，是去思考、去批判的过程，这个过程的意义不仅是研发成果，而且是使人在思考和批判的过程中不断成长，最终完成自身的蜕变。科研就是格物穷理：“格物”是成果的研发，“穷理”是本性的修炼。

“要问我最难忘的人，应该是那位给过我帮助的师兄。”说到这里，戴宇航陷入了对往事的回忆。那时他参加“挑战杯”全国大学生课外学术科技作品竞赛，熬夜是常有的事，有时候为了修改申报书的错误要熬通宵。有一次文本出了错误，他的一位师兄在自己的会议结束后(时值深夜)，把戴宇航叫到办公室，坐在他跟前，一丝不苟地审阅并修改每一个细节直至天明。讲到这里，他停顿了一下，然后逐字逐句地说："我从来没有见过这样为别人的事情而付出的人。"科研给戴宇航带来的不仅仅是学术上的进步，更是人格的修炼。"近朱者赤"，戴宇航在实验室学到的宝贵知识和人生经验，给他之后的工作和生活产生了深远的影响。

与这样一位优秀的学子交流是笔者的荣幸，而时间也在不知不觉中流逝，戴宇航还要回实验室继续自己的研究。采访结束前，笔者希望他能寄语两句。他想了想说："我觉得对于所有的科研工作者来讲，工作就是探索，最主要的目的是使自己达到一种境界，即心灵的自由和安宁。从'格物'到'穷理'，从'修学'到'修心'，唯有两脚踏实地，方能风雨无飘摇。"

(记者：秦煦森、缪德星　编辑：王哲)

复材1402班　邓宗义：严于律己　尽忠职守

图1-48　邓宗义

邓宗义(图1-48)，中共党员，复材1402班学生，先后参与多项社会工作，曾任年级委党团事务部干事、2014级本科生党支部书记及宣传委员、2014级本科生第一党支部书记等职，曾获湖北省第二十二届外语翻译大赛决赛优秀奖、湖北省第二十三届外语翻译大赛初赛三等奖、"外研社杯"全国英语写作大赛初赛三等奖、"普赛达杯"高分子材料设计与制备竞赛三等奖等。已考取武汉理工大学材料学院研究生。

邓宗义，校优秀共产党员，先后担任2014级本科生党支部书记和2014级本科生第一党支部书记，是老师心中最勤勉踏实的学生干部，是同学们最值得信赖的党支部书记。他带领的党支部连续两年获评"武汉理工大学学生先进基层党组织"，支部工作事迹入选武汉理工大学"两学一做"党支部风采展示工作案例。临近毕业，他以初试399分、复试年级第一的成绩考取材料学院研究生。

他高中时即为预备党员，进入大学后历任党支部宣传委员、书记，与支部党员干部一起，充分发挥党支部战斗堡垒作用和党员先锋模范作用，打造学习型、创新型和服务型党支部。他创造性地开展支部工作，利用专业学科优势，开展材料学科前沿知识科普系列活动，以“爱材惜才，引领未来”为主题邀请本年级优秀同学做分享，以身边人带动身边人，激发同学们的科学梦，加深同学们对专业的热爱。同时，他将此活动推广至社区、小学，让更多的人因材料知识而受益。此外，他组织党员对校医院卫生状况进行义务检查，在珞南街社区养老院为老人送温暖，组织开展“精准结对助学，争做合格党员”活动，帮助学困生走出困境，带领党员参与期末监考，配合做好年级学风和考风建设工作，定期开展寝室卫生及文明建设检查，为身边的同学营造良好的学习生活环境。每项工作他都冲锋在前，与党员战友们并肩作战，用一股“拼”劲让支部各项工作走在前列。

在被问及如何组织领导党支部时，他说：“严于律己，以身作则，为党员树立良好的榜样，严格要求所有党员遵守纪律。想要调动支部党员的积极性，就要在要求别人做好之前，先做好自己。”在组织党员参加活动时，他从未以任何理由缺席，要求党员去做的事情，他一定会提前做到最好。“我们曾组织过‘手抄《中国共产党章程》四十天活动’，号召支部党员每天重温一部分内容并工整地抄写一遍，以加深理解。无论当时发展党员和党员转正的工作量有多大，无论多晚，这四十天我都坚持了下来，绝大多数党员完成了任务。”严于律己，简单的四个字，他做到了极致，这就是他领导党支部取得许多成就的原因之一。

面对工作，他总是一丝不苟。2016年7月17日，材料学院“印象随县乡村行”暑期社会实践队到达湖北随县，次日上午将与随县环保局联合挂牌成立大学生暑期社会实践基地。17日晚上，身在学校的邓宗义接到辅导员的紧急电话，需将“暑期社会实践基地”的牌匾送至实践队。邓宗义二话没说，立即奔赴武昌火车站。他买了从武昌去随州最早一趟列车的车票，夜间在车站大厅发现从汉口站去随州的第一趟列车更早，于是便退票，重新买了汉口站的票，坐通宵公交车赶到汉口站，在实践队前往随县环保局前与他们会合，没有耽搁挂牌的时间。“当时就想，实践队忘带牌匾一定很着急，我在学校，不能看着大家为难，便坐车送过去。至于从武昌站转去汉口站，是为了提前到，降低迟到的概率。”邓宗义笑着说，“我答应了肯定会尽力办好。”

在做好党支部工作的同时，他不忘认真对待学习。他对待学习和对待工作一样有目标、有计划，按部就班，循序渐进，都要“冲在最前面”。在制订考研复习计划时，他考虑了各科分数的上升空间，“因科而异”合理分配了复习时间。因数学较差，他利用三个月时间集中复习数学，取得了较好的成绩。为了更全面地掌握专业知识，他将专业课本《高分子化学》的内容抄写了一遍。“通过抄写，我对专业知识有了整体的把握，在细节上查缺补漏，还能沉下心来，调整复习状态，同时可以练字，一举三得。”在总结考研经验时，他说：“如果我当初认真学习数学，就不会有备考三个月的艰苦，所以说，每一步都算数，你走的每一步都是在为以后做准备，你的每一个选择都与以后息息相关。”他在总结支部建设成效时也提到了“正是因为我们一开始就认真组织支部活动，每一项活动都认真开展，而不是走形式、应付检查，支部凝聚力才会增强，广大党员的宗旨意识才会增强”。

“路漫漫其修远兮，吾将上下而求索。”作为党员，他积极参与党支部工作，严于律己，以身作则，成长为校优秀党员的同时，将党支部建设成为校先进基层党组织；作为学生，他合理规划时间，努力拼搏，取得了优异的成绩，不留遗憾。

（记者：程敬赛　编辑：崔晶晶）

高分子1402班　熊玉菲：一名舞者的自我修养

图1-49　熊玉菲

熊玉菲(图1-49)，高分子1402班学生，现任校团委文化艺术部部长。她多次参与组织大型文艺活动，排演的舞蹈作品《你是一首歌》荣获武汉市第十三届高校艺术节金奖，《盛世鸿姿》获武汉市第十三届高校艺术节银奖。随团赴法国洛林大学孔子学院进行文化艺术交流，连续四年代表学院参加金秋艺术节舞蹈比赛，已保送至武汉理工大学。

人们总说眼睛是心灵的窗户，从熊玉菲的眼中，我们看到的是她的自信和对未来的美好憧憬。这便是一名舞者的修养，不论何时何地，都要将最好的精神面貌展现给他人。

作为一名学生，熊玉菲一直严格要求自己，成绩在学院内名列前茅。她多次获得校级奖学金，曾在全国大学生英语竞赛中获得三等奖。然而，舞蹈是她身上最耀眼的闪光点。在学习之余，熊玉菲积极参与社团活动：大一时加入大学生艺术团舞蹈队；大二时担任大学生艺术团舞蹈队队长；大三时担任大学生艺术团副团长；大四时任校团委文化艺术部部长。一路走来，她付出了许多汗水。在团期间，她协助管理大学生艺术团的日常训练、人员安排、活动策划等事宜，并致力于舞蹈队和声乐队的业务提升和团队建设。从金秋艺术节展演到卓越文化节校庆晚会，再到2016年度寻访“中国大学生自强之星”活动颁奖分享会，她的每一次策划，只为得到大家的认同。她连续四年代表学院参加金秋艺术节舞蹈比赛，作品《傲雪梅》《英雄》均获得一等奖；参与排演的舞蹈作品《你是一首歌》荣获武汉市第十三届高校艺术节金奖，《盛世鸿姿》获武汉市第十三届高校艺术节银奖，随团赴法国洛林大学孔子学院进行文化艺术交流。

“虽然没有固定什么时候练舞，但每周是一定要排练的。有的时候，跳着跳着，身体会比大脑更快一步做出反应，或许这就是练久了的本能反应吧。”舞蹈是一门用身体来表达的艺术，只有通过不断地琢磨与练习，舞者才能在表演时以最好的状态，把最美的姿态展现给观众。

有的时候，熊玉菲既要忙于练舞与排舞，又要投入精力进行学习，以保证不落下功课，这使得她的付出数倍于旁人。因为排练都安排在白天，所以学习到深夜甚至凌晨对她而言已是家常便饭。即使是这样，她也没有缺席过一堂课，第二天的课堂上她依旧认真做笔记，实在困了只在课间小憩一会儿。尽管承受着巨大的压力，她还是选择坚持下来，最终她的成绩获得了老师的认可，工作也得到了学院的肯定。三年里，她凭借优异的学习成绩、过人的文艺才华、突出的社会贡献，荣获“青年五四奖章”。

“学习和跳舞其实是相通的，技巧固然重要，但起决定性作用的是态度与恒心。一个知识点不明白，那就花时间去请教、钻研；一个动作做得不标准，那就花时间反复练习，直到做得标准为止。”熊玉菲如此说道。

每一个舞者都曾经历过舞台上的意外，熊玉菲也不例外。她说印象最深的是几年前参加的一次市级演出，由于舞台不稳，她在做跳起落下的动作时脚踝骨折。但她并没有直接下台，而是忍着剧痛表演结束后才去医院。或许是崇高的职业道德，或许是舞者的自我修养，让她一定要将完美的表演献给观众，熊玉菲将“艺术”的含义展现得淋漓尽致。在不断地学习中，她已从初学者成长为“小艺术家”了。

在采访的最后，笔者问到她觉得在大学期间舞蹈方面得到了哪些提升。她说：“以前在舞蹈班，老师教的是技巧，教你怎么去记它，很少教你去演；而舞蹈演员在台上是要去表演的，不光要把舞跳好，还要把自己的情绪融进去，把这个舞蹈给‘演’出来。”

林语堂曾这样评价艺术：在艺术作品中，最富有意义的部分即技巧以外的个性。熊玉菲表示，保研后自己仍然会继续参加舞蹈活动，舞蹈对她而言早已不是动作的组合，而是将自己融入其中的艺术表演，让我们在今后的活动中继续期待她的精彩表现吧！

（记者：林芳妃、万潇彬　编辑：罗雨晗）

复材1402班　季颖琪：一颗拼搏之心　方可乘风破浪

图1-50　季颖琪

季颖琪(图1-50)，中共党员，复材1402班学生，曾荣获校一等奖学金、中国建材二等奖学金，三次被评为“校三好学生”，曾担任材料学院通讯社副社长、材料学院2014级年级委文艺部部长，因在工作中表现突出，获得“院优秀共青团员”称号。已被保送至中国科学院上海硅酸盐研究所。

季颖琪给人最直观的感受，就是不服输。

“不要认为自己不行，要勇敢地去尝试。”她说，“树立一个个小目标，一步步朝那个方向努力。”起初，她的成绩并不是特别好，但她不甘于现状，而是保持着中学时期不服输的竞争精神，不断给自己树立目标，并为之不懈努力，一步一步地提升自己。

这种不服输的精神同样体现在科研方面。不同于其他人在大一大二时就进入实验室，季颖琪在大三时才接触实验的核心。因错过饭点而忍饥挨饿、刚回寝室就快要熄灯没有热水洗澡……这些都是她经常面对的困难，但她咬紧牙关，坚持了下来。如今，专利申请“一种基于石墨烯/碳纳米管气凝胶的微型超级电容器的制备方法”已被受理。

对于许多人来说，在社团待了一两年后热情就会减退，可季颖琪在材料学院通讯社一待就是三年，从一个最基层的干事到能独当一面的副社长，她正是靠着这种不服输的精神走到现在。她尽心尽力地策划每一项活动，主持举办了华中六校联合的“镜头里的故事机”创意图片征集大赛，扩大了活动的规模，实现了从四校联合到六校联合的转变。“在材料学院通讯社的三年是我对大学生活记忆最深刻的三年，因为我见证了它的成长，它见证了我的成熟。”为了能够完成每一个任务，季颖琪学会了合作，同时不断汲取知识，迎难而上。

这样一个不服输的女子并不是时刻紧绷着，季颖琪说娱乐与学习应该有效结合，两者都需要认真对待，学到极好，玩到极嗨，但需要分清先后，学习在先，玩乐在后。周末，她和朋友们出去吃饭、打羽毛球、逛街……不仅玩得非常开心，而且友谊日渐加深。在学习时，她专心致志，待在图书馆或自习室专注于不懂的知识点和难题，不弄懂不罢休。谈及如何根治手机依赖症时，她建议在自习时不要带手机，让自己专注于学习，这样才能提高学习效率。

其实，季颖琪和我们一样爱美食、爱购物、爱唱歌……不同的是，她能保持一颗拼搏向上的心，且做到了劳逸结合，最终收获颇丰。

（记者：陈建归、李睿英　编辑：赵晏）

材料1406班　白熠：脚踏实地才是成功的不二法门

图1-51　白熠

白熠（图1-51），材料1406班学生，曾获得校二等奖学金，被评为“校三好学生”“校优秀共青团员”“军训优秀学员”等，担任过班长、副班长；曾在“新生杯”篮球比赛中获得季军，在“金秋艺术节”舞蹈比赛中获二等奖，在“新生才艺大赛”中获一等奖，在武汉市第十三届高校艺术节舞蹈比赛中获银奖。已考研至华南理工大学。

他是“学习先锋”，曾多次获得校级奖学金与社会奖学金，成功考取华南理工大学研究生；他是“舞池中的精灵”，在金秋艺术节、大学生艺术节舞蹈比赛中都曾获得奖项；他是“靠谱先生”，在班级中担任班长、副班长、组织委员，得到同学们的广泛好评。他叫白熠，当我们对他的全能表现感到惊讶与好奇时，他却表示：脚踏实地才是成功的不二法门。

“刚进入大学时还是比较迷茫的。”白熠说。当时他认为，在大学里就是要多参加活动，锻炼各方面的能力。这想法没错，但后来他发现应将学习放在第一位，通过其他活动锻炼能力对于掌握知识来说只是锦上添花。与身边优秀同学相比，他发现很多人其实是全面发展的，并没有因为学习耽误了社团、科研方面的锻炼，所以他不断向他们学习，增强了自律意识，渐渐地也走上了正轨，从被动学习到主动学习，有了初步的规划，对未来也有了期待。从大一学年的班级第19名到大二学年的班级第4名，再到大三学年的班级第2名，对于成绩的稳步提升，他表示没有什么捷径可言，踏踏实实地埋头苦干，就是最有效的方法。他还强调了英语学习的重要性，研究生入学考试中英语80分的优异成绩，是他成功考入华南理工大学的关键。

谈及在各大艺术节舞蹈比赛中的优异表现，他来了兴致。原来早在进入大学之前他就学过街舞，后来因为机缘巧合进入了武汉理工大学大学生艺术团舞蹈队。在这里，他深深地感受到了舞蹈带给他的快乐。因为舞蹈，他结识了一大批优秀的人，很多人成了他很重要的朋友。在第六届湖北省大学生艺术节舞蹈比赛中，他们通力合作，最终获得一等奖。在这一过程中，他感受到了团队协作带来的幸福感。舞蹈在他的大学生活里扮演着重要的角色，尽管有时可能会占用些许学习时间，但总的来说还是收获大于付出的。

此外，白熠对班级事务十分热心。谈及热情来源时，白熠表示，一方面是责任，既然他担任了这个职务，就有义务为大家服务，把班级的事做好；另一方面是自身的要求，不论在什么位置，手里有什么工作，做好它是一个态度问题，培养这种意识，不仅关系到能不能做好班长的工作，而且对以后做其他事有积极的影响。想要有效调动班级力量，他觉得首先最重要的是和班级同学打成一片，经常去班里其他寝室和同学聊聊天，增进同学们对他的信任；其次就是以身作则，只有自己做好了，才能叫得动别人。待人真诚，给人安全感，踏踏实实，这些不仅是做事的原则，而且是做人的关键。

“社团活动的时间较为固定，有训练安排便及时赶到；班级事务抓紧完成，尽量不积压；剩下的时间就分给学习和娱乐了，平衡好，以学习为主。只要不拖延、不懒惰，时间还是很充裕的。”白熠对于时间的管理方法让人印象深刻，其各方面出色的表现正来源于此。

最后，对于过去三年多大学生活的感受，白熠总结道：“永远把学习摆在第一位，这里的学习不止于书本上的知识，还包括社交能力、表达能力、解决问题的能力等等。我们要摒弃浮躁，抵御种种诱惑，沉淀自己。”

（记者：孙维一、高琪　编辑：张姝炜）

材化1401班　陈梦嘉：厚积薄发　砥砺前行

图 1-52　陈梦嘉

陈梦嘉（图 1-52），材化 1401 班学生，曾任校团委微信运营中心总监，多次获得校奖学金以及社会奖学金，被评为“校优秀学生干部”“校优秀共青团干部”“社会工作先进个人”等。在科研上，她成功申报本科生自主创新研究基金项目“一种新型无铬少锌复合达克罗涂层的研究与制备”，并顺利结题，取得国家发明专利两项。2017 年 9 月被保送至北京航空航天大学。

武汉理工大学团委微信公众号，想必大家都不陌生，今天的主人公就是在校团委宣传调研部微信运营中心任总监的陈梦嘉。

前行之路，始于尝试

“你只会后悔自己没有去做的事情，而不会后悔每一次的尝试和努力。”谈起自己整个大学阶段的经历时，陈梦嘉这样对我们说道。无论是学生工作还是科研活动，她总是以积极的心态参与并持之以恒，认真负责地完成每一件事，画掉任务卡单上一排排的待办事项是她这几年来常做的事。

“大一刚入学时就接触新媒体宣传工作了，那时候社团招新，学长们可能觉得我挺活跃的，就带着我开始干宣传，当时也没想到一干就是这么久。再说科研方面吧，我是大二进入实验室的，当时周围有很多同学通过学院导师制平台进入了课题组学习，自己也不知道科研是什么，想着既然有一个可以深入了解的机会，为什么不去瞧瞧呢？就这样，我充实的生活开始了。”

媒体运营，有始有终

新媒体运营并不仅仅是看上去简简单单的图文推送。在校团委宣传调研部负责“武汉理工大学团委”微信公众号的运营工作期间，陈梦嘉从事的具体工作有通过平台发布最新团学动态，播报与学生相关的新闻资讯和校园内的热点话题，推送专题内容和开发微信功能，同时包括线下活动直播、校园歌手比赛策划及对优秀学子进行采访等专项工作。

做学生工作可以让人成长进步，不仅带来一些个人技能的提升，而且对为人处世的态度有很好的培养作用。陈梦嘉说自己在这三年的时间里不断成长：刚开始时作为小干事从学长那里领取宣传任务，规规矩矩地负责图文编辑；熟悉工作之后就琢磨着怎样结合自己的想法以及校园热点话题，把图文推送做得活泼生动，具有感染力；后来参与线上线下结合活动，如新年音乐会的网络送票、采访理工大风云学子精英团队等，开发公众号的新功能，对大型校园活动进行宣传，如新生军训方阵投票、最美团支书评选活动、“唱响理工”校园歌手选拔大赛等。谈起收获时，陈梦嘉说在从事新媒体工作的过程中，自己最享受的就是和小伙伴们一起讨论新想法、谈论新创意的过程。有一次元宵节，她们策划了一场别具生趣的“猜灯谜”活动，将看漫画猜校园建筑的谜语与当时刚推出的AR全景红包相结合，提升了平台的活跃度，引起了不错的反响。在“中国大学生自强之星”评选活动期间，为了宣传“六有”大学生精神，她们结合微信卡券功能在公众号平台推出了集“六有”券的活动，收效显著。虽然三年的学生工作需要她付出时间、情感和精力，但她觉得是十分值得的：“和可爱的人一起做新奇的事，这让人时刻充满了新鲜感和动力，加班加点和突击修改是常有的事，但是看到有好的反响和效果的时候，就会觉得付出是值得的。”长期的学生工作培养了她认真、严谨、负责任的好习惯。新媒体宣传中的用词和排版，是工作中微不足道的一部分，但要把这部分做到尽善尽美，不是一件容易的事情。她更加细心严谨，要求自己一遍遍检查，确保无误后再进行下一步，这样不仅减少了一次次返工的麻烦，而且为自己和他人都节省了时间。

选择科研，戒骄戒躁

谈到自己的科研经历时，陈梦嘉说，是程旭东老师说的“我们做的材料就相当于给别的材料穿上了一件新衣服”的比喻，让她对科研产生了初始的兴趣。后来，她积极联系进入课题组深入学习，参与申报了本科生创新研究基金项目“一种新型无铬少锌复合达克罗涂层的研究与制备”，取得国家发明专利两项：“一种有机硅树脂乳液改性无铬达克罗涂料、复合涂层及其制备方法”“一种耐高温环保达克罗涂料、涂层及其制备方法”。“做科研太需要戒骄戒躁了，因为你真的不知道要经历多少次失败后才会成功。”急功近利的心态是不可取的。陈梦嘉说自己在实验初期总是遇到合成的浆料黏度太高、流动性差的问题，进行了多次尝试后依然没能找到原因。她有些急躁，可急躁并没有帮助她解决问题，反而导致其他方面的疏忽。最后她调整自己的状态，静下心来和小伙伴们一起分析，寻求师兄师姐和老师的帮助，查阅文献，改进方案后重做，正是这一次次的失败让她们成长。陈梦嘉一直强调进入实验室学习，坚持很重要：“我们已经有了这么好的学习机会，为什么要放弃它呢？应该好好珍惜才是，半途而废太不值得了。坚持下来，然后一点一点提升自己，终会有所收获的。”

大学是一个广阔的平台，希望大家都能够找到自己真正喜欢的事情和领域，勇于尝试并坚持不懈地为之努力，你走的每一步都算数，而陈梦嘉就是这样用她的尝试和坚持向我们展示了大学生活的另一种精彩。

（记者：程敬赛、王丽玉　编辑：崔晶晶）

材料1401班　董峰：静下来，铸我实力　拼上去，亮我风采

图1-53　董峰

董峰(图1-53)，中共党员，材料1401班学生，曾获得校一等奖学金、二等奖学金、三等奖学金，被评为“校三好学生”等。他积极参加院校组织的志愿活动，累计工时达93小时，参加过无偿献血。已收到几所美国大学的研究生录取通知书，决定前往卡内基梅隆大学深造。

“我想去看看外面的世界。”在大一下学期通过导师制平台接触了实验和科研后，董峰内心深处就埋下了出国的种子。几番考虑后，董峰选择去美国留学，出国之役就此打响。

托福、GRE加上专业课考试，时间紧、任务重，但即便如此，他依然按照自己的计划和节奏行事，没有丝毫慌乱，踏踏实实、一步一个脚印地向目标迈进。大二下学期他制订了详细的复习备考计划，暑假整整两个月，夜以继日地背单词、做练习，有时一连好几天寸步不离房间。关于准备考试，董峰用自己的经历告诫学弟学妹，一定要有计划并及时预约考位。面对武汉托福考位僧多粥少的尴尬局面，董峰不得不远赴江西参加考试，一连四次，终于取得理想的成绩，有机会叩开心仪学校的大门。

“托福考试是基础，出国的准备并非仅此而已，决定申请到名校的关键在于自身硬实力与软实力的提升。”硬实力是指托福分数以及平均学分绩点，所以专业知识的学习自然是不能懈怠的。软实力则是科研经历和自身各方面的能力。董峰说，他曾在纳米实验室麦老师课题组进行科研学习，这段经历使他在申请时脱颖而出。不要急功近利，刻意追求科研成果，成功只是努力的附属品，更重要的是科研能力的提升。

择校时，董峰再三考虑，确定选择卡内基梅隆大学这所以计算机见长的著名工科院校，虽然它相比美国综合排名第十八的莱斯大学稍显逊色，但是其材料科学专业排名美国第十五，这是他最终选择该学校的主要原因。“虽然我不是计算机专业的，但是肯定会学习相关知识。如今对复合型人才的需求量大，当然不能浪费这么好的资源。”谈到对专业的看法时，他这样说道。

在董峰看来，作为学生，首要任务是学习，无论未来决定出国、考研还是工作，成

绩优异是必不可少的条件。他在大一松懈了对英语的学习，后来备考托福耗时费力，相当吃亏。“英语学习要持续投入，特别是口语和写作，不可能一蹴而就。”最重要的是不能犹豫，一旦明确目标就立即行动，而不是徘徊顾虑，裹足不前，白白地浪费时间。

至于兴趣爱好，董峰喜欢看动漫和球赛，还喜欢旅游，偶尔也会打打游戏放松一下。此外，他特别热衷于志愿活动，大学期间累计志愿服务时长达93小时。他还曾参加过无偿献血活动。“看到很多爱心人士献血，可能是出于感动吧，自己也被带动起来，尝试了人生中的第一次献血。”董峰说，在献血过程中他也会紧张，但更多的是自豪，因为可以为社会奉献一份爱心。在大学期间，董峰还担任了班里的生活委员，处理一些相关的班级事务，获得了同学们的认可。“乐于助人，服务集体”是董峰身上一个闪亮的标签。

优异的成绩、积极进取的态度、乐于助人的精神，让董峰在大学期间出类拔萃，成为一名中共党员。董峰说，成为一名共产党员后，在参加每月的党支部活动时，他发现身边有很多比自己更优秀的同伴，这对自己是一种莫大的激励，激励自己去变得更加优秀，去慢慢地向他们靠近。

“最后，请谈谈对学弟学妹的建议。”

“尽早明确自己的目标，然后脚踏实地地去干。途中可能会遇到困难，也会有自我否定的时候，但一定不要轻言放弃。”

（记者：奚莹莹、喻可钰　编辑：张姝炜）

成型1402班　顾彬挺：创造才是原动力

图1–54　顾彬挺

顾彬挺（图1–54），中共党员，成型1402班学生。他成绩优异，曾获校三等奖学金、联洋奖学金，被评为“校优秀共青团干部”“校优秀学生会干部”等；曾任院团委宣传部部长、院学生会副主席。2016年10月，他参加第二届中国“互联网+”大学生创新创业大赛并获得铜奖，获得本校保研资格。

成功来自努力，也需要思想火花的碰撞。大学期间，顾彬挺参加了各类竞赛，在第二届中国“互联网+”大学生创新创业大赛中凭借“智码开门智能快递柜”项目斩获铜奖。“比赛的周期很长，反复推倒重来让人的心理防线不断崩溃，但是你会享受和队友一起努力，不分昼夜为同一个目标奋斗的感觉，很累却很开心。做一件从来没有人做过的事情能够让人兴奋，完整详细的规划和严格的执行让我们走得更远。”顾彬挺坦言，参加创新创业比赛，最难的并不是文本和答辩，而是想法，只有创新才能得到评委的认可。“还记得比赛前需要提交一个一分钟的短视频，要求完整地阐述项目的创新点。起初我们总是无法跳出自己的思维定势，后来经过反复思索总结出创新点，从而制作出创意视频，收到了很好的效果。”

认识自我才能创造未来

初到大学时的不适应一度让顾彬挺感到迷茫，大一上学期他的成绩也不是很理想。分专业时，他根据自身的实际情况，毅然从材料类转入成型类。“很多人不理解我的决定，但至少到目前为止我还没有后悔。”顾彬挺清楚自己该做什么，未来是需要自己去创造的。如今，顾彬挺将继续在本校攻读硕士学位。“保研本校是我仔细分析了自身情况后做出的选择，相信我会给自己一份满意的答卷。”关于未来的理想，顾彬挺表示，要正确认识自己，尽快从抽象的梦想中走出来，要有一个明确的目标，在着眼当下的同时将目光放长远，才能更好地创造未来。他建议想要走科研路线的同学应该早点儿尝试，找到适合自己的领域并坚持下去。

创新使学生工作变得有趣

除了高效完成学业，学生工作也是顾彬挺大学生活中重要的组成部分。从普通干事到院团委宣传部部长，再到院学生会副主席，他曾组织策划了“材料文化节”等大型活动，这些活动经历让他意识到，学院应当有一支完善的新媒体队伍，于是牵头培养了新媒体队伍，建立了宣传体系。他为学院的建设和发展贡献了一份力量，获得“校优秀共青团干部”“校优秀学生会干部”等荣誉称号。“学生工作不仅充实了我的生活，而且让我感受到了自己的蜕变。”因为工作需要，顾彬挺参与了2015届至2018届四届毕业生晚会视频的制作和微电影的拍摄。视频是动态的，是有趣的，也可以充满创意。顾彬挺在每次实现自己的想法并成功制作出一段视频之后，都会收获满满的成就感。创意让工作变得不再枯燥，反而生动有趣起来。

（记者：薛煜川、张照易　编辑：崔晶晶）

材料xs1401班　贺汝涵：挑战自我　走向国际

图1–55　贺汝涵

贺汝涵(图1–55)，中共党员，材料xs1401班学生，材料科学与工程国际化示范学院学生自治组织MA–WUT Chapter委员会成员。她曾参加中美清洁能源女生夏令营及材料科学与技术国际学术会议，获得全国大学生英语竞赛三等奖、校一等奖学金，被评为"校三好学生""社会工作先进个人"等。她曾任团支书，带领团支部获得"校五四红旗团支部"称号。她是材料学院星光合唱团成员，多次参加校级、省级文艺汇演。已获得武汉理工大学直博资格。

2016年，她带领7名队员参加在杭州举办的中美清洁能源女生夏令营；2017年，她获全国大学生英语竞赛三等奖，并前往美国匹兹堡参加材料科学与技术国际学术会议。贺汝涵自信而开朗。

贺汝涵热爱学习英语，在大一大二的英语课堂上，她积极与老师互动，很好地完成了每一次陈述，课外则通过各种途径学习英语。大三大四不再设英语课，她仍坚持收听英语电台节目、听唱英文歌曲、观看英文电影。大三时她参加雅思考试，取得了6.5分的好成绩。扎实的英语功底让她在班级、学院、学校乃至国际舞台上大放异彩。

因为出色的英语学习能力，她和一群志同道合的人在指导老师的帮助下，创建了国际化示范学院首个学生自治组织——全球材料精英计划武汉理工大学分支(Material Advantage WUT Chapter)。"我陪伴着它成长，它也让我得到了锻炼。"贺汝涵坦言，自己曾是一个性格内敛的人，不会主动与人交流，但在多次接触国外友人后，受他们开朗性格的影响，逐渐变得开朗而热情。她积极挑战自我，高中从未担任过班级职务的她，在大二尝试担任团支书一职，最终带领团支部荣获"校五四红旗团支部"称号，她也因此获得"社会工作先进个人"荣誉称号。她报名参加了中美清洁能源女生夏令营，与开朗的外国舍友进行日常交流，对自己的口语表达能力越来越自信。

带着那一份自信，贺汝涵参加了很多国际活动，令她印象最深刻的是2017年的美国匹兹堡之行。材料科学与技术国际学术会议是由五个领先的材料科学相关学会联合举办的学术会议，这里聚集了许多材料领域的科学家、工程师、企业家和学生，大家一起讨论当前的材料研究和技术应用，探讨材料科学技术的未来。贺汝涵第一次来到国际会议现场，被现场的氛围深深打动了。她回忆道：“在会场内，我经常看到几个人席地而坐，围成一圈，热烈地讨论学术问题，这是我从未见过的。我想，这源于他们对材料真正的热爱吧。”贺汝涵聆听了教授们的报告，观摩了演讲比赛、摔马克杯比赛及海报展示比赛等，收获颇丰。这一次的经历开阔了她的视野，她开始尝试从不同的角度去思考并解决问题，这对她以后的学习和生活都有很大的帮助。

大学阶段是一生中最宝贵的时光，贺汝涵抓住机会挑战自我，提升了自己的能力，一步步走到现在，成为一个自信又开朗的姑娘。她不断探索，在挑战自我的过程中不断认识自己，找到了适合自己的方向，也找到了勇气和信心。

（记者：崔晶晶、刘波　编辑：崔晶晶）

高分子1402班　江仁全：把生活凝练成一首诗

图1-56　江仁全

江仁全（图1-56），高分子1402班学生，曾担任副班长和学生科技创新协会创业部副部长。他积极投身创新创业活动，在大一期间创办“双城教育”培训机构，在第一届光谷创业节中获得小组第二名的成绩。他学习刻苦，先后获得校二等奖学金、CPIC奖学金，荣获第九届华中地区数学建模大赛三等奖。已收到广东美的制冷设备有限公司（世界500强企业之一）的录用通知。

“热夏你归来听蝉，再游于北方知寒，沿途不枉为少年，终有个结局圆满……”伴随着奶茶店中轻柔的音乐，来自高分子1402班的江仁全——一个在求职路上一骑绝尘，拿到多家名企录用通知的青年和我们分享了属于他的故事。

探索中寻找方向

初入大学时，江仁全对自己的未来并没有明确的规划，但他怀着满腔热忱开始了自己的探索之路。大一时他加入创业团队，在学长的带领下初步接触创业相关知识，暑假期间便将知识活学活用，和朋友在江夏区创办了“双城教育”培训班。毕竟初出茅庐，场地、生源、资金等问题都曾让他们陷入困境。但这些问题并没有难住他们，反而提升了他们的应变能力。大二伊始，江仁全想尝试做科研，便申请进入纳米重点实验室，跟着师兄做课题。随着对科研的深入了解，他发现自己的兴趣并不在此，科研经历至此告一段落。转眼到了大三，他开始规划自己的就业之路，着手投简历、找实习机会。刚开始他也不清楚自己适合做什么，“只是不停地尝试，试着试着，你想做什么，能做好什么，自然就知道了。我就是这样找到适合自己的点的”。大四时他已经有了一个明确的方向，加上之前丰富的实习经历，找到一份美差可谓水到渠成。他用三年时光去尝试，不怕一无所有，不畏探索、不惧失败，勇气可嘉。

曼陀罗花沿途绽放

曼陀罗花——佛教的灵洁圣物，传说见到它能给人带来无尽的幸福，想必江仁全的人生道路上定是开满曼陀罗花的：创办“双城教育”培训班，实现儿时当老师的梦想；作为副班长积极参与班级建设，所在团支部跻身“全国百优团支部”；多次获得奖学金以及荣誉称号；热爱旅行，大学期间在二十多个城市留下足迹，体味别样的人文气息；坚持写作并运营私人微信公众号，被实习单位的人力资源主管看中；大四下学期拿到广东美的制冷设备有限公司、百威(武汉)啤酒有限公司等多家世界知名企业的录用通知，其他诸如小猿搜题、蓝月亮、中原地产等公司的录用通知更是不胜枚举……这一朵朵绽放的曼陀罗花，都是对江仁全一路披荆斩棘、奋力探索的回报。“我喜欢尝试，成功、失败皆为经历，只有这样才能充实自己。就像在大一时创业，虽然最后由于亏损没能坚持下去，但此次经历给予我的独特财富在我以后的求职路上发挥了不可小觑的作用，我想它也将在一定程度上对我未来的工作有所指导。”

成就得益于规划

我们眼中的江仁全是闪闪发光的，然而他眼中的自己是平凡的。“大学里也有比较遗憾的事，吉他和日语都没能坚持学下来。”江仁全建议学弟学妹们一定要在大学培养一项拿得出手的兴趣爱好，不一定要特别功利，无论什么样的特长，总有一天会有用武之地。每个人生而平凡，想要活出精彩，需要一颗奋进的心。江仁全给同学们的建议是“凡事预则立，不预则废”。比如找工作，要提前制作精美的简历，提前把握自己的求职方向，提前了解所应聘职位的工作性质，提前了解企业文化以及它所能提供的发展空间，提前准备能吸引面试官的自我介绍，提前思考面试过程可能遇到的问题，多准备，早规划，最后尽全力争取。“未雨绸缪才能有备无患，大家都在同一起跑线上，你要做的就是思考怎样才能比别人略胜一筹。”

“别忧愁聚散，又何惧放胆，让幽邃夜晚，静躺入空山……”此次采访接近尾声，跟江仁全道个别吧，祝福他能继续把生活凝结成更美的诗篇，赤脚越过花海，归来仍是少年。

（记者：刘前、谌玉莲　编辑：王哲）

材物1401班　李赛赛：求真务实　不负青春

图1–57　李赛赛

李赛赛（图1–57），中共预备党员，材物1401班学生，三年平均学分绩点位列年级第一，曾获国家奖学金、国家励志奖学金，被评为“校三好学生”等。他曾担任学习委员、代理班长，现已被保送至南开大学化学系。

李赛赛给人最直观的感受就是真实。他仿佛一名隐于世的修行者，执着而又坚定地前行。

大二上学期转入材料学院，李赛赛承受了不小的压力。他在转入后的第一个学期补修了五门课程，获得40.5个学分。压力对他来说不是阻碍，而是动力，他的绩点排名年级第二，并且在当年获得国家励志奖学金，被评为“校三好学生”。为什么他能在重压之下取得满意的成绩呢？他说：“我喜欢攀登高处，不断追求。”正是压力促使他不断向上。学院的学习氛围浓厚，有优秀的人才进行交流，有先进的思想相互碰撞，在这里他收获颇多。

谈及大学四年的收获时，李赛赛说他在实验室收获了成长，不断提高自己的创新能力和逻辑分析能力。李赛赛在大二时接触了导师制平台，专业学科老师亦师亦友，给了他很多建议，在一步步地摸索中他进入了实验室。大三时他将大量精力投入科研工作，寒假一直工作到腊月二十七，成为实验室最后一个离开的人，又在年后第一个回到实验室工作，后来他主持的创新训练项目顺利结题。谈起那段日子，他显得神采奕奕，充满了自豪和满足。他说自己在意的不是眼前琐事，而是造福人类的机会。正是这份豪情与理想，让科研更加充满魅力并持续吸引着他。

李赛赛喜欢棱角分明、瘦硬坚劲的瘦金体，一笔一画中，傲骨尽显。书法，那是另一方战场，另一种修行。一张一弛，才是科学的学习方式。

“愿你在被打击时，记起你的珍贵，抵抗恶意；愿你在迷茫时，坚信你的珍贵，爱你所爱，行你所行，听从你心，无问西东。”李赛赛活得真实，从未迷茫，他会继续深造，不断前行，走得更好、更远。

（记者：田正豪、何文倩　编辑：赵晏）

无机非1402班　高扬：做一个卓越的青年共产党员

图1-58　高扬

高扬（图1-58），中共党员，无机非1402班学生，曾任材料学院团委副书记、学生社团党支部书记。2016年6月成为“湖北省青年马克思主义者培养工程”学员，在基层参加实践锻炼，重走长征路，在大堤上抗洪抢险，体现了大学生党员的奉献与担当。

习近平总书记对当代青年人提出了新的要求：“志存高远、德才并重、情理兼修、勇于开拓。”高扬积极践行这十六字诀——怀揣共产主义理想的他，肩负着当代大学生的责任，体现着青年人不凡的担当。

刚进入大学，高扬就坚定了自己的理想信念，不断向党组织靠拢，成为2014级第一批发展的学生党员之一。在一次“两学一做”学习教育活动中，党支部全体成员观看了孔繁森的先进事迹纪录片，这次观影深深震撼了高扬。作为援藏干部，孔繁森主动申请赴西藏基层，纵使条件艰苦、生活拮据，仍尽职尽责，对西藏人民不离不弃，写下“青山处处埋忠骨，一腔热血洒高原”的豪言壮语，最终以身殉职。孔繁森的事迹深深影响着高扬，他自此默默立下志向，要用一腔热血投身基层，服务大众。

明确目标以后，高扬积极进取，在党支部的各项活动中充分发挥自己的作用。作为主讲人，他配合党支部拍摄了“弘扬长征精神，做优秀材料人”的微党课；组建学生社团党支部，成功申报“求是、卓越、奉献”主题教育实践活动项目。

丰富的学生工作经历助力高扬通过了淘汰率极高的选拔，成为光荣的“湖北省青年马克思主义者培养工程”（以下简称“青马工程”）学员，即材料学院“青马工程”第一人。正是在“青马工程”学习的这段经历，使高扬进一步明晰了未来的人生规划。入选“青马工程”后的第一个暑假，他就奔赴黄石市阳新县半壁山农场，参与团省委组织的抗洪抢险工作，在大堤上扛沙袋、堵缺口，展现了学员不畏艰险、迎难而上的优秀品质。随后，他深入基层，到咸宁市嘉鱼县簰洲湾镇进行了二十天的实践锻炼，在镇政府党政办协助开展工作，负责信息的上传下达，在综合治理办公室学习如何处理群众上访事件。这样的经历让高扬对未来的工作有了清楚的认识，工作能力也得到了明显提高。在簰洲湾镇领导的带领下，他和另一位学员用时三天走访了镇里的十户贫困家庭，送去了上千元的帮扶资金。走访的过程中，高扬看到破旧危房里的耄耋老人和留守儿童相依为命，有的家庭壮年人精神失常，丧失劳动能力，照顾一家老小的重担落在了上初中的孩子肩上。这些场景深深地触动了高扬。强烈的同理心和责任意识让他暗暗立下雄心壮志：将来在基层工作时一定要多为困难群众做好事、做实事，为乡村振兴贡献力量。

假期里，高扬随“青马工程”的其他学员一同去延安、遵义、重庆等诸多红色景点，接受革命传统教育，重走长征路的经历给他留下了深刻印象。途经湘江时，导游介绍说，红军在这里损失惨重，战士的鲜血染红了湘江，当时流传着这样一句话：三年不饮湘江水，十年不食湘江鱼。高扬感叹道：“一个时代有一个时代的主题，一代人有一代人的使命。当年的红军战士抛头颅、洒热血，他们的使命是让中国站起来。现在中国实现了从站起来、富起来到强起来的历史性飞跃，展望新时代，站在‘强起来’的起点上，我们的使命就是为实现中华民族伟大复兴的中国梦贡献自己的力量。”在短短的采访里，高扬所展现的大学生党员昂扬向上的精神风貌，深深感染了在场的所有人。

如今，高扬参加了湖北省选调生考试并取得了优异的成绩，不久将扎根基层，在这个广阔的舞台上奉献青春力量。提到未来的人生规划，他说，未来能到哪里工作并不是自己能决定的，要听从组织的安排，到最需要的地方去。要牢记习近平总书记对当代青年的告诫——青年要立志做大事，不要立志做大官。

院团委组织部部长、院团委副书记、省“青马工程”学员、院学生社团党支部书记、辅导员助理，是他曾经的身份，也是我们了解他的窗口。更重要的是，透过这些窗口，我们看到了他燃烧着的青春理想，看到他蓄满了青春活力，用谦逊、低调、始终如一的态度为学生谋福利、做实事，看到他脚踏实地，用“指点江山、激扬文字”的意气风发书写着自己的青春华章。风度与激情相辅，儒雅和气魄共存，这便是高扬身上最触动人心的气质。

（记者：王敏薇、郑循天　编辑：王哲）

材料1405班　夏思远：踏着音符前进的少年

图1-59　夏思远

夏思远(图1-59)，材料1405班学生，音乐创作才子，积极参与社团活动和文艺活动，两次代表学院参加校园歌手竞赛，分别获得一等奖和二等奖。2017年参加湖北省大学生艺术节活动，创作歌曲《卓越·梦青春》，获得词曲作品一等奖。他于2015年获得第八届光谷音乐节冠军，并举办个人演唱会。2017年荣获高校达人秀季军，代表学校参加“光谷音乐节校际赛”，跻身“十强”。他还参与了材料学院院歌的录制工作。

“就算是一只麻雀，也不妥协。”这是夏思远原创歌曲《麻雀》中让他最有感触的一句歌词。作为材料学院的一位音乐才子，夏思远和他笔下的麻雀一样，遇到阻碍，绝不妥协。

音乐，对我们来说可能只是一首歌，而对于夏思远来说，音乐是必不可少、每日相伴的干粮。夏思远是一个把做音乐当作自己永恒目标的人，比起被称赞帅气，他更希望别人欣赏自己的音乐。

2015年，夏思远参加了第八届“光谷音乐节”。那个时候他还在大一，到学校没多久，想去试一试。看到这么多优秀的音乐人，他感慨：“我觉得自己可能永远只是音乐世界里可有可无的一粒尘埃，内心有些许恐惧和无助。”但想想自己坚持了那么久，不能轻言放弃，因此每场比赛他都用心准备自己喜欢的歌，尽全力把自己的状态调整到最好，结果一举夺得冠军，这大大增强了他的信心。光谷音乐节的冠军将有一次举办个人演唱会的机会，就这样，夏思远有了一个独属于自己的舞台。

2017年，在湖北省大学生艺术节活动中，他创作的歌曲《卓越·梦青春》获得词曲作品一等奖。他参与材料学院院歌的录制，被称为“武理音乐创作才子”。此外，他还是2017年高校达人秀季军，代表学校参加“光谷音乐节校际赛”，跻身“十强”。此时，他感觉有一股甜滋滋、清凉凉的风掠过心头。

他一直都希望演唱自己的原创歌曲，但创作难免遇到瓶颈期，“对待瓶颈期的态度，决定你的人生高度”。他表示，自己遇到瓶颈时就去做点别的事情，也许出去逛一逛,和朋友吃顿饭就会有灵感了。

夏思远认为,音乐创作的目的有二:一是以纯净之和声愉悦人的感官,二是令人感动或激发人的热情。夏思远从小就对音乐很感兴趣,觉得音乐富有美感,能使人举止娴雅,怡然自得。他在高中时学了吉他,积累了大量音乐素材,对音乐的兴趣骤然提高,并慢慢尝试写歌。到了大学,他接触到更多与音乐相关的知识,加入了吉他协会和大学生艺术团,在这里充分发挥自己的潜能,为社团的发展做贡献。

擅长弹吉他的夏思远曾作为上海简单生活音乐节吉他舞台特邀嘉宾,担任过一万小时的乐队主唱,在腾讯视频《明日之子》节目中被评为"魅力选手"。音乐是用心去听的,而不仅仅是用耳朵。他一直坚持着自己的梦想,锤炼出一身钢筋铁骨,终于品尝到了成功的果实。他引以为豪的一件事是举办了个人演唱会,准备过程并不容易,幸亏有很多朋友和老师的帮助,他十分感激他们。最终,演唱会顺利进行,他觉得一切付出都是值得的。

夏思远很乐意分享自己的创作经历。如果想要发布原创歌曲,他的建议是"现在网络平台透明公开,歌曲只要写出来、录制好就可以在各大平台发布了"。谈起喜欢的歌手,夏思远很欣赏李荣浩以及国外的Mike Will。他爱听表达纯净、情感简单的歌曲,认为李荣浩耐得住寂寞,有对生活的沉淀和思考,有对音乐持之以恒的学习和实践,走红在情理之中,他也朝着这样的方向不断前进。

如今,夏思远有了他自己的工作室,想继续做喜欢的音乐,和朋友交流学习。在一个充满音乐的环境里生活,对他而言是一种莫大的享受。

"立志不坚,终不济事。"对音乐一直保持初心的夏思远想在音乐上有更进一步的发展,他应该会签约公司,把自己的歌一首一首录下来并予以发布,让更多人感受到音乐的魅力。"情既畅矣,我心甚乐,凡此况味,必须于深造中求之。"相信他会创作出更多更好的作品,在更多平台上展示自己的才华。

(记者:何昕、钟昊宇　编辑:张姝炜)

材料gj1401班　林梦慧：功崇惟志　业广惟勤

图 1–60　林梦慧

林梦慧(图 1–60)，材料gj1401班学生，曾获校二等奖学金和校三等奖学金；曾担任排球协会会长，组建校排球队并担任队长；曾担任一项校级本科生创新基金项目负责人，项目验收等级为良好。雅思成绩7.0分，获得导师及专业课教授的推荐，收到包括英国曼彻斯特大学、利兹大学在内的五所世界知名高校的录取通知书。

深秋的武汉褪去了“火炉之城”的炽热，微风略带丝凉意。斗转星移间，曾经的埋头苦读被埋藏在岁月的荫翳中，经过时间的沉淀，她惊艳了曾经的自己，绚烂了金色的时光。

青霄有路终须到

林梦慧的专业课成绩都在90分以上，这殊为难得。当被问及好成绩是如何取得的，她会心一笑，说自己没什么特别的学习方法，对于学习而言，态度决定高度。首先要认真对待学习，做到上课认真听讲，课下用心完成作业。其次要有意识地培养自己的学科兴趣，“知之者不如好之者，好之者不如乐之者”，不要把学习当作负担，而要试图去发现其中的乐趣。好的成绩一定有一个好的习惯做支撑，大一要养成合理安排时间的好习惯，为大二、大三打下坚实的基础。

雅思取得7.0分的成绩极其不易。于她而言，这一方面得益于大一下学期全班一起参加的英语培训班，另一方面则贵在坚持。她每天至少花费一个小时的时间来学习英语，扩大自己的词汇量。此外，她还格外注重口语的练习。“在备考期间，做真题是很必要的，可以查漏补缺，获得应试技巧。‘世上无难事，只怕有心人。’只要肯花心思准备，就一定会取得满意的结果。”

成功的人百折不挠

谈及导师制平台时，林梦慧说她在大一下学期时并未申请，但后来主动给导师发邮件请求加入课题组，然后跟随导师做研究。大二时她担任一项校级本科生创新基金项目的负责人，所研究项目的预期效果与实际效果大相径庭，她十分伤心，但并未一蹶不振。她向导师及学长虚心求教，查阅各种相关的文献资料，恰好此时所学的课程给了她灵感，她将理论应用于实践，不断摸索探究，最终取得丰硕成果。

她说进入课题组学习不仅使她设计实验和综合分析问题的能力得到提高，而且使她了解到很多不同研究方向的内容和知识，找到了自己感兴趣的领域，更加明确自己未来的研究方向。此外，师兄师姐们在研究中的好的方法和思路都是非常宝贵的经验，她在这个过程中取长补短，完善自我。通过阅读大量文献，她了解了更多的知识，也学到了很多英文专业词汇。爱因斯坦说“机遇只偏爱有准备的头脑”，林梦慧学姐成功的原因在于她做好了充足的准备：广博而精深的知识是基础，毛遂自荐、抓住机遇的勇气是关键，再加上踏实的努力，成功女神自然会对这样可爱的人展露笑颜。

独学而无“兴趣”则孤陋寡闻

除了在科研道路上拼搏，她的业余生活也十分精彩。她自始至终热爱排球，在大一时就加入了排球协会，是队伍的中坚力量。大二时，她担任排球协会会长，积极组织多项赛事。谈及排球时，她露出自豪的笑容。打排球让她结交了一群志同道合的朋友，收获了沉甸甸的友谊。通过这项运动，她排解日常生活中的坏情绪，收获了快乐，同时锻炼了自己的能力。正如她所言：“对热爱的东西要不遗余力地去守护，它会回馈给你很多意想不到的惊喜。”

此外，由于对新媒体的兴趣，她还加入了微文化工作室。社团工作如此繁忙，对于如何平衡学习与工作，她有自己的见解。她说，首先要在心里衡量轻重，学习相对而言还是更重要一些。其次，要学会列计划，按部就班地推进。最重要的是，要将学习和工作分开，学习时专心学习，工作时专注工作，两者都做好，便能相得益彰。避免带入坏情绪，使学习和工作相互干扰，形成恶性循环。

驰骋于自己的天下

谈话接近尾声时，我们问她作为一个过来人，想对即将入学的新生提出怎样的建议。她笑着说："希望大家在大一时考虑好自己未来的方向，如果想要毕业后参加工作，就多在寒暑假实习，积累经验；如果想要读研，就认真学习，提高绩点。"回望来时路，她感慨道："时间飞逝，希望大家能够珍惜，在大一时养成良好的习惯，'一朝习惯，万事易办'。要培养一个兴趣，抓住每一次机会，'花开堪折直须折，莫待无花空折枝'，勇敢做自己，不让大学生活留下遗憾。"

谈及对自己即将出国留学的畅想，她希望能开阔视野，在学术方面有更大的收获。愿她不忘初心，以梦为马，在更广阔的天地中遇见更好的自己。

（记者：郝倩、吴睿鑫　编辑：赵晏）

材科jd1401班　刘思捷：不忘初心　方得始终

图1-61　刘思捷

刘思捷（图1-61），材科jd1401班学习委员，在武汉大学攻读工商管理双学位，被评为"校三好学生""校优秀共青团干部""社会工作先进个人"等，曾获中国建材一等奖学金、校一等奖学金、袁润章奖学金，在全国大学生英语竞赛中获三等奖；曾任校团委科技创新部副部长兼校科协综合事务中心主任、学院暑期社会实践队队长。发表论文三篇，其中一篇为SCI一区论文(JCR分区)，保研至清华大学。

学海无涯　以勤为径

刘思捷始终把学习作为大学生活的主旋律，从未停下过求知的脚步，时刻保持着谦虚谨慎的态度。

他向笔者描述了全班同学利用课余时间集体背单词的场景，浓厚的氛围成为他学习的一大助力。针对英语学习，他建议学弟学妹们"平时就要多积累，看美剧可以提高听力，但针对应试的话，还是多做真题"。刘思捷还告诉我们提高绩点的小窍门："多请教直系学长，他们会介绍很多相关课程的学习经验，这对于学习很有帮助，也会告诉你应该多看书还是多看ppt，最重要的是一定要听老师讲的重点。如果你想轻松应对考试，平时就要下足功夫。按部就班地学，一定是有效果的，因为你会在潜意识中记下一些东西。"

2016年暑期，刘思捷作为实践队队长，带领团队赴安徽参加暑期社会实践活动，走访了中国化学工程第三建筑有限公司。他带领的团队获得了"优秀社会实践队"称号。谈及这段经历时，他说："带着大学同学去自己的家乡，是一段难忘的经历；更难忘的是大家可以一起讨论、分工合作，暑期社会实践给我们提供了一个好的平台。"

敢为人先 科技创新

在保持学习成绩的同时，刘思捷还积极投身科研工作。他始终坚持以兴趣为导向、以理论为基石，依托实验室的良好资源，躬身实践、致力求索，不断提高自己科技创新的能力。

2015年6月，他进入了武汉理工大学-哈佛大学纳米联合重点实验室。由于是第一次从事科研工作，他走了很多弯路，却从没有过放弃的念头。他说："我始终记得师姐给我的鼓励，即'再试一次，也许会成功，也许会失败，但一定会有收获'。所以对于每一次失败我都抱着再试一次的想法，解决了一个又一个的难题。"

除此之外，刘思捷还积极参加科技竞赛，并在第十五届、第十六届"创新杯"能源化工生命科学类竞赛中获得三等奖，申报自主创新项目"多孔硒化锌微球的制备及其电化学性能研究"，以"优秀"等级结题。他带着对科技创新的向往和追求，不断前行。

在比赛中历练，在科研中感悟，在感悟中成长。虽然科研与比赛之路布满荆棘，但为了心中的目标，他选择了坚持。如此付出，收获的不仅仅是荣誉，更是一颗执着的心。

责任为先 追求卓越

怀着"服务同学，锻炼自我，回报学校"的理念，刘思捷积极投身学生工作。从院团委到校团委，作为学生干部，他工作勤勤恳恳，办事踏踏实实。

在采访中，笔者问道："担任学生干部后，你最大的感受是什么？"他回答了一个字："累。"随后接着说："尽管累，但我觉得很值，很快乐。回想起来，虽然付出的过程很辛苦，但收获的是无价的成长。"他表示，当初为了锻炼自己，担任了许多职务，加入了不少社团，经常会因为事情多而忙到很晚，但他每完成一项任务后，都很有成就感。

大二学年，作为校团委科技创新部的学生干部，刘思捷参与组织申报"挑战杯"课外学术科技作品竞赛。他谈到，印象较深的是那年和队员在"挑战杯"创业计划竞赛中走到了国赛冲刺的阶段。每一次模拟答辩，每一次与老师们的接洽，都是对个人能力的锻炼；而组织自主创新基金本科生项目的申报工作，更需要的是细心和耐心。

此外，刘思捷还曾担任材料学院团委宣传部副部长、材料学院通讯社副社长、材料学院辩论协会副会长。他表示每一次与老师们的接触、与同学们的沟通，都在无形中提升了他的能力。

对于学生工作，他一开始可能感到较为新奇，但久而久之，让这个大男孩选择坚持下去的，是那份责任。所有的经历让他真切地体会到学生干部肩负的责任与期待。他努力完成专业课程，尽力提高学术水平，尽责地参与学生工作，从未选择消极面对，从未轻言放弃。每一次全身心地投入与付出，既是对潜能的激发，又是对斗志的鼓舞。

当被问及平时的爱好时，刘思捷腼腆地笑着说："吃算不算？"他和大多数大学生一样，喜欢美食，喜欢看电影、听音乐、唱歌，有时也会去跑步。就是这样一个平凡的大男孩，成就了他不平凡的人生。

未来的路或许布满荆棘，或许崎岖不平，但他的勤奋和努力将会成为最强劲的风帆，助力他到达希冀的彼岸。

最后，刘思捷想对同学们说："大学里最重要的是找准自己的定位，不要浪费时间，去努力，定会有收获。勿忘初心，方得始终。"

（记者：魏雅静、林子睿　编辑：罗雨晗）

材料xs1401班　吕彦君：未来可期不可测

图1-62　吕彦君

吕彦君（图1-62），材料xs1401班学生，曾任全球材料精英计划武汉理工大学分支首任秘书长，代表学校首次赴美国匹兹堡参加材料科学与技术国际学术会议并发表演讲，前往加州大学伯克利分校参加项目学习并获得结业证书。除此之外，他被评为"校优秀学生干部""校三好学生""院三好学生"若干次，曾获得"外研社杯"英语写作大赛校一等奖。目前在武汉理工大学信息功能材料与器件课题组直接攻读博士学位。

全球材料精英计划武汉理工大学分支首任秘书长、星光合唱团副团长，这样的头衔无不彰显吕彦君同学杰出的管理能力。是他，积极推动全球材料精英计划武汉理工大学分支的成立与壮大；是他，参与创建了星光合唱团。万事开头难，他所付出的努力是巨大的。为了了解全球材料精英计划的运作体系，他主动参加国际学术会议，在加州大学伯克利分校进行学习，开阔视野，以便能更好地学习和借鉴国际上此类学生组织的运行及管理方式，尽最大努力调动所掌握的资源去帮助学生发展。“在星光合唱团，经常会出现排练的时候有人缺席，或者指导老师和团长忙于其他事务无法参与排练的情况，我就要及时调整当天的排练计划，确保排练顺利进行。”为了调动并保持大家的积极性与热情，他会提前进行充分准备，在面对各种问题时都有解决的办法。本科阶段，吕彦君选择辅修工程管理专业，这丰富了他在经济、法律和组织管理方面的知识，培养了他的实践和创新能力，让他更好地引领大家共同为集体出力，成为一名优秀的管理者。

吕彦君爱看书，特别是经济学和法学相关的书籍。他和我们分享了卡尔·波普尔的《历史决定论的贫困》，告诉我们未来是不可预测的，要活在当下，做自己的投资者。“生活就像一盒不同口味的巧克力，不吃下去你怎么知道下一块是什么味道呢？”当你有想法的时候不要犹豫，做一个行动派而非犹豫者。如果不去尝试，你怎知对这件事情没有兴趣呢？走一步看一步，是要建立在走出这一步的基础上的。然而面对这么多的事情难免存在取舍问题，“所以我会去阅读一些经济类和哲学类的书籍，这样可以使我的思维更加缜密，帮助我做出最好的判断，找出最优解”。吕彦君在分享自己的方法的同时也在告诉我们要为自己定一个目标：“未来不可预测，但定一个目标就相当于股票市场的‘造势’，让自己努力朝着那个方向前进，进而达到目标，做一个优秀的投资者。”

拥有长远目光且考虑周全的吕彦君，谈及选择直博这条路的时候却透露自己也曾怀疑过是否有更好的选择，但对新知识的渴望和对不可知事物的好奇激励着他。“博士是孤独的，他们站在人类现有知识范围的边缘，而人一旦习惯了朝九晚五的工作，就基本停止了思考，半生只活在一天里，相比起来我更希望每天都能更新自己的大脑，获得更新的知识。”这就是为什么他没有选择经济和法律这类利于长期就业的学科，而是热衷于正在做的多铁性耦合新材料的研究。风险与收获并存，风险越大，收获越大。与其让生活为自己建起一座座围墙，他更愿意让自己的青春处于不断破墙而出的激昂状态。

与吕彦君交谈时，他那侃侃而谈的口才、慷慨激昂的语调、丰富的知识储备，无不使我们折服。最后，他将自己一直践行的一句话分享给同学们：与其停滞不前、犹豫不决，不如立刻开始行动。经济学上讲“沉没成本不是成本”，如果你发现无法前进，不要犹豫，立刻去寻找新的方法。未来不可预测，你能做的便是把握当下。

（记者：张凯程、王亚男　编辑：罗雨晗）

无机非1401班　彭陈：思想决定高度　眼界决定境界

图1-63　彭陈

彭陈(图1-63)，中共党员，无机非1401班学生，曾获得中国建材奖学金、上海硅酸盐研究所奖学金、国家励志奖学金，被评为“校三好学生”“校优秀学生干部”等。他在国际知名期刊发表两篇SCI论文，申请了三项国家发明专利，曾担任材料学院科协副主席、2017级助理班主任，任班长及团支书期间，分别带领所在班级及团支部获评“校优秀班集体”“校优秀团支部”。已保研至复旦大学攻读博士学位。

平和优雅，气质出众，微微一笑，给人以太阳般温暖的感觉。这是彭陈给人的第一印象。彭陈已保研至复旦大学直接攻读博士学位，当被问及如何能理清头绪，把所有事情都做得这么好时，彭陈说：“看上去可能事情较多，但是梳理好思路就会发现，其实它们之间并不冲突。事情基本可分为四类，即紧急重要的、紧急的、重要的以及一般的，而所有事情在不同环境下有着不同的优先级，按顺序排好，处理起来就会很简单。”这是一种典型的分类、排序的数学思维，逻辑缜密，条理清晰。“其实最重要的是不要迷茫，清楚自己内心真正想要的，不要人云亦云，于无形中荒废了大学的美好光阴。”

勤奋学习、锐意进取，彭陈充分展现了当代大学生良好的精神风貌。他强调要树立“终身学习”的观念，本科期间多注重基础知识的理解和实验技能的培养，这对于之后的深造有着深远的意义。大学期间，彭陈在科研上取得了可喜的成绩。他珍惜和利用材料学院和实验室提供的优势平台，在科研中勤思考、多交流。回忆起两年多来在实验室学习的日子，彭陈认为最重要的是自主学习、发现问题并解决问题的能力。自主学习贯穿于整个科研活动，发现问题并且确定选题需要前期深入的“文献调研”，迅速分析并正确解决科研问题的能力，影响着实验的推进速度。

性格开朗的彭陈在大学生活中结识了很多优秀的同学，这些优秀的同学能在比赛的关键环节给予团队“最优解”。他是一个有着足够能力的领导者，却并不独裁。“人际交往是大学生活很重要的组成部分，要学会如何与人相处，并取长补短。谦虚谨慎、乐于助人和积极合作的态度，会使自己和团队走得更远。”生活之余，彭陈建议同学们出去走走看看，感受不同地区的风景与文化，这对身心都是一个好的浸润与滋养。

“三分现实主义，两分理想主义；三分幽默，两分多愁善感。”这句出自林语堂的话语正符合彭陈的心境。严谨而不呆板，生活中的他是一个阳光大男孩；细心而不狭隘，科研中的他是一个专注的攀登者。他是一个懂得生活、热爱生活的人，会在漫长的科研道路上越走越远！

（记者：邱俊淇、马抒煜　编辑：罗雨晗）

复材1401班　舒馨：从未敢停歇　一直在路上

图1-64　舒馨

舒馨（图1-64），复材1401班学生，曾先后获得亚唯复材校友奖学金与永环奖学金，并获得武汉理工大学学习进步奖、CPIC复合材料制备大赛二等奖、“我形我塑”陶艺大赛三等奖。她曾任学生自强社社长和社团联合会主席，在任期间创建爱心书屋，服务同学，组织社团拔河比赛，加强社团间的联系。她已收到伦敦大学学院、布里斯托大学、悉尼大学、墨尔本大学等院校的录取通知书。

“这曾经是我的梦想，如今，我实现了它。”

早在进入大学之时，因为想要开阔自己的眼界，舒馨就有出国留学的打算，但由于各方面准备还不充分，目标和计划尚不明晰，这一想法只能被搁置。如今，经过四年国内大学生活的历练，她不断提升自己，成功收到伦敦大学学院、布里斯托大学、悉尼大学、墨尔本大学等院校的录取通知书，终于实现了自己的梦想。

大一的电影梦

大一时的舒馨和每个刚进入新环境的人一样，充满好奇，活泼而富有创造力。她加入了网络信息协会，参与微电影的制作，从器材准备、剧本编写、拍摄到剪辑，全都由成员独立完成。虽然成员们都没有经验，但是他们斗志昂扬，在不断摸索中艰难地前行。最开始的时候，成员们只是拿着DV拍摄，后来发现拍完之后，很多场次不是连贯的，难以快速分辨每个视频具体是什么内容，这给演员演绎和后期剪辑造成了很大的困难。于是，在起初只有演员和导演的剧组中诞生了场记一职。为了保证大家都有空，拍摄一般在晚上进行。夜晚照明条件相对较差，于是他们走遍了南湖校区，寻找适合的场地，并由此诞生了"剧组"的第四个职务——灯光师。拍摄结束后，为了让电影的放映效果更好，对歌词颇有研究的舒馨特意为主题曲填词并进行演唱。

"这些事情你们都会做吗？"

"不会啊，但是可以一步一步学嘛，虽然比较艰难，但是创造条件也要上。"她的神色自信而骄傲，她的语言充满斗志与力量。正是这样一种积极的心态，才使她无论在怎样的环境中都始终乐观，永远向上。

大二的社团梦

大二时，舒馨从院自强社前任社长手中接过接力棒的时候，没有想到会面临这么多难题——从社员到社长的身份转变、各种活动的策划和举办以及自强社制度的改革。短暂的沮丧之后，她很快调整好自己，积极与老师和社员们交流，积极面对挑战，工作越做越好。在任期间，舒馨带领自强社的成员创建了"爱心书屋"。如何摆放书籍是一道难题，她通过社内调查最终决定，将人气较高的书摆放在书架最容易拿到的位置，其他书则摆放在书架的最下面和最上面，这样不仅方便日常借阅，而且能减少清扫的工作量。同时，为了使书屋的空间利用率最大化，她还在书屋放置桌椅，给同学们创造一个良好的阅读与自习环境。书屋最重要的就是管理，她上网查阅相关资料，参考图书馆的管理制度，因地制宜地制订了一套适合爱心书屋的管理方案。虽然只是小小的一间书屋，但其中凝聚了她很多的心血，亦见证了她多种能力的提升。如今，三年过去了，书屋还在那里发挥作用，为更多的人提供帮助。

大三的出国梦

大二这一年，她遇到了一位亦师亦友的学长。彼时，学长已经拿到国外多所顶尖大学的录取通知书，舒馨的留学梦在和学长的交流中一步一步从想象变得可以触碰。

学长为她指出了当前的不足与努力的方向，并分享了自己的经验和方法。于是，充满热血的她又开始奋斗起来。她更加注重课业知识的积累，并在实验室学习以提升自己的科研能力。她在大二时曾报名参加 CPIC 复合材料制备大赛，由于准备不充分，成绩不太理想。大三时，她带队再战，由于对专业课的深入学习和对各种测试方法的深入了解，她在比赛中得心应手。看过题目要求后，实验方案已在她脑中形成，经过老师的指导和队员们的一次次修改，他们成功制备出一个高阻燃性层合板，性能良好，获得比赛的二等奖。

对于英语，她在大三的时候下足了功夫——报了英语相关的辅导班，大量做题提高阅读能力，每天按时练习口语与写作，在朋友圈打卡总结复习情况等。有一段时间她的写作成绩一直达不到自己理想的分数，于是她每天坚持进行写作练习，不断积累素材，锻炼自己的逻辑思维能力，最终收获了想要的结果。“我认为考试时技巧固然重要，但前提是你必须有一定实力。如果没有实力，再多的技巧也没有用。”

优秀的舒馨收获了她理想学校的录取通知书。她一直是一个多才多艺而又不断追求上进的人。虽然留学梦已经实现，但我们知道，她一定有了下一个梦想，并为自己制订了计划。追梦路上，她一直在前行，从未停歇。

（记者：成子巍、江林芝　编辑：崔晶晶）

材料gj1401班　苏京北：螺旋式成长

图1–65　苏京北

苏京北(图1–65)，材料科学与工程国际化示范学院材料gj1401班学生。他热衷于学生工作，先后任校学生会副主席、青年志愿者协会副会长、年级委副主席等职务，积极组织参与了多项校级志愿服务活动。他学习成绩优异，连续三年综合测评及绩点排名班级第一，获校一等奖学金，被评为“校三好学生”“志愿服务先进个人”，获得校青年五四奖章。

三年来平均学分绩点3.957，苏京北已经连续三年获得校一等奖学金。就是这样一个优秀的人对我们说：“我觉得自己在‘螺旋式’成长，循序渐进又不紧不慢。”

什么是“螺旋式”成长？他向我们解释道：“大学四年，为我们成长提供了大量的机遇，同时也带来极大的不确定性。螺旋式成长，就是虽然你不知道自己今后的方向，也不清楚自己在很多年后究竟会是一个什么样的人，或者你对目前自己所学的领域并不了解，但就在这样的生活中自然而笃定地成长，不紧不慢、不慌不忙，慢慢就会发现自己在曾经向往的道路上已经走了那么远。”苏京北曾组织“百团大战”等大型活动及多项青年志愿者活动，从中得到锻炼，这些经历最终造就了他的卓越。

兼顾学习与社团工作　成为时间的主人

采访伊始，我们问他如何既把学生工作做好，又不耽误自身学习。苏京北说，学生工作和自身学习的确存在冲突，但并非不可兼得，关键在于合理安排自己的时间，提升自己处理事情的能力；要培养专注的习惯，逼着自己用最快的速度做好事情。这种统筹安排工作的能力及观念，正是他成为毕业生楷模的一个重要因素。

在访谈中，他给我们讲起大三时那段最忙的日子。“白天一整天都要在实验室工作，只有晚上回到寝室后才能有时间策划活动。当有许多事情堆积在你面前时，你不得不考虑怎样提高效率。”正是这种在挑战面前从容应对的人，才能够在成长路上行稳致远。

培养品格与价值观念　开阔自己的眼界

随后，苏京北兴致勃勃地和我们聊起了他的社团工作感触。不同于一般人提到社团学生工作，总会联想到组织能力、沟通能力的培养，他向我们强调：“学生工作对于大学生而言，重在培养正确的世界观、人生观、价值观，视野的拓展远比能力的培养重要得多。”有了正确的人生观，所选择的交际圈子才符合价值取向，而一个人所处的圈子又会对其价值观的塑造有深远影响。“我很感谢一路上遇到的同学和朋友，我觉得很幸运。”说到这里时，他的言辞间带着一丝欣喜。对于他所处圈子的其他人而言，他又何尝不是在发光发热，为身边人传递正能量？这种自然而然、不加修饰的谦逊，令人对他平添了几分敬意。

直面困难与挑战　追逐未知的精彩

回顾本科的四年历程，他说：“我很感谢成长路上的每一个困难。”在困难中砥砺前行，这种可贵的品质让他的生活充实而精彩。他说：“大学四年有着无限的可能，我现在走的路是自己入学时想都没想过的。”不论是学生工作的烦琐，还是实验室工作的严苛，都没能让他心生畏惧，从容不迫地面对这些困难使他收获未知的惊喜。这些困难更是一笔笔财富，是一个个改变自己、追求卓越的机会。

在这样螺旋式的人生道路中，他虽然兜兜转转，但每次都有不同的收获；虽然进程缓慢，但前进的方向始终坚定，他就这样朝着更好的未来不断努力。笃定而从容，既是性格，又是一种能力。不管是高效学习能力、沟通策划管理能力，还是开阔的眼界、拼搏进取的精神，都是他的人生财富。如今的他正准备远赴新加坡学习，异国他乡的求学路又会给他的人生添上怎样的一笔呢？在这种螺旋式的前进中，只要他还在走，进步就不会停止，他所遇见的无一不是机遇，他也定会创造更美好的未来。

（记者：胡佳平、杨庚来、刘璇　编辑：王哲）

高分子1402班　王迪：少说多做　优秀的人永不止步

图1–66　王迪

王迪（图1–66），中共预备党员，高分子1402班班长，带领班级获“校标兵班集体”荣誉称号。他曾获国家奖学金、校青年五四奖章，在美国大学生数学建模竞赛中获得一等奖，被评为“校三好学生标兵”。作为原院青年志愿者协会副会长，他带领协会获得湖北省青年志愿公益大赛银奖。已保送至浙江大学高分子科学系直接攻读博士学位。

一个人的潜能有多大，没有人敢断言。不推自己一把，你永远不会知道自己能够行至何方。只有扶摇直上的雄鹰才知道天空究竟有多么宽广。王迪正如雄鹰一般，四年来从未停止过努力拼搏。

从大一第一学期开始，王迪的总成绩便一直保持年级第一。他为什么这么“牛”？“平时多泡图书馆，一个人学习，手机关机，不让自己被任何外界事物干扰。学的时候就要认真学，不去想其他的事。”这就是一名优秀学子的经验之谈。

王迪是高分子1402班的班长，他尽职尽责，带领高分子1402班及团支部获得了“校标兵班集体”“校五四红旗团支部”等校级最高奖项。不仅如此，他还带领高分子1402班团支部荣获“全国活力团支部”称号，这个奖项的竞争对手是全国范围内各个高校的优秀团支部，竞争十分激烈。为了参加这次全国范围内的遴选，他做了非常充分的准备，从举办各项活动到在院网发表新闻稿，从制作ppt到参与答辩，再到最后的脱颖而出，环环相扣，每个环节他都亲力亲为、督促把关，力求做到最好。遇到困难时有同学想放弃或者抱怨太难，王迪会及时给他们鼓励并对任务进行重新规划，合理安排，确保大家齐心协力，共同奋斗。四年来，他一如既往，尽心尽力为这个集体考虑谋划，贡献自己的力量。

"优秀的人，总是在想办法变得更加优秀。"王迪便是这样一个人。他在大一时加入了青年志愿者协会，到大三时已是副会长，个人工时数超过500小时。他在任职副会长期间，建立了微信查询工时等更完善的志愿服务活动体系，完善了宣传渠道，多方面、深层次地报道青年志愿者活动，让更多人看到志愿服务的意义和价值。他还带领团队荣获湖北省青年志愿公益大赛银奖，跻身"校十佳志愿服务团队"。谈及志愿服务时，他告诉笔者："我喜欢帮助别人，这个过程让我很快乐。"说到曾经在冬天的两个月里坚持到街道口做交通协调志愿者的那段时光，他流露出满满的幸福感："当你看到被帮助的人对你微笑的时候，会忘记寒冷与辛苦。"他积极践行并传播"奉献、友爱、互助、进步"的志愿精神，以身作则，为学弟学妹们树立了榜样。

在科研竞赛方面，王迪也不会停下前进的步伐。在参与美国大学生数学建模竞赛期间，他与理学院的老师共同研讨，多少个漫长的日日夜夜从不懈怠。一分耕耘一分收获，最终他获得了一等奖的佳绩。后来，他还陆续获得了校"创新杯"竞赛二等奖、校物理竞赛二等奖、校数学竞赛二等奖等奖项。

"知道自己想要什么，对自己狠一点，才能不留遗憾。"这是王迪反复提到的一句话。他说，目标很重要，有了目标才会有努力的方向。他一再强调学习的重要性，同时祝愿同学们在大学中找到愿意一直坚持下去的兴趣爱好。

"合理安排时间。一个人的时间是有限的，不可能同时把多件事都做得很好。这就需要明确知道自己想做什么，高效办事，找到它们之间的平衡点。"这是王迪总结出来的经验，也是他能够在多方面均衡发展的原因。

（记者：朱玥旭、廖琴　编辑：赵晏）

高分子1402班　王子豪：材料学科的法学人才

图1-67　王子豪

王子豪(图1-67)，中共党员，高分子1402班学生，被评为"院三好学生"，获校二等奖学金，在湖北省第十一届"挑战杯"课外学术科技作品竞赛中获一等奖，在武汉理工大学2016年"创新杯"大学生创业比赛中获金奖，在第一届"普赛达杯"高分子设计大赛中获第一名，拥有五项自主申请的国家专利。他曾带队参加新生辩论赛并获院第四名，多次获"最佳辩手"称号。他在武汉大学法学院进修法学双学位，已被保送至中国人民大学法学院。

活在当下　规划未来

同很多新生一样，刚刚接触材料学科时，王子豪很茫然。随着不断学习，一个大胆的想法在他心里萌生——再修一门专业。“人应该把眼界放得开阔一点，既要活在当下，又要规划未来。”在选择双学位专业时，王子豪极为慎重。大一时加入的法律协会以及家人对他的影响使他对法律学科产生了浓厚的兴趣，同时他也考虑到材料学科的应用面和双学位专业的契合度，在大二时选择到武汉大学修法律专业。

王子豪的大二是忙碌的：周末他穿梭在两所大学之间，每天的课程都安排得满满当当，而他在一天天的忙碌中规划着自己的未来。“你要知道自己适合什么，找到自己的兴趣所在。人生很短，要学习自己喜欢的知识，从事自己喜欢的工作，早些规划自己的未来。”

勤奋努力　统筹兼顾

保研前的那段日子对于王子豪来说是纠结的，当时材料学院有四支队伍在竞争“挑战杯”的参赛资格，只有两支队伍能获得参赛机会，而中国人民大学的夏令营已经开始报名，双学位的课程还在继续。一件件事情环环相扣，断了任何一个环节，这条保研之路就会中断。“我不是天才，我的时间和精力有限，需要找到一个平衡点，这样才能做好这些事情。”到中国人民大学深入研究法律，是王子豪决定转专业后的理想。

参加夏令营的人多是法学专业的学生，与他们相比，王子豪的优势并不明显，但他胜在勤奋。王子豪用了更多的时间准备材料，他对中国人民大学进行了更深层次的了解，积极阅读与法律专业有关的书籍和资料，整合多方信息的同时加入自己的理解，最后将其汇总成一份几万字的材料。与此同时，王子豪的团队也在不断调整和努力，争取在“挑战杯”竞赛中有更好的表现。在那段时间里，王子豪经常忙到深夜，最终他通过“挑战杯”竞赛成功拿到B类推免资格，同时在夏令营获得预录取资格，成功保研至中国人民大学，而他的队伍也取得了很好的成绩。

机会永远留给努力的人，王子豪在面对选择时，牢牢抓住了难得的机会，最终走向成功。

山河不足重　重在遇知己

“我有个兄弟叫白冰。”大二时，白冰和王子豪以及王子豪在武汉大学学法律时认识的朋友组成队伍，参加了校“创新杯”创业比赛并获得最高奖项，成功拿到参加“挑战杯”竞赛的入场券，随后他们积极备战并取得了不错的成绩。王子豪说：“如果没有白冰这个朋友，没有遇到我们学校其他专业的这些技术大佬，我可能不会有机会参加‘挑战杯’竞赛。可以说，他们的帮助是我成功保研必不可少的条件。”

优秀的朋友是一个人走向成功的助力，他们彼此帮助，相互扶持，在困难的时候一起坚持，在成功的时候一起欢笑。“要珍惜周围的朋友，他们会给你最好的帮助和建议。山河不足重，重在遇知己。”

一个人的成功一定存在许多因素，有机遇也有努力，但最重要的是这个人独有的品格与能力。王子豪，一个善于思考、敢于选择、勤于学习的材料人，一个执着于追求初心的法学人才，他用行动为自己谱写了一个不一样的未来。

（记者：刘璇、胡佳平　编辑：王哲）

无机非1401班　吴思琪：成功贵在坚持

图1-68　吴思琪

吴思琪（图1-68），无机非1401班学生，三年平均成绩排名年级第二，曾获得校二等奖学金、长飞奖学金等，被评为“校三好学生”“院优秀共青团员”等，在2017年全国大学生英语竞赛中获一等奖。担任班级宣传委员期间，在院网、校网发表多篇新闻稿件，带领班集体连续两年获得“标兵班集体”荣誉称号。最终被保送至华中科技大学。

“你们有什么问题可以尽管问我，我会尽可能地把我知道的都告诉你们。”作为一名优秀的保研生，吴思琪大方地与笔者分享了她的学习方法和技巧。

在对的阶段做对的事情

由于对设计有着浓厚的兴趣，步入大学后吴思琪加入了学生会宣传部，进行海报制作等设计方面的学习。兼任学生会宣传部副部长、班级宣传委员，吴思琪无疑是繁忙的，工作与学习之间的冲突如何解决呢？她笑着回答："我在每次工作前，心里都会有大致的计划，要先有想法再去动手，这样才能提高效率。学期初作业少时可以将大部分心思放在工作上，到了学期末应将所有工作放在次要位置，把学习摆在第一位。"

前期社团的任务经常会让她熬夜，期末的专业复习也在紧锣密鼓地进行，这样的安排让吴思琪的生活变得充实，她在高效完成工作任务的同时也提升了成绩。

人的一生都在不断地积累和探索

在最初报考大学、填写志愿方向时，吴思琪的第一志愿是材料类，第二是金融经济类，第三是广告设计类，这些既是她的志愿方向，又是她的兴趣方向。虽然最后她凭借优异的成绩被第一志愿专业录取，但并没有因此舍弃其他两个兴趣。吴思琪在大一通过竞选当上了宣传委员，而后又进入了学生会宣传部，并在大二担任副部长。"在学生会工作期间，老师有时会布置一些制作海报的小作业让我们独立完成，我觉得这是一个很好的可以督促我去学习、积累相关知识和经验的机会，让我在这方面得到了一定的锻炼，对以后的学习和工作有很大的帮助。"在设计方面的天赋和在学生会工作的收获让吴思琪在"材料学院学生会logo设计大赛"中获得了一等奖，同时她也成为材料学院学生会首个会徽的设计者。

除了对设计兴趣的坚持，她对金融经济类知识的学习也从未停止。大二学年，吴思琪辅修了武汉大学的工商管理专业双学位。对于高难度跨学科学习，她表示并没有大家想象中的那么困难。"因为工科生的理性思维已经得到一定的锻炼，在揭示规律、进行计算时，工科生较文科生更有优势。"吴思琪认为掌握好市场营销、会计、项目管理等金融基础知识，以后进入人才市场时，就比别人多了一件利器。

没有一蹴而就的成功

全国大学生英语竞赛一等奖的获得并不是偶然，吴思琪悉心准备，利用寒暑假和课余时间坚持背单词，反复做阅读和听力题，数月如一日。她说，背单词很乏味，看到那么多不认识的单词时心里特别难受。要注意背单词时不能死背，可以先背高频基础词汇，然后在做阅读题目的时候进行积累。在语境中记单词比直接记忆更容易，印象也更深刻。运用这样的学习方法不仅使单词背得更快，而且阅读能力可获得提升。优异的英语成绩为她的保研之路添砖加瓦，同时证明了坚持的重要性。成功源于坚持。

"Persistence"是吴思琪最喜欢的单词。她说："每当遇到难题，几乎放弃时，这个单词就会浮现在我的脑海中。在以后的工作和学习中，我会继续坚持这个信念，每当遇到困难的时候告诉自己再坚持一下，再坚持一下就会有不一样的结果。"为提升自己的体能，吴思琪有时间就会去跑步，每次绕学校跑五千米，这一跑就是三年。"坚持就是胜利"说来容易，真正做到的人却屈指可数。吴思琪用"坚持"让不可能变成可能！

（记者：鲁嘉琪、曾胜　编辑：崔晶晶）

材料xs1401班　吴玥奇：吾爱运动，吾更爱集体

图1-69　吴玥奇

吴玥奇(图1-69)，中共党员，材料xs1401班班长，国际化示范学院学生会副主席，带领班级连续三年获"校标兵班集体"荣誉称号。他曾获校二等奖学金、校三等奖学金，被评为"校优秀学生干部"等。他是国家羽毛球二级运动员，在2015年校"理工杯"比赛中带领团队获团体第五名，在2017年校"理工杯"比赛中带领团队获混合团体第三名。已在武汉理工大学直接攻读博士学位。

他，优秀的本科毕业生——吴玥奇。

学霸并不可怕，一个全能型学霸却另当别论。那么，做"全能型学霸"是一种什么样的体验？高高在上，或是不食人间烟火？采访时，他把记者约到了食堂。"在哪里采访并不重要，心与心的沟通才是最重要的。"初次见面的紧张感烟消云散，采访在轻松愉快的氛围中开始了。

作为材料学院羽毛球队的实力担当，他对自己的羽毛球训练有明确的计划。对课外时间的合理安排，让他在紧张的学业与繁忙的班级事务之余每周仍能进行三四次羽

毛球训练，风雨无阻。他积极推广羽毛球这项运动，曾组织材料科学与工程国际化示范学院第一届羽毛球赛，积极践行全民健身的体育精神。

国际化示范学院的羽毛球赛在2017年初夏举行。活动期间，吴玥奇鼓励班上多名同学报名参赛，并积极联系训练场馆，做好场地租赁的前期工作。这段时间，同学们都活跃起来，准备参加比赛的去训练，没报名的也去挥两拍、出出汗，吴玥奇则给他们提供帮助。最终，他带领班级取得了第二名的好成绩，此后同学们对羽毛球的热情不减，偶尔仍相约去场地切磋。吴玥奇说，开展体育活动最重要的目的是锻炼身体，他从身边人开始带动，待班里有了锻炼的氛围，同学们能以更好的精神面貌投入学习和生活，何乐而不为？

除组织体育活动外，吴玥奇敏锐的观察力和强烈的责任心，使他对班级管理有独到见解。对很多班长来说，拉近与同学之间的距离，增强班集体的凝聚力颇为重要，但许多活动的效果不尽如人意。这对吴玥奇而言则不成问题，他常到其他同学的寝室“串门”，就是为了了解同学，和同学们打成一片。他组织活动时，经常一呼百应。通过开展活动，同学们互相交流、增进感情，从而将整个班级拧成一股绳，大家共同进步。

“红日初升，其道大光。河出伏流，一泻汪洋。潜龙腾渊，鳞爪飞扬。乳虎啸谷，百兽震惶。”作为当代大学生，吴玥奇是中国青年的榜样。

（记者：吴锐、杨鹏　编辑：赵晏）

材料1401班　吴子祎：优秀的人都在路上

图1-70　吴子祎

吴子祎(图1-70)，中共党员，材料1401班学生。他成绩优异，曾获得国家奖学金、校二等奖学金、永环奖学金等，被评为“三好学生标兵”“校三好学生”等，在2017年全国大学生英语竞赛中获二等奖，发表一篇SCI论文。此外，他还热衷于参加志愿活动，被评为材料学院2016年度“优秀志愿者”，已被保送至清华大学直接攻读博士学位。

和吴子祎约定的采访时间是11月26日早晨，恰逢阳光明媚。初次见面，我们都有些紧张，毕竟对面坐着的是一位“学霸”。“我十分乐意把我所知道的都告诉你们。”他的话让我们在这个微冷的早晨感受到了阳光般的温暖，也使得整个谈话过程进行得更加顺利。

如果你觉得累，那是在走上坡路

学生在大学四年难免会遇到挫折和困难，会感到迷茫、失意甚至不知所措，心态的调整绝非易事。吴子祎告诉我们：“迷茫并不可怕，凡事都有第一次，要用正确的态度来面对，多跟师兄师姐交流学习。虽然会觉得很累，但记住，你是在走上坡路。”吴子祎就是以这种积极向上、无所畏惧的态度做科研的。他以第一作者的身份撰写了论文 *Fabrication of laminated* TiB_2-B_4C/Cu-Ni *composites by electroplating and Spark Plasma Sintering*，该论文已在 *Journal of Materials Science & Technology* 杂志上正式发表。吴子祎提到，论文前后被修改了好几个月，根据收到的审稿意见，他逐条进行修改，有时还需补做实验，这是一件十分折磨人的事情，但后来发现，正是那段时间的打磨令他受益匪浅。

自古以来走上坡路就不易，吴子祎是一个榜样，时时鞭策着我们不断奋勇拼搏，努力向前！

每一个不曾起舞的日子都是对生命的辜负

材料科学是一门与实验密切相关的学科，进入实验室学习和研究对于材料专业的学生来说显然是必要的。为此，我们特意咨询了吴子祎有关科研的那些事儿。他说道：“大一的学弟学妹们有时间可以多去实验室，向师兄师姐和老师们讨教经验，和他们交流心得，找准自己感兴趣的方向，为以后进入导师制平台打下基础。进入大二后则要尽快定下目标，可以尝试申请‘国创’或者‘校创’课题，千万不能一直将宝贵的时间花费在给师兄师姐打杂上。”吴子祎还建议学弟学妹们积极参加“挑战杯”等比赛，“大学最重要的是学习能力的培养”，而参加这些比赛可以积累经验，培养学习的能力，提高自己的科研素养，同时也能为保研增加筹码。

在课余时间，吴子祎热心于志愿服务，并被评为材料学院2016年度“优秀志愿者”。此外，他还担任了班级学习委员和2017级新生的班级助理。他认为除了理论知识的学习外，个人素质的培养也是同样重要的，多参与社团活动或者担任学生干部，可以提高自己与他人交流的能力以及团队协作能力，这对以后的工作也有好处。值得一提的是，他选择班级助理这个职务，主要是想给学弟学妹们传授经验，引导他们走上正确的学习道路。当年的吴子祎曾十分希望有这样一个人来传授自己经验，“这样我就可以少走许多弯路了”。于是吴子祎成为新生身边的这样一个人——给他们带来力量，告诉他们前进的方向。

“每一个不曾起舞的日子，都是对生命的辜负。”吴子祎想把这句话分享给大家，与君共勉。拖延是偷光阴的贼，大学的时间无比宝贵，应当倍加珍惜。

骄傲的武理人闪闪发光

当谈及作为武理学子的感受时，吴子祎告诉我们：“其实我一直都很感激武汉理工大学给我提供这么好的平台来学习材料专业。当我走出去之后，更是能够体会到武理的材料专业是得到业界普遍认可的。”既然学校给了我们条件，作为武理的学生，我们应当加倍努力，珍惜学校提供的平台，锲而不舍、持之以恒地朝着自己的目标前进。

最后，吴子祎给出了自己的一点建议：材料专业的同学可以先读硕士，如果对科研感兴趣则继续读博深造，如果想就业，硕士阶段的学习对自己也是一个很大的提升。同时，要考虑自己的兴趣和理想，选择自己喜欢的方向去学习和发展才是正确的决定。成功之路没有捷径，优秀的人一直在路上！

（记者：朱昱颖、邹婉娟　编辑：崔晶晶）

高分子1401班　张阳：始于兴趣，陷于责任，忠于坚持

图1–71　张阳

张阳(图1–71)，高分子1401班学生，热衷于竞赛与科研，获得第十届全国大学生节能减排大赛一等奖、“华舟应急杯”湖北省大学生创新设计大赛二等奖、“苏博特杯”第四届全国大学生混凝土材料设计大赛创新奖，已发表一篇SCI论文、两篇EI论文，拥有两项发明专利及两项实用新型专利。目前，张阳已成功保研至西安交通大学。

你参加过竞赛吗？没参加过可能是望而却步了，参加过则一定见识了其中的艰

辛。所以，当看到张阳作为本科生，不仅参加竞赛取得了优异的成绩，而且能一直坚持在竞赛的道路上奔跑时，笔者是惊讶的。是什么让张阳坚持与竞赛为伍，又是什么让他对竞赛的热爱不曾磨灭？

“我们的辅导员一直遗憾自己大学期间没有参加竞赛项目，因此错过了很多锻炼的机会，所以平时经常跟同学们交流，鼓励大家多多参与竞赛，这让我萌生了对竞赛的兴趣。”张阳如是说。在竞赛经验分享会上，张阳结识了一位学长，在与他的交流中对竞赛相关知识有了更多的了解。出于好奇心，张阳积极前往节能减排大赛答辩现场，聆听参赛选手对作品的讲解，对全国大学生节能减排大赛有了初步的认识，也萌发了浓厚的兴趣。

此前，张阳因为对竞赛的兴趣报名参加全国大学生混凝土设计大赛。作为一名高分子专业的学生去参加无机非专业的竞赛，难度显而易见。因为专业知识不对口，张阳花两周时间啃完了一本无机非的专业书，并成功通过面试。层层选拔直至获奖的过程，很难、很苦也很累——暑假要参加集训“恶补”专业知识。那时张阳身体欠佳，他上午打吊针，下午做实验，晚上集训，回到宿舍还要写文章、处理数据。那一段日子，他早出晚归，忙得脚不沾地，凭借的不只是一腔热血，更是对自己做出的选择的责任心。既然选择了参加比赛，就要坚持到底。“不能因为自己身体的原因拖累整个团队，咬牙坚持下来是对团队负责，也是对自己负责。”他说。不管怎样，身处团队当中，每个人都要做好自己的工作，这是团队协作最基本的要求。

张阳一直坚信：努力总是会有收获的，不到最后一刻不放弃。大二上学期他参加了节能减排大赛，由于缺乏写作方面的经验，项目被拒。但张阳没有放弃，大三再次参加大赛，虽然思路新颖，但准备太过仓促，材料不够充分，项目还是无缘获选。带着对节能减排大赛的执念，他找到了一个项目团队，研究其项目后发现正好有材料专业的一席之地，于是主动联系该项目的指导老师，经过面试后成功入队。兴趣让他抓住了机会，而责任感让他坚持到最后。

每一次参赛过程都很艰苦。参赛作品需要进行性能测试，而测试的预约人数多、时间紧迫。张阳经常跑去测试中心进行预约咨询，终于争取到了测试的机会。测试的实际情况远比预想的复杂得多，单靠书本上的知识无法解决问题，张阳需要查阅多篇文献才可能找到相应的理论，并需要前往实验室通过实践来一一证明……一次又一次地付出过后，张阳收获的不仅是第四届“苏博特杯”全国大学生混凝土设计大赛创新奖、第十届全国大学生节能减排大赛一等奖、一篇SCI论文，还有这一路上的师恩与友情。

竞赛的成功离不开张阳自己的思考与努力，离不开队友的选择与配合，也离不开老师和同学的帮助与支持。张阳对本科期间给予过他帮助的人充满感激。不管是每次竞赛尽心尽力指导他的老师，还是在QQ上深入交流的学长，不管是并肩战斗的队友，还是生活中对他的不良情绪予以理解与包容的朋友，张阳都记着他们的名字。是的，成功不只属于一个人。一个人的成功离不开周围人的帮助，懂得感恩，才能走得更远。

张阳的竞赛之路，始于兴趣，陷于责任，忠于坚持。他坚持将感恩的人生之道延续下去，就同他坚持对竞赛的热情一样。

（记者：刘波、崔晶晶　编辑：崔晶晶）

无机非1401班　张子强：秉烛夜行　光引他人

图1–72　张子强

张子强（图1–72），中共党员，无机非1401班学生，三年平均成绩排名年级第一，发表一篇论文并获得国家奖学金、校三等奖学金，被评为“校三好学生标兵”“校三好学生”“优秀共青团员”等，曾担任学习委员和班长，带领班级连续两年获得“标兵班集体”荣誉称号。他已被保研至上海交通大学。

歌德曾说：“提灯行走的人，总把影子甩在身后。”张子强就是这样乐于秉烛夜行、引领他人的人。平时的他乐观幽默、随和开朗，在同学中有很高的人气。对自己，他严格要求，在大学四年里通过不懈努力达到目标；对工作，他热情认真，作为学习委员和班长带领同学共同开展学风建设，争创标兵班级。在不懈奋斗和引领他人的过程中，他化身为明亮的火光，无比闪耀。

张子强是一个对自己有着清晰认知的人，会坚定自己的目标，并朝着这个目标一直前行，永不言败。他总结了一套自己的学习方法，认真对待每一门课程，对于学习和生活有着不竭的热情。

学霸的生活并非枯燥无味。在学习之余，张子强对科幻类与推理类的文学作品有着浓厚的兴趣。他十分喜欢《三体》和东野圭吾的作品，并对其有独到的鉴赏力。在周末，他会抽出时间欣赏一些影视作品，逐步形成积极的人生观、价值观及乐观的生活态度。除此之外，他还参加了许多体育活动，增强了自己的体质。

对于班级工作，张子强也一丝不苟。他从大二开始担任学习委员，对工作认真负责，积极与学习有困难的同学沟通，督促他们按时完成学习任务。他对班级学风建设起了至关重要的作用。“在一个学风优良的集体里，每个人都会获益。”他坚信这一点，并将其付诸行动。在他的带领下，班里大学英语四级的通过率超过百分之九十。张子强还自己总结学科重难点，分享给班级其他同学。他像一个强有力的助推器，推动班级里的每一个同学砥砺前行。张子强对班级具有极强的责任心。在同学们准备考研的时候，他主动接任了班长的工作，尽心尽力地处理班级各项事务。“君子周而不比”，张子强毫无保留地帮助同学们解题，与同学们分享学习经验，收获了友情与尊重，成就了他人，也成就了自己。

子曰：“君子之于天下也，无适也，无莫也，义之与比。”在工作和学习中，张子强不计较个人得失，坚守着心中的那一份责任。在未来的时光里，相信他依然能作为一盏明灯，照亮自己与他人。

（记者：钟昊宇、何昕　编辑：张姝炜）

新能源1401班　邹娴：在忙碌的生活中品尝快乐

图 1–73　邹娴

邹娴（图 1–73），中共党员，新能源 1401 班学生，曾任 2014 级辅导员助理，同时兼任党小组组长和年级委生活部部长，任职期间踏实肯干，曾两次获得“校三好学生”“院三好学生”“院优秀共产党员”等荣誉称号。她学习勤奋努力，平均学分绩点 3.736，考入厦门大学攻读硕士学位。

凡事都要脚踏实地地去做，不驰于空想，不骛于虚声，以此态度求学，则真理可明，以此态度做事，则功业可就。邹娴就是这样的人，本科四年积极进取，收获了令自己满意的成绩。

刚进入大学的时候，邹娴就有锻炼自己能力的打算。经过一番犹豫，她毛遂自荐，成为辅导员助理。这份工作并不轻松，她大部分空闲时间都待在辅导员办公室，勤勤恳恳，积极主动。刚做这份工作的时候，邹娴觉得自己能力有限，需要多多学习，不会操作办公软件就利用国庆假期自己琢磨。虽然身患重感冒，她仍坚持工作。

经过大一的锻炼，邹娴面对辅导员助理的各类工作时变得淡定从容许多，知道各种情况该如何应对，什么时候该做什么事情。她坦言时常有遇到困难的时候，如学院发的通知与学生意愿相悖时，学生就会对学院的安排有所抵触，有效地传达学院通知的工作就会非常难做。为解决这一问题，她先与各班班长沟通协调，让班长在发布通知时将学院的考虑也传达下去，和仍不理解的同学逐一私聊解释学院的初衷。如果是学院安排不合理，她会及时向学院反馈同学们的意见，以便学院及时调整。她表示，学院和同学们的交流是很重要的，这种交流不能是单方面的传达，而应该是双方进行沟通，辅导员助理就是双方沟通的桥梁。

做完自己的本职工作后，面对暂时无人承担的工作，邹娴还会主动承担并完成。与其将这份工作看作亟待完成的任务，不如看作一个锻炼自己的机会。这份工作锻炼了她的组织能力，为她积累了人脉，最重要的是培养了她吃苦耐劳的品质。“有时会感到很累，但这份工作让我的生活更加充实，同时也给我带来了许多快乐。”她这样总结自己的助理经历：“我喜欢这份工作，想为辅导员分担压力，因为喜欢才觉得有意义。”

既然选择了远方就要风雨兼程。回顾四年的本科生活和作为辅导员助理的经历，邹娴思索了片刻，说：“大学这四年，其实我和周围大多数同学一样都是普通的学生，只是因为找到了自己喜欢做的事情，所以我才觉得有意义，因为有意义所以才能坚持四年。”

（记者：夏天昊、林子睿　编辑：罗雨晗）

高分子1402班　曾慧：团学立帜　一心向前

图1–74　曾慧

曾慧（图1–74），中共党员，高分子1402班学生，多次被评为“院三好学生”，获上纬一等奖学金、晨宝奖学金等。她多年担任团支部书记，开展多项活动，带领团支部获得“全国活力团支部”“校五四红旗团支部”“青春团支部”等荣誉，个人被评为“校社会工作先进个人”等。她已考取华南理工大学研究生。

曾慧是一个勇于尝试、喜欢集体生活的人，这为她担任团支书打下了基础。热爱集体的她，开展团务工作时如有神助。入校之初，抱着尽快融入大学生活的念头，她担任了军训负责人，这为她熟悉班级工作打下了一定的基础。正是在这个过程中，她找到了自己对这份工作的认同感与责任感，同时锻炼了自己的交流能力。

军训结束后，她担任了团支书一职，一做就是四年。团支书这个职务开启了她不一样的大学之路，为她的大学生活增添了不一样的色彩。曾慧所在团支部获得的“全国活力团支部”称号在全国范围内仅评选1000个，这个称号对曾慧和其团支部来说不仅仅是一份荣誉，更是她与集体共同进步、追求卓越的印记。她与支部干部一起，结合支部特色，博采众长，着力打造一个以学风建设为基础，学习零挂科、沟通零负担、发展零界限的团支部。她带领同学们走进社区，开展了“童心苑”——关爱儿童健康、助力儿童成长的志愿服务活动，为社区幼儿园儿童整理体检报告；她结合当代大学生对世界政治形势的热切关注，举办了“拥中国情怀，拓国际视野”的主题团会，支部成员积极响应，以组为单位依次阐述了自己的见解。通过一系列活动的开展，支部成员的政治思想素养有了很大程度的提升，大家一致认可这位工作出色的团支书。

当问到她对团支部建设的工作心得时，她说：“作为团支书，自己要以身作则，养成良好的学习和工作习惯，要营造良好的学习氛围，要让人信服。生活中也要与同学多交流，了解同学的特长，这样才能在工作中结合支部的特点，充分发挥成员优势，举办有可操作性且具有现实意义的活动。”在组织团学活动时，她总是提前做好策划，前往要开展活动的地方考察。每年的五四评优期间，她与团干部一同整理材料，总会工作到深夜。“虽然工作很忙碌，但想到周围有老师与同学的支持、理解和帮助，就觉得一切困难都是能克服的。”正是凭借这一股劲，她在支部建设这条路上一直努力前行，并成就了优秀的自己与优秀的集体。

在做好团支部工作的同时，曾慧是一个虚心求教、不忘学习本分的学生。她在课堂上全力理解老师所讲的内容，课后向同学请教自己不懂的内容。通过努力，她多次被评为“院三好学生”，获得上纬一等奖学金，综合测试成绩位居年级前列。在考研期间，按照制订的学习计划，她每日早起前往自习室学习，“我会选择边看书，边整理知识大纲，这既能让我集中注意力，又有利于知识的记忆与理解”。她日复一日地学习，生活虽枯燥却十分充实。最后，她如愿拿到了华南理工大学的录取通知书。

曾慧不仅是一个工作狂人和学习达人，而且参加了许多兴趣活动。她认为，参加感兴趣的活动会让自己感到幸福。“很多人想问如何平衡兴趣活动与学习，我认为兴趣活动本身不会影响学习，反而可以减轻压力，让我们的思维更加活跃。”

大学生活总是忙碌而充实的，作为团支书，她以身作则，懂得合理安排自己的时间，与团支部共同成长；作为学生，她懂得坚持，足够努力，不怕尝试，奋力前行，不辜负青春时光。

（记者：谢丰、雒怡浩　编辑：张姝炜）

材物1401班 陈光钊：行走在琴键上的随性人生

图1–75 陈光钊

陈光钊(图1–75)，材物1401班学生，先后获得校一等奖学金、校三等奖学金，被评为“院三好学生”。因擅长钢琴演奏，被同学称为“钢琴小王子”，连续三年担任武汉理工大学星光合唱团钢琴伴奏，曾随合唱团参加材料文化节开幕式演出及专场音乐会演出。他学习成绩优异，已收到帝国理工学院录取通知书，即将前往英国继续深造。

“钢琴对你来说意味着什么？”

“更好地表达自己。”

陈光钊与钢琴的故事，起源于幼时被送去琴行学习的短暂经历。之所以“短暂”，是因为当时年幼的他很难长时间集中注意力，老师拿他没有办法，只好“劝退”。“虽然我很调皮，但是学得很快。”或许是看中了他的音乐天赋，几年后老师再次联系了他，将他介绍给另一位钢琴老师，从此他开启了与钢琴为伴、与音乐共生的人生篇章。

第二任钢琴老师对他的影响颇为深远，其“讲故事”式的教学方式，不仅让陈光钊学会了怎么“弹”一首曲子，而且学会了如何“品”其中的意蕴。“第一位老师特别严肃，我每次犯错他都会生气，然后狠狠地批评我，我不喜欢这种氛围。”讲到这里他笑了起来，接着说，“第二位老师会给我讲很多音乐家的故事，比如今天我们要弹一个新的作品，他就给我讲音乐家的生平，放动画片，让我知道这首作品想表达什么，弹到某一个地方时我要想到什么样的画面。”在这位老师的指导下，陈光钊跳出了机械训练技巧的怪圈，转而走向了对情感的理解与表达。从此光就照了进来，“感觉自己真正进入了音乐的世界”。经过五年的学习，刚上初一的他，已经通过了钢琴九级考试。此时他的乐理知识已掌握得比较全面，老师决定不再教他，“从此我就在家自己练习了”。从老师那里“毕业”后，他每天都会留出一定的时间不断地揣摩和练习，这一练就是九年。“练习曲弹到一定次数，就会进入一个瓶颈期，再往后弹也很难有提升了。那时候我开始尝试一些容易上手的流行作品，后来发现这样的音乐不太适合我，就继续钻研古典作品。”这样说时，虽然他言语间尽显轻松，但那些技巧都是他自己慢慢摸索出来的。“没有老师教我，我就自己找资源，看其他著名的钢琴家怎么教他的学生，我就从中总结经验。”渐渐地，钢琴从爱好变成他生活的一部分，最后完全融入他的生命，他在独自探索的路上逐渐找到了自己的风格。

大二时，陈光钊从能动学院转到了材料学院。在这里，他加入了星光合唱团。材料文化节开幕式、“As Long As I Have Music”专场音乐会等，一场场演出接踵而至，作为钢琴伴奏的他在一次次排练中与大家结下了深厚的友谊。合唱团大家庭的成员之间越来越有默契，只需要指导老师陈溪的一个眼神、一个手势，他就能心领神会，轻松自如地弹出老师想要的旋律。时光飞逝，转眼已是他在星光合唱团的第三年，他还会继续陪伴着它，直到大学时光的最后一刻。

如果说演奏经历是他大学生活中精彩的一段配乐，那么学习就应该是其中的主旋律。班级排名第五的他，曾获校一等奖学金、校三等奖学金，被评为“院三好学生”，现已获得帝国理工学院的录取通知书，即将前往英国伦敦继续深造。“我没有找中介，个人陈述、推荐信都是自己准备的。能收到帝国理工学院的录取通知书，其实让我有些意外。”陈光钊还提到，选择帝国理工学院的原因之一是学校离皇家音乐学院很近，在那里，他不仅能在学业上得以精进，而且能在音乐方面得到发展的平台与机遇。

故事讲到最后，他留了这样一句话：“大学生活其实很简单，好好学习，然后多做自己喜欢的事情。”相比于做出种种规划，他更喜欢拥抱生活的不确定性，这并不是随波逐流，而是“爱你所爱，行你所行”的真实与随性，就像琴键上跳动的音符，下一刻的位置是任意的，由你而定，最终弹奏出的是属于自己的独一无二的曲调。

（记者：李岚、余佳琦　编辑：胡嘉瑞）

复材1402班　陈浩昌：热爱生活　追逐梦想

图1–76　陈浩昌

陈浩昌（图1–76），中共党员，复材1402班学生，成绩优异，三年平均学分绩点位列年级第三，被评为“校优秀学生干部”“校三好学生”“社会工作先进个人”等，获得校一等奖学金、校二等奖学金。他工作能力突出，在任团支书期间，带领团支部两次获得“校优秀团支部”称号。如今已获得保研资格，被保送至上海交通大学。

忆昔理工初相逢，男儿风华正茂，豪情尽显；长江流月去无声，桂花疏影里，岁月静好与君同。初见他时，他俨然一副大男孩模样，微笑中不乏友善，使人感到春日阳光般的朝气与活力。

谁说鱼与熊掌不可得兼？

陈浩昌在校四年担任了复材1402班两年的团支书，现任班长。在担任班干部期间，他组织开展了丰富的活动，带领团支部两次获得“校优秀团支部”称号。谈到团支部建设的成果时，他说：“工作要做到位，要有实际意义，同学们才会踊跃参与，同时十分感谢同学们的支持，班级荣誉的取得离不开大家的齐心协力。”陈浩昌曾组织班上同学开展流浪狗救助志愿活动，他与团支部的同学一道前往流浪狗救助站，为流浪狗送去温暖。同学们都认为这次活动十分有意义，给了大家关爱、呵护小生命的机会，让大家的心灵有所触动。

“只要你想做并合理规划，时间是足够的。”尽管班级工作繁重，但热爱学习的他总能平衡时间，合理安排任务，在学习、班级管理、科研三方面做到面面俱到。他坦言：“虽然有时会感觉很累，但合理规划自己的日程并完成任务所带来的满足感会洗去一身的疲累，让你继续以饱满的热情、昂扬的姿态去面对新的一天。”正是这样的态度，让他在过去三年一直保持优异的成绩，平均学分绩点为4.137，位列年级第三。他根据自己总结的经验，提前组织班级活动，与实验室老师协商沟通，提早完成样品制作，为自己考试周的学习预留时间。鱼，其所欲也，熊掌，亦其所欲也，二者可得兼。

愈挫愈勇　终将成功

陈浩昌在大二下学期申请加入国家级大学生创新创业训练计划项目“一种可瓷化硅橡胶泡沫材料的制备以及性能研究”，在一位师姐的带领下，认真完成任务。他利用课余时间查阅大量文献，全身心地投入研究。他与同组成员搜集项目资料，认真做好筛选与准备工作，竭尽全力地完成该项目的申报书。熬夜修改申报书已成为那段时间的家常便饭。但很不幸，凝聚陈浩昌及其组员心血的项目在申请过程中被否决。精心准备的项目没能立项，这难免令他有些沮丧，甚至怀疑自己的付出，但挫折并未将他击倒，一时的失意为他带来的不是颓废，而是满腔的昂扬斗志。

他申请进入复合材料特种功能实验室，进行更进一步的学习。在秦岩老师的帮助下，他学到了许多知识，接触了专业领域的前沿课题。对于未完成的项目，他并没有放弃，正致力于修改，并申请学校创新创业训练计划项目。陈浩昌在谈及自己的项目被否决时表现得云淡风轻，有几人能像他这样直面失败、愈挫愈勇呢？他在失败中成长，在成长中积累经验，在经验的不断积累中取得成功。悠悠时光轻缓，愿将繁花赠予此间少年。

机会在转角等待优秀的你

陈浩昌本打算通过华南理工大学的夏令营了解该校并报考其高分子光电材料专业，可谁知华南理工大学不组织夏令营，这使他的计划有所变化。于是他选择去上海交通大学参加面试。面试前，他认真准备，积极练习，最终以优异的表现通过了面试，获得了录取资格。

“成功的方式有很多种，要敢于坚持自我，去寻找自己热爱的事情。不管到了什么阶段，都不要让自己停下来，要时刻保持充实的状态。去爱生活，爱梦想，去做你想做的事，成为你想成为的人。”这是陈浩昌本科四年生涯的写照。确实，在与陈浩昌交流的时候，我们可以感受到他对生活、学习、科研的热爱，正是这份热爱，让他在追求成功的道路上走得更远。

（记者：孟馨玥、刘奕彤　编辑：崔晶晶）

材料1402班　崔中原：满怀热情　奔赴山海

图1-77　崔中原

崔中原（图1-77），中共党员，材料1402班班长，曾任材料学院学生会主席、辅导员助理等职，作为学生主要负责人策划、组织了第十五届才思飞扬材料文化节等特色大型活动。坚持维护学生权益，探索完善学院提案制度等，参与团学组织改革，先后参与学生干部管理办法拟定、学生社团党支部建设等工作，是一名优秀的学生干部。他将前往广州汽车集团乘用车（杭州）有限公司就职。

崔中原身兼数职，完全没有高高在上的架子，脸上一直挂着微笑让人感到亲切与放松。无论谈及什么话题，他都能侃侃而谈。

若用几个词语概括崔中原四年的学生工作经历，那应该是热情、责任与情怀。

崔中原最初接触学生工作的过程可谓一波三折，为进入校马克思主义理论学习研究会秘书部，他经过四次面试才获得成功。从那时起，他以热情为马，追逐心中梦想，开始了为期四年的学生工作生涯。

崔中原说，刚到大学的时候，生活接触面比较窄，自己对于身边的事情没有去改变的想法，而是习惯性地去接受。大二成为学生干部后，随着接触面的扩大，他逐渐有了自己的想法，原本只会接受的他开始改变。为什么夏天只有晚上才能洗热水澡？为什么教学楼里没有饮水机？为什么食堂没有洗手池？一系列关乎学生切身利益的问题进入崔中原的思考范围。如今，教学楼里的饮水机、食堂门口的洗手池都已配备，崔中原通过自己的努力维护了广大武理学子的利益。除此之外，他还提倡建立了学生权益部，为材料学子维护自己的权益提供了平台。

“去年就是这样做的”成为很多部门在筹备活动时一个偷懒的借口。崔中原作为学生会主席，带头摒弃这种借口，开始思考每个时间段所具有的特点，根据不同的情况进行揣摩，而不是完全照搬过去的模板，固化自己的思维。材料文化节、毕业生晚会、寝室文化创意大赛等活动在他的规划和引导下都有了不小的创新与改变。崔中原认为这样的改变和突破是自己作为学生干部的责任，生搬硬套的工作是没有意义的，同时要接受指导老师的批评，批评多了，成长也就快了！

谈及自身对于责任的理解时，崔中原讲起了自己在校运会前组织啦啦队与方阵训练的经历。在训练正式开始之前，他几乎每两天就要组织开一次会，讨论啦啦队表演和方阵排列的新想法、新思路。确定了具体安排后，接下来的任务就是在两周内完成所有训练。为了解训练进度和训练成果，崔中原和主席团其他成员每天都会到训练场地检查训练情况，并根据实际情况调整相关安排。每一次的检查都是对啦啦队与方阵成员的严格考验，也是崔中原自己对“责任”这一词语理解的完美诠释：作为学生干部，对待工作应当亲力亲为，敢为人先。只有具备这样的品质，才能在完成工作的同时收获更多的认可，增强自己的领导力和集体的凝聚力。

四年的时间说长不长，说短不短，四年如一日高效地完成学生工作，可不是一件容易的事情。从大一的学生会干事，一步步成为学生工作中的榜样，支撑他走下来的，更多是一份情怀。大二时竞选部长成功，他从曾经的“干事”“学弟”变成了“干部”“学长”，身份的转变让他意识到自己有责任带好下一届成员。大三时成功竞选学生会主席，他从曾经的执行者变成了各项活动的决策者，这让他更加了解自己正在进行的工作，也更加了解自己。这种对工作与自身不断深入的认知渐渐凝成了一份情怀，促使他在学生工作的道路上不断向前。

对于崔中原而言，若把大学生活比作一幅画，那么学生工作一定是这幅画中最为浓墨重彩的一笔。“满怀热情，奔赴山海”是他学生工作经历的真实写照；“同学好，一切就好”是他的工作理念；“马上办，钉钉子”是他的工作态度。他不仅是一名优秀的学生干部，而且是学生权益的守护者，是社团发展的奠基人。他，是当之无愧的材料之星！

（记者：陶申、邱雪源　编辑：胡嘉瑞）

材料 gj1401 班　付宇璐：走一段远路

图 1–78　付宇璐

付宇璐（图 1–78），材料 gj1401 班团支部书记，先后获得校一等奖学金、校三等奖学金，被评为“校优秀学生干部”“校三好学生”等，曾带领团支部获得“五四红旗团支部”称号。作为院文工团的一名主持人，她参加了军训演讲比赛、迎新晚会等活动。她已获得帝国理工学院、南洋理工大学、爱丁堡大学、墨尔本大学等海外高校的留学机会。

走起来，脚下的才是通往成功的路，犹豫的人踩着的只是一抔沙、一块土。刚从实验室回来的付宇璐在采访结束后又迈步走向实验室，她似乎一直在路上，不知疲倦。回首自己过去的四年，她每一步都走得那么自信。

付宇璐说出国并不是一时兴起，而是很早以前就有的想法。当被问及为什么要选择出国深造时，付宇璐直言她想体验国外的科研环境，希望在完成学业后有更多的选择。出国对她来说是对自己舒适圈的打破，她认为年轻人就应该更努力一些，去追求心中憧憬的事物。于她而言，出国留学，体验不一样的求学经历，是她所憧憬和向往的。为此，她付出了比其他人更多的努力。

准备出国考试是一件十分费神费时的事情。语言学习是需要大量积累的，时间对她来说并不充裕。在这个阶段，她练就了非常强大的自制力，明白该收就收，心中有一杆秤，时刻提醒自己在什么时间应该完成什么任务。为了不把备考周期拖得太长，使自己疲惫不堪，她每天强迫自己完成预期任务，最终在大三时取得了自己满意的成绩，拿到数所国外高校的录取通知书，最终选择进入新加坡国立大学学习。出国的路并不平坦，在身边的同学都准备考研时，出国这条路因为独特的挑战性而吸引着付宇璐。

学习是长跑，不可能一蹴而就。付宇璐坦言，自己的大学本科经历可以概括为奋斗、松懈和觉醒三个阶段。大一时，初入大学校园的她保留着高中时的一些学习习惯，对待课程以及作业十分认真。进入大二后她开始迷茫，曾经懈怠过、浮躁过。随着时间的推移，她逐渐明确心中的梦想，梦的终点在大洋彼岸。因此，她厚积薄发，为自己规划出国深造的道路。“所有人都会懈怠，但有时就是要逼自己一下。”这也是她在收到录取通知书之后依旧继续活跃在实验室的原因。对于未来，她有着非常明确的目标，短期之内，她希望能够完成两篇论文和一篇综述，长期则希望在硕士阶段辅修一个学位，或是毕业之后留在新加坡生活。

对于一些未曾接触过的事物，她总是抱着尝试的心态，“说不定我就喜欢上了，或者发现自己很擅长呢”。就这样，付宇璐加入了文工团并担任主持人，这段经历锻炼了她的应变能力和抗压能力。尽管串场词一般由主办方准备，但有时她也会尝试进行仿写。一开始她很不习惯这种写作方式，但在不懈努力与不断尝试后，她练就了一手好文笔。尽管临近毕业，但由于她曾经的出色表现，学院仍会经常请她去担任一些节目的主持人。在学习与工作之余，她会做些自己感兴趣的事情，如和室友一起唱歌，和实验室的师兄师姐一起玩各种桌游。

回顾付宇璐本科期间的成长历程，不难发现，一个详细的规划在她的大学四年里发挥着重要的作用。入学前就以出国为目标的她一直有一个明确的方向，为此需要做的准备她都一丝不苟地完成。与此同时，她还有着一股冲劲，对新事物勇于尝试，绝不拘泥于现状。正是由于不懈的努力，她在大学校园里汲取各种养分，成长为自己心目中的模样。

（记者：姜天和、胡嘉瑞　编辑：胡嘉瑞）

复材1401班　李崇瑞：与材料学院通讯社一起成长

图1-79　李崇瑞

李崇瑞(图1-79)，中共党员，复材1401班学生，先后获得校二等奖学金、永环奖学金、上纬二等奖学金，被评为“校三好学生”“校优秀学生通讯员”等。她曾担任材料学院通讯社社长，勇挑重担，勤勉自律，参加全国大学生节能减排社会实践与科技竞赛并荣获校级二等奖。

“大一的时候，作为记者采访‘材料之星’；大二的时候，参与‘材料之星’稿件审核；大三的时候，获得‘校优秀学生通讯员’称号；大四的时候，成为‘材料之星’接受采访。这感觉真的很奇妙。”

从大一入学加入材料学院通讯社新闻部开始，李崇瑞便和这个社团结下了不解之缘。大二学年选择留任部长这一职务，大三学年当选为社长，她为通讯社投入了极大精力。“一直在认真做事情的人对工作的热情不会减少，他身处其中，只会更有动力。”这是李崇瑞一直坚信的道理，也是她三年来坚持不懈为学生工作做贡献的原因。她乐此不疲，孜孜不倦。“不作为的人会慢慢淡出，因为他们找不到自己的定位。”她不仅在工作上践行了这句话，在学习上亦是如此：本科期间先后获得校二等奖学金、永环奖学金、上纬二等奖学金，被评为“校三好学生”，参加全国大学生节能减排竞赛并荣获校二等奖。

被问到做部长和做社长哪个更累的时候，李崇瑞坦言在大二担任新闻部部长的时候更忙也更累。由于部门的特殊性，很多任务的完成期限非常短，她为了完成当日任务经常熬夜。“我在大一的时候身兼数职，当时就锻炼出应对高强度、高压力工作的能力。”李崇瑞很快适应了工作的快节奏，面对棘手的事情时能够冷静处理，对时间的安排也更加合理，“后期虽然觉得忙，但是很快乐，这样的忙碌让我感到充实”。

成为社长后，她面临的第一个考验就是如何管理整个社团。她要对每个部门有足够的了解，能够合理地分配任务以便每个部门更好地完成工作，与此同时她还要监督并参与其中。如果说认真工作是受到责任感的驱使，那么维系她与这个组织的便是那份真挚的情感。任职期间她提出“《积材轩》五周年特刊”的特别企划，为了不影响开学后社团的正常运作，这本特刊是她和其他干部利用暑假整理之前的刊物并征集新稿件制作出来的，其能力之强可见一斑。

在担任学生干部期间，人际交往是一大难题：一是招纳贤才需要沟通，二是需要和其他社团交涉，三是遇到问题时需要寻求帮助。李崇瑞和我们分享了任社长时面临的一大挑战：部分合作的社团因换届等原因退出，由通讯社主办的"镜头里的故事机"华中七校联合摄影大赛遇到瓶颈，需要重新策划。那时她顶住压力带领干部们一起寻找解决办法并联系其他学校与合作社团，最终使得该项活动顺利举办。每一次与老师们的接触、与同学们的沟通，都在无形中提升了她的人际交往能力。

说起对通讯社的情感，李崇瑞直言："它陪着我从第一步走到每一步，四年来我在变，它也在变，看到现在熠熠生辉的它，我真的很开心。"如今她已成功考研，成为上海大学和中国科学院宁波材料所联合培养的研究生。在最美的年华邂逅彼此，对通讯社和李崇瑞来说都是一段美好的回忆。

（记者：王亚男　编辑：胡嘉瑞）

复材1401班　李雪：梦有所逐　心有所期

图1-80　李雪

李雪（图1-80），复材1401班学生，曾任班级学习委员和院学生会综艺部副部长，先后获得校二等奖学金及各类社会奖学金，被评为院级优秀干部、院级优秀三好学生、军训优秀标兵等，大二下学期带队参加全国大学生节能减排大赛并获得校二等奖。经过努力，将进入清华大学攻读硕士学位。

"幸运总是留给有准备的人。"采访过成功考取清华大学研究生的李雪同学后，我们更加深刻地理解了这句话。旁人看到了李雪的夺目光彩，艳羡不已，我们却震撼于她的破茧成蝶、涅槃重生。

李雪在考研之初，便坚定了去清华大学的目标。备考初期，复习与实习发生冲突，为了不输在起跑线上，李雪白天奔赴工厂，晚上挑灯夜战，凭借着毅力，她不躁不馁，咬牙坚持。从阳春三月到寒冬腊月，李雪坚持埋头学习。"考研是一个人的战斗，没有很精彩的部分，我每天都过着同样的生活。"李雪坦言她也曾疲惫，也曾抱怨。"考研真的很累，在这个过程中会不断地自我怀疑，再相信自己，真是很折磨人。但既然做了这个决定，就要拿出态度和行动。”正因如此，当被问及得知结果后的心情时，她微笑着说：“其实我很平静，经历了这么多之后，因尽力而坦然。”

当被问及有关考研的经验时，李雪说努力当然必不可少，除此之外，最重要的就是信息的获取。李雪积极联系成功考取清华大学的学长，并在相关网站查阅考研笔记，搜寻各大名校的真题，认真汲取经验，总结规律。在巨大的学业压力下，一个好的身体至关重要，李雪备考期间每天坚持跑步八千米，凭借过人的毅力坚持到备考结束。“开始当然会有点累，但一咬牙就坚持下来了，后来慢慢养成了习惯，没想到这给我的生活带来了不小的改变。”李雪还提及，放松与学习同等重要，看看自己喜欢的动漫，品尝垂涎已久的美食，都能让她紧绷的神经得到放松。在马拉松的赛道上稍作休息，待体力恢复后，以饱满的状态奔向终点。

成功考取清华大学研究生后，李雪并没有安于现状，恰恰相反，她通过各种途径充实自己：积极准备雅思考试，利用各种网站和APP学习课程，汲取各方面知识，拓展自己，提高综合能力，为以后的全面发展奠定基础。斯为泰山，泰而不骄，卸下一身光环，她仍持续武装自己。

梦有所逐，心有所期。李雪就是以这样的态度，一次次绽放，又一次次重新起航。

（记者：陈一帆、王璐　编辑：罗雨晗）

材料1403班　全粤莉：用铅笔画出彩虹

图1–81　全粤莉

全粤莉（图1–81），材料1403班学生，曾任班级学习委员、副班长、班长，在大二期间任材料学院马克思主义理论学习研究会调研部部长，三年来绩点、综合测试成绩均排名年级第二，被评为“校三好学生”“勤奋好学先进个人”，先后获得国家奖学金、校一等奖学金、海涛奖学金。她热爱科研，以共同第一作者身份发表SCI论文一篇，现已被保送至复旦大学。

或许你曾经在自习室的某个角落遇见过她，那个恬静而温和的姑娘，手握一支普通的铅笔，却用自己独有的色彩在纸上画出了一道耀眼的彩虹。

她，就是全粤莉。

在大学三年里，全粤莉的平均学分绩点、综合测试成绩均排名年级第二。她获得了国家奖学金等多项奖学金，连续三年被评为“校级三好学生”。如此优秀的她，将在这个美丽的仲夏，奔赴复旦大学，继续自己的学业。

迷茫是堕落的借口，努力是成功的桥梁。同大多数人一样，全粤莉在大二的时候开始思考自己的未来，不知道何去何从，不知道现在所做的事情的意义何在。“我想了很久，后来觉得沉溺于这种不知源头的迷茫是在浪费自己的时间，不如用这个时间去把握当下，努力总比胡思乱想好得多。很多事情其实是水到渠成的，时间到了自己自然就知道应该怎么做。”她开始在图书馆、自习室认真学习，渐渐不再为自己的未来感到迷茫，内心愈发平静。“其实我们内心早有一个很明确的答案，只是自己一直没有意识到，所以不必为没有发生的事情烦恼，现在要做的就是踏踏实实学好自己的专业知识，去做自己想做的事情，相信一分耕耘，一分收获。”全粤莉一直这样努力着，最终成功拿到A类推免资格，被保送至复旦大学。

在大学三年里，全粤莉一直用自己的方法学习。她喜欢在图书馆安静地看书，起个大早就为了可以坐在第一排听老师讲课。她认真地做笔记，画出考点，方便课后自己复习。全粤莉在采访中很坦然地承认自己是个没有定力的人，既然没有定力，就主动远离诱惑。“选择一个最适合自己学习的地方，一个最适合自己的学习方法。学习没有捷径，要找到最适合自己的路。”与此同时，全粤莉还是一个很注重效率的人。她会为自己制定明确的学习目标，在学习过程中时刻保持专注。“不要假装努力，而要利用好每一分钟，真真切切地学到知识。”认真走路的人是不会惧怕风雨的。全粤莉以认真的态度对待自己的学业，路的那一头有彩虹，美丽而又灿烂。

成绩源于主动和付出。全粤莉在大一时就主动联系导师，随着学习的深入，她发现所研究的领域与自己不相匹配，于是积极地做出改变，去联系新的导师，最终选择了一个更适合自己的研究方向。结果证明，她的选择是正确的。在大二暑假，她通过导师制平台进入了麦立强老师的课题组，开始了自己的科研生涯，实验室里常能见到她忙碌的身影。“阅读大量文献，有想法后亲自动手做实验，不断向师兄师姐学习。没有成就是不需要付出就可以得到的。”她无数次挑灯夜战修改论文，最终以共同第一作者的身份成功发表一篇SCI论文。全粤莉说：“在大学里最好有一次把事做成的经历，这会成为以后成长路上宝贵的经验，会让我们积累自信。以后不管面对什么样的挑战，这种经历会成为一种精神支撑，让我们减少很多不必要的自我怀疑，更加相信自己的能力，相信艰苦的付出是会将自己带到目的地的。”

就是这样一个她，在大学的四年里静静沉淀自己，始终保持前进的姿态，相信车到山前必有路。哪怕手中握的是一支再普通不过的铅笔，全粤莉依旧努力付出，在人生的这条路上画出一道属于她自己的彩虹。

（记者：张雨馨、杨庚来　编辑：王哲）

材料xs1401班　田晨：大学应该这么过

图1-82　田晨

田晨（图1-82），中共党员，材料xs1401班学生，先后获得校一等奖学金、校二等奖学金，被评为"校三好学生"。她参加了材料学院星光合唱团，大二时跟随教师乐萤合唱团训练，参加了金秋艺术节表演并代表学校参加湖北省教育系统职工文艺汇演。2017年10月，带着自己制作的学术海报参加匹兹堡材料科学与技术国际会议并获得本科生海报比赛第二名。田晨因成绩优异，已获得本校直博资格。

每年九月，都会有一批对未来充满期待的学子进入大学校园。在通过高考之后，接下来应该做什么？看上去漫长的四年大学生活应该怎样度过？他们满腹疑团。田晨说："也许，大学应该这么过。"

在学习上，田晨有自己独特的见解。在她看来，需要学习的并不仅仅是课本知识，大学期间可以学的东西有很多，且基本上靠自学。对于传统意义上的学习，她认为好的学习方法无非上课认真听讲，课后独立完成作业，认真复习备考，之后就能拿到一个比较好的成绩。但是，这并不是在大学里所应追求的全部。在自我提升方面，软件的使用、仪器的操作等都是需要学习的。田晨提到图书馆有着丰富的资源，要充分利用，多看各方面的书。在学习的过程中，她觉得有独立思考、形成自己的观点很重要，因为不管以后是从事研究工作还是其他工作，都需要独立的人格，而不能人云亦云。除了完成学习任务，她还阅读了很多书，参加了很多活动，在这些过程中学到了很多东西。

为了让学生更多地接触科研以及相关工作，材料学院提供了导师制平台。田晨在大一就通过这一平台进入了实验室，熟悉了许多基本的实验操作，虽然没有学习系统的测试方法，却打下了良好的科研基础。她认为，参加导师制平台，首先得明确自己的目标，在此基础上培养热情与兴趣，如果一味跟风，反而可能一无所获。

参加国际会议，对于很多人来说可能是遥不可及的，田晨却凭借自己的努力获得了参加第17届匹兹堡材料科学与技术国际会议的机会，并获得了本科生海报比赛第二名的优异成绩。知道自己能参加这个会议后，她立刻着手准备，暑假留在实验室做实验。虽然天气很热，寝室只有自己，但她还是坚持下来，完成了样品的制备。到了下个学期她就开始进行各种测试，处理测试数据，作图、分析。有些测试她也是第一次接触，在这个阶段，她学习了很多测试的原理、数据的处理方法等，通过师兄的帮助以及自己在网上看的各种教程学会了软件的使用方法。因为这是她第一次做学术海报，而学术海报相当于一篇小论文的精简版，所以为了做好这张海报，她找了大量关于怎样做学术海报的资料。最后，田晨顺利做好了海报，成功拿到签证，并顺利抵达匹兹堡。“这个过程中，我感触良多，一方面是要抓住机会，另一方面是得到机会之后要想办法做好这件事。虽然过程很艰难，但是结果总会是好的。”

在参加会议期间，她与美国的大学生进行交流，发现他们敢于表达自己的观点，这是她有待提高的方面。在英语口语方面，她进步了不少。虽然会议只有短短五天的时间，但她受益匪浅。“令人印象深刻的是刚到匹兹堡的时候，不管是走在路上还是在公交车上，周围所听到的都是英语，看到的都是英语，感觉像是到了美剧中的场景，很有趣。除此之外，在会场我们见到了很多材料领域的‘大牛’，感到自己所知甚少，需要学习的知识还有很多。”

田晨的课余生活丰富多彩。她参加了星光合唱团、学生会和文工团，至今仍是合唱团的一员。她连续三年参加了材料文化节大型活动，参加过两次新生才艺大赛以及金秋文艺汇演等，曾经和学校教师组成的乐莺合唱团一起排练专场音乐会。如此多的表演经历让她的课余生活繁忙而充实，有时她因为中午要排练，下午还要上课而在各个校区奔波。虽然辛苦，她却精神十足，非常有成就感。

田晨是一个很有责任感的人，一旦有很多事情要做，她就会把它们一件件列出来，分出轻重缓急，一项一项完成，把自己忙碌的生活安排得井井有条。

因为自律与勤奋，田晨收获了如此丰富多彩的大学生活，不枉这四年的青春！

（记者：刘志雄、陈籽傲　编辑：胡嘉瑞）

无机非1402班　吴章凡：学无止境　砥砺前行

图1-83　吴章凡

吴章凡(图1-83)，中共党员，无机非1402班学习委员，先后获得国家励志奖学金、上海硅酸盐研究所奖学金和“海涛”奖学金，被评为“校三好学生标兵”“勤奋好学先进个人”“校三好学生”“院三好学生”，曾参加材料学院第一届模拟招聘大赛、第四届上海“中技杯”混凝土大赛并取得佳绩。他已被保送至同济大学。

在正式会面前，我们一度认为这个厉害的人物必定是来去匆匆、不问世事的，恰恰相反，如果用歌曲风格来形容，他像一首温润的民谣，伴着轻柔的吉他扫弦，低吟浅唱。

提及学习成绩时，吴章凡谦虚地表示，自己并不是学霸，比他优秀的人大有人在。然而，他那令人望尘莫及的绩点和多次获得的奖学金，足以证明他的优秀。课堂上认真听讲，争坐前排，注意跟随老师的节奏……他和我们分享了自己的学习技巧。“最主要的是提高课堂效率，所以早睡很重要，保证充足的睡眠能够提高课堂上的效率，课后花时间看书既占用时间，又耗费精力。”吴章凡不提倡“高三”式的学习模式，学习累了的时候与同学们一起放松，不仅是为了娱乐，更是为了释放压力，以提高学习效率。

平日里吴章凡积极地参与各项竞赛活动，如材料学院第一届模拟招聘大赛、第四届上海“中技杯”混凝土大赛等。谈话中我们了解到他曾在4月份参加了武汉马拉松赛。“当初看到这个活动，觉得有意思就报名了，并没有想着去追求名次。作为一名业余选手能坚持下来我就很满意了。”采访过程中他向我们讲述了比赛中的所见所闻，以这样的方式领略江城美景令人向往。“其实做科研也是一场马拉松，虽然沿途风景不是那么优美，但是只要我们静下心来坚持，就会有收获。”吴章凡闲暇时会约上三五好友在球场上释放自我，偶尔也会玩桌游，收获了珍贵的友谊。此外，吴章凡还兼顾着勤工俭学的任务，他将每次工作视为放松大脑的机会，从而缓解繁重学业所带来的疲劳。

吴章凡是班里的学习委员，如何进行学风建设是他最关心的。与班长一起组织同学上晚自习、上课时监督同学们的听讲情况、成立学习小组、参与帮扶计划等都是他负责的工作。他会帮助每个在学习上有困难的同学，鼓励他们积极思考，端正态度。社团工作方面，吴章凡曾在陶瓷与艺术协会担任组织部副部长，他学会了如何策划一个活动，从前期准备、活动进行到结果评估，每个环节都要经过仔细而缜密的思考，他反复修改策划方案，收获颇丰。

严谨不仅见于工作，还见诸生活。吴章凡三年来一直保持着良好的生活习惯，带领室友共创整洁的寝室环境。他所在的寝室在大二学年不仅被评选为五星级寝室，而且获得了校级文明寝室的荣誉称号。“原本是想制定寝室公约的，但大家都比较自觉，就没有付诸实施。”我们发现他所提及的均是细节，正因为看重每件小事，他才取得了今日的成绩。据了解，他的室友在他的影响下对学习和科研都有了新的认识，也变得积极向上。

“近朱者赤，近墨者黑，优秀的学生会让你产生见贤思齐的感觉，你会努力向他们靠近，以更高的标准要求自己，得到更进一步的发展。”这是他本科四年中最深的感悟，“我们要清楚自己是一个什么样的人，想要什么样的生活，把自己放在合适的位置上，树立适合自己的目标。心有多大，舞台就有多大，世界就有多大。”

林清玄说，能够一鸣惊人的，必定在不鸣时养精蓄锐；能够动若脱兔的，必定在静如处子时洞察入微。我想，对于这个阳光的大男孩而言，生活是一种绵延不绝的渴望，他的生命必将呈现夺目的光彩。

（记者：王亚男、张凯程　编辑：罗雨晗）

新能源1401班　孟天：立明志以自励　树严律以束己

图1-84　孟天

孟天（图1-84），新能源1401班学生，曾获得国家奖学金，连续三年被评为“校三好学生标兵”，以第一作者身份发表SCI论文一篇，以第二发明人或共同发明人身份申请发明专利三项；连续三年任辅导员助理，先后担任材料科学与工程学院学生科学技术协会竞赛部副部长、武汉理工大学学生科学技术协会竞赛部副部长；被推免至中国科学院长春应用化学研究所攻读硕士学位。

采访前，得知这是一位“不仅学业有成、兴趣广泛，而且能将工作完成得如‘艺术品’一般”的优秀学生干部，钦佩之余，笔者对这位“多面手”的真面目颇感好奇。

严于律己 慎独慎微

之所以能让工作成为“艺术品”，原来只是多花了一点小心思。自孟天担任辅导员助理起，表格填写便成为他的常规事务，但枯燥乏味的统计、汇总并没有消磨他的耐心，每次完成之后，他都会花点心思，整理出重点，制作一份附加表格。简单，但也不简单。于他，这不仅是完成任务，更需要自己的思考，需要站在对方的角度融入自己的思考。而这一点，他亦诠释在了生活中的方方面面。无论是科研、比赛还是学习，在每项事务中他都会融入自己独立的思考，将事务以较完美的状态完成。思考，正是他高标准完成任务的体现，是对自身的严格要求。

回顾本科四年，他戏谑道：“总想着明年能轻松一点，谁知一年比一年忙。”保持优异的学业成绩，担任班级、社团职务，进入实验室做实验，参加各种培训会……他坦言，这样太折磨自己了。但是，他将每一件事情都做得不错。他这样解释自己到处折腾的原因：只有具备一定实力，机会才会找上你，你才能把握住机会。实力创造机遇，成功源于实力。他正是时刻严格要求自己，不断提高个人能力，把握住机会，出色地完成一项又一项学习与工作任务，才令人刮目相看。

效为人先 率着根本

忙碌的学习和社团工作没有消磨这个爱折腾的人对生活的热情。偷得浮生半日闲，孟天开通了自己的电台，分享故事和歌曲；看大好河山，到处游玩；参加篮球、游泳比赛，奋力拼搏。因此，“效率”对他来说是一个极为重要的词。只有提高效率，才能将个人时间与精力进行最合理的分配，才能将方方面面的事务安排得当并出色地完成。

“有些事情，能拖就拖，要做到统筹兼顾、安排有序。”他很俏皮地分享自己的经验。每个环节他都有序掌控，每个方面他都严抓效率。效率，是做好工作的灵魂，亦是提升自己的捷径。

明志自励 奋进致远

涉猎广泛，身兼多职，他像一个老到的棋手，每走一步都在为下一个目标做准备。进入材料学院通讯社是为了锻炼自己的写作能力，进入学生科学技术协会是为了掌握竞赛相关信息，担任辅导员助理是为了做到统筹兼顾，努力学好专业知识是为了用更好的成绩回报自己……每份工作、每项比赛都是他为成功之路铺就的基石。“人不能浑浑噩噩地度日，目标明确、规划清晰，才能一步一步踏踏实实地走下去。”

立明志以自励，树严律以束己。明确的目标、清晰的规划与高效的努力，一同助力孟天在前进的道路上奋勇向前、乘风破浪。

（记者：匡盈盈、魏雅静　编辑：罗雨晗）

成型1403班　张佳佳：越努力越幸运

图1–85　张佳佳

张佳佳（图1–85），中共党员，成型1403班学生，成绩优异，位列年级第一，连续三年获得国家奖学金，多次被评为“校勤奋好学先进个人”“校三好学生标兵”等。在科研竞赛方面，她曾获得第一届、第二届“维耕杯”钢结构桥梁设计与制作大赛三等奖，第十六届校“创新杯”大学生科技文化节之大学生课外学术科技作品竞赛三等奖。她已被保送至华中科技大学。

“三年国奖，保研华科”，短短八个字，张佳佳用了四年时光来书写。

冰冻三尺，非一日之寒

当被问及连拿三年国家奖学金是什么感觉时，她笑着说：“当然是开心啊！”这开心背后的辛勤付出，是说不尽道不完的。

张佳佳表示，自己之所以在入学之初就确立了考研的目标，是由于心中不懈地追求，想通过读研来提高自己的能力，丰富自己的阅历。为此，她每个阶段的小目标都很明确。当记者向她询问平时的学习方法时，她十分清晰地梳理道：“大一的时候保持着一有时间就去学习的状态，作业尽量当天完成，课前预习，课后复习，比较像高中的时候。大二就稍微放松了些。大三准备保研复试的那段时间，我在自学和复习的过程中渐渐摸索出了方法，后来的学习就比较轻松了。”在她看来，每个人的学习方法不尽相同，需要慢慢摸索，只有找到适合自己的学习方法，才会收获颇丰。

她还提到，寝室里的三个同学关系很好，大家都凭借努力和自身的优势达到了自己的目标。她们该学习的时候互相鼓励、互相帮助，该玩耍的时候尽兴娱乐，同住一个屋檐下，取长补短，互相激励，共同进步。或许正是这种良好的氛围，促成了三个人的优秀表现。

路漫漫其修远兮，吾将上下而求索

张佳佳表示自己在科研方面还有许多需要学习的地方。她在大一时由于对纳米方向感兴趣，通过导师制平台进入了官建国老师的团队。后来，随着对研究方向的不断了解和自己专业学习的持续深入，她不仅锻炼了自己独立思考的能力，而且提高了科研素质和英语水平。她认为，在实验室收获更多的是对科研工作的态度——一丝不苟和严谨细致。

采访中，她谈到在科研经历中印象最深的一件事。那是制作类似蝌蚪状微纳米发动机的实验，由于没有可供参考的数据和经验，她和团队成员有很长一段时间都在重复实验，不断摸索，每天从上午八点开始，一直做到晚上十一点，连午饭、晚饭都是轮流去吃，以免耽误时间。长时间的实验与一次又一次的失败不仅是对身体的折磨，更是对精神的考验。她从一开始的跃跃欲试、精力充沛变得有些失魂落魄，甚至想过放弃。但看着队友们疲倦而忙碌的身影，她终究坚持了下来："大家都很沮丧、很劳累，他们能坚持，我凭什么放弃？"靠着这股不屈的信念，她们一起撑过来了，实验也从刚开始样品无法成型的阶段不断向好的方向发展，到最后几乎达到预期效果。

"科研是严谨的，容不得半点马虎。科研不能应付，而需要真正投入，为某一领域创造价值。"刚刚还谈笑风生的她，在谈起科研态度时，立刻严肃认真起来。短短几句话，给了记者很大的触动：原来一个人的认真真的可以感染其他人。

张佳佳在生活中曾不止一次经历过这样的考验，她不畏挑战，勇于拼搏，凭借自己的毅力和耐心，迎难而上，从而成就更好的自己。她说，自己受到比较大的打击应该是在面试的时候，由于表达能力和随机应变能力不是很好，她一度遭遇失败，十分懊恼。事后她自我总结时认为，自己的前期准备还不够充分，于是开始找机会锻炼自己，担任党小组组长、团支部书记，一步步挑战自己的弱项。久而久之，她不再像之前那般结结巴巴，而是镇定自若，能清楚地表达自己的想法。"明知山有虎，偏向虎山行"，或许正因为如此，她才取得了如今的成就吧。

妇姑相唤浴蚕去，闲看中庭栀子花

除了学习和科研，张佳佳同学还对素描、拼豆、纸雕、数字油画等手工DIY颇有研究，兴致满满地讲述沉浸其中的快乐。她说自己曾在武汉科技馆当志愿者，两次在展馆进行讲解，一次在门口负责检票。展馆内的讲解工作主要是教游客如何操作一些展品，或是提醒游客哪些展品不能碰。在人少的时候，她会去学习每个展品的简介和操作方法，在游客询问的时候给他们进行适当讲解。她回忆起馆内有一个多年从事志愿服务工作的老人，他时常会过来关心她，在他身上她看到一种自愿为他人服务的精神，他很快乐、很享受。慢慢地她也开始尝试，开始摸索，不会觉得工作一天很累。

于她而言，学习和科研很重要，但并不是她生活的全部。她想一步步努力成为更好的自己，而不仅仅成为一个成绩好、科研经历丰富的“学霸”。她享受自己的兴趣，花时间当志愿者，都是为了丰富人生阅历、锻炼动手及沟通能力，并从中获得快乐。当她感到困惑或疲倦时，适度的劳逸结合，让她能以更好的精神面貌面对接下来的学习与科研任务。

采访已经结束，她的征程还在继续。愿张佳佳同学所走的每一步，都通往梦想的远方。

（记者：陈媛、余佳琦　编辑：胡嘉瑞）

材科xs1401班　徐张满仓：求知若渴　虚怀若愚

图1-86　徐张满仓

徐张满仓(图1-86)，材科xs1401班班长，先后获得校一等奖学金、校三等奖学金，被评为“校三好学生”“校优秀学生干部”。他曾任材料学院通讯社社长助理、副社长及国际化示范学院学生会主席，大一期间曾筹划并举办武汉六校“三行情书”大赛。他带领班级获“校标兵班集体”称号，带领团支部获“五四红旗团支部”称号。他成绩优异，已获得直博资格。

身穿一件深蓝色的针织毛衣，上面织有简单诙谐的图案，驼色的休闲长裤整洁而笔挺，脚蹬一双黑色高帮运动鞋，有神的双眸，高挺的鼻梁，他站在我们面前微微一笑，潇洒而俊俏。

徐张满仓曾担任材料科学与工程国际化示范学院学生会首任主席，开创了独有的运营模式，组织并筹划了学院的各项学生活动，获得老师与学生的一致好评。他在工作中的统筹协调能力非常优秀，但最重要的是，他始终带着一份情怀在工作，因为热爱，所以付出，因为努力，所以得到“爱的回报”。

在工作中，他热情而真诚，充满创造力与执行力。徐张满仓在大一时加入材料学院通讯社，并在武汉六校组织筹划“三行情书”大赛，让同学们用简单的几行字来表白青春。举办这场赛事的初衷源于他的“灵光一现”——大一入学不久，他看到了一首小诗，第一句是“螃蟹在剥我的壳”。联想到自己的经历，他突然想到可以通过这种“三行情书”的方式来寄托情感。于是，在通讯社开会的时候，他提出了这个想法。社长觉得这个想法很有趣，十分支持他。又因为当时他正在接受撰写策划书的培训，于是试着写了一份，并上交给社长，这个活动就这样开始了。

当被问及是否从一开始就想六校联办时，徐张满仓意味深长地笑了：“年轻气盛嘛！当时我们在网上询问这一想法的可行性，有人建议想做就去联系，这坚定了我们要把这个活动做大的决心。”

徐张满仓向记者透露，由于当时参与的人数较多，在最终评奖的时候，如何建立一个公平的评奖机制成了他们当时遇到的最大困难。那段时间事情很多，他感到焦头烂额，但好在大家齐心协力，评委们不断商量思考，最终以加权计算的方法解决了这一难题。

徐张满仓总能在平淡的生活中“灵光一现”，并能够为自己想要做的事情全身心投入，不懈坚持，用自身强大的执行力，将一个个想法变成现实。

徐张满仓向记者展示了他收藏的满满一柜子的书籍。回想起以前的时光，他陷入了回忆。他从小就喜欢看书，在小学的时候喜欢杨红樱、郑渊洁，喜欢看《冒险小虎队》《哈利 · 波特》等；在初中看过很多“文青”的书，买了很多郭敬明、落落、笛安的书。他不好意思地说：“那时学习上没什么压力，再加上我比较早熟，就每天学着书里的字句伤春悲秋，写‘香樟树连成海’，有时还会熬到凌晨三四点。现在想想也算是一段青葱岁月了。”

除了看书，徐张满仓对其他兴趣爱好也保持热情，并愿意尝试新事物。他的客厅里摆满了音响、耳机一类的电子产品，他喜欢玩滑板、骑车、摄影、弹吉他等。在担任材料学院通讯社社长助理期间，他负责社团招新、表彰、“材料之星”评选的组织协调工作，熟练掌握了摄影、撰写新闻稿、设计海报以及使用office办公软件等实用技能。此外，他还涉足主持、辩论等领域，且都取得了优异的成绩。在学习、工作之余，他高效地利用零碎的时间，不断地尝试，锻炼自己的能力。换句话说，徐张满仓的“全能”源于兴趣，成于坚持。

科研方面，徐张满仓早已通过学院的导师制平台，加入了“智能材料与传感器”课题组。2016年4月，他作为项目负责人，在陈文教授和周静教授指导下，成功获得国家级大学生创新创业训练计划项目立项，研究“界面对BMN/PZT异质叠层薄膜性能的影响”。

对自己未来的发展，徐张满仓有过很多想法。他对计算机很感兴趣，因为根据当前发展趋势，计算机将渗透到很多领域，所以他一直在自学计算机。后来又考虑到材料学科可以与很多其他专业有机结合起来，他介绍说，现在材料学科的前沿领域是与人工智能相结合，如材料结构的模型构建等。把材料和计算机结合起来，是徐张满仓经过几年的尝试产生的想法，让他觉得未来五年有奔头。

徐张满仓不喜欢循规蹈矩的生活，想成为一个独立开发者或理论科学家。因为这两个职业未来的道路能让他自由地创造，探寻未知。他曾是一个为社会不良现象振臂疾呼的青年，但随着年龄增长，他更加成熟，开始考虑一些重要的事情，“我慢慢觉得能做好一些事已经很困难了，但也不能因为困难就什么也不做”。徐张满仓说，他对未来充满信心，希望早些实现经济独立，以后有机会要为社会出一份力。

采访的末尾，徐张满仓把乔布斯引用过的一句话“stay hungry，stay foolish”送给我们。他解释：hungry是对未知事物的渴求，是想要了解、想要改变的渴望；foolish是做个“傻子”，年纪轻轻，吃一点亏也没有错。不要怕学习了很多，付出了很多，但还是没有得到大家的认可。换句话说就是不用太精明，因为我们学到的东西在今后有很大概率会派上用场。

随性、鲜活、热烈，是徐张满仓用来形容自己的三个词。我们看到的他正是如此，听从内心，追随渴望，无所畏惧，全力以赴。对于学业、梦想、生活，他以一颗纯真的心赤诚相待，专注于努力前进。面对情诗大赛的困难，他和伙伴们迎难而上；面对学业上的未知，他主动求索；面对未来的生活，他充满自信，不计得失。最终，在不懈追求中，他实现了自我的提升。

（记者：郑循天、王敏薇　编辑：王哲）

材料xs1401班　余若瀚：不忘初心　砥砺前行

图1–87　余若瀚

余若瀚(图1–87)，材料xs1401班学生，曾参加大学生创新创业训练计划项目，获得校级二等奖，以共同第一作者身份发表影响因子8.37的论文，曾获得2015年全国大学生英语竞赛二等奖，两次参加校外研社英语演讲比赛，且分别获二、三等奖，曾前往美国匹兹堡参加材料科学与技术国际学术会议。

从大一进入实验室起，余若瀚的工作一直做得有声有色。他以共同第一作者的身份发表论文，以第二发明人的身份获得授权专利“石墨烯包覆P@SnO_2核壳量子点电极材料及其制备方法和应用”。采访开始前，记者见到的是刚从实验室匆匆赶来的他。

专业学习与科研探索并行

为了更好地学习材料知识，他在大一时就通过导师制平台进入了实验室工作。“本科生接触科研是很有必要的，这并不是说专业课学习不重要。我觉得知识的学习是不断细化的过程，专业课只是提供了基础，需要通过科研、主动查阅相关文献来细化知识，不同学科往往会出现交叉，所以在认真学习好专业课的基础上积极参与科研对我们的帮助是非常大的。”

哪里跌倒就从哪里爬起

“上实验课的时候，很多同学害怕实验失败，不能得出让老师满意的数据。我没有这样想，觉得实验失败是增加自己知识储备和提高操作能力的大好机会。通过反复思考和动手操作，自己找出实验失败的原因，这个过程带来的收获一定会在今后给你回报。以后面临未知的实验时，没有前人的实验数据作为参考，以往实验失败的经验就会变成指引你实验成功的路标。在这个过程中你会得到满足感，从而激励自己在科研路上坚持下去。”

针对很多人做实验害怕失败的问题，余若瀚有着自己独到的理解。从哪里跌倒，就从哪里爬起来，是他前进的法则之一。

至于在科研路上如何找到一条适合自己的路，他认为，应该学会换一个角度去思考问题。如他在想要合成磷化锡时，换了个角度去看磷的作用，才发现磷可以更好地连接石墨烯和二氧化锡，最终成功发表学术论文。所以做事不要一根筋，换一种方式思考问题，就会得到更广阔的视野。

英语是需要不断使用的重要工具

在英语学习上，余若瀚取得了令人瞩目的成绩，不仅获得2015年全国大学生英语竞赛二等奖，两次参加校外研社英语演讲比赛并分别获二等奖和三等奖，而且赴美国匹兹堡参加了第17届材料科学与技术国际学术会议。英语六级考试前夕，他只做简单准备便取得了602分的高分。在他看来，分数并不重要，重要的是把知识储存在脑子里，关键时刻能用起来。不因考试而学习，为提高自己的能力而学习，才能真正取得好的效果。

为了给更多希望提高英语口语水平和交流能力的同学提供一个平台，他和社团的朋友成立了“英语角”，每周固定一个时间，大家聚在一起用英语聊聊近期的日常琐事或时事新闻，不仅锻炼了口语，而且提升了交流能力。

结束采访后，他又匆匆返回实验室继续手头的工作，用积极向上的心态带动身旁的每一个人。

（记者：郝程远、韩雨欣　编辑：张姝炜）

无机非1502班　李力：莫道君行早，更有早行人——吾道不孤

图1–88　李力

李力(图1–88)，无机非1502班学生，先后以负责人身份主持“国家级大学生创新创业计划”项目1项、校大学生“自主创新基金”项目1项，参与“创新杯”大学生科技创新竞赛并获得能源化工类一等奖。发表两篇SCI论文，已被保送至中国科学技术大学。

大一的他怀着对大学生活的憧憬和好奇加入了材料学院学生科学技术协会和学生自强社。作为一名干事，他按时完成分配给自己的社团任务。大二时，他担任科学技术协会主席助理、自强社干部，要与老师沟通，按照要求草拟计划，考虑方案如何才能有效可行，还要协调部员，思考如何合理分配任务。在此期间，他像纽带一样，领导能力与沟通能力不断得到提升。

参加过社团的学生都知道，很多任务对初出茅庐的我们而言略显困难。李力当年也曾困惑于如何平衡学习与工作，曾为了筹备材料学院第十六届"创新杯"大学生科技竞赛通宵达旦地工作。李力这种少说多做的态度、平实简洁的风格令他在后面的科研之路上越走越顺。

回忆起刚进校的时候，李力说赵云龙学长是当时武理学子追捧的风云人物，他的事迹被老师、同学不断提起。怀着不甘人后的决心，李力很想知道这个传奇人物到底传奇在哪里，于是军训结束后他便进入了武汉理工大学纳米重点实验室，而此时赵云龙学长出国了，所幸他在这里开始了自己的故事。纳米重点实验室为他提供了世界一流的实验平台，麦立强老师、安琴友老师等人在学术上的深厚造诣，以及实验室成员之间相互讨论的浓厚学术氛围深深感染着他。尤其是他的师兄李启东，从一开始便引导他学习实验科学知识，而不只是给他分配任务。在一次关于过渡金属硫化物的课题研究中，师兄发现随着充放电循环的进行，所组装的纽扣电池的电化学容量先下降再上升，这一不符合纯组分物质电化学过程的现象引起了他的注意。在进行了系统的分析之后，他最终证实了先前文献中的错误，并创建了一套新理论，这件事情让李力印象深刻。师兄严谨的科研态度一直深深影响着李力。他毫不吝惜地跟记者分享了自己积累的经验：首先，实验一定要独立完成，只有自己动手去做才能清楚地知道里面存在的问题。重大科学突破往往都来自对实验细节和反常现象的观察。实验科学应该是一门以理论指导实践、实践修正理论，甚至推翻理论的学科。在此过程中我们要尊重事实，不断改进并有所创新。这要求我们有一定的知识基础，即学好各种专业知识，最好能实现不同学科知识的交叉融合，同时也要具备从实践中发现问题的能力。其次，交流和学习的过程必不可少，思维和想法经过碰撞才会产生火花。在交流学习中可以集思广益，在拓宽知识面的同时不断提高自己的能力。

他提醒，打游戏和追剧是两大时间黑洞，我们应尽量减少花在这上面的时间，要多给自己一些时间去思考，可以多听听名师名家的讲座与报告，体会大师与常人的不同之处，同时利用空闲时间广泛学习。最后，以李力的座右铭与君共勉："莫道君行早，更有早行人。行思得益彰，吾道终不孤。"

（记者：强雪　采编：刘元凯　编辑：张雨馨）

高分子1502班 李慧玲：多元发展 有舍有得

图1–89 李慧玲

李慧玲(图1–89)，高分子1502班学生，任班级生活委员，被评为“院三好学生”“优秀生活委员”，获永环社会奖学金、校三等奖学金。托福考试得分96，GRE考试得分323。她曾参加第九届水泥混凝土国际会议和微纳功能材料会议等，已被密歇根大学录取。

大学生活本该丰富多彩，李慧玲在大学里除了学习，还不断地尝试、不断地探索，最终收获了属于自己的精彩。

刚入学时，李慧玲对未来感到很迷茫，基于对出国学习的向往，她选择进入与英国伯明翰大学合作的机电国际班。随着对机械的深入了解，她转专业的想法越发强烈。她一直比较喜欢化学，喜欢探讨实验背后的真相，于是决定转到材料学院。进入材料学院高分子专业后，她向不同的方向探索，接触了相关项目，却因为繁重的补修课程任务而不得不放弃。

大二暑期，她主动留校在实验室学习，正是这段时间对科研生活的深入了解以及与师长们的思想交流，坚定了她继续走材料科研道路的信心。大三，李慧玲申请了以水泥自修复为主题的校创项目。为了专心准备语言考试，她放弃了英语辅修课程。经过前两年的不断尝试，她确定了自己前往美国读研的目标，随即投入申请工作。

在申请出国学习的过程中，李慧玲也走过弯路。在大一，她第一次参加雅思考试，取得了6.5分的好成绩。由于课程设置的问题，她放弃了大二上学期的英国伯明翰大学“2+2”项目和大三上学期的美国加州大学河滨分校交换项目。大三下学期，她开始准备语言考试，需要完成各项课程作业和校创项目，暑期又有实验安排，因此复习时间并不多。为了尽可能提高平均学分绩点，大三下学期她把重心放在学校的课程学习上，因此第一次托福考试成绩并不理想。痛定思痛后，她总结了失败的教训，集中精力准备GRE考试，每天练习，最终取得了较为理想的成绩，此时再参加托福考试，也成功取得了理想的成绩。李慧玲也将在准备语言考试中积累的经验运用到了科研学习中，她坚持每天阅读一到两篇英文文献，积累专业词汇，为未来的科学研究做好了准备。

大学四年，李慧玲的课余生活也很丰富。大一加入学生会外联部，不善言辞的她不断锻炼自己，为社团积极贡献自己的一份力量。大二转入材料学院之后，她选择进入了年级委。大二的寒假，她参与了斯里兰卡的支教项目，不仅领略了斯里兰卡的自然风光、淳朴民俗和独特文化，开阔了视野，而且感受到了孩子们的爱心。大三期间虽然课程繁重，但是李慧玲依然报名成为第九届水泥混凝土国际会议和微纳功能材料会议的志愿者。参与国际会议的经历让她看到了材料研究的前沿，对自己今后的研究充满了信心。

李慧玲，一个积极探索的材料人，相信她会带着探索的勇气与热情，带着对未来的希望，勇敢地打开全新的世界。

（记者：李智　采编：姚洛宾　编辑：林子睿）

材料1502班　靳莉萍：并驾齐驱　协力同行

图1-90　靳莉萍

靳莉萍（图1-90），材料1502班学生，任班级生活委员，先后获得两次国家奖学金、一次国家励志奖学金，被评为“校三好学生标兵”“校三好学生”等，被保送至清华大学深圳国际研究生院。

华盛顿说：“成功并不能用一个人达到什么地位来衡量，而是根据他在迈向成功的过程中，到底克服了多少困难和障碍。”大学四年，她始终朝着自己既定的目标不断前进。在这个充满回忆的季节，她即将开始新的学习生活。她就是靳莉萍。

被问及如何在大学期间保持这么优异的学习成绩时，靳莉萍笑了笑说：“那当然是因为有这么好的竞争对手啦。”她所说的“对手”，是她同寝四年的室友。她们都在大二时转专业来到材料学院学习，都有优异的成绩，并多次获得国家奖学金。她们不仅是彼此强劲的对手，而且是要好的朋友。“同一个目标携手共进，同一个梦想合作共赢”，在她看来，她能与优秀的室友互相促进、互相激励。除此之外，寝室的学习氛围也是很重要的。她在宿舍里经常与室友交流，在学术上提出不同的见解，一起讨论，一起解决问题。

鲁迅说:“上人生的旅途罢。前途很远,也很暗。然而不要怕。不怕的人的面前才有路。”靳莉萍是一个做事认真、追求完美的人,尤其是在学习上。她说图书馆是一个学习的好地方,“那里的学习氛围很浓厚,可以促使自己提高学习效率。多在图书馆花时间学习肯定会对我们有所帮助。面对那些成绩优异的同学,我们总是认为他们比我们更聪明,可实际上我们缺少的是像他们一样在图书馆里钻研学习的毅力。有了这种毅力,在学习上才能有所收获”。

大学生活有时也很辛苦,靳莉萍说:“大二是最忙的时候,有很多要补修的课程。”她在本校学习的同时,还在华师进修了英语双学位。在两个学校之间来回奔走,虽然少了很多娱乐的时间,但她提升了自己。即便学习任务再重,她也尽量不熬夜。她说上课的精神状态很重要,熬夜会使自己感觉很疲惫,上课的时候缺乏活力。把大任务分解成小任务来完成才是最好的办法。她坚持看课本和例题,并从中总结出有用的内容加以整理,平时的积累让她在考试中获得骄人的成绩,正如她所说:“你平时都努力了,面对考试又怎么会慌乱呢?”现在有一种普遍的现象,很多同学在考试前几天才开始突击复习,这种方法其实是很低效的。要在平时多下功夫,考试之前好好休息,调整状态。积极地面对考试,我们的学习才会变得高效。

学习之余,她很喜欢看金庸的小说,对《倚天屠龙记》《天龙八部》很有感触。她说,多读文学作品可以提升文学素养,在学习与生活中都能起到积极作用。“问渠那得清如许,为有源头活水来”,广泛的阅读能够拓展自己的视野,净化心灵,陶冶情操,丰富自己的心灵世界。在一天的学习之后,她经常进行睡前阅读,在文字中徜徉,放松紧张的神经。“读到引起共鸣之处,我会不由自主地做笔记。”阅读课外书让她的生活变得丰富多彩。

最后,靳莉萍对学弟学妹们说:“希望大家在大一时就开始考虑自己未来的方向,早点找到目标,前进才有动力。大学时光是很宝贵的,从现在开始加倍努力吧。”成功从来不是一蹴而就的。从靳莉萍身上可以看到,天才在于勤奋,聪明在于积累。她倾囊相授令人受益匪浅,祝福她在步入清华学府后,成功抵达梦想的彼岸。

(记者:胡睿泽　采编:华婉苏　编辑:郝倩)

材化1501班　杨婷：风雨散去，阳光正好

图1-91　杨婷

杨婷(图1-91)，中共党员，材化1501班学生，大学三年平均学分绩点4.174，于中南财经政法大学进修会计学双学位。她先后获得国家励志奖学金一次、国家奖学金两次，获评“校三好学生”两次、“校三好标兵”一次、“校优秀团员”一次。已被保送至西安交通大学攻读硕士学位。

虽然初夏阴雨连绵，但我们都知道，风雨之后总会迎来久违的阳光。

勤学好问　刻苦钻研

杨婷大学期间成绩优异，在被问及如何取得这样的成绩时，她十分谦虚地说自己不像班上其他同学那样聪明，这一成绩是靠平时的积累与努力得来的。杨婷说，平时上课的时候她会认真记笔记，紧紧地跟随老师的思路，三年下来，已经换了好几个本子。她觉得，在期末复习的时候，这些平时的笔记十分有用，只要按照顺序仔仔细细地把笔记上的知识点从头捋一遍，她就可以回想起老师上课讲的绝大多数内容，效率很高。对于作业中出现的那些不会的题目，她会及时向班上其他同学请教。杨婷对我们说：“每个人都有自己的长处，要学会主动求教，这不丢人，反而可以促进彼此一起提高。”

杨婷认为合理安排自己的时间很重要。大二期间，她修读中南财经政法大学的会计学专业双学位，周末都要上课，不仅没有被紧张而忙碌的学习生活压垮，反而通过合理地安排与规划，以更加积极饱满的状态去应对。虽然四年的大学生活十分辛苦且充满挑战，但功夫不负有心人，努力的汗水终于浇灌出了成功的花朵。不过杨婷说，自己要走的路还很长，要脚踏实地，不能满足于已取得的成绩。

乐观向上　笑对生活

杨婷给人最深刻的印象就是她的乐观与积极，她没有我们印象中女学霸的刻板与

高冷。她喜欢打羽毛球，喜欢追剧，偶尔玩玩游戏。她觉得通过这些活动能够有效地放松自己，缓解疲劳，以更饱满的精神状态去面对接下来的挑战。她积极参与班级活动，与室友们一起努力，打造了“校标兵文明寝室”。生活中的杨婷更喜欢用笑容去面对未知的挑战，如同雨后的阳光一般，少了几分灼热与刺目，多了几分乐观与豁达。也正是因为这阳光般的性格，她总会迎来雨过天晴的时刻。

祝福杨婷在更高的平台上闯出属于自己的一片天地，创造属于自己的美好人生。

（记者：金博闻　编辑：朱昱颖）

材料1503班　高崇伟：凡心所向　素履以往

图1-92　高崇伟

高崇伟（图1-92），中共党员，材料1503班学生，先后被评为“校三好学生标兵”“校优秀毕业生”“优秀共青团员”，获国家奖学金两次，曾加入材料科学与工程学院篮球队，该队两次闯进“理工杯”篮球赛八强，连续三年获学院篮球赛冠军。他已被保送至清华大学。

高崇伟的故乡，在福建东南部的一个小岛。怀揣着梦想，他以优异的成绩考入武汉理工大学。原本是冲着建筑学而来的他，阴差阳错地被调剂到材料专业，却在这个舞台上展现出了自己独一无二的风采。

在刚入大学时，高崇伟就开始注重自己的全面发展，不断拓展自我发展空间。他努力学习，平均学分绩点达4.155，排名年级第一，成功获得A类保研资格，被清华大学录取。

大一时，他的成绩并不突出，仅仅保持在中游的水平。在这一年，他用心学习基础科目，如高等数学、大学物理等，为日后解决复杂问题打下了坚实的基础。在这一年，他确定了自己的目标——保研。

不鸣则已，一鸣惊人。大一时成绩平平的高崇伟，在大二、大三位居年级前列，连续两年获得国家奖学金，获得了诸多荣誉称号。笔者怀着敬佩之情问他：“取得了如此优异的成绩，想必你付出了旁人难以想象的努力吧？”他有些腼腆地回答道：“其实我只是比其他人多努力了一点，学习时更为专注。我没有什么特别的学习方法，只是学习时心无旁骛，不去做其他事情而已。”确实，“专注”二字看似朴实无奇，真正想要做到却殊为不易。特别是在这个诱惑良多的时代，想在枯燥的学习中保持专注更是难上加难。担任过一年班长、一年副班长的他能兼顾学习与班级工作，成功组织了各项班级活动，不仅增强了班级的凝聚力，而且使自己处理问题的能力得到提升。

清华大学是绝大多数学子向往的顶尖学府，当问及高崇伟有什么保研方面的经验可以与学弟学妹们分享时，他的眼中闪烁着坚毅的光芒。“目标。”他简洁有力地回答道。“我早早地定下了保研这个目标，虽然当时没有具体到是哪个学校，但是我的心中已经深深地埋下了这颗种子。每当怠惰时就以这个目标告诫自己，于是便有了新的动力。我认真地学习，能保研到清华我很惊喜，可以说是运气和实力共同造就了这个结果。”他略加思索后又说道：“虽然有目标很重要，但是不能过于功利，不能做什么事都只想这件事情对我有没有实质性的好处。整个大学阶段应该是一个不断积累的过程。”

他的班主任曾在大学开学时建议同学们培养一项自己的兴趣爱好，高崇伟对篮球情有独钟。他自高中起就是一个“球瘾少年”，那时他利用课间短暂的休息时间，飞奔至篮球场，即使只是拍几下篮球也能给他带来快乐。上了大学以后，这项兴趣更是发展成为他的特长，他加入了院篮球队，并带领队伍两次获得年级赛冠军，在学校“理工杯”篮球赛中闯入“八强”。更为重要的是，他收获了一群同欢喜、共患难的知心朋友，他们拥有共同的爱好，相互支持，共同前进。“我在大学最大的遗憾就是没能拿到‘理工杯’篮球赛的冠军。”他如是说道。但谁的人生又能没有遗憾呢？

木心曾言“凡心所向，素履以往”，这句话用来形容高崇伟再合适不过。他正因为早早地为自己确定了目标，并且为之专注地奋斗，才能在最后取得如此辉煌的成就。只不过相较于“素履”，我想他更愿意穿上一双篮球鞋吧！

（记者：高希羽　采编：马翰丞　编辑：林心铭）

复材1502班　金成静：路途纷扰，我独向前

图1-93　金成静

金成静(图1-93)，中共党员，复材1502班学生，大学三年平均学分绩点4.01，排名年级前五。她先后获得国家励志奖学金、校二等奖学金，获“校三好学生”“校优秀学生干部”等荣誉称号。她曾任材料学院通讯社副社长、班级宣传委员、党支部宣传委员，参加多项比赛并获奖。目前已有一项专利被受理，考研至北京航空航天大学。

大学生在初入学时陷入迷茫是一个老生常谈的问题，如何顺利又不留遗憾地度过本科四年似乎很难，但对于金成静而言，这个问题仿佛不曾存在。

金成静的大学生活精彩又平凡。大一的她同许多初入大学的新生一样，对缤纷的大学生活充满好奇，但因性格腼腆，她只和两三旧识好友来往。她大一学年的平均学分绩点为3.85，她对此并不满意，开始尝试作出改变。

她说，尝试挑战自己终将受益匪浅。成功当选材料学院通讯社编辑部部长后，她开始学着与部员沟通交流，最后成就了现在的自己。虽然工作繁忙导致学习的时间被压缩，但她将压力转化为动力，大二、大三学分绩点均在4.0以上，班级排名前五，年级排名前十，先后获得国家励志奖学金、“亚唯”复材奖学金，被评为“校优秀学生干部”“校三好学生”等。自省自律的金成静还是材料学院2015级本科生党支部的第一批共产党员之一，她任党支部宣传委员，于大三学年被评为“院优秀共产党员”。

在忙碌的大二、大三学年，金成静不退反进，开始参与课题组的实验项目。她在实验室踏实学习、认真请教，熟练掌握了多种测试仪器的操作方法和数据处理软件的运用，以第一发明人的身份申请了一项专利。她认为最快乐的事情就是自己所学的知识得到应用，除了在实验室里学以致用，她还参加了多项比赛，作为组长带领组员获得了CPIC复合材料制备大赛一等奖，参加“普赛达杯”高分子材料制备大赛并获三等奖。

出于对自己清醒的认知，她在大三下学期做好了两手准备，一边申请保研，一边复习考研。当得知自己未获得保研名额时，她丝毫不受影响，继续努力复习。暑假实习期间她坚持每天在自习室里复习。实习期结束后，她清晨六点在鉴三教学楼门前排队，到晚上十点才回寝室休息。因为与有相同志向的人一起努力，她并没有感觉到多苦多累。就这样一路坚持下来，她取得了初试390分的好成绩，并以排名第五的总成绩被北京航空航天大学复合材料专业录取。

大学四年，金成静一直在回顾走过的路并及时作出调整，一点点走到最适合自己的道路上。迷茫是正常的，但它阻挡不了她探索出一条属于自己的道路。

金成静告诫大家，有些事情不要觉得很“水”就去敷衍，平凡的事情认真去做都会有所收获。笔者认为，正是因为脚踏实地，金成静才能成就非凡的自己。

（记者：崔晶晶　采编：刘波　编辑：林子睿）

材科xs1501班　李昕蕙：随心不随意，清风洽自来

图1–94　李昕蕙

李昕蕙(图1–94)，材科xs1501班学生，大学三年平均学分绩点4.051，排名年级第四，先后获得国际交流奖学金一次、校一等奖学金两次，曾获“校三好学生”荣誉称号三次，获“外研社杯”全国英语写作大赛三等奖、大学生化学知识竞赛二等奖、化工原理实验大赛三等奖。她曾参与国际化示范学院暑期赴英国短期交流活动，获“优秀营员”荣誉称号，并获得参加美国宾夕法尼亚州立大学长期交流学习项目资格。在武汉理工大学直接攻读博士学位。

大学时光应该怎样度过？李昕蕙认为应尽力完成当下的事，一切都会水到渠成。

静默扎根　随心生长

谈到学习时，李昕蕙坦言自己并不是那种一味埋头学习的人，而是注重找到适合自己的各个学科的学习方法。

如何学好英语呢？相比于抱着书背和记，她更喜欢通过看美剧来提高自己的英语语感，在日常生活中多看、多听、多讲。

如何做好科研呢？她认为在本科阶段应该培养兴趣，勇敢尝试，自己辗转多个实验室就是为了寻找内心所爱。她明白追梦之路并不是一帆风顺的，换课题之后要查阅很多资料，要适应新环境重新开始。幸运的是，她找到了适合自己的实验环境，遇到了适合自己的老师。

如何参与竞赛呢？她说要把握一切可以学习和成长的机会，以轻松平和的心态磨炼自己，一点点打牢基础，一步步探索未知。

规划之外，总有惊喜。大三时，李昕蕙萌生出国的念头，便报考了雅思，未做多少准备的她以6.5分通过，并获得美国宾夕法尼亚州立大学的录取通知书。但最终她选择在本校直博，这是她随心做出的决定。

三年之期　叶已初茂

三年来，李昕蕙最大的收获是心态和思想的转变。她一直没有放弃在高考时不及格的化学，抱着既然选择就不后悔、既然要学就学好的心态，一点点积累对化学的喜好。如今，她已获得大学生化学知识竞赛二等奖及化工原理实验大赛三等奖。当笔者问及对于大学生活的感受时，李昕蕙笑着用两个词来概括：快乐、平淡。她用心完成每件事，用行动来实现每个目标。至于对未来的憧憬，李昕蕙希望在科研方面多发文章，提升自己的综合能力，毕业后去自己喜欢的城市工作。

大学四年，从新生到毕业生，时光流转，身份转变。李昕蕙想将自己的经验分享给学弟学妹们：首先，大学期间最重要的是专业学习，应该让自己有立足点；其次，大学生应该有自己的风格，要在衣着、谈吐、眼界等各方面提升自己。“自助者天助之”是李昕蕙最喜欢的句子。在遇到困难时，坚信会有最好的结果；当看不清方向时，走好脚下的路。

（记者：杨万里　采编：尹雪　编辑：孟馨玥）

材科jd1501班　冯一正：以水的形态流淌　以火的性格燃烧

图1-95　冯一正

冯一正(图1-95)，材科jd1501班学生，先后获得袁润章奖学金、校一等奖学金、校二等奖学金，获“校三好学生”荣誉称号三次。他以第三作者身份发表SCI论文一篇，以项目负责人身份申报“国创”项目一项、“校创”项目一项，参加校级“创新杯”竞赛并获三等奖。曾任材料学院科协主席，申请并获得宾夕法尼亚大学研究生录取资格。

没有想象中自带气场的高冷气质，冯一正像你闲时约出来的老朋友。就在这样轻松愉快的气氛中，我们开始了对他的采访。

当大多数人在学习、科研、社团工作等方面犹豫纠结的时候，冯一正已经成功地接受了不同的挑战，且都取得了一定的成绩。他将这一切都归功于自己的不服输的精神。

他将自己的大学生活总结为学习生活、科研实践、社会工作三个方面，科研实践是其中最重要的一方面。作为材料专业的学生，本科期间完成一定的科研工作是必不可少的，有些学生却因科研的艰难而放弃，毕竟实验室的生活的确有些苦、有些累。初次进入实验室，冯一正和大多数人一样有些不知所措，但他从一些基础性工作做起，如刷烧杯、擦实验台……在此过程中他向实验室的师兄师姐学习，逐渐适应了实验室的生活。长此以往，他对实验室产生了一定的感情，就像签订了“无形的契约”。对于想进实验室的学弟学妹，他建议，可以提前了解实验室研究领域的相关论文，确认自己的兴趣，到时候与面试老师有话题可聊。

众所周知，做实验和参加社团活动都需要花费大量时间和精力，当我们问他如何平衡好两者时，他简单地回答道：“哪里忙去哪里。”社团活动大都集中在周六周日，因此这两天他会将重心放在社团方面，周一到周五主要在实验室。虽然他说得轻描淡写，但实际情况肯定不是如此简单。我们不难想象，他需要牺牲自己更多的休闲娱乐时间来完成这些工作，而归根结底，正是因为他的坚持和不放弃，他才能完成这些艰巨的挑战。

在实验室和社团工作方面已经花费很多时间和精力的冯一正，自然不会选择用时间换成绩的方法。他会立刻弄懂不明白的知识点，及时完成作业，绝不拖沓，只有尽快处理才能给之后的任务留下更充足的时间。当复习备考时，他会将重点放在课本习题上，还会自己动手将公式演算一遍，以求更深刻地理解。

当不少人选择在国内读研时，冯一正放弃了学校的保研名额，申请出国留学。他说，希望得到更多的选择和更好的平台，也想借留学的机会，领略国外的风土人情，弥补自己大学期间没能出国交流的遗憾。

冯一正认为自己的大学生活并不完美，他很庆幸自己选择了进入实验室和出国留学，期待将来会有更精彩的生活。对于学弟学妹，他建议：“好好学习，考出好成绩，只有足够高的绩点，才可以让你有底气去做想做的事情！”

（记者：胡佳伟　采编：慕庆雪　编辑：张雨馨）

高分子1501班　王琪玲：道阻且长　行则将至

图1-96　王琪玲

王琪玲(图1-96)，高分子1501班学生，大学三年平均学分绩点3.97，先后多次获得国家励志奖学金、校三等奖学金及各类社会奖学金，获“校三好学生”“军训优秀学员”等荣誉称号。她曾任年级委副年级长、辅导员助理，被保送至中国科学院宁波材料技术与工程研究所。

在摸索中前进，是王琪玲在大学四年里一直保持的状态。王琪玲成绩优异，曾多次获得国家励志奖学金、校三等奖学金及各类社会奖学金。大一时的她，对未来还没有特别明确的方向，只是认真对待学习，保持着高中时的学习状态。“当你还不确定自己未来的方向时，那就好好学习吧。优秀的学习成绩会给你带来许多加分项，不会拖未来的后腿。别总担心自己的未来，做好当下，努力提升自己的成绩。走一步看一步，总能找到属于自己的天地。”

如果说大一时的王琪玲只想学习，并没有太多打算，那么在专业分流后，她意识到身边还有许多比自己更优秀的人，需要重新对自己的未来进行规划。再三思考后，她定下一个长期目标，那便是保研。为了有更加广阔的平台和更多的机会，大二暑假她进入了新材料研究所的生物实验室，但科研之路并不那么顺利，由于导师长时间出国研究，她能学到的东西十分有限。权衡之下，她重新选择了无机方向的纳米实验室。虽然对科研抱有浓厚的兴趣，但她没有取得实质性的成果。由于大三就要进行保研资格的申请准备工作，她一度处于低迷状态，但不服输的她怎会轻易低头？那一年的寒假，她专心在实验室进行了近一个月的项目研究，每天晚上十点才回寝室休息，但仍没有太大突破，这让她陷入了迷茫。大三暑假，在辅导员的推荐下，她参加了中国科学院宁波材料技术与工程研究所的夏令营，一来是为了开阔自己的学术视野，二来是为了调整自己的状态。在参加夏令营的过程中，她意识到这种迷茫的状态很可能会影响自己的未来发展，既然科研这条路走不通，那就专心准备考研吧。但造化弄人，在大四时，功夫不负有心人，她成功保研。她说是因为运气好，但这都源于她不断奋斗和对待学习认真严谨的态度。

独立自强、沉稳干练，是王琪玲在工作中的状态。大一入学时，她通过竞选成为年级委副年级长、辅导员助理，并在自强社主持大大小小的活动。虽然众多事务压在肩上，但是她丝毫不觉得辛苦，“既然选择了这项工作，就要把它做好，抱怨再多也没用”。初中当班长的经历让她具有很强的领导力，因此这些工作她能够很轻松且出色地完成。三年的副年级长、两年的辅导员助理经历让她变得更加成熟。刚刚步入大学时，王琪玲想要更早地实现经济独立，于是在校外做家教，“这是大学生赚钱性价比最高的方式”。她做家教并不只是为了赚钱，而是为了让自己更好地生活。她所挣的钱和大大小小的奖学金加起来几乎抵得上生活费，这极大地减轻了家里的负担，同时她也很享受这种自己支配生活的状态。在大一和大二的暑假，她参加了武汉理工大学“翼之梦”和“启智铸材——STEAM 科普教育”暑期社会实践队，这两次社会实践的经历让她有了很多新的感悟。当时，巴东和保康条件艰苦，他们在这种环境下进行访谈、科普教育，让她感受到现在拥有的良好学习条件来之不易，以及身上担子的沉重。虽然条件艰苦，但她非常开心能有机会跟企业、学校的相关领导直接进行交流，了解其他行业的有关知识，弥补自身认识的不足。“多跟别人打交道，交往的人多了，就会发现这个世界有更多的可能性，生活也会更加精彩。”

除了学习与工作，王琪玲有许多兴趣爱好。素描、吉他都是她非常喜欢的。“简简单单的线条，不需要太多的修饰，就能将这个世界生动地展现出来，这是多么奇妙啊。”她选修了素描课，在空闲时间会用线条勾勒出属于自己的世界。“素描需要一颗平静的心。”大三以后，由于学习和科研等各种压力，她没能继续深入学习素描，但这一段经历让她的性格更加沉稳。王琪玲一直反对死读书，“作为大学生，应当全面发展，健全自己的人格，转变以前可能存在的纯理性或纯感性的思维”。除此之外，她还坚持锻炼，即使学习任务再重，她也会抽出时间跑步。她说跑步可以放松自己，调整状态，让自己以更加充沛的精力迎接新的挑战。

“大学四年里，我的棱角被磨平了许多，从以前的好胜不服输，到现在的平静随和。”王琪玲很感激科研路上的荆棘，这些困难让她现在更加随性、随缘，不再迫切地想要见到成效。只要自己尝试过、努力过，那便是成功了。“从来不是让你把一次考试当成人生成败的赌注，只是想让你在年轻的时候体会一次全力以赴。”

（记者：钟文龙　编辑：朱昱颖）

复材1502班　叶港：在微笑中前进

图1-97　叶港

叶港(图1-97)，中共预备党员，复材1502班学习委员，大学三年平均学分绩点4.18，排名班级第一，曾获"校三好学生标兵""校优秀学生干部"等荣誉称号及国家奖学金，参加第六届CPIC复合材料制备技术竞赛并获二等奖，已保研至华中科技大学。

一双白色球鞋，一件简单的外套，他带着微笑向我们招手，充满青春活力地向我们走来。

工欲善其事　必先利其器

被问及为什么能在大学三年取得如此优异的成绩时，他笑着说："我平时上课认真听讲，每学期在课程结束之后，会将课本过三遍，先快速看一遍，再将知识点整理一遍，最后默想一遍，这样整本书的知识框架就都印刻在脑海里啦。因为我追求的并不仅仅是成绩上的提升，而是打下扎扎实实的理论基础，所以考起试来自然也就十分轻松。"后来，他渐渐参与各项科研竞赛，如作为队长与其他五名同学组队参加2017年武汉理工大学第六届"CPIC"复合材料制备技术竞赛，制作出一种兼具低密度与高强度特性的阻燃夹层复合材料，获二等奖。同年，他参加了第十一届全国大学生节能减排社会实践与科技竞赛，研究课题为"骨料嵌锁型混凝土：一种绿色高性能混凝土制备方法研究"，虽然最后没有取得理想的成绩，但仍然收获良多，学到了再生骨料的回收利用以及生命周期评价(LCA)方法。

在大三的寒假，他有幸参加了上海硅酸盐研究所的冬令营，受到研究所浓厚学术氛围的熏陶，他更加坚定了投身科研事业的决心。他被保研到华中科技大学，利用大四的闲暇时光更早地进入实验室进行研究和学习，争取早日将自己学到的知识转化为成果。

集众力众智　达互利共赢

在大一时，他担任自强社干事以及材料学院通讯社干事，大二时担任自强社执行主席，活跃于社团活动中使他结识了许多优秀的同学。当被问及如何处理社团工作与学习之间的平衡问题时，他说，在担任自强社执行主席期间，由于主席团四人关系融洽，社团活动中若有人分身乏术，其他成员都会主动分担一部分工作，这大大提高了工作效率。他表示在社团中收获了很多，提高了组织能力，认识了更多的朋友，学到了一些新的技能和知识，这些都使他不断进步。

生活不只眼前的学习

很多人认为学霸只知道学习，鲜有娱乐，性格比较内向，他却给我们展示了一个完全不同的形象。他热爱篮球，曾和队友们一起获得“自强杯”篮球赛冠军。通过打篮球，他认识了很多朋友，大家来自不同的专业、不同的年级，一起谈天说地，在球场上挥洒汗水，建立了深厚的友谊。当我们谈及其他一些优秀的学长时，他会扬起嘴角，笑着与我们说一些他们之间的趣事。我们不禁感叹：优秀的人果然都愿意与优秀的人相处。

一番谈话下来，我们都深深地被他的人格魅力所吸引。相信他能够始终带着朝气面对生活，在自己的领域中不断进步，永远做一个乐观向上、认真踏实的少年！

（记者：刘元凯　采编：强雪　编辑：张雨馨）

成型1501班　喻科菘：山海万重　星河一道

图1–98　喻科菘

喻科菘（图1–98），中共党员，成型1501班学生，曾任材料学院星光合唱团第三届团长，先后被评为“院三好学生”“文艺先进个人”等，获校三等奖学金、“河北安全集团”奖学金，所在宿舍被评为“校级文明宿舍”，参加院寝室文化创意设计大赛并获二等奖。他以第一作者身份在国际顶级期刊发表论文一篇，所在队伍获湖北省“挑战杯”竞赛特等奖。他已考取本校研究生，研究方向为纳米能源材料。

对喻科菘而言，大学四年最浓墨重彩的一笔，便是加入星光合唱团。这个在2014年才成立的学生社团，于2015年闯入他的生活，点燃了他所有的爱与激情。

刚入学时的喻科菘，出于对唱歌的喜爱，加入了军训合唱团。当时星光合唱团的指导老师陈溪会抽空指导大家，那是喻科菘第一次接触陈溪老师。后来，当被问到为什么想加入星光合唱团时，他说："因为军训合唱团的体验，以及陈溪老师的魅力。"初次尝试不到半月，他就喜欢上了合唱，逐渐生发出爱意；而陈溪老师对他来说，真就如星光一般，吸引他抬头望天，看见一片璀璨的银河。

训练总是艰苦的，合唱团的人数很多，想要达到声音的和谐，是很困难的事情。为了练就这份默契，大家每周坚持训练，偶尔遇到演出任务，还会密集地加训。"中途有人退出。"喻科菘坦言，但他坚持下来了，还当了团长。"已经不仅仅是出于兴趣，而是凭着热爱才留了下来。"在担任团长的日子里，他积极筹备合唱团的专场音乐会，主动联系学校其他合唱组织并争取互相学习的机会，带领合唱团多次参与新生才艺大赛、"材料文化节"开幕式及毕业生晚会。

他的付出没有白费，星光合唱团的知名度越来越高，影响力越来越大，每次演出都相当成功。如今的他早已功成身退，但仍会在忙碌之余独自编辑星光合唱团的百度百科词条。他骄傲地说："三年来，这里的故事一直有我。"多精彩，就有多难以忘怀。

星光合唱团并非他的全部。他在大一时便通过导师制平台进入了纳米重点实验室并坚持科研训练，最终成功以第一作者身份在国际顶级期刊发表论文，如今所在队伍又在湖北省"挑战杯"竞赛中荣获特等奖。原本打算争取保研的他与保研机会失之交臂，于是在九月底决定考研，每天早晨五点半起床去自习室复习。经过三个月的努力，他成功考上本校，选择纳米能源材料作为自己的研究方向。

大一暑假，他跟随计算机学院"蛋蛋在行动"志愿服务队到广西玉林横枫小学开展义务支教活动。虽与孩子们萍水相逢，但他用二十一天的真诚书写了让人难以忘怀的横枫故事。

回首匆匆岁月，他在各方面都有涉猎，唯独在星光合唱团的经历最为引人注目。当被问及"星光"二字的含义时，他解释说："陈溪老师觉得夜晚排练的他们就像是天上的星星，而自己也是其中一颗，希望用满腔热忱给这个世界增添一份温暖。"

今夜，星光烂漫；明朝，别样华年。

（记者：吴静娴　采编：马抒煜　编辑：孟馨玥）

高分子1502班　汪晨阳：不问收获　但问耕耘

图 1-99　汪晨阳

汪晨阳(图 1-99)，中共党员，高分子 1502 班学生，曾任材料学院高分子与复合材料系学生第一党支部副书记，获“校优秀三好学生”“院优秀共产党员”“院优秀学生干部”等荣誉称号。申请国家发明专利三项，发表 SCI 学术论文两篇，获校“创新杯”大学生课外学术科技作品竞赛一等奖、“CPIC”复合材料竞赛一等奖、“普赛达杯”高分子材料设计与制备竞赛二等奖。

云发如瀑，素衣胜雪，眼角眉梢流露着自信，这就是汪晨阳，她从容而大方地向我们走来。经历了四年的默默耕耘，体验了大学的风风雨雨，她已经不再是那个懵懵懂懂的新生。两篇 SCI 论文、三项发明专利、“校三好学生”等荣誉称号，她所取得的成就已经相当傲人。然而，面对这些，她毫不在意。“不要太在意收获，默默耕耘就好，做好眼前的事，用努力去发掘更多的可能！”

将岁月的指针拨回四年前，那时的汪晨阳和其他大一新生一样，对未来满怀期待。可是，大学里全新的学习模式、繁重的课后作业以及各种各样的课外活动，让她难以应对。“那段时间是很有挑战性的，来到一个全新的环境，很多地方都不适应。但后来发现，根本不用担心，顺其自然就好，考试和作业都是很平常的事情。”她在回忆大一生活的时候无比欣慰：“我相信，每个人都有这样的经历，这大概就是成长吧！”

那年六月，大一的生活接近尾声，汪晨阳和其他同学一样，通过学校导师制平台正式走进了实验室。当时进入实验室的同学有很多，但并不是都能坚持到最后，能取得一些成就的就更少了。可是汪晨阳做到了，她在这里踏踏实实地干了三年，勤勤恳恳地学了三年。她说：“当初我进入实验室更多的是出于好奇，想亲眼看看什么是科研。”说到这里，她非常洒脱：“并不是每个人都必须有远大理想，认真做好自己手头上该做的事情就好。当真正下定决心要做好一件事后，你是不会轻易停下的。”

大二、大三时课业繁重，汪晨阳需要在宿舍、教室、实验室之间来回奔走。面对学习与科研的双重压力，她感到了前所未有的劳累，有时上完课就得马上赶去实验室进行各种实验操作，记录实验数据，晚上回到宿舍还得写作业。科研之路并不是一帆风顺的，她说："科研不是让你把课本上的实验按部就班地做一遍，科研要的是创新，要你去做别人没做过的事。既然别人没做过，你失败的风险就会极高，有时候尝试了无数次却一无所得。"当记者询问她是如何在这种极端情况下坚持下来的，她说："科研本身就是一个探索的过程，谁也没有把握说一定会成功，但只要你不轻言放弃，尽最大的努力去做好每一个环节，就一定会收获不一样的精彩。"在导师与师兄师姐的帮助下，她不断总结反思，改进实验方案，而最终的结果也没有让她失望。

在生活中，汪晨阳像大多数女生一样，喜欢追星、看书，对美食更是情有独钟。有时她在武侠世界里徜徉，有时她痴迷于张嘉佳的文艺与哀伤，有时她就是一个在街巷间寻觅美食的吃货。正是这些课余爱好，让她在学习与科研之余得到了放松，也让她的大学生活更加精彩。

如今，汪晨阳拿到了武汉大学的保研资格。"将来我会继续投身科研工作，因为本科阶段没有平衡好学习与科研之间的关系，所以在成绩方面留下了一些遗憾，希望以后有机会可以弥补，学习更多的理论知识。"

不问收获，但问耕耘，汪晨阳就是这样做的。她说想忠告学弟学妹："不迈出第一步，一切都是零。我们要学会坚持不懈，大胆尝试，用努力来发掘自身更多的可能性。"

（记者：孙旭玖　采编：沈雨涵　编辑：雒怡浩）

高分子1501班　王娟：有一分热　发一分光

图1–100　王娟

王娟(图1–100)，中共预备党员，高分子1501班学生，曾任武汉理工大学习近平新时代中国特色社会主义思想学生研习会副会长、班级生活委员，先后被评为"校优秀共青团干部""'理工才俊'学生骨干培训班优秀学员"，获得第十六届材料文化节卓越贡献奖及"亚唯·复材校友"社会奖学金。她即将成为一名辅导员，被推免至武汉理工大学。

王娟，一个本来决定备战考研却又意外通过担任辅导员保研的人，一个将其大学四年毫无保留地奉献给学生工作的人。当被问及在她心中什么样的人才是优秀的人时，她不假思索地答道："努力将一件事情做到极致的人会成为优秀的人。一直往前走，优秀的定义较之前会更加丰富，这是一条学无止境的道路，没有最好，只有更好。现在我希望能够把各方面工作协调好，做到让自己满意，这是我对自己优秀的定义。”心中有着对优秀的清晰定义，行动上也始终努力做到优秀，这就是王娟身上散发出魅力的根源。一旦认定目标，无论面临多大的艰难险阻，她都会愈战愈勇。

“做了这么长时间的学生工作，你有没有遇到过特别大的困难呢？”

“当然有啊。有一次我参与一个大型会议的筹备工作，进展特别不顺利。我每天加班，方案一直被否定，那一段时间工作压力特别大，很难受。一天下午我在办公室写材料，写着写着眼泪就流出来了。当时办公室里有很多人，我怕影响气氛又觉得很尴尬，就一个人跑到卫生间蹲着哭了半个多小时。”

“压力这么大，为什么不放弃呢？”

“工作已经开始做了，我不喜欢半途而废，更何况身边有好多小伙伴，大家相互鼓励，一起成长，这样很好啊。一个学妹知道我在里面哭，就一直在卫生间门口等着，哭完出来后我慢慢地就好了。那天晚上我们等着汇报工作，一直到半夜两点多才结束。”

这是笔者印象最深刻的一段对话。笔者不禁感慨，每个人都会有压力大到承受不住的时候，有些人选择摇摇头，转身离开；有些人，像王娟这样，选择迎难而上，在一次又一次的暴风雨中历练、成长。本着“欲戴王冠，必承其重”的人生信条，王娟用四年的时间，直面挑战，攻坚克难。

当被问及为什么会选择去当辅导员时，王娟微微笑了笑，说：“我特别喜欢学生，觉得能陪着一群本来不认识的学生从入校到毕业，是一件挺有成就感、很圆满的事情。因为辅导员在某种程度上扮演着引路人的角色，对学生的影响非常大，一个好的辅导员可以带出一批优秀的学生。”

“你想成为一个怎样的辅导员呢？假如被夹在工作要求和学生之间很难做，你会怎么办呢？”

“第一点，工作原则不能违背，我会以身作则，树立榜样。第二点，我希望能够和学生打成一片，让他们不仅喜欢我，而且对我非常信任，遇到解决不了的难题会找我沟通。”

王娟在谈话时，带着一种大姐姐式的温暖，让你不由自主地愿意去相信她，坦诚地和她交流。笔者发自内心地相信王娟以后一定会成为一个受到同学们喜爱的优秀辅导员。

由于各种因素，王娟可能并不会如最初预期的那样带本科生，更可能带研究生。她认为这是新的挑战：“研究生辅导员更大程度上是一个服务者，而不像本科生辅导员那样是一个引路人。研究生的科研压力很大，我希望能解决他们的后顾之忧，让他顺的，她说："科研不是让你把课本上的实验按部就班地做一遍，科研要的是创新，要你去做别人没做过的事。既然别人没做过，你失败的风险就会极高，有时候尝试了无数次却一无所得。"当记者询问她是如何在这种极端情况下坚持下来的，她说："科研本身就是一个探索的过程，谁也没有把握说一定会成功，但只要你不轻言放弃，尽最大的努力去做好每一个环节，就一定会收获不一样的精彩。"在导师与师兄师姐的帮助下，她不断总结反思，改进实验方案，而最终的结果也没有让她失望。

在生活中，汪晨阳像大多数女生一样，喜欢追星、看书，对美食更是情有独钟。有时她在武侠世界里徜徉，有时她痴迷于张嘉佳的文艺与哀伤，有时她就是一个在街巷间寻觅美食的吃货。正是这些课余爱好，让她在学习与科研之余得到了放松，也让她的大学生活更加精彩。

如今，汪晨阳拿到了武汉大学的保研资格。"将来我会继续投身科研工作，因为本科阶段没有平衡好学习与科研之间的关系，所以在成绩方面留下了一些遗憾，希望以后有机会可以弥补，学习更多的理论知识。"

不问收获，但问耕耘，汪晨阳就是这样做的。她说想忠告学弟学妹："不迈出第一步，一切都是零。我们要学会坚持不懈，大胆尝试，用努力来发掘自身更多的可能性。"

（记者：孙旭玫　采编：沈雨涵　编辑：雒怡浩）

高分子1501班　王娟：有一分热　发一分光

图1–100　王娟

王娟(图1–100)，中共预备党员，高分子1501班学生，曾任武汉理工大学习近平新时代中国特色社会主义思想学生研习会副会长、班级生活委员，先后被评为"校优秀共青团干部""'理工才俊'学生骨干培训班优秀学员"，获得第十六届材料文化节卓越贡献奖及"亚唯·复材校友"社会奖学金。她即将成为一名辅导员，被推免至武汉理工大学。

王娟，一个本来决定备战考研却又意外通过担任辅导员保研的人，一个将其大学四年毫无保留地奉献给学生工作的人。当被问及在她心中什么样的人才是优秀的人时，她不假思索地答道："努力将一件事情做到极致的人会成为优秀的人。一直往前走，优秀的定义较之前会更加丰富，这是一条学无止境的道路，没有最好，只有更好。现在我希望能够把各方面工作协调好，做到让自己满意，这是我对自己优秀的定义。”心中有着对优秀的清晰定义，行动上也始终努力做到优秀，这就是王娟身上散发出魅力的根源。一旦认定目标，无论面临多大的艰难险阻，她都会愈战愈勇。

“做了这么长时间的学生工作，你有没有遇到过特别大的困难呢？”

“当然有啊。有一次我参与一个大型会议的筹备工作，进展特别不顺利。我每天加班，方案一直被否定，那一段时间工作压力特别大，很难受。一天下午我在办公室写材料，写着写着眼泪就流出来了。当时办公室里有很多人，我怕影响气氛又觉得很尴尬，就一个人跑到卫生间蹲着哭了半个多小时。”

“压力这么大，为什么不放弃呢？”

“工作已经开始做了，我不喜欢半途而废，更何况身边有好多小伙伴，大家相互鼓励，一起成长，这样很好啊。一个学妹知道我在里面哭，就一直在卫生间门口等着，哭完出来后我慢慢地就好了。那天晚上我们等着汇报工作，一直到半夜两点多才结束。”

这是笔者印象最深刻的一段对话。笔者不禁感慨，每个人都会有压力大到承受不住的时候，有些人选择摇摇头，转身离开；有些人，像王娟这样，选择迎难而上，在一次又一次的暴风雨中历练、成长。本着“欲戴王冠，必承其重”的人生信条，王娟用四年的时间，直面挑战，攻坚克难。

当被问及为什么会选择去当辅导员时，王娟微微笑了笑，说：“我特别喜欢学生，觉得能陪着一群本来不认识的学生从入校到毕业，是一件挺有成就感、很圆满的事情。因为辅导员在某种程度上扮演着引路人的角色，对学生的影响非常大，一个好的辅导员可以带出一批优秀的学生。”

“你想成为一个怎样的辅导员呢？假如被夹在工作要求和学生之间很难做，你会怎么办呢？”

“第一点，工作原则不能违背，我会以身作则，树立榜样。第二点，我希望能够和学生打成一片，让他们不仅喜欢我，而且对我非常信任，遇到解决不了的难题会找我沟通。”

王娟在谈话时，带着一种大姐姐式的温暖，让你不由自主地愿意去相信她，坦诚地和她交流。笔者发自内心地相信王娟以后一定会成为一个受到同学们喜爱的优秀辅导员。

由于各种因素，王娟可能并不会如最初预期的那样带本科生，更可能带研究生。她认为这是新的挑战：“研究生辅导员更大程度上是一个服务者，而不像本科生辅导员那样是一个引路人。研究生的科研压力很大，我希望能解决他们的后顾之忧，让他们能专心投身科研，同时努力落实学院工作，帮同学们搭建更好的平台。”

采访将近尾声，当笔者问王娟平时有什么爱好时，她笑着回答：“唱歌和打羽毛球都挺喜欢的，也喜欢玩游戏，但不沉迷。我最近常去健身房，正在努力爱上健身。”

鲁迅先生说“有一分热，发一分光”，王娟说自己是个很平凡的人，做着平凡的事，希望能给身边的人带去温暖。相信即将进入工作状态的她，一定会成为一个受学生喜欢和爱戴的优秀辅导员！

（记者：霍鑫　采编：袁苾程　编辑：雒怡浩）

复材1501班　赵子怡：深山藏璞玉　莹然具胸怀

图1-101　赵子怡

赵子怡（图1-101），复材1501班学习委员，先后获得国家励志奖学金、校奖学金，被评为“校三好学生”“校优秀学员”等，获校级“创新杯”大学生课外学术科技作品竞赛能源化工类作品二等奖、CPIC复合材料技术竞赛一等奖，以负责人身份申报校自主创新研究基金本科生项目，考研至浙江大学。

赵子怡，一个充满青春气息的女生，她一袭白衣，落日余晖恰好洒在轮廓鲜明的侧脸上，温暖的笑容传递着善意与友好，这便是在武理沉淀了四年的优秀学子的模样。

她以初试423分的高分与浙江大学定下三月之约，优异成绩的背后是她不懈的坚持与努力。她从大三的三月底开始备考，每天执行既定的复习计划，即使在暑假实习期间，也没有放松复习。

谈及她在考研复试中的优势时，赵子怡多次提到了导师制平台。在她看来，科研经历十分重要，对未来发展多有助益。在大一学年，她就通过导师制平台进入实验室开始学习。实验室的氛围是最吸引她的地方，在遇到难题时，实验室的师兄师姐都会提供帮助。与此同时，她也十分积极主动，由此学到了很多新的东西，得以不断提升自己。正如渡边淳一写道：“世界上不仅仅存在敏锐聪慧这种才能，相比之下，不为琐事动摇的钝感，才是人们生活中最为重要的基本才能。”在赵子怡身上不难看到这种钝感。

严格自律、热爱钻研的她有着旷达的胸怀与开阔的视野。“要尽量开心一点，心态一定要放平和，不要为一些小事而烦心，因为这些是每个人都会经历的，越往后走，越会觉得之前的这些事情不值一提。”丢掉烦恼与负担，回首山河依旧，四海清平，这便是兼具才智与钝感的人。遇事云淡风轻，才是真正的豁达。

赵子怡也有很多遗憾，有些课没有认真去听，有些事没有尽力去做。她说这些都留待以后慢慢弥补。至于为何选择考研至浙江大学，赵子怡说，她很喜欢杭州这座城市，安静且舒适。

在被问到对在校学生有什么建议时，她思索了片刻，很认真地说：“在大一、大二一定要提高成绩，不能沉溺于自己封闭的小世界中。这世界很大，要积极去认识优秀的同学，并向他们学习。要学会追求舒适的生活，找到自己的兴趣所在。多出去走走，亲自去感受、去倾听这世界。”

“当上帝赐给你荒野时，就意味着他要你成为高飞的鹰。”相信在浙江大学，赵子怡会不断向前飞，翱翔于更高的天际。

（记者：景千贝　采编：刘奕彤　编辑：孟馨玥）

成型 zy1501 班　化帅斌：于兢业之始末长持紧守

图 1–102　化帅斌

化帅斌(图 1–102)，成型 zy1501 班班长，多次获得国家励志奖学金，获第三届全国“互联网 +”创新创业大赛三等奖、武汉市“互联网 +”创新创业大赛优秀奖。被保送至华中科技大学。

人们常说眼睛是一个人最真诚的地方。在化帅斌的眼中，我们看到的是他的自信和对未来的美好憧憬。作为一名学生，化帅斌一直严格要求自己，成绩在年级名列前茅，多次获得国家励志奖学金、校奖学金。

在学习之余，化帅斌积极参与社团及班级活动。大一时他加入学生管理委员会，大二时担任年级委员和班级心理委员，大三时担任班长。在任职期间，他策划并组织了多次活动，增强班级凝聚力，增进同学们之间的感情。特别是在大三学年担任班长期间，组织同学们开展了“筑爱夕阳——帮助敬老院孤寡老人”、“雷锋月”横幅宣传和垃圾清洁、“雷锋月”微课视频制作等活动，带领团支部在院“一行一善”活动中跻身

“十佳标兵团支部”，带领班级在年末获得“优秀班集体”称号。

在学习和工作的同时，化帅斌没有忘记他最初的梦想——科研。他在大二上学期进入“增材制造”实验室，从一开始的不适应，到后来自己去寻找项目，是坚持和热爱使他克服重重困难，砥砺前行。如今，他已完成两篇论文，一篇见刊、一篇待审，同时他作为主力成员参与了两个“校创”项目，取得累累硕果。

化帅斌积极参与竞赛活动。在第三届全国“互联网+”创新创业大赛中，他获得三等奖，在武汉市“互联网+”创新创业大赛中获优秀奖，在“维耕杯”钢结构桥梁设计大赛中获三等奖。比赛期间，化帅斌感触最深的是：研究课题需要有创新点，并且要确保系统性；要组建一个优秀的团队，取长补短，认真思考；“越走到后面帮助你的人越多”，从开始时一个老师指导，到后来几个老师共同指导，他坦言自己受益良多。

“调整心态是很重要的。无论是学习还是科研，在时间冲突、意见相左、实验设想失败等难题面前，能使我坚持下来的最重要原因是良好的心态。”在科研遇到瓶颈时，化帅斌选择以查阅文献的方式来排解负面情绪。找准重心、分清主次，使他在学习、科研以及学生工作中保持了较高的效率。他认为，科研并不是一蹴而就的，只有不懈努力，投入更多时间与精力才能拨云见日、如愿以偿。

走好选择的路，找到心的归宿，所有命运赠送的礼物，都早已在暗中标好了价格。“希望每个同学都能用努力和勤奋掌握自己的未来，在擅长的领域一展宏图。”

（记者：刘思源　采编：凌杰　编辑：雒怡浩）

成型zy1501班　禹林：行在今日　活在当下

图1–103　禹林

禹林（图1–103），中共预备党员，成型zy1501班学生，获第三届全国“互联网+”创新创业大赛三等奖、武汉市第六届“互联网+”创新创业大赛优秀奖、武汉理工大学第十七届“创新杯”科技文化节创业大赛金奖、无动力自滑车比赛二等奖、“维耕杯”钢结构桥梁设计大赛三等奖。她获得校二等奖学金三次、社会奖学金一次，被评为“校三好学生”，被保送至华中科技大学。

有的人平凡却努力追求理想，在疲倦时仍坚守信念，禹林便是其中之一。她用自己的成功告诉我们：只有启程，才能到达理想的目的地；只有拼搏，才会取得辉煌的胜利。时光如白驹过隙，四年已悄然流逝，她从茫然无知到自信满满，完成了自我的华丽蜕变。

曾经的她，也是在“材料之星”的光芒下默默前行的一员，渴望着有一天能成为别人的榜样。如今，多次获得奖学金及“校三好学生”荣誉称号的她，回望奋斗路上的点点滴滴，才发现，原来，坚持就好。世界上没有一蹴而就的成功，更没有从天而降的伟力，课本上笔尖舞蹈的痕迹见证着一颗星冉冉升起。好的学习方法是禹林成功的关键，她做事专心，不为外界所扰；课堂上不论身处教室的哪个角落，都能专心听讲，不为外物所惑。禹林表示，最不能接受自己白白地花了时间而一事无成，要做就要做到最好。起初，她的英语听力较为薄弱，日复一日的训练让她的这一弱项有了质的飞跃。她说：“让人疲乏的东西可以暂时放下，但不能抛弃，过段时间又会对它萌生新的兴趣。”就是凭着这种信念，她最终以优异的成绩通过了英语六级考试。

对优异的成绩，禹林没有过多提及，但在谈及科研时，她一脸兴奋。大一下学期，禹林进入快速成型实验室。初入实验室，她对一切都茫然无措，只能慢慢摸索。大二下学期，一次偶然的机会，她和队友抱着尝试的心态申报了“校创”项目。这是偏商业性的“互联网+”创意赛，他们的项目是利用3D打印技术制作牙齿模型。即使起初一无所知，计划书都不知从何写起，但对项目可行性的信心使他们坚持着。禹林是这次项目的答辩人，比赛开始前一个星期，她每天都在新三教学楼的小教室里对着PPT练习，从语速、神态、动作各方面严格要求自己，多方预测评委可能提出的问题。那年暑假，他们顶着烈日，四处展示方案，经过无数次修改后，他们的成果终于得到认可。项目的市场价值及可行性得到多位评委的青睐，他们通过层层筛选，最终获得全国三等奖。她说：“这是大学最难忘的一次经历，就像是打开了另一个世界的大门，让我们看到了更为波澜壮阔的一方天地。”除此之外，禹林还曾荣获武汉市第六届“互联网+”创新创业大赛优秀奖、武汉理工大学第十七届“创新杯”科技文化节创业大赛金奖、无动力自滑车比赛二等奖、“维耕杯”钢结构桥梁设计大赛三等奖。多次参赛经历让禹林增强了独当一面的自信，更培养了其创新能力。

“好高骛远不可取，认准了一件事情，就要脚踏实地去做。”这是禹林对自己的承诺。她始终坚持着这句话，不求尽善尽美，但求全力以赴，无愧于心，便是成功。她告诉学弟学妹们：“‘受光于庭户见一堂，受光于天下照四方。’不要急着去定义自己，每个人都有无限的可能，等待有时也不失为美好，也许你们需要的只是一个契机。在一个特定的场景中，你们会激发出无限潜能，一定不要让自己的人生受限。”

生命不是插在花瓶里供人欣赏的静物，而是蔓延在草原上的韵律；生命不是按部就班，而是要勇于拼搏。从平凡到不凡，如今的她已有了为自己掌舵的能力，相信未来的她将秉承武理精神，追求真正的所爱。

（记者：周瑞鑫　采编：王守豪　编辑：林心铭）

材料1505班　余迪：脚踏实地　仰望星空

图1-104　余迪

余迪（图1-104），共青团员，材科1505班学生，先后获得国家奖学金三次、中国科学院上海硅酸盐研究所大学生奖学金一次，被评为“校三好学生标兵”“校三好学生”“勤奋好学先进个人”“校优秀共青团员”等。她获得武汉理工大学第八届大学生化学实验知识竞赛一等奖、全国大学生英语竞赛C类三等奖、第一届“菁华杯”化工原理实验大赛三等奖。

三年前，18岁的余迪第一次来到武汉理工大学，和大多数新生一样，她的心中有期待、有激动，也有迷茫和彷徨。和大家不同的是，她很快投入了大学的学习生活，并确立了指引自己前进的目标——保研。她制订了详尽的学习计划，一路披荆斩棘，终于取得了上海交通大学的保研资格。

她在采访中这样说：“我想早一点为自己的未来做准备，如果能保研成功，就意味着在大四我可以有更充裕的时间来丰富自己、规划以后的生活。”于是，在前三年她紧抓学习，保持着高绩点，并且从多个方面提升自己。皇天不负有心人，她最终获得了上海交通大学的保研名额。

进入大学，余迪仍然保持着高中时对学习的认真态度。她原以为基础较差的自己在短时间内无法与其他同学竞争，但凭借着对学习的认真态度与对时间的充分利用，她在大一上学期期末考试中取得了班级第一的好成绩，这让她对自己的学习方法更加自信了。对待学习一贯认真踏实的态度，让她的成绩在三年里始终保持班级第一。

余迪有很多学习经验。第一点是对时间的管理。对时间的管理体现在计划的制订上，每日都要有小计划，余迪严格执行计划，这让她的学习生活变得井井有条。第二点是独立思考。大学的学习与高中的有所不同，培养自己独立学习的能力显得尤为重要。余迪介绍了自己的学习方法，如在考试周用一部分时间把复习提纲列出来，然后反复复习。她还强调学习是日积月累的事，把握好每一天，在考试来临时就不会乱了阵脚。第三点是多向他人请教，每当遇到问题的时候要尽快解决，而不是把问题堆积起来。这些经验之谈大多数人听过很多遍，但是真正落实的人很少，正是余迪踏实的态度让她脱颖而出。

采访中，余迪还特别强调了英语学习的重要性。她保持每天背单词和阅读英语新闻的习惯，一次性通过了英语四六级考试，并于2017年荣获全国大学生英语竞赛C类三等奖。余迪说："英语能力对于每个人来说都非常重要，未来的很多面试需要你用英语与面试官交流，而做科研也需要阅读英文文献。"

提起争取保研名额的那段经历，余迪露出了会心的笑容。她表示那是一段忙碌但充实的时光。她利用专业实习的空余时间，参加了许多可以得到保研机会的夏令营。有时夏令营的活动安排十分单调，她曾连续听了整整五天的讲座；有时实习与夏令营的时间会发生冲突，她曾在一天内乘动车来回奔波于两地。"但这些都是值得的。"她笑道。

大学阶段对每个人来说都尤为珍贵。余迪说："每个人都有自己的特长和优点，并不是每个人都必须做学霸。大家一定不要把时间浪费在玩手机和睡懒觉上，可以在保持学习成绩的前提下培养自己的爱好和特长，让大学生活更加充实，不留遗憾。"谈到自己的兴趣爱好时，余迪笑道："课余时间我喜欢画画，也喜欢玩电脑游戏，特别是在寒暑假会好好地过把瘾。"但开学后她会迅速调整自己的状态，不把假期的生活节奏带入新学期。

"脚踏实地，仰望星空。"这句话是对余迪最好的解读。

（记者：马翰丞　采编：高希羽　编辑：林心铭）

高分子1501班　杨青枫：生命不息，奋斗不止

图1–105　杨青枫

杨青枫(图1–105)，高分子1501班学生，被评为“校三好学生”，曾获得国家奖学金、校二等奖学金，获全国大学生英语竞赛一等奖、湖北省翻译大赛笔译决赛一等奖，被保送至清华大学。

第一次见到杨青枫是在一个灰蒙蒙的午后，他干脆利落的着装、微笑的脸庞，是印象中大才子该有的模样，为阴沉的天气增添了一抹亮色。

跟想象中的不一样，大一的杨青枫是交通学院的一名新生，在大二的时候转到材料科学与工程学院的高分子材料与工程专业。当被问到转专业的初衷时，他这样回答：“一方面是个人兴趣所在，另一方面是人生规划的需要。”刚踏入大学校门时，杨青枫选择加入自己感兴趣的社团，如数学建模协会等，虽然只是一个小干事，但接触到了许多以前从未接触过的事务，他认真出色地完成社团分配的工作，丰富了课余生活。提及对大一生活的感悟时，他表示，刚上大学，新鲜劲儿还在，要借着这股劲儿，一鼓作气迎接挑战。

转专业之后，初来乍到的他并没有因为不熟悉的同学和落下的专业课程而气馁，反而迎难而上。当同学们约着一起去玩时，他要么在补做实验，要么在图书馆补习专业知识。他认为，想要有一个好的成绩，仅靠考前临时抱佛脚是不行的，不能因为没有人督促而懈怠，课余时间要多学习，毕竟学习始终是首要的。在这种信念的激励下，杨青枫的学习成绩一直名列前茅，他先后获得国家奖学金、校一等和二等奖学金，多次被评为“校三好学生”。他的英语能力相当出众，他以600分以上的高分通过英语六级考试并荣获全国大学生英语竞赛一等奖。这张漂亮的成绩单让他获得保研资格，且顺利被清华大学录取。

我曾有这样的疑惑：英语应该是很多男生比较头疼的学科，为何杨青枫能够做到如此出彩呢？他笑着回答：“我认为，个人兴趣只是一方面因素，更重要的是遇到了合适的老师。”进入大学后，多了许多自由支配的时间，如果没有足够强的自制力，一位

负责任的老师将会是你前进路上的明灯。

或许很多人都觉得，学霸应该是那种有着漂亮的成绩单、丰富的社团工作经验、精彩的课余生活的人，他们永远是人群中最耀眼的存在。但杨青枫不是这样，他的确有漂亮的成绩单，但他没有丰富的社团工作经验，课余生活也并不精彩。平日里，他会选择在没有课的时候出去转转，避开拥挤的人潮，静静地品尝心中的五味。没有选择科研，没有选择竞赛，杨青枫过着别人以为精彩实则相当平凡的生活。

采访接近尾声，杨青枫说："大学生活，即使没有想象中那么美好，也要倍加珍惜。如果想有所收获，就要付出努力，让自己不留遗憾。希望学弟学妹们能够拥有精彩又难忘的大学时光。"

（记者：王贻兰　编辑：张雨馨）

成型1501班　贺孟强：前进的脚步不能停

图1–106　贺孟强

贺孟强（图1–106），中共预备党员，成型1501班学生，曾多次获国家励志奖学金，多次被评为"校三好学生"，担任班级组织委员，参加第三届中国"互联网+"大学生创新创业大赛并获铜奖，被保送至上海交通大学。

平均学分绩点4.03，连续三年获"校三好学生"荣誉称号，参加第三届中国"互联网+"大学生创新创业大赛并获铜奖，已保研至上海交通大学……谈及过去的三年，贺孟强觉得自己只不过是按部就班地做了该做的事。

刚刚步入大学的他，没有在轻松的大学生活中迷失自己。在社团招新中，他积极参与，但面试的一次次失败让他认识到自己是个不善表达的人，遂一心投入学习。他说，身为一名大学生，学习是最基本的。在这一年中，他养成了良好的学习习惯：不拖沓，把一周作为一个时间节点，所有难题都在本周解决。这个习惯为他未来三年的学习生活打好了基础，使他能有条不紊、忙而不乱地完成任务。

贺孟强大一下学期通过导师制平台进入实验室，因为导师的一句"试试吧"开始了自己的竞赛生涯。起初，他也不知道自己能够走到哪一步。校赛、省赛、国赛，这条路看起来漫长而冷清，少有人能够坚持走完。最开始，队员全是本专业的同学，很多跨专业的知识只能自学。他仍清晰地记得，在省赛之前，自己独立啃完一本财务专业书，做出一份财务报表去参加比赛。尽管困难重重，但他从未放弃，他们相互鼓励，终于收获硕果。回想起艰辛甚至煎熬的整个过程，他坦言，自己一开始也不知道会取得什么样的结果，但不轻言放弃，踏踏实实做好每一步，就足够了。

当被问及如何能在参与众多比赛的同时保持优异的成绩时，他说竞赛与学习并不冲突，只要真心想做，总是能挤出时间来。在参加“维耕杯”设计竞赛时，贺孟强与自己的室友组队。于他们而言，参赛作品是四人同心协力创作的艺术品。从钢板的切割、焊接，到最后喷漆上色、答辩展示，大家贡献着各自的力量。讲到这里，贺孟强提起自己的舍友：大家逐渐从陌生到熟悉，自然而然地融成一个集体，没有任何一个人被这个集体忽视。每一个人都尽力带动这个集体向好的方向发展。在紧张的考试周，大家经常一起讨论问题，互相指点。

在学习与科研之外，贺孟强的业余生活并不像大家想象中的那样枯燥乏味。攀登嵩山，问道武当，徒步东湖，与室友一起骑车前往木兰天池……斑斓的记忆在岁月中熠熠生辉。

“无惛惛之事者，无赫赫之功。”贺孟强说自己的大学生活是平淡的，没有刻意规划，只是做完一件事就开始想着再去做点什么。他觉得自己像一只生来就没有脚，只能在天上飞的鸟，不敢让自己停下来，一直在找事情做，“人一能之己百之，人十能之己千之”。既然一次做不好，那就多锻炼。当初竞选年级委组织部部长便是在“找事”，想要挑战自己在众人面前不敢开口的短板；在C语言课结束之后特意选修C语言程序设计课，也是在“找事”。他勉励学弟学妹们，有机会就去尝试，多了解一些事物，不要让自己闲下来，多经历、多了解，眼界便会大不一样。他认为自己在保研之后仍需要不断提升英语水平和科研能力。对于未来，他没有太多规划，会以一贯的务实态度认真努力，继续完善自己。

“大学生活应该是这样的：早起吃点早餐，跑跑步，课堂上认真听讲，中午小睡一会儿，下午参加社团活动或打篮球，晚上散散步，或者去自习室安安静静地看书。要找到自己的兴趣，多看能丰富自己思想的书，认识几个好朋友，多锻炼身体，学精专业知识。做到这些，你就已经足够优秀了。”他以此勉励学弟学妹们不负韶光，学有所成。

（记者：郑雨欣　采编：薛煜川　编辑：郝倩）

成型zy1501班　韩慧莉：越努力越幸运

图1–107 韩慧莉

韩慧莉(图1–107)，成型zy1501班学生，作为项目负责人带领团队获全国大学生节能减排社会实践与科技竞赛特等奖，先后获得校奖学金一次、国家励志奖学金两次，连续三年被评为"校三好学生"，被保送至南方科技大学攻读博士学位。

学习就像一场长跑，偶尔落后没有关系，贵在坚持。在这场长跑比赛中，韩慧莉不断激励自己，"越努力越幸运"是她的座右铭。韩慧莉在科研方面表现尤为突出，作为项目"铜铝管材感应-超声复合绿色钎焊技术及装置"的负责人，她带领团队获得全国大学生节能减排社会实践与科技竞赛特等奖，实现了材料学院在节能减排系列竞赛中的新突破。

你想变得优秀　任何时候都不晚

韩慧莉在大一时也曾迷茫，刚进入大学的她无法很好地平衡工作与学习，导致第一学期绩点并不理想。认真思考后，她找准重心，奋起直追，在大一下学期成绩取得了明显进步。之后的两年里，她从来没有停止过脚步。没有达到自己的预期时，她会将经验教训细心总结在日记本里，时时警醒并激励自己。从年级第七到年级第三，再到年级第二，她把自己的进步与蜕变归功于不服输的精神和日复一日的努力。回顾进步的过程，她总结道："你想变得优秀，任何时候都不晚。只要肯努力，天总会晴的。"

永远怀着一颗感恩的心

在提到用几个词形容自己的大学生活时，除了努力与坚持，韩慧莉还特意强调了感恩。不论是老师的鼓励与帮助、队友的同甘共苦，还是学校的支持与信任，都让她心存感激，难以忘怀。

进入大二后，韩慧莉立下了保研的目标，她深知这需要更多的付出。"心之所向，素履以往”，于是她进入了实验室，开始进行科研。这条路并不是一帆风顺的，参加校“创新杯”课外学术科技作品竞赛时，他们小组的课题没有明显进展，直到他们得到一位评委老师的鼓励：“你们这个课题很好，大三还有机会，只要坚持做下去一定会取得成果的。”老师的话被韩慧莉牢记在心，更加坚定了把这个项目做下去的决心。

成功路上不仅要有老师的鼓励，而且要有信念一致、共同面对挫折的伙伴。在节能减排大赛决赛的前一天，装置线路出现故障，两个组员一直在实验室忙碌到深夜，回到寝室时室友早已入睡。凌晨五点的闹钟又将他们唤醒，他们匆匆洗漱后便打起精神投入决赛。赛后看着他们熟睡在参赛展台旁，韩慧莉心里都是对他们那份执着和担当的敬佩。

项目获得竞赛特等奖，这个结果在意料之外，也在情理之中。这一奖项的获得，实现了材料学院在节能减排系列竞赛中的新突破。作为学生代表在新生开学典礼上发言时，听到校歌在身后响起，她回想起之前经历的种种，无法抑制自己的泪水，立志要在以后的日子里，取得新的成就，传递信心与力量。

机会是留给有准备的人的

谈到兴趣时，韩慧莉说自己一直以来都十分喜欢演讲与朗诵，在大二时参加校第五届“中国梦·我的梦”主题演讲比赛并获得了二等奖。正是因为喜爱，她在这方面下了不少功夫，经常抽时间研究演讲视频。长时间的研究和练习使她获得了演讲的从容与自信，为日后在科研项目答辩中脱颖而出打下了坚实基础。正如她自己所说：“你在任何方向上的努力，都可能在日后的某个时间为你提供帮助。”

即将告别母校之际，满怀感恩之心的韩慧莉对学弟学妹们提出了几条忠告：“一定要合理分配时间；要有自制力，学会自我管理，远离恶习，养成好习惯，培养自己的兴趣爱好并坚持下去。”回望自己曾经走过的路，她不由感慨：“希望同学们能为自己的以后着想，走好每一步，不要留下太多遗憾。尽可能地去完善自己。要学好英语，平时多花时间积累，这将为自己争取到更多的机会。”

对于未来，韩慧莉希望自己在每个阶段、每个平台都能留下努力的痕迹，为母校赢得更多的荣誉。我们衷心地祝福她带着稳健前行的坚定与追风逐梦的骁勇，在新的环境里取得更大的成就！

（记者：刘钰婷　采编：刘金旭　编辑：郝倩）

无机非1501班　方艳：用信念构筑青春

图1–108　方艳

方艳(图 1–108)，中共党员，无机非 1501 班学生，无机非系学生党支部副书记，三年平均学分绩点 4.119，曾连续三年获得国家励志奖学金和“校三好学生”荣誉称号，修读武汉大学翻译专业双学位，已被保送至上海交通大学。

初遇方艳，她那干净的打扮和坚定的眼神让人印象深刻。在大学四年的时光里，她始终保持积极向上的心态，不断成长，不断进步，让自己的大学生活变得充实而有意义。

在学习方面，方艳拥有明确的目标和动力。上课的时候，她全神贯注地听讲，努力掌握课上的每个知识点；期末复习的时候，她抛却一切杂念，专心备考。为了让自己更加专注，她会在去自习室之前把手机放在宿舍，只带上复习资料。对待学习的认真态度以及自身的毅力，使她在整个大学期间成绩始终名列前茅。对于学习，方艳是这样看待的：“学习能力是学生的基本技能，如果在这四年中丢弃了学习的基本技能，那身为学生的我们还剩下什么呢？”

为了开阔自己的视野，发展自己的兴趣，方艳还利用课余时间在武汉大学修读了翻译专业的双学位。她认为双学位的学习过程不仅仅是从工科到文科的转换，更是心态和处事方法的改变。跳出密密麻麻的化学方程式和严谨的实验流程，进入文化和语言的世界，既能让自己接触到与所学专业完全不同的领域，又能带给自己全新的体验。这是一段十分有趣的经历。

除了学习，方艳对学生工作同样十分重视。作为无机非1501班团支部书记，她尽职尽责，努力增强班级的凝聚力；作为无机非系学生党支部副书记，她始终高标准地完成党建方面的各项工作。在她看来，学生工作经历不仅锻炼了她的交际能力，让她明白了沟通的艺术，而且增强了她的自信心，让她不再羞涩、不再胆怯。此外，她在参与学生工作的过程中认识了许多更加优秀的人，并从他们身上取长补短，以此来完善自己。工作过程让她体会到了大局观和同理心的重要性。

方艳在科研方面也取得了一定的成绩。虽然学习与学生工作让她十分忙碌，但她仍然每周挤出时间去实验室进行“国创”项目研究。作为项目负责人，方艳在科研过程中感受到了团队的强大力量。正是通过她的合理组织，以及团队成员之间的齐心协力，项目才得以顺利完成并结题。

回顾大学四年，方艳时常感到迷茫。在大二下学期，由于课程多、任务重，她曾一度打算放弃双学位的修读。在与家人、老师及同学反复沟通之后，她又逐渐坚定了自己的信念，把翻译专业的学习继续下去。

“大学阶段是人生中最具青春活力的阶段。在这个阶段，我们将作为个体开始主导自己的人生，或许会有迷茫，但更多的是机会和改变。因此，我们要坚定信念，努力让自己的生活更加充实而有意义，通过实现一个个小目标推动自己不断前进。”这就是方艳对大学生活的理解。在她看来，人生中各种各样的选择固然重要，但选择之后所付出的努力更为重要。几个月后，方艳就将前往上海交通大学攻读博士学位，相信她一定能带着自己的信念，坚持自己的方向，朝着美好的远方走去。

（记者：夏天昊　采编：杨一帆　编辑：朱昱颖）

成型zy1501班　丁家慧：天道酬勤　学无止境

图1–109　丁家慧

丁家慧（图1–109），中共党员，成型zy1501班团支书，带领所在团支部获评“校优秀团支部”，三年平均学分绩点排名全班第二，综合测试排名全班第一，被评为“校优秀学生干部”“校三好学生”等，曾获校一等奖学金。修读中南财经政法大学会计学专业双学位，发表论文一篇，获金工实习作品大赛一等奖、“维耕杯”桥梁钢结构设计制作大赛三等奖，被保送至哈尔滨工业大学攻读硕士学位。

“我只不过是将自己应尽的本分尽到而已，若有什么不同，也许是我比其他人更认真努力罢了。”

她就是丁家慧，在大学生活中坚持自我，最终天道酬勤，颇有所获。她担任学生会生活与权益部副部长及班级团支书，进修中南财经政法大学会计学专业双学位，三年平均学分绩点排名班级第二，综合测试排名班级第一，保研至哈尔滨工业大学材料学院。三年大学里，她所获颇丰，每一份收获的背后都是辛勤的汗水，每一项成绩的取得都离不开不懈的追求。

她从未因为已经获得的成就而自满，待人热情，为人谦逊。谈及学业时，她认为学习并不是比谁更聪明，而是看谁更加努力认真。学习是一件人人都会做的事情，但并不是人人都能做好。在大学期间，丁家慧始终保持课堂的高效率并能够按时完成课后作业，课外阅读前沿刊物和专业书籍以开阔自己的视野。丁家慧认为，学习能让我们在未来得到更多的选择权，坚定信念可以让我们的道路越走越宽。关于英语的学习，她建议我们不要随大流，要制订自己的学习计划，如每天应该背多少个单词、看多少篇英文文章等。计划不用很细致，但要有一定的可行性。还可以通过听英文歌曲和看影视作品来提高自己的听力水平，坚持每天接触并慢慢培养语感。在遇到难题时，丁家慧告诉我们要敢于向他人请教，即便是成绩好的人也会有不懂的地方，大胆去问才能有所进步。

学习之外，丁家慧还会在实验室进行项目研究。她在大二上学期进入复合梯度材料国家重点实验室，跟随罗国强老师进行研究。“最让我感到遗憾的是没能在实验室里取得一些成绩。虽然我很希望在科研项目上取得成果，但是我找到了自己真正的兴趣，只能减少在实验室的时间来完成我的双学位课程和本科学业。”丁家慧认为大学生活应该是丰富多彩的，除了科研还有许多充实自己的途径，多接触一些事物来确定自己的喜好是很重要的。

学生工作也是丁家慧大学生活中不可或缺的一部分。她不仅担任团支书，参与组织各种班级活动，而且竞选成为学生会生活与权益部副部长及材料成型与加工工程系学生党支部宣传委员，尽心为同学们服务。当我们问及她做这些工作会不会影响到自己的学习时，她告诉我们：“当你带着责任和兴趣去为同学们服务时，那不是一种负担，而是一种喜悦。”她所在团支部获评“校优秀团支部”，所在班级获评“校标兵班集体”，她本人获得“校优秀学生干部”等荣誉称号。

学习本无愚笨聪慧之分，唯有认真努力才是获取知识的途径。如果我们尚不清楚将来会发生什么，何不多加尝试、多加探索？以勤为径，未来之路必定光彩照人。

（记者：吴甸龙　采编：马抒煜　编辑：孟馨玥）

新能源1501班　程勇：板凳要坐十年冷

图1–110　程勇

程勇(图1–110)，新能源1501班副班长，大学三年平均学分绩点4.084，排名年级第二，先后被评为“校三好学生”“校优秀学生干部”等，连续四年获校二等奖学金，获校级数学建模竞赛三等奖、校级物理知识竞赛二等奖、校级物理实验竞赛三等奖。申请专利一项，以项目负责人身份申报“校创”项目并结题。被保送至中国科学院半导体研究所。

要问对程勇最深的印象是什么，那就是他的坚持。随着生活节奏的加快，人们普遍浮躁、焦虑，程勇的这份坚持难能可贵。

图书馆里书写青春的，是他。由于很喜欢图书馆里安详与静谧的氛围，程勇经常在图书馆里泡一整天。他深知学习是为了自己，而不是被迫的，所以时时刻刻都在奋斗。程勇喜欢预习。“凡事都比老师先行一步。”他说。课前的预习使他在上课的时候能更好地理解老师的逻辑与思考方式，从而将知识内化于心。正因如此，大学四年，他的成绩总是位居前列。每当图书馆那舒缓的闭馆音乐响起，程勇才怀着充实感与满足感结束他一整天的学习。

实验室里挥洒汗水的，是他。程勇的坚持，更多地体现在科研上。他在材料的检验和制备上要花费很多时间。每次对自己的实验产物进行一系列的检测，再加以细致的分析，得到实验结果，让他有一种很大的满足感，也让他有了坚持下去的动力。他的坚持并不是盲目的，在实验遇到瓶颈时，可能需要换一种思路和方法。有一次程勇花费几周进行测试，总是得不到所需物质的含量，最终在师兄的指点下，更换了一种测试方案。当实验仪器上显示出那期盼已久的数据时，他心中的激动难以言表。这让他懂得了条理性与逻辑性的重要性，也让他明白了比结果更重要的是过程。

博学广场上张扬个性的，是他。吹笛子是程勇的爱好，大学四年里，他从未间断。程勇是从交通学院转到材料学院的，虽从余家头校区搬到马房山校区，离开了之前一起练习的同学，但这并不影响他对笛子的喜爱。大一时，他就加入了笛箫协会，每晚都会在余家头的水运湖旁，同协会其他同学一起练习。大二搬到马房山校区后，他也会每晚在博学广场练习。对他而言，吹笛子已经不单单是一种兴趣爱好，更成为他生活中的一部分。不论白天遇到了什么不快，晚上只要一吹笛子，心中的压力与烦恼就会烟消云散。对他而言，这是生活中的调味剂。

之所以转专业，程勇说是因为他看到了在半导体方面，我国发展相对落后，但同时潜力巨大，所以他选择在中国科学院半导体研究所继续深造，希望能从事半导体方面的科研工作，为祖国的半导体材料事业贡献自己的力量。

“有志者事竟成，破釜沉舟，百二秦关终属楚；苦心人天不负，卧薪尝胆，三千越甲可吞吴。”程勇的坚持，造就了在图书馆里思索的他、在实验室里钻研的他、在博学广场上吹笛的他。这种坚持带来的满足感，是对他所有付出最好的回报，更让他明白，那些奋斗的夜晚、流过的汗水、经历过的失败，都是值得的。

（记者：张杰克　采编：彭金玥　编辑：林心铭）

材料1502班　陈娜：改弦易辙　取勤为径

图1-111　陈娜

陈娜（图1-111），中共党员，材料1502班学习委员，曾被评为“校三好学生标兵”“校三好学生”“校优秀共青团员”，获校一等奖学金。大二从化学化工与生命科学学院转入材料科学与工程学院，专业成绩始终位居年级前列，被保送至国家纳米科学中心。

十二月初的武汉，风中带着几丝凉意，常青树下，笔者见到了开朗的陈娜。陈娜给人的直观印象就是坚韧，正是这一品质让她从众多优秀材料学子中脱颖而出。

路漫漫其修远兮　吾将上下而求索

陈娜最令人钦佩的，就是她在学习上的坚韧。大二转入材料学院的她，深知自己与其他同学的不同，作为“大二新生”，她在和其他同学一道上课的同时，还需要花更多时间去补修其他课程。从化生学院转到材料学院，虽然专业跨度不是很大，但是要做到出类拔萃对她来说是个不小的挑战，况且在同样多的时间里她需要完成的学习任务更多。如何迎难而上？

为了将散乱的知识点条理化，她会下很大的功夫去整理笔记。她坦言："整理笔记对我来说是非常有用的学习方法。"为了更好地汲取知识，她和室友每天都早早地到达教室，抢坐前排，不论酷暑寒冬，始终如一。"坐在前排，注意力特别集中，和老师的互动会很多，也会让老师记得你。你知道吗？被老师叫到名字是很开心的一件事！"说这话时，陈娜的脸上浮现出开心的笑容。

陈娜在学习中也遇到过很多挫折，结构缺陷这门课给了她特别的回忆。"这门课很难，老师讲课很快，课上很难完全听懂，必须自己在课下钻研。虽然考试成绩还不错，但这门课给我的印象挺深的。"当被问及在遇到困难时有没有想过放弃，她莞尔一笑："为什么要放弃？"陈娜说这话时无比轻松，可谁都明白，这轻松背后是一个个挑灯奋战的夜晚。不经一番寒彻骨，怎得梅花扑鼻香？唯有亲身经历过的人，才能将这不为人知的艰辛说得如此简单从容。

成功的难能可贵，就在于它能在有限的时间里迸发出无限的价值。周密的每日学习计划，让她有条不紊地前行。长路漫漫，陈娜化努力为剑，一路披荆斩棘。

高山向时仰　如今散清芳

"近朱者赤"，以优秀的人为榜样，自己也必将变得优秀。冰心深受泰戈尔影响，以之为榜样，写出了诸多脍炙人口的诗篇。陈娜则受到了当时担任班主任助理的学长的影响。"看到他这么优秀，自己就有了努力的方向，想成为和他一样优秀的人。"心中那个榜样的存在，给了陈娜拼搏的动力。在理想发生动摇时，榜样的力量让她坚持了下来，不辜负自己的期望。

《大学》曾言："大学之道，在明明德，在亲民，在止于至善。"正是因为陈娜始终注重品质的培养，她才能在大学四年里不断进取。回顾她的大学时光，努力成了习惯，正如陈娜对自己的评价："我不是最优秀的学生，但我付出了自己最大的努力，收获了对自己来说很好的结果，我知足了。"

相信陈娜能一直将"努力"二字践行下去，在更高层次继续书写她的荣光。

（记者：霍鑫　采编：袁苾程　编辑：雒怡浩）

新能源1501班　张瑞旺：怀揣勇气　追随心声

图1–112　张瑞旺

张瑞旺(图1–112)，中共党员，新能源1501班学生，大学三年平均学分绩点3.99，排名年级第三，综合测试排名第一，曾被评为“校三好学生”“校社会工作先进个人”“校优秀学生干部”“校勤奋好学先进个人”等，三次获得国家励志奖学金。他曾任材料学院学生会副主席、材料学院学生社团党支部副书记，参加湖北省大学生田径运动会并获男子甲组4×400米金牌、400米铜牌，被保送至华中科技大学。

采访时，张瑞旺带来一本相册，他指着一张张泛着青春华光的照片，将一段段美好的回忆娓娓道来。在他的眼里，大学四年的美好都凝固在这本相册中。

艺术写真：运动场上不羁的灵魂

连续四年参加校运会的他，对于跑步的热忱早已融入了灵魂。第十五届校运会，是他大学本科期间参加的最后一次校运会，他不负众望，以400米亚军的优异成绩完美谢幕。此前收入囊中的湖北省大学生田径运动会甲组4×400米金牌与400米铜牌，更是为他的大学生活添上了精彩的一笔。

热爱，是让他在体育道路上坚持的无限动力。一群有趣的伙伴，让他的生活更加多彩。张伟，那个严格要求自己并最终实现梦想的追梦者，给予他太阳般的温暖；教练，那个关心他且支持他的知心朋友，陪伴他走过集训那段艰苦的时光。在田径队，他与一群志趣相投的人相遇，共同享受在红色跑道上风拂过耳边的酣畅。

个人特写：学习上不懈追求

张瑞旺始终把学习作为“重中之重”。大学伊始，他仍保持着高中时的学习习惯，每节课都提前准备，对待笔记和作业也毫不含糊。大一第一学期，凭借着4.078的绩点，他名列班级第一。大二时因未能平衡社团工作和学习之间的关系，他遭遇了前所未有的低谷。经过不懈的努力，他最终摆脱了困境，以平均学分绩点3.99、年级排名第三的优异成绩顺利取得A类保研资格。

关于学习，他特别强调自学。他说，大学的学习已经不是传统的被动接受型学习，而是应该主动汲取各种知识。正因为持有这种对知识的渴求态度，他放弃了大公司的录用机会，选择在研究生阶段继续深造，提升自己的知识水平与综合能力。

集体合影：社团里默默奉献

大一时加入学生会秘书部，大二、大三选择继续留任，在保持学习成绩的同时，张瑞旺坚持做自己喜爱又崇敬的学生工作。

此外，他还是学生社团党支部的一名中共党员。为了参加学院组织的党支部合唱比赛，他组织支部党员在赛前一个月每晚练习，最终以一曲《国际歌》获得了二等奖。大家聚在一起，为了同一个目标共同努力，真切的情感必须用赤诚的心交换，而这片赤诚，他敢于给予，也乐于给予。

他，就是这样一个人：带着坚持、勇气和热爱追逐梦想，带着细心、耐心和专心努力工作，带着友好、真诚与和善结交朋友。他坚信，每一个勇敢起舞的日子，都是对生命起码的尊重。

（记者：伍龙生　采编：吴静娴　编辑：张雨馨）

材料jd1501班　张子勋：欲见凤之流光　必先越万里溟蒙

图1–113　张子勋

张子勋（图1–113），材料jd1501班学生，大学三年平均学分绩点4.33，排名年级第一，获武汉大学工商管理专业双学位，先后被评为“勤奋好学先进个人”“校优秀团员”“校三好学生”等，曾获国家奖学金、校一等奖学金，参加校数学竞赛并获三等奖，所在宿舍被评为“校级文明宿舍”，在寝室文化比赛中获三等奖。被保送至上海交通大学。

苏轼曾言："人生如逆旅，我亦是行人。"对于张子勋来说，大学时光也是一段属于他的逆旅，尽管困难重重，他仍不失时机地探索前行，矢志不渝。

初入大学，面对新奇而又复杂的大学生活，张子勋与大多数学子一样，内心也曾感到迷茫。他深知，成功往往留给有准备的人，于是他刻苦用功，平均学分绩点4.33，年级排名第一，获国家奖学金。当被问及好成绩是如何取得的时候，他强调了总结的重要性。张子勋认为，仅仅靠听老师讲课和课后写作业，容易遗忘知识点，并不利于对知识的进一步掌握。每次老师讲完一章内容后，课后再看一次PPT并总结重要的知识点是十分必要的。他听每一门课程都有一个专门的笔记本，这些笔记不仅是自己的一笔财富，而且给周围的同学带来很多帮助。三年的努力得到了回报，张子勋已被保送至上海交通大学材料学院，攻读硕士学位。

除在专业学习方面成绩优异外，张子勋还修读了武汉大学工商管理专业双学位。众所周知，修双学位是非常累的一件事，需要放弃周末的休息时间，在两个学校之间奔波。采访时，张子勋直言："班级里有一半的同学没有坚持下去，看见他们放弃，有时我也感觉自己坚持不下去了。"当初张子勋选择修双学位，既是为了拓宽自己的知识面、增长见识，也是为了以后进入社会能够得到更多的机会。周围同学的放弃给他带来了不少负面影响，他曾一度怀疑自己修双学位的意义，也曾想过放弃。但是，自己选择的路，跪着也要走下去。"艰难困苦，玉汝于成"，张子勋最后在双学位进修中取得了绩点3.754的好成绩。

大学生活对于张子勋来说，就如同一场持久的战斗。冰心曾言："成功的花，人们只惊羡她现时的明艳，然而当初她的芽儿，浸透了奋斗的泪泉，洒遍了牺牲的血雨。"没有人的成功是随随便便得来的，其背后往往有一段孤独的奋斗史。每门课程坚持总结做笔记，每周风雨无阻去外校学习，每晚认真思考今日所学所得，想必很多同学都是坚持不下来的。可张子勋从未放弃，他将负担当礼物，将困难当朋友，最终取得了成功。张子勋不仅学习认真刻苦，而且善于虚心向他人求教。采访时他曾说："我真不觉得自己很优秀，相反，在我周围有很多'大佬'，从他们身上我学到了很多。"优秀而不自傲，自信而不自我，自持而不自负，试问这样的一个人，怎么会不成功呢？

只知一味地学习，则会孤陋寡闻，正如詹·豪厄尔所说："终日埋头工作而不去玩耍，再聪明的孩子也会变傻。"张子勋深谙"一张一弛，文武之道"的道理，当谈及课外兴趣时，他一直强调"该学的时候认真学，该玩的时候则放开玩"。张子勋在假期时喜欢去旅游，已经去过北京、西安、上海、厦门等多个城市。在旅行中，他彻底放松自己，拓宽了视野，结识了一群志同道合的朋友，了解了各个地方的风俗习惯。张子勋表示，每次旅行回来，仿佛有了更大的学习动力。他认为大学生要有自己的兴趣爱好，为自己的兴趣而努力，是一件幸福的事情。

大学四年虽收获颇多，但总归有一些遗憾。张子勋对自己在大学期间没能多参加一些竞赛，没能常去实验室跟随导师做实验感到十分惋惜，但既然选择了修双学位，终是要放弃其他方面的。他希望学弟学妹们做好选择，并为之努力，为大学生活描绘一幅美丽的画卷，不要让自己留下遗憾。

心向阳光，踏浪前行，纵使前路布满荆棘，仍坦然无惧、奋力搏击，终会见到属于自己的万里流光。

（记者：尹雪　采编：杨万里　编辑：孟馨玥）

成型zy1501班　赵智才：有种前行叫作脚踏实地

图1–114 赵智才

赵智才（图1–114），中共预备党员，成型zy1501班学习委员，大学三年平均学分绩点4.182，排名班级第一，先后获得国家奖学金、校一等奖学金，曾连续三年被评为“勤奋好学先进个人”“校三好学生”等，获校“创新杯”竞赛铜奖、“维耕杯”桥梁设计大赛二等奖、第十一届华中数学建模大赛二等奖。被保送至上海交通大学。

“我其实没有你们说的那么厉害，但你们想知道的我愿意分享给你们。”他笑着说道，言谈间带着一丝腼腆。采访定于一个阳光明媚的下午，赵智才和笔者坐在石桌旁，慢慢谈起他的大学生活。

刚入学时，同身边的大多数同学一样，赵智才也曾有过一段迷茫的日子，不知道自己该干什么、不该干什么。“我觉得这是一个自然的过程，每个人都要去经历，关键是怎样把这个过程缩短，尽快地适应现在的生活。”他并没有松懈，而是以更加积极的态度面对崭新的生活，迎接一个又一个挑战。

扮演沙僧的闫怀礼老人说：“我要一辈子都像沙僧那样本本分分、踏踏实实地做人做事。”在赵智才身上，笔者同样看到了这样可贵的精神。近四十分钟的采访中，笔者从赵智才口中听到最多的词就是踏实。

当笔者问起他的学习方法时，赵智才说：“其实学习并非难事，只要你肯踏踏实实地去做。对我来说，学习方法就是上课认真听讲，课下认真完成作业，在做题的过程中总结解题套路，这些就足够了。关键在于你得坚持。”就是这样简简单单的学习方法，让赵智才拿到了大学三年平均学分绩点4.182、以522分一次性通过英语六级考试的好成绩。

在大二上学期，他积极投身科研，以“多功能焊接控制器的研制”项目获校“创新杯”竞赛铜奖。谈起科研，赵智才的话多了起来：“很多人都会觉得做科研是件很麻烦的事情，担心它影响正常的学习。事实上，做科研的确很麻烦，有时候为了得到一组数据要把一个实验重复进行无数次，这个过程枯燥乏味。但当你踏踏实实地去做，期待的数据出现在显示屏上时，你会觉得之前所做的一切都是值得的，这时候自然不觉得它无趣了。至于科研和学习，看你怎么去平衡。对于我来说，它们都是我生活的一部分，我都会认真地去对待，并不觉得它们会相互影响，反而觉得它们可以相互促进、共同发展。”

在材料文化节“维耕杯”桥梁设计大赛中获二等奖，在第十一届华中数学建模大赛中获二等奖，赵智才在竞赛方面的成绩同样可圈可点。“既然想去参加这些比赛，前期就必须做充足的准备。只要肯踏踏实实地去查资料，你就会从中收获很多。”

汪国真先生在《我喜欢出发》中这样写道：“人能走多远？这话不是要问两脚而是要问志向；人能攀多高？这事不是要问双手而是要问意志。”在赵智才看来，能取得今天的成绩，不仅得益于踏实，而且得益于有明确的目标。

“你一定得知道自己明天想成为什么样子，这样你才能知道自己今天应该干什么。”在大一时，赵智才就明确了保研的方向，清晰的目标给了他学习和科研的动力。大一下学期，他就开始了解科研和竞赛的情况，积极联系导师和学长，为进入实验室和参加各类竞赛做准备。“当我选择了保研这条路，就知道自己应该达到什么水平、取得什么成绩。科研和竞赛都是加分项，有些机会是需要自己去争取的。”

凭着四年如一日的踏实和坚定的信念，赵智才已经达到了最初的目标。现在的他，顺利保研至上海交通大学材料学院进行深造。当笔者问到以后的人生规划时，赵智才依旧腼腆地回答：“我现在只想安安心心地做科研，把自己该干的事情干好。”

大二、大三时，赵智才担任班级学习委员。“我觉得这是一件双赢的事情，既在学习上帮助了大家，又在组织活动的过程中提升了自己的能力。”定期组织知识竞赛、安排集体自习、在考试月带领全班进行复习，他在自己的职位上干得有声有色。“能在自己擅长的方面帮助大家，其实是一件特别有幸福感的事情。”

时间在交谈中慢慢流逝，采访接近尾声时，笔者希望他能对学弟学妹们寄语几句。“大学和中学是完全不一样的，所以一定要清楚自己想干什么，然后尽全力去把自己的生活过得多姿多彩。要让自己充实一点，不给未来留后悔的余地，这样就足够了。”

哲学家维特根斯坦说："我贴在地面步行，不在云端跳舞。"千里之行是一步步走出来的，浩瀚江海是由小溪汇聚而成的。只有脚踏实地才能厚积，只有厚积才能薄发，只有薄发才能使梦想变为现实。这是赵智才带给笔者的启示。

（记者：李佳辉　采编：丁少沛　编辑：张雨馨）

材科jd1501班　朱昊：不务空名　追求卓越

图1-115　朱昊

朱昊（图1-115），材科jd1501班学生，曾多次获得校二等奖学金，多次被评为"校三好学生""创新创业先进个人""优秀学生干部"，获全国大学生英语竞赛二等奖、"创新杯"大学生课外科技作品竞赛一等奖，申报湖北省大学生优秀科研成果并获一等奖。申请专利四项，发表学术论文一篇，被保送至武汉理工大学。

人应该怎样度过自己的一生？"我从来不把安逸和快乐看作是生活的目的本身"，用爱因斯坦的话来形容这位风华正茂的学子再合适不过。科研已经融入他的生活，并成为他一生的追求。

征途伊始　亦有迷茫

大一刚入学，面对全新的生活环境，和多数人一样，朱昊充满困惑和迷茫。眼前是多数人的狂欢，内心则是一个人的孤单。随着时间的推移，他找到了自己的目标。"顺境使我们感觉不到自己的力量，逆境却能唤醒这种力量，促使我们去运用它。"慢慢走出困境的他，开始了精彩的大学生活。

脚踏实地　硕果累累

大一下学期，朱昊申请了"国创"项目，与此同时参加了"创新杯"比赛。在"国创"项目中，朱昊担任负责人，该项目顺利结题；在"创新杯"比赛中，他以"提纯废弃荧光粉”为主题，获能源化工生命科学类一等奖。经学长介绍，他进入了夏建龙老师的实验室进行光谱研究。初入实验室，对科研的热爱，让他养成了以实验室为“家”的习惯。从大二开始，他常去实验室，相较于图书馆，实验室的氛围更利于他学习。在朱昊眼中，实验室的时光没有那么轰轰烈烈，但岁月中沉淀的点点滴滴，成就了他最充实、最美好的大学四年。在这样的热爱与坚持下，朱昊勇创佳绩：申报湖北省大学生优秀科研成果并获一等奖，申请专利四项，发表学术论文一篇。取得如此骄人的成绩得益于其态度：“做科研要平心静气，不能浮躁，这样才能思考自己的不足，更好地解决难题。”朱昊认为做科研的关键在于态度，良好的态度可以帮助我们尽快入门，也可以让后期工作进展得相对顺利。

方法独到　事半功倍

在科研文献方面，朱昊更喜欢阅读外国文献，他认为外国文献更具条理性、逻辑性。长期坚持阅读外国文献使他有着更加广阔的视野，可以接触国际最新的研究成果，并且使其专业英语水平大大提升。“开始会有一些不适应，但只要静下心来慢慢看，把不熟悉的东西变得熟悉起来，就会好很多。”不仅如此，朱昊还苦练口语与听力，能与外国学者进行交流，且两次获得全国大学生英语竞赛二等奖。这与他着眼现实、不务空名的态度有着极大的关系。

统筹协调　全面发展

在科研方面朱昊取得了如此辉煌的成就，而在其他方面也没有落下。在娱乐方面，他热爱篮球；在班级工作方面，他曾任材料gj1501班组织委员，获得“创新创业先进个人”“优秀学生干部”等荣誉称号；在社团活动方面，他参加过学生会外联部、院马克思主义理论学习研究会实践部的活动；在学习方面，他连续三年获得校二等奖学金，被评为“校三好学生”。被问及如何协调好各方面的关系时，朱昊表示这些并不冲突，在实验室里依然可以学习，做任何事情都不能浮于表面、流于形式。学习的地点不重要，重要的是学习的心态，保持积极向上的平稳心态，对科研、学习以及社团工作都有很大的帮助。

继续征途　再续辉煌

“兴在趣方逸，欢余情未终。”朱昊的本科生涯即将结束，但他与武汉理工大学的缘分未尽。此后的岁月里，他将依旧以“厚德博学，追求卓越”为目标，以“不驰于空想，不骛于虚声”的实干精神，继续他的科研之路。

（记者：张佳喜　采编：张欣燕　编辑：郝倩）

材料jd1501班　祝有麟：去留自若　未来可期

图1–116　祝有麟

祝有麟（图1–116），中共党员，材料jd1501班学生，先后获得校二等奖学金、校三等奖学金，被评为“校三好学生”“校优秀学生干部”“校先进个人”等，获双节棍黑带证书。2018年，他作为学生代表之一赴美参加材料科学技术国际会议。于武汉理工大学直接攻读博士学位。

祝有麟四年的大学时光，不可谓不精彩，而这些都源于他对自己的要求：“能让我满足的从来不是所在的某一高度，而是上升的速度。”

学习之余，他有双节棍、指弹吉他相伴。祝有麟享受这种广泛涉猎的感觉，他说：“兴趣爱好并不在于多，但多接触一些总是好的。”在他眼里，已经取得的成绩和所达到的高度在下一秒都会成为历史。“相较于‘常态’，人对于‘变化’要敏感得多，走出‘舒适区’，使良好的‘变化’成为‘常态’，将目光放长远，就能不断提升自我。”就这样，不知不觉中他积淀得越来越多——从获得双节棍黑带证书到自学指弹吉他，再到练习英语口语并作为学生代表之一赴美参加国际会议。对于兴趣，祝有麟有自己独特的见解：“兴趣能激发一个人对于生活的热爱、对于价值的感知。”通过培养兴趣爱好，可以交到许多志同道合的朋友，从不同的视角认识这个世界，触及生活中最朴实的浪漫。

祝有麟在兴趣上敢于尝试新的领域，在学习上亦勇攀高峰。获得武汉理工大学直博资格的他，已经提前学习研究生的课程。他的目标是心无旁骛，专注于新的学习任务，完成从本科生到研究生的过渡。

谈及公派留学经历时，祝有麟情不自禁地用“精彩”二字概括。“出国留学，用自己的眼睛看别人的世界。”在美国，每学期三至五门课程的贯通式学习，校园内官方组织的活动，期末24小时开放、免费供应早午餐的图书馆，课堂上平等交流、鼓励批判性思维的培养模式，这些与国内教育之间的差异让他大开眼界。原来学习并不一定伴随着巨大压力，相反，有更多的时间静下来思考会获得更多灵感。生活中，热心的房东带着他造访一个美国中产家庭：收获庭院里的水果、参加亲戚的婚礼、现场看NBA球赛、驱车前往拉斯维加斯旅行……不论是在繁华的洛杉矶，还是在宁静的乡间小镇，祝有麟更愿意选择公共交通或者徒步出行。“这样可以按照自己的节奏去欣赏沿途的风景，接触当地的人，了解更为真实的民俗。”与国内生活迥异的异国经历，在潜移默化中影响着他，让他始终保持平和乐观的心态以及持续学习和进步的热情。

当然，出国需要一定的英语基础。当笔者问及祝有麟雅思7分的英语学习经验时，他说最大的体会就是“主动学习”。中国学生在被动接受的阅读和听力方面能力较强，但是主动输出的写作和口语能力相对薄弱。对于口语练习，祝有麟总结了一套独特的方式——依靠兴趣驱动的“沉浸式学习”。语言的学习要有特定的语言环境。在母语非英语的国家没有“天然”的英语语言环境，可以通过积累英文影视台词、游戏文本等，模仿原汁原味的语音语调。另外，祝有麟还提到，千万不要畏惧开口说英语。他笑着说：“使用语言的最终目的是交流。我们是中国人，不要因为害怕自己说得不地道、不标准就放弃尝试，其实在外国人看来，保持自信、表意清晰就很好了。”

大学是一个多维度的缤纷世界，在这里要学会同时处理多项事务及各种关系，而一个人的精力和能力都是有限的。面对这么多的选择和挑战，祝有麟提到一定要学会统筹，告别“伪勤奋”。“很多时候我们相当努力，到头来效率却极低。”对此，祝有麟给出了自己处理这些问题的方式：当许多事情堆积在一起的时候，要学会判断其重要性，排出先后顺序。“决策、布局和远见有时比执行力更重要，别只顾着低头拉车，还要抬头看路。”不要盲目地一头扎进去，要先理清思路，思考待解决的问题是否有相似之处、能否一并解决；对于零碎的时间，要学会利用起来做一些可阶段性完成的事。实在分身乏术时则要果断考虑“取舍”，舍弃一些东西常常能得到更多。“很多事情并非非黑即白，而是处于黑白之间的灰色地带，关系对立的事物也很可能成全彼此。大学生应该有自己的是非判断能力，不要盲目跟风。”

决定人是否幸福的不是高度，而是上升的速度。很多人怕的不是平庸，而是没有上升的空间；怕的不是失去，而是失去后没有更好的替代品。这便是祝有麟的人生信条，也是他的真实写照。在任何时候，坚定自己的本心，保持清醒的状态并找准自我定位，便能去留自若，未来可期。

（记者：华婉苏　采编：胡睿泽　编辑：郝倩）

复材1501班 邹凯：砥砺前行 奋进致远

图1-117 邹凯

邹凯(图1-117)，复材1501班学生，大学三年平均学分绩点4.015，先后两次获得国家励志奖学金，被评为“校三好学生”。他曾带领队伍参加武汉理工大学“理工杯”排球比赛并获得第二名，大二时担任院排球协会副部长。有一项专利已被受理，被保送至中国科学院上海硅酸盐研究所。

大学四年那样美好，却那样易逝。如何在大学的时光中稳步前行，邹凯给了我们他的答案。

精卫衔微木 将以填沧海

“平均学分绩点4.015”，短短几个字，足以凸显邹凯在学习方面的优秀。当被问及这样的好成绩是如何取得的时候，他将一切归结于两个字——坚持。大学的学习绕不开几个关键词——勤奋、多问、态度……但这些都可归结到“坚持”上来。他说：“只要自己努力坚持，就没有学不好的科目。”

这点在他的英语学习上体现得淋漓尽致。邹凯说自己的英语成绩并不算好，为了顺利通过四六级考试，他坚持阅读，不断扩充自己的词汇量。除此之外，他还认真做历年真题，提高应试技巧。这样坚持下来，他顺利通过了四六级考试，英语水平较之前有了很大提升。

鸟随鸾凤飞腾远 人伴贤良品自高

对于学习竞争压力，有些同学很不适应，邹凯却换了一种视角来看待——可以把优秀的同学作为自己的目标。身边的同学各有各的“绝活”，邹凯在各个方面就都有了追赶的目标，遇到疑难问题时也可以向身边的同学请教。

当然，邹凯身边不只有同学，还有老师。在课余时间里，邹凯时常向老师请教。有良师益友相伴，邹凯可谓如鱼得水，在学习上不断取得进步。

千淘万漉虽辛苦　吹尽狂沙始到金

说到学院的导师制平台，邹凯从中收获颇多。他进入了官建国老师的实验室，学习吸波材料的基本知识，还掌握了多种实验设备的使用方法。他参加了多项国家级竞赛，如全国大学生节能减排大赛、全国大学生环境友好科技竞赛等，有一项专利已被受理。

起初他的科研之路并不顺畅，在参加全国大学生节能减排大赛时，由于没有很好地向评委老师展示预期效果，他被当场质疑。除此之外，实验室的日常并不像很多同学想象中那样有趣，反而很单调甚至有些枯燥乏味，很多人选择了放弃。他却越战越勇，虚心向导师和学长学习，查阅各种资料，同时将课程所学知识灵活运用、融会贯通，最终收获颇丰。

兴在趣方逸　欢余情未终

学习、科研上的压力并没有影响邹凯的课余活动。曾在青年志愿者协会组织部工作的他，有着丰富的志愿服务经验，他说希望通过自己的努力帮助他人。同时，他还是一个运动达人，曾是篮球队队员，也是院排球队的主力。运动使他收获了荣誉，也收获了一群志同道合的朋友。他通过运动锻炼身体，排解自己的负面情绪，使大学生活变得更加积极阳光。

吾辈岂是池中物　一遇风云便化龙

邹凯对尚在迷茫期的同学提了些建议：确定自己的目标，明确学习是重点，有自己的想法之后根据目标进行调整，培养相关的能力，坚定不移地走下去，这样才能不虚度年华。邹凯还认为，大学正是我们尝试新鲜事物的最好时期，多尝试从未做过的事，发掘不一样的自己，让自己迸发无限的光彩！

正如诗人流沙河在《理想》中写的："请乘理想之马，挥鞭从此起程。路上春色正好，天上太阳正晴。"不久邹凯就会从这里毕业，踏上新的征程，探寻更广阔的世界，驶向梦的彼岸！

（记者：张佳喜　采编：郑雨欣　编辑：郝倩）

复材1501班 沈涛：洗铅华而存真 历泥泞而卓诚

图1–118 沈涛

沈涛(图1–118)，中共党员，复材1501班学生，曾任学院团委副书记，获评“校三好学生”“材料文化节优秀工作者”“团学工作先进个人”等荣誉称号，两次获校三等奖学金，获第十一届全国大学生节能减排社会实践与科技竞赛特等奖。他积极参加各种志愿服务活动，曾担任暑期社会实践队队长，带领团队获得全国暑期“三下乡”社会实践活动优秀团队称号，跻身校十大精英团队。他已被保送至北京航空航天大学。

回望旧时光影里的沈涛，他更像是一个追风筝的人。他在大学时光里有着各式各样的奇遇，也有茫然不知所措的煎熬，但所幸，美好的事物总是值得被等待的，他终于等来了属于自己的十里春风。

一腔热血 如夸父逐日

第一个角色是团学工作者，让他成为敢想敢做的人。在学生社团中，与同学的交流让他更懂得如何与人相处，社团共建让他更懂得求同存异，与师长共事让他感受到“做一事、成一事”的专注和热情。三年来，他从一个害羞内敛的新生摇身一变，成为“材料之星”交流会上侃侃而谈的学长。在学生工作这一方广阔的舞台上，从被爱到去爱，从完成工作到享受工作，他用热忱与担当演绎出自己的风采。从懵懂无知的干事到独当一面的部长，再到担任团委副书记，这一路的成长与蜕变经历了无数的阵痛。刚接触学生工作的他，不熟悉办公软件，不善交际。主席团换届之际，是继续在团学的舞台上发光发热，还是转而投入科研，成了那段时间最难的选择题。最终，责任感促使他在这条注定只能给别人留下背影的道路上继续前行。重担之下他懂得自知自律，知不足则改进，知有误区则纠偏。沈涛深知学习是大学生的本业，他白天空余时间去图书馆，夜有余力时坐办公室，默默拼搏的他有了不小的收获。在采访中，他笑着说：“虽然我的成绩只能排在中上游，但很开心的是，三年来我的绩点是一路向上的。”“纵饮冰十年，亦不凉热血”，这句话不只是激励人向上的工作口号，更成为他力争上游、做人做事的行为准则。

一场守候　以赤子之心

第二个角色是支教者，让他成为心思缜密的人。因为一次偶然的机会，沈涛成为赴保康“启智铸材——STEAM科普教育”校暑期社会实践队的队长，他得以走出校门，感受大山里的世界。尽管早有心理准备，但山区的环境还是让他们暗自吃惊——教室闷热阴暗，没有空调和电扇……虽然工作开展得不顺利，但他牢记初心，尽己所能。在支教期间，沈涛和队员们用激情引领孩子，用赤诚陪伴孩子，而孩子们也把自己的爱回馈给队员们。“我可以跟在你身后，像影子追着光梦游；我可以等在这路口，不管你会不会经过……”保康的孩子们在午休时即兴演唱的《追光者》在山间回荡，同样也在他的心间回荡。通过暑期支教，沈涛与保康的孩子们建立了深厚的友谊，而QQ成为他们沟通的桥梁。闪烁的头像是孩子们对他的思念，也是他对孩子们的牵挂，他和孩子们相互鼓励，一起成长。面对孩子们求知若渴的眼神，面对恶劣的学习环境，面对薄弱的师资力量，沈涛更是体会到了不同地区教育水平的差距。

一份初心　数载坚守

第三个角色是科研者，让他成为始终如一的人。沈涛从高考填报志愿开始就一直坚定在材料专业学习的信念，其间他经历了大一在导师制平台的落选、大二“国创”项目申报的失败，再到大三科研比赛接踵而至，他大四才确定未来的科研方向，更加坚定对白色实验服的向往。以这样的心态，他积极参加了诸多竞赛。如今，他整装待发，继续朝心中的目标前进。

如《眠空》中所说：“生活不断删减和简化，心得到澄清和明确，世间逐渐成为另一种样子。”经过三年的历练，他依旧是那个追风筝的人。

（记者：郑循天　采编：马子甲　编辑：孟馨玥）

材料gj1501班　邱安琪：不悔材料路　追逐出国梦

图1–119　邱安琪

邱安琪(图1–119)，材料gj1501班学生，曾获校一等奖学金及“校三好学生”荣誉称号，获2016年全国大学生英语竞赛特等奖、2016年“外研社杯”全国英语写作大赛湖北赛区一等奖、第二十三届湖北省翻译大赛决赛三等奖、2018年全国大学生英语竞赛二等奖、2018年美国大学生数学建模竞赛二等奖。已拿到美国卡内基梅隆大学博士全额奖学金。

邱安琪自大一就选择进入材料示范学院的国际班。她没有大一新生的迷茫，而是有自己明确的目标：出国深造，成为一名优秀的科研工作者。在采访邱安琪之前，笔者曾询问同班同学对她的印象，他们提及最多的便是“努力”与“厉害”，而在与邱安琪交谈的过程中，笔者更加深刻地感受到了她的那股韧劲。

邱安琪曾在美国小学学习数年，拥有良好的英语基础。回国后，她一直将英语作为自己的优势学科。她不断提高自己的英语能力，在大学期间参加过多项英语竞赛并获奖。值得一提的是，她与其他学院的同学组队报名参加2018年美国大学生数学建模竞赛，负责撰写英文方案并获得二等奖。

在科研中，她能自由阅读英文文献，当然，文献中涉及的知识与原理还需要她不断地学习和理解。扎实学习专业知识，注重培养科研能力是邱安琪本科期间做好科研的主要原因。她多次参与社会实践和国际交流活动，不断开阔视野并学习他人的科研经验，如2016年7月赴杭州参加中美清洁能源夏令营，2017年暑假赴法国洛林大学参加交流活动，赴襄阳参加社会实践活动。她在本科期间申报了“国创”项目并成功结题。看到她这么努力，笔者不禁问她：“你是否后悔选择材料这条路？”她听后笑答：“不后悔。材料在实际应用方面是非常重要的，而且作为一门交叉学科，材料领域有众多可供选择的研究方向，材料学子想出国深造也相对容易。”说到出国，邱安琪告诉大家不要畏惧，出国没有那么困难，如果申请到全额奖学金将大大降低开销，建议有出国想法的同学都可以积极尝试，就从准备语言考试开始。

或许是因为那段在国外生活的经历，邱安琪一直追寻着她的出国梦，就连平时的业余爱好也是阅读英文小说，查询网络上各家对小说人物的分析。对于生活，邱安琪的心如明镜一般，她能清楚地知道自己想要什么，能朝着自己的理想坚定地前行。

（记者：崔晶晶 采编：刘波 编辑：朱昱颖）

成型1503班 钱成凯：走自己的大学之道

图 1–120 钱成凯

钱成凯（图 1–120），中共预备党员，成型 1503 班学生，三年平均学分绩点、综合测评排名均位居年级第一，曾获“校三好学生标兵”荣誉称号，两次获国家奖学金，获全国大学生英语竞赛二等奖、湖北省英语翻译大赛笔译决赛特等奖，已顺利通过全国翻译专业资格（水平）考试、英语三级笔译考试、剑桥商务英语中级考试。于武汉理工大学修读计算机科学与技术专业双学位，已通过全国计算机三级、四级考试，作为编程队员参加华中地区数学建模竞赛并获二等奖，参加美国大学生数学建模竞赛并获二等奖。他已被保送至清华大学。

大学，是学会独立的地方，是梦想起飞的地方。在大学，有人迷失方向，失去自我，也有人追逐梦想，实现自我。钱成凯，凭借自己脚踏实地的努力获得了成功。在大学的四年里，他多次获得国家奖学金和“校三好学生标兵”荣誉称号，连续两年位居年级第一。经过四年的努力，他最终被保送至清华大学。

大道之始 源于转变

与材料学院的大多数学生不同，钱成凯最初是被化生学院录取的，大一下学期通过转专业来到材料学院。“转专业可以说是对我的人生产生重大影响的一个选择。”钱成凯如是说。大一上学期他经历了相当长一段时间的迷茫期，面对自己并不怎么喜欢的专业，钱成凯整日提不起精神来。他对笔者直言，高中时最不喜欢的就是化学，没想到在大学居然被化学专业录取了。因此他极度消极，学习也不怎么认真。

转折源于一次偶然的讲座，在这次活动中钱成凯了解到材料学科的发展现状和材料成型专业的广阔前景，决定转专业。为此，他开始努力学习，最终成功转入材料学院，成为一名优秀的材料学子。

学有所思　方有所成

转专业之后，钱成凯在新的班级一个人都不认识，孤独感席卷而来，正所谓“天将降大任于是人也，必先苦其心志，劳其筋骨，饿其体肤，空乏其身，行拂乱其所为”，在这种境地之中他选择了努力学习。“每当我静下心来做题的时候，就感觉所有的负面情绪都消失了。”他由此养成了良好的学习习惯，连续两年位居年级第一。

在优异成绩的背后，是一天天的付出和积累。钱成凯从未将课余时间浪费在消遣玩乐上，他每天必做的一件事情是整理课堂笔记，无论多忙，他一定要梳理一遍才上床睡觉。他总结说：“大学学习要靠自觉，该完成的作业要及时完成，尽量不要拖延。”当被问及对学弟学妹们有何学习建议时，他强调，要分清优势和劣势，在感觉比较难学的科目上多下功夫，多做笔记，在每一个章节结束后适当总结，为期末考试打好基础。

坚定信仰　超越自我

钱成凯曾多次参加全国大学生英语竞赛、湖北省翻译大赛，笔者好奇地询问他为什么要多次参加同样的比赛。“为了督促自己学习，每次参加比赛都是给自己设置一个阶段性的目标。”他语重心长地说：“就像马拉松运动员在长跑过程中会把路边的建筑作为一个个小目标，他们一步一步实现小目标，最终实现大目标。我们的大学四年就像一场长跑，我每次参加比赛都会给自己提出新的要求，也就是自己要达到的新目标。”原来如此，笔者方知成功绝非偶然，努力铸就非凡。

“去超越自己，去挑战自己，永远是最有趣的事情。看轻自己则是悲哀的，亲爱的学弟学妹们，相信自己！”采访的最后，钱成凯这样说。这是他送给学弟学妹们的祝福，也是亲身体验后的鼓励。也许只有经历过一个人奋斗的日子，才能给出这样从容的劝诫。他认为，大家都富有激情和好奇心，而超越自我是世界上最具挑战性的事情，所以“请大家在充满活力的年纪里，做一些令自己以后想起来不后悔，可以很骄傲地告诉自己孩子的事情，这是对青春最好的回报！”醇厚的声音像咖啡一样香浓，透过纸杯，传递到心里。愿所有的求学者都筑起一个梦，一个不服输的梦。

漫漫求学路布满荆棘，唯有坚定信念，超越自我，为梦想不懈奋斗，方能有所成就，如钱成凯一样，向着人生巅峰，笃定前行。

（记者：缪德星　采编：邱雪源　编辑：孟馨玥）

高分子1502班　倪培龙：活在当下　清风自来

图1-121　倪培龙

倪培龙(图 1-121)，中共党员，高分子1502班学生，多次获得“校三好学生”荣誉称号以及校一等奖学金，获第二届“普赛达杯”高分子材料设计与制备大赛二等奖、武汉理工大学第十七届“创新杯”竞赛二等奖。以负责人身份申报国家大学生创新创业训练计划项目一项；申请发明专利一项，已通过初审；撰写论文一篇，已被录用。

有这样一个人，大学四年，他汲取知识，勤奋学习，成绩名列前茅，多次获得“三好学生”称号和奖学金，最终获得A类保研资格，被保送至华南理工大学。他热心社团工作，参与学校“易行”志愿活动，获评校优秀社团干部。他勇于尝试，努力探索，在“普赛达杯”高分子材料设计与制备大赛和“创新杯”大学生科技文化节作品竞赛中均获得二等奖。他作为负责人申请了题为“静电纺丝法制备海藻酸钠纳米羟基磷灰石复合纤维膜”的国家大学生创新创业训练计划项目，申请的发明专利已通过初审，撰写的论文已被录用。他就是倪培龙。

学习永远是学生的第一要务。倪培龙说，在大一自己没有深刻意识到学习的重要性，绩点只有3.8。上了大二后，他全身心地投入学习，上课认真听讲，课后作业积极认真地完成。到了考试月，他按照自己的计划一点一点地复习。终于，倪培龙的绩点上升至4.2。谈到社团与志愿活动时，倪培龙说社团是一个好地方，是一个把自己的想法变成现实的地方。参加志愿活动让倪培龙更好地认识到了自身对于社会的价值。一个人只有全面发展，才能在激烈的竞争中脱颖而出。

大二上学期选导师时，与那些按导师名气、方向热门程度进行选择的同学不同，倪培龙十分慎重，不仅了解导师及其研究方向，而且考虑自己的兴趣。“认真对待”是倪培龙在交谈过程中提及最多的词，与其好高骛远，不如准备充分，把握当下。“去试啊，不试怎么知道？”正如倪培龙所说，要去勇敢尝试。

成功的人都有把冷板凳坐热的能力。在一般人看来，周末和假期是用来休息的，而对于倪培龙而言，是用来做实验的。作为一名大二的学生，他在周一到周五很难有时间去专心做实验，所以周末和寒暑假的合理安排至关重要。从早上七点到晚上十点，他把时间全都奉献在了实验上。

荷马曾经说过，决定问题需要智慧，贯彻执行则需要耐心。当被问到在实验室待一整天，会不会感到无聊和厌烦时，倪培龙说："会啊，有时候得到一个样品需要五个小时，也得坚持做。""等样品的时候，是不是可以放松一会儿呢？""放松一会儿当然可以，我一般用来写实验报告、做作业或者看书。"优秀的人总是能抓住分分秒秒的时间来让自己变得更加优秀。

机会总是留给那些有准备的人，倪培龙就是这样一个时刻准备着并善于抓住机会的人。他刚进入实验室就迅速和大部分师兄师姐熟悉起来，遇到问题积极向他们请教。许多人进实验室抱着参加比赛拿奖、好赢得保研机会的心理，他却不急不躁，认真完成导师分配的任务，提升自己的操作技能。当比赛机会来临时，已经羽翼丰满、蓄势待发的他便能及时抓住，功成名就。不用过分追逐，结果冥冥之中早已注定。

对待生活不急不慢，对待事物近乎淡泊，对待人生积极向上，或许就是倪培龙的独特之处。这种独特之处，或许就是活在当下。因为活在当下，所以才能无所畏惧，努力追寻。

（记者：马泽驰　采编：郑雨萌　编辑：郝倩）

无机非1502班　鲁嘉琪：扣好人生第一粒扣子

图1-122　鲁嘉琪

鲁嘉琪（图1-122），中共党员，无机非1502班团支书，带领所在团支部获评"校优秀团支部"，所在班级获评"校标兵班集体"，所在寝室获评"校优秀学风寝室"，曾获得社会奖学金，被保送至武汉理工大学。

"扣好人生第一粒扣子"是习近平总书记对青年人的教诲，也是鲁嘉琪的座右铭。她认为人生就应该打好根基，后面的路才会平坦一些。大学四年，她连续三年担任班级团支书，这不仅提高了她的工作能力，而且为她日后成为优秀毕业生和2019级辅导员奠定了基础。

在大一学年，她担任团支书，在很短的时间内就和班上的同学打成一片，为日后班级活动的开展打下群众基础。她积极组织各种班级活动，不断增强班级的凝聚力。功夫不负有心人，她所在的班级被评为优秀班集体，她也得到了同学们的认可。

在大二分流后，她本想心无旁骛地好好学习，不再担任团支书，但在班委竞选时，听着同学们竞选团支书的发言，她心有不甘，想再尝试，所以在最后时刻举起了手，表达了她的看法。同学们被她的发言打动，她以绝对优势继续担任团支书一职。有了大一的任职经验，她的胆识不断增强，她组织“寻找暖心苹果”活动，还进行线上线下宣传，效果很好，活动得到大家的好评。由于班内党员人数不够，他们班未能获评“校五四优秀班集体”，这是她大学生活中的遗憾。

日常生活中的她十分友善，和室友关系密切。临近毕业，她们四个人都选择继续深造，三人保送，一人考研成功，这得益于她们寝室良好的学习氛围。被问及她是如何在学习上取得优异成绩的时候，她告诉我们两个词——专心、投入。这两个词说起来简单，做起来却很难。我想大多数人在某一件事上做得不出色，也许就是因为不专心、不投入，而她正是做到了这一点，使自己的绩点和能力在大学四年中稳步提升，最终获得了B类保研资格。

在课余时间，她积极参加志愿服务，当过校运会、汉马、军运会的志愿者。她说：“要多去做有意义的事情，哪怕对自己并没有什么现实利益。”

如今，她不仅是一名大四学生，而且是一位即将上任的新生辅导员。为了更好地服务学生，她已经接手学生工作，在未入职时就取得了优异的工作成绩。她懂得忙里偷闲，能很好地平衡工作与生活。私人时间里她经常看书、跑步，偶尔玩玩游戏，劳逸结合，不仅提高了工作效率，让自己更加游刃有余，而且能更好地享受生活中的乐趣。

大学四年，她勤勤恳恳，扣好了人生的第一粒扣子，倘若再有风雨，也定能从容应对。

（记者：刘金旭　采编：刘钰婷　编辑：郝倩）

材物1501班　刘潇：扬奋斗之帆　寻信念的灯塔

图1-123　刘潇

刘潇（图1-123），中共党员，材物1501班团支书，大学三年平均学分绩点3.906，排名年级第二，综合测试排名年级第一。她曾获“校三好学生”“校优秀学生干部”等荣誉称号，连续三个学年获校二等奖学金。此外，她还获全国大学生英语竞赛三等奖、华中地区数学建模竞赛三等奖、美国大学生数学建模竞赛一等奖，被保送至上海交通大学。

人的一生就像在一场大雾中行走，刘潇始终没有停下自己探索的脚步，她且走且歌，随时准备奋力一搏。

大一的刘潇因不喜欢就读的专业，毅然选择转专业来到材料学院学习。进入材料学院后，面对繁重的课程补修任务，她无暇多想。在第一学期结束时，她开始反思自己要的是什么，以及什么是最重要的。后来她明白了：学生的天职就是学习，努力地学习、成为更好的自己才是最为重要的。在迷雾中，她找到了属于自己的方向。

她开始为自己制定目标，并朝着既定的目标努力奋斗，扎实学习，巩固基础，为保研做准备。当一个人真心为某件事情而努力的时候，他一定有所收获。她的成绩一路上升，位居班级前列。她认为越努力越幸运，或许考九十分可以靠临时抱佛脚，但是想要得到更高的分数，并且把知识转化为自己的能力，只能功在平时。

参加美国大学生数学建模竞赛是她大学回忆中不可替代的部分。在大二补修专业课程的同时，她抽空参加了华中地区数学建模竞赛，获得三等奖。大三时，她获得美国大学生数学建模竞赛的参赛资格，由于举办的时候临近新年，整个学校人烟稀少。小组备赛的地点位于理学院机房，距离寝室有一段距离，待当天赛事结束，她回寝室休息的时候，往往已是月明星稀。从拿到题目到最终结题仅有四天时间，需要提交至少30页的英文结题报告，刘潇无心多想，一心投入大赛，最终她所在的小组收获一等奖的好成绩。提起这段经历时，刘潇藏不住嘴角的笑意，这场比赛使她领悟到做任何事情只有付出全力，才能取得比较好的结果。

刘潇在大二通过导师制平台进入武汉理工大学纳米重点实验室，此时的她还需要补修专业课程，没有太多的时间投入实验室的研究工作。她十分感谢遇见了科研路上的领路人——熊方宇，一个总是充满耐心、悉心指导她的师兄。

刘潇遗憾于自己没有取得足以比肩其他科研达人的丰硕成果，但她表示在实验室的生活对自己影响很大，能留在这里就已经足够幸运了。在这里她提前体验了研究生的生活，知道了怎样通过自己的分析去解决问题，知道了如何将自己所学的知识内化为专业技能。她明白，世上没有免费的午餐，所有的回报都需要努力付出。

此外，刘潇还在课余时间通过社团参加义务家教活动，大二时通过竞选成为班级团支书，带领班级同学将鉴湖地下通道的小广告清理一空。这些或许不能作为她津津乐道的成就，但无一例外地潜藏在记忆中，成为她大学生涯的专属回忆。她始终感谢大学期间出现在她生命里的几个重要的人：陪她一起参赛的队友，将她领进科研大门的师兄，在她自我怀疑、自我否定时肯定她所有价值的男友。这些重要的人和事都嵌进她的回忆里，成为迷雾漫起时的点点荧光，指引着她不至于迷失方向。等到大雾散尽，她最终寻到自己的路途时，他们又幻化成沿途绮丽的风景，成为她汲取前行动力的源泉。

刘潇的本科生涯即将结束，在过往的人生航程里，她扬奋斗之帆，寻信念的灯塔。当她清醒地经历过漫长而昏沉的夜，便再也不怕迷航。

（采编：林子睿　编辑：林子睿）

材料xs1501班　闫静静：心之所向　动之所往

图1-124　闫静静

闫静静（图1-124），中共预备党员，材料xs1501班学生，曾任班级副班长、心理委员，材料学院自强社秘书部部长，国际化示范学院学工助理等职务。她连续两年获武汉理工大学社会工作奖，有丰富的学生工作经验。大学期间申报并完成国家大学生创新性实验计划项目，结题等级为优秀。她获第五届上海“中技杯”混凝土大赛二等奖、全国海绵城市建设用透水混凝土和透水砖设计大赛优秀奖、创业技能竞赛一等奖，被保送至武汉理工大学。

一个安静惬意的下午，她从阳光中缓缓走来，自信从容。她就是材料xs1501班的闫静静同学，人如其名，她给人的第一印象便是文静优雅。

聊到平时喜欢什么时，闫静静笑着说：“我喜欢运动，它让我拥有良好的精神状态，让我更加洒脱地去学习、工作和生活。”她文静的外表下有一颗充满活力的心。大学期间，她连续三年参加“理工杯”排球比赛，分别取得女子组第四名、第七名、第八名的优异成绩，还参加了第十五届“理工杯”学生羽毛球比赛并获得了混合团体第三名的成绩。运动于她，是生活的调节剂。

闫静静是一个目标明确的人，她在大一期间就决定留校读研，对材料进行深入的研究和学习。“心之所向，动之所往”，既然明确了方向，就要不断付出努力，使自己越来越接近目标。闫静静决心提高自己在科研方面的能力，主动联系导师进入实验室学习。为了确定合适的方向，她先后换过三个实验室。闫静静在科研的道路上也曾遇到过壁垒，体验过不断尝试却毫无进展的失落，经历过努力之后却没有成果的失败。为了写好一份申报书，她见过凌晨三点的校园；为了设计实验方案，她查阅了无数篇文献。她自认为自己只是芸芸众生中最为普通的那一个，为了心中所向往的方向努力坚持，相信自己终会打破壁垒，逆风高飞。

在专业知识的学习方面，闫静静更加注重积累与沉淀。“分数并不是最重要的，相比于许多人期末突击复习，我更重视日积月累，这样对知识有更加透彻的理解，掌握得更加牢固，我觉得这才是当代大学生对待学习应有的态度。”闫静静坚信知识的积累终会成为她的财富。“吾生也有涯，而知也无涯”，生命总有尽头，而学习的道路是永无止境的。课余，闫静静会不断吸收新的知识来丰富自己、提升自己。“为者常成，行者常至”，她坚信每日多积累一点，多收获一点，涓涓细流终会汇成大江大海。大学期间，她利用课余时间自学了日语、会计学等课程。

秉持着做一件事就要做好、做出成绩的信念，闫静静会给自己施加压力，以参加相关比赛的方式锻炼自己。大学期间，闫静静获得了第五届上海“中技杯”混凝土大赛二等奖、全国海绵城市建设用透水混凝土和透水砖设计大赛优秀奖、创业技能竞赛一等奖，并有幸参与国际化示范学院暑期交流项目，赴英国学习。她还参加“自强杯”演讲比赛获三等奖，参加Office应用比赛获二等奖，参加“掌心”文字大赛获三等奖。

闫静静在学生和社会工作方面同样取得了丰硕成果。她曾先后担任材料xs1501班副班长、心理委员，协助班长管理班级事务。大二期间留任材料学院自强社秘书部部长，担任国际化示范学院学工助理，总体负责国际化示范学院的资助服务工作。这些学生工作经历，不仅丰富了闫静静的大学生活，而且提升了她在组织、协调、管理方面的能力，让她收获了宝贵的工作经验。此外，闫静静一直热衷于参加志愿服务，每每想到自己能够帮助他人，她就觉得一切的付出都是有价值、有意义的。秉持初心，不断努力，闫静静连续两年获武汉理工大学“社会工作奖”，得到了众人的肯定。

经历了大一的青涩纯真，体验了大二的明艳洒脱，告别了大三的紧张忙碌，闫静静迎来了大四的硕果累累。谈到对大学生活的认识时，闫静静提及最多的就是目标与责任。她想告诫学弟学妹，既然选择了远方，便只顾风雨兼程。这个自信从容的女孩，会在她追梦的道路上不断前行，终点一定鲜花遍地，芳香四溢。

（记者：武瑞怡　采编：邹慧倩　编辑：林心铭）

高分子1501班　续鹏媛：点滴积累　水到渠成

图 1–125　续鹏媛

续鹏媛(图 1–125)，高分子 1501 班班长，曾获得国家励志奖学金、社会奖学金，被评为“校三好学生”“校优秀学生干部”等，获得计算机二级证书。她于华中师范大学辅修心理学专业双学位，获大学生金相技能大赛三等奖、第六届金工实习大赛三等奖、第一届“普赛达杯”高分子材料设计与制备竞赛一等奖、“中建商砼”先进混凝土大赛三等奖，被推免至中国科学院理化技术研究所。

2015 年 9 月，续鹏媛带着憧憬和向往进入大学校园，她的心中充满了好奇，思考着如何将大学生活过得意义非凡而又丰富多彩。

无论是工作还是学习，续鹏媛都不是一个喜欢拖延的人。三年来，她一直不让自己处于被动状态。这一点在她准备六级考试的过程中体现得尤为明显。为了通过英语六级考试，她提前一年进行准备，先从背单词开始，连寒暑假都不放过。此外，她还把市面上所有的六级考试真题做了一遍。最终，功夫不负有心人，她高分通过了六级考试。

在学习之余，续鹏媛积极参加社团活动。在大一时她进入校学生会，大二时升任校学生会体育部副部长。加入学生会后，她认识了一群有趣的朋友，大家周末相约出游，非常开心。她自认为是一个喜欢玩的人，相较于有的同学沉迷于网络世界，她更喜欢在现实中与人面对面地接触，手机对于她来说更像是一个学习工具。

“很幸运一路上遇到了很多优秀的人，从他们身上我学到了很多。”她如是说。大一时，受室友影响，她养成了良好的学习习惯。大二辅修心理学时，她遇到一群来自五湖四海的同学，学会了如何与不同的人相处。大三时，她参加了中国科学院夏令营，结识了优秀的同伴，对自己所研究的领域有了更加清晰的认识。她脚踏实地，将遥远的大目标分解成一个个小目标，一步一个脚印，走出了一条属于自己的独一无二的成功之路。

(记者：胡亚凤　采编：吴杜兰　编辑：朱昱颖)

材料1502班 肖太师：志栖鸿鹄与日高

图1-126 肖太师

肖太师(图1-126)，材料1502班班长，大学三年平均学分绩点4.028，先后获评“优秀共青团员”“材料学院先进个人”“校三好学生”等，获得国家励志奖学金三次，以项目负责人身份完成国家级大学生创新项目，并被邀请参与全球领先的材料科学期刊《应用物理快报－材料》(*APL materials*)的综述论文撰写，被保送至复旦大学。

江城的冬，寒风裹挟着淅沥的冷雨，穿行其中让人瑟瑟发抖。与肖太师的见面，让我们顿生暖意。

确立目标 砥砺前行

两年前，江城盛夏的余威还未消散，刚刚结束军训的肖太师便定下目标，要通过自己的努力进入材料科学与工程学院。一年后，带着年级排名第一的傲人成绩，肖太师顺利转入材料科学与工程学院。然而，这只是一个开始。由于大二才转入材料学院，肖太师错过了通过导师制平台进入实验室的机会，但这未能阻止他对科研的追求。他主动发邮件、打电话，顺利通过面试，成功加入了麦立强教授的课题组。

在课题组中，肖太师积极主动，每天工作到晚上十点多，双休日更是全天泡在实验室里。回顾这两年，肖太师说：“开始的时候会有新鲜感，到后来就会觉得比较无聊。有的同学失去了最初的积极性，而我选择坚持下来，是因为在科研工作中慢慢地找到了乐趣。”虽然两年的科研经历十分辛苦，但他积累了大量宝贵的科研经验，开阔了眼界，对自己的未来有了更高的要求与目标。

正是凭借着这股韧劲，肖太师以负责人身份完成了国家级大学生创新项目，并参与了《应用物理快报》期刊的综述论文撰写。他不仅在科研上成绩优异，专业课也丝毫没有落下，大学三年平均学分绩点4.028，连续三年获得国家励志奖学金，曾获评“优秀共青团员”“材料学院先进个人”“校三好学生”。

如今，他被保送到复旦大学化学系攻读博士学位。三年的辛劳，终于在这一刻得到了回报。肖太师说自己还有很长的路要走，仍需砥砺前行。

志在四方　路在脚下

除了完成学习与科研任务，肖太师在大二学年担任班长，成为辅导员的得力助手。临近期末，他主动组织班上同学复习，并在圣诞节为班上每个同学写贺卡。在他的带领下，材料1502班成为那一年材料学院唯一被评为“优秀班集体”的班级。大三学年，肖太师与室友们一起努力，所在的寝室获得了“校标兵文明寝室”的称号。在大四时，他主动担任班长助理，更好地为同学们服务。

肖太师说，与其每天埋头苦读，不如抽出时间帮助别人，在这个过程中，能学到很多书本上学不到的为人处世的方法。相比于做一个安静的学霸，他更希望做一个快乐的准学霸。

在采访的最后，肖太师再三叮嘱学弟学妹们要确定自己的目标，“目标决定了你的高度，努力只是决定了你是否能达到目标而已”。“欲穷千里目，更上一层楼”，心怀鸿鹄之志，肖太师已经给自己定下了更宏伟的目标，祝愿他继续书写属于自己的奋斗青春！

（记者：陈海雪　采编：金博闻　编辑：朱昱颖）

复材1501班　向文灏：昆仑纵有千丈雪　我亦誓把昆仑截

图1-127　向文灏

向文灏（图1-127），复材1501班学生，大学三年平均学分绩点4.145，曾获国家奖学金以及“校三好学生标兵”“校优秀共青团员”等荣誉称号，获校化学知识竞赛一等奖、“CPIC杯”复合材料技术竞赛二等奖、“普赛达杯”高分子材料设计与制备大赛三等奖，曾申请国家级大学生创新创业训练计划项目，获实用新型专利一项，被保送至中国科学技术大学。

汪国真有言：“再长的路，一步步也能走完。再短的路，不迈开双脚也无法到达。”

成功从来都不可能一蹴而就。向文灏以其优异的成绩再一次证明了“皇天不负有心人”。

平均学分绩点4.145的向文灏依旧谦逊，因为他知道，优异的成绩背后必然是长期的努力。同很多新生一样，初到大学时他也经历了一段迷茫的时期，面对不同于高中的课程感到无所适从。但经过短暂的调整，向文灏很快确定了自己的目标，并把握住了大学生活的节奏。他认为，学习不仅仅是为了取得绩点，更重要的是培养自己的能力。对于学习，要有勇于挑战、探索未知的精神。认真的态度、深入的思考和求知的精神，比刷题更有价值与意义。向文灏勇于挑战困难，从不轻言放弃，对于他来说，每一道难题都是一次锻炼自己的机会、一条提升自己的途径。为了提高效率，他抓住每分每秒，课堂上的专注、图书馆的苦读、课间的讨论无不是成功路上的必要条件。“不积跬步，无以至千里；不积小流，无以成江海。”正是坚持不懈的奋斗、大胆谨慎的探索，成就了他在学业上的耀眼光芒。

大学四年，向文灏在各种竞赛中取得了骄人的成绩。主动关注，积极尝试，让他找到前进的方向；不怕失败，不惧困难，使他无惧迎面的风雨；仔细认真，一丝不苟，为他打下探索的基石。如果没有大一的刻苦积累，就不会有化学竞赛中的一举夺冠。如果没有实验室里的仔细认真，就不会有参与“国创”时的从容应对。无论是大一的化学竞赛还是大三的“国创”，对向文灏来说都是磨砺和锻炼的机会，而珍惜磨砺自己的机会和坚持到最后的执着是竞赛路上必不可少的品质。

向文灏认为，与其整日在实验室里浑水摸鱼，不如把科研工作当成一种真正的乐趣。实验前认真准备、实验中详细记录、实验后系统分析，这些都是必不可少的工作。面对实验中的问题，他坚持多思考、多交流、多向老师请教。在困难面前，他想得更多的是坚持走下去，慢慢学习，不断积累。正是这种精神支撑着他在科研的路上越走越远。

大学生活从来都不仅仅是由学习和科研组成的，向文灏的课余生活同样丰富。身为体育委员，他不但自己喜欢锻炼身体，而且号召班级同学积极参加体育运动。他多次组织班级篮球赛，深受同学们的喜爱。向文灏认为，适当的运动不但可以增强体质，而且可以提高学习效率。此外，他还加入了舞蹈社团，多彩的社团活动为他的大学生活添上了色彩斑斓的一笔。

徐志摩说：“希望，只有和勤奋作伴，才能如虎添翼。”纵有千丈之雪亦不凉热血，纵有万里之路亦不畏艰难。在过去的上千个日日夜夜中坚持苦读的向文灏最终不负梦想，无悔青春，未来他更将不惧风雪，砥砺前行。

（记者：彭金玥　采编：张杰克　编辑：林心铭）

材料jd1501班　吴森伟：做最好的自己

图1–128　吴森伟

吴森伟(图1–128)，中共预备党员，材料jd1501班学生，先后获得校三等奖学金、校二等奖学金、校一等奖学金，被评为“校三好学生”“校优秀学生干部”“优秀学生社团干部”“院优秀学生干部”等。他参与2017—2018学年“理工才俊”学生骨干培训班学习并顺利结业，连续三年参加暑期社会实践活动，并参与“英国短期学习交流”项目，被保送至武汉理工大学。

“恰同学少年，风华正茂。”初次见到吴森伟，他富有朝气的面庞透出成熟与稳重。他表示，人生中大学里的青春时光只有一次，应当好好珍惜。

回首在武汉理工大学的四载，吴森伟时刻心怀“做最好的自己”的信念，扎扎实实干事，踏踏实实做人。面对学业与繁杂的学生工作时，他能够稳住步伐，于实处用力，在知行合一上下功夫，将每一件事情认真负责地完成。

大学期间，吴森伟担任过多项职务，从班级宣传委员到校英语协会项目部部长，从材料科学与工程国际化示范学院学生会副主席到辅导员助理等，获得过“院优秀学生干部”“校优秀学生干部”“优秀学生社团干部”等荣誉称号，并与班委共同努力打造出“校标兵班集体”“五四优秀团支部”。当然，这些成就绝不是轻轻松松获得的。在组织活动的过程中，难免会遇到各种各样的问题，如部分同学因害羞不太愿意尝试，组织策划时意见不一致等。但这些都不应该成为抱怨的理由，恰恰相反，正是这些问题的解决使他积累了宝贵的经验。谈及学生工作时，他始终认为正因如此，大学生活才能够过得充实，他才能在忙碌中一路收获、一路成长。“学生工作就是服务性工作”的宗旨，吴森伟始终牢记在心，在未来的人生路上，这些都会成为弥足珍贵、不可替代的财富。

繁杂的学生工作并不会阻碍吴森伟追求真知的脚步。他勤于学习，敏于求知，注重把所学的知识内化于心，形成自己的见解，既要专攻又要博览。三年来他获得校三等奖学金、校二等奖学金、校一等奖学金各一次，被评为“校三好学生”。吴森伟还参与了2017—2018学年“理工才俊”学生骨干培训班学习并顺利结业，被保送至武汉理工大学。其实像我们所有人一样，初次步入大学的吴森伟也有不适应的地方，也会迷惘，但是他能及时反思，积极适应。他表示，首先要有一个清晰的目标，明白自己适合做什么，真正想要什么，对自己的能力有清晰的认识；其次要享受过程，不要太在意结果，相信一切都是最好的安排。

在科研实践方面，吴森伟参与了武汉理工大学2017年自主创新研究基金本科生项目、2018年国家级大学生创新创业训练计划项目，在硅酸盐建筑材料国家重点实验室参与导师制项目期间，以第四作者身份发表SCI论文一篇。刚开始进入实验室的时候，由于知识储备尚不充足，他强调要做好心理准备，多熟悉环境，兴趣永远是第一动力，切忌朝三暮四，学一门丢一门。“天下大事，必作于细”，成功的背后永远是艰辛的努力，要把艰苦的环境作为磨炼自己的机遇，把小事当大事干，实验可以重复一次又一次，真正把它做清楚、做透彻。

平日里吴森伟为人随和，善于交际，热爱体育运动，篮球、足球、羽毛球一样都不落下。不仅如此，他还多次参与无偿献血、义务家教、迎新等志愿活动，颇受同学喜爱。对于刚刚步入大学的师弟师妹们，吴森伟提出了如下建议：要培养一门兴趣，不需要时刻学习，但要保证自己的时光没有虚度。

（记者：慕庆雪　采编：胡佳伟　编辑：张雨馨）

复材1501班　谈鑫：一日难行千里　积步可跨山河

图1-129　谈鑫

谈鑫(图1-129)，中共党员，复材1501班学生，高分子与复合材料系学生第二党支部副书记，大学三年平均学分绩点4.2，位居年级第一。他曾获本科生卓越奖学金、国家奖学金，被评为“校三好学生标兵”“校优秀共青团员”等，以项目负责人身份申报校自主创新研究基金本科生项目一项并结题，已申请发明专利一项，发表SCI论文两篇，被保送至清华大学攻读博士学位。

采访时正值寒冬，谈鑫于百忙之中匆匆赶来，温暖而阳光。

执策映长明　不知寒与暑

谈鑫一直是同学们眼中的榜样，如夜空中的明灯，不断激励着身边的人变得更好。

大一的时候，他加入了学院学生会学习部，带动整个年级的同学学习，营造了良好的学习氛围。谈鑫一直认为，青年学生肩负着祖国发展的重任，而学习是一切发展的基础。所以，他从未放松自己的学习。

谈鑫说“大一打基础，大二作提升”，他从初入大学起就注重培养学习习惯，即使是周末或节假日也坚持早起，一整天都泡在图书馆、自习室，徜徉在知识的海洋里。正因为努力，他才取得了三年平均学分绩点4.2、位居年级第一的优异成绩。

有志在青云　无畏蜀道难

谈鑫在学习时非常讲究方法和技巧，课堂笔记做得极仔细，课后习题完成得极认真，即使是枯燥的定义，他也会翻来覆去地理解透彻，一步一步脚踏实地。虽然也会遇到困难，如基础稍差的英语和高强度的连考，但他依然坚定学习的决心，寻找方法解决难题。知难而退不是他，自暴自弃也不是他，他永远是迎难而上、勇于拼搏的，没有什么困难能够阻挡他，他从一开始就不曾惧怕，也因此从一开始就稳操胜券。

千山不见远　一片初心碧

在学习之余，谈鑫十分重视科研。凭借着对科研的热爱，他在大一就主动加入了麦立强教授的课题组，并取得了不错的成果，收获了更多的专业知识与技能。不同于有些同学三天打鱼、两天晒网，谈鑫充分利用课余时间沉浸在实验室里，无论寒冬酷暑、风里雨里，他都奔波于图书馆与实验室，这一坚持便是三年。如果说下定决心、花费精力去实验室不难，但持之以恒且甘之如饴，三年如一日，实属难能可贵。

诚然，进入实验室不仅会耗费大量的时间与精力，而且会经历不可避免的失败。有人畏惧退缩，可谈鑫坚持下来了。于他而言，成功固然值得庆贺，失败同样值得铭记。他就是这样以豁达的态度对待失败，并不断完善自我，最终成就了自我。“每一个有自己的目标与梦想并能不断地朝着它前进的人，无论结果如何，都是自己的英雄。”

在实验室里花费了多少时间，恐怕连他自己都说不清，多少次为了跟进一个实验，他在寒暑假也不能回家，虽然家并不远。谈鑫说：“这就是一个选择，你在失去的同时也会得到。”他失去的是享乐，得到的是光明的未来。

这就是谈鑫，一个靠着踏实的步伐稳健前行，直至登上高峰的人。他的切身经历与积累的经验，如重重迷雾中的明灯，照亮了许多人的路。

（记者：杨臻　采编：张雨馨　编辑：张雨馨）

材料1504班　陶申：始于兴趣　忠于进取

图1–130　陶申

陶申（图1–130），中共党员，材料1504班学生，曾获国家励志奖学金、校青年五四奖章，被评为“校三好学生”“校优秀共青团干部”“志愿服务先进个人”“优秀学生会干部”。他获得材料基础知识竞赛三等奖、金相大赛三等奖、“中建商砼”混凝土设计大赛三等奖，负责国家级大学生创新创业训练计划项目并结题，申请国家发明专利一项，被保送至北京航空航天大学。

如何高质量地度过大学四年？想必所有人都曾对自己发问。勤奋地学习、不懈地探究、忘我地奉献……或许这些只是一瞬间的想法，可是当一个人为了这些想法努力付出后，必将回报斐然。这就是陶申同学的大学四年：成绩位居年级第三，综合测评总分位居年级第一；现任校学生会副主席，曾获国家励志奖学金、校五四青年奖章……这些成就无不在证明着，他的大学生活充实而又精彩。

能够成功保送至北京航空航天大学，最重要的便是学习成绩。陶申说，他大一时成绩并不突出，大二开始对专业产生了兴趣，特别是物理化学这门课程取得了九十多分的成绩，这对他来说无疑是一种莫大的鼓励。自此以后，陶申慢慢摸索出了自己的学习方法，其中最重要的便是认真听讲和做笔记。

说起做笔记，就不得不提起材料科学基础这门重要的专业课，陶申对其十分重视，他说每次课后自己都会整理笔记。“老师上课讲的是框架，我课后会看书整理笔记，对整个框架进行填充。这么做看似繁杂，在期末复习时却能大大节省复习时间。”养成这样的好习惯后，陶申在大二、大三时成绩有了质的飞跃，一鸣惊人。

除了学习，陶申在科研方面也很出色。他大二申请“国创”项目，并开始进行研究。此外，他还积极参加各种专业比赛，成绩斐然。科研是一条必定要付出许多心血的路，不仅要有过硬的专业知识，而且要耐得住寂寞。陶申觉得科研是一件有趣的事。在大二暑假，他留在学校做实验。由于项目周期长，人很容易疲劳和烦躁，这正是考验耐心的时候。他看到自己的成果一点点呈现，便觉得所有的努力都是值得的。最终，项目顺利结题，他拥有了一项属于自己的专利。

学习和科研确实占据了陶申的绝大多数时间，但不得不提的是，他在学生工作方面也取得了不小的成就。陶申加入了校学生会和材料学院通讯社新闻部，学生工作同样是他大学生活里浓墨重彩的一笔。

当初他加入材料学院通讯社，是源于对这个社团的兴趣，想培养自己写新闻的能力。在通讯社的两年，他与社内的同学结下了深厚的友谊，提高了写新闻、与人沟通的能力。他在任职期间撰写新闻稿件五十余篇，在形形色色的新闻事件里，他受到了启发，思想发生转变。如他第一次去国奖答辩的现场时，参加答辩的优秀同学给他留下了深刻的印象，而身边的学长告诉他："努力一下，下一个就是你了。"

在校学生会，陶申在推文创作中找到了属于自己的乐趣。他的一篇推文至今仍保持着校学生会微信公众号的最高浏览纪录，被浏览两万六千余次。一个人最大的幸福，莫过于做自己喜欢的事。经过不断摸索，他慢慢熟悉了许多管理与宣传的方法。在大四，作为校学生会副主席，他从不限制副部、干事们的创造力。"每个干事都有自己的想法，都需要成长与施展才能的机会。我们身为主席团成员，更多地需要为组织的发展而考虑，并为他们创造进步的条件。"

就是这样一位学长，以三年优异的成绩和丰富的科研、学生工作经历，被成功保送至北京航空航天大学。这些成就的取得，离不开他每一天在自习室写下的笔记，离不开他每一次实验时等待结果的期盼，也离不开他每一次为完成学生工作熬出的"黑眼圈"。陶申做许多事都始于兴趣，一旦开头，他便能全神贯注，最终交给自己一份满意的答卷。求知、乐观与探索，是陶申给笔者留下的深刻印象。

孤军奋战不如并肩而行。陶申在谈及大学四年对他产生影响的人时，首先提到的是学院的各位老师。在与他们交谈后，陶申不仅对专业知识有了更深刻的理解，而且学会了许多为人处世的小技巧。其次是校学生会的各位伙伴，尤其是现任主席团成员。"我们五个人，每当遇到困难，就一起去解决，会一起熬夜，一起在办公室搭床睡觉。做学生工作的收获，不能很清晰地用语言表达出来，只能自己一点一滴去体会、去品味。"借此机会，他想感谢每一个支持他、帮助他、激励他的人，是他们给了他无限创造的可能。

"不要让想象成为限制成功的因素。"陶申用这样一句话总结自己的四年，也以此激励学弟学妹。如果有想做的事，就立刻去探索。始于兴趣，忠于进取，只要肯付出，必有天道酬勤的那一刻。

（记者：张姝炜　采编：廖芷诺　编辑：雒怡浩）

材料xs1501班　王倚天：孜孜不倦的学习者

图1-131　王倚天

王倚天(图1-131)，材料xs1501班团支书，带领所在团支部获得“校五四红旗团支部”荣誉称号，多次获得校级奖学金，被保送至武汉理工大学直接攻读博士学位。

王倚天是一个积极进取、热爱集体、责任心极强的人，他勇于尝试，乐观开朗，善于人际沟通。大一时，任心理委员的他，在班级活动开展不顺利时，主动挑起大梁，组织班上同学在班级风采大赛中获得集体二等奖的优异成绩，这为他竞选团支书及熟悉班级工作打下了一定基础。

在团支书任职期间，他带领团支部同学开展“保护梅岭和西院梅花”的活动，制作提示牌悬挂在景区以提醒经过的路人，活动不仅有效保护了花草，而且增强了周围居民及同学们文明赏花、爱护环境的意识，受到大家的一致好评。之后，他又组织开展了“学习长征精神，步行参观八路军办事处”的活动，充分调动班级成员的积极性，响应程度极高，虽路途遥远且小雨连绵，但几乎全员参与(仅一人请假)，增强了班集体的凝聚力。通过一系列活动的开展，支部成员的公民意识进一步增强，政治思想素养也有了很大提升，大家一致认可这位积极奋进、勇创佳绩的团支书。

当被问及对团支部建设的工作心得时，他说：“做好支部工作其实很简单，秘诀就一个字——‘拼’。不管做什么工作，都不能退缩，要以身作则，带头完成。‘拼’并不是‘硬拼’，要多与同学沟通交流，了解他们的特长，以便更好地统筹支部的工作，充分发挥成员的优势，使得支部的各项工作能够达到预期效果，从而产生一定范围内的影响力。”他说初为团支书时，自己没能合理安排工作与学习时间，只顾完成指标，一味蛮干，没有着力于调动大家的积极性，导致开展工作事倍功半。他甚至为此生病住院，耽误了学业，后期花费了大量力气才赶上进度。此后，他渐渐意识到合理分配工作、学习时间以及保持良好心态的重要性，团支书工作逐渐回到正轨。“虽然平时工作很忙碌，特别是五四评优期间，有时为了检查申报书的内容和格式要工作到深夜，但是一想到同学们洋溢着青春气息的笑脸和参与活动时的认真劲儿，就觉得再苦再累也是值得的。”正是这一股韧劲，支持着他在任团支书的这条路上越走越好，成就了优秀的自己和优秀的班集体。

除了是优秀的团支书，王倚天还是一个孜孜不倦、刻苦学习的优秀理工学子。他在课堂上认真聆听并理解老师所讲内容，课后及时巩固复习，善于思索和提问，因此取得了不错的成绩，多次获得校级奖学金，并获得本校直博资格。

在社团工作方面，王倚天也有自己的过人之处。他曾担任校团委宣传调研部新媒体运营中心副总监、国际化示范学院学生组织宣传部干部、国际化示范学院学生会副主席。身兼多职的他，多次参与学校各项活动的统筹、宣传及后续总结工作，这无疑是对他能力的肯定。当谈及这些社团工作时，他脸上洋溢着幸福的微笑："每当你完成一项工作，放松而舒畅的感觉会将之前所有的疲惫与不开心统统清零，于是便有了继续下一项工作的动力和信心。"

孜孜不倦、追求卓越，是王倚天大学生活最好的写照。

（记者：张剑波　采编：何昕　编辑：雒怡浩）

材料 1501 班　王元：青春的第N种可能

图1-132　王元

王元(图 1-132)，中共预备党员，材料 1501 班学生，大学三年绩点保持在年级前五，多次获得国家励志奖学金，多次被评为"校三好学生"，获得第四届中国"互联网+"大学生创新创业大赛银奖、"创青春"全国大学生创业计划大赛铜奖。她参加了中国政法大学与武汉大学的法学夏令营，同时取得两所大学的保研资格，已保研至中国政法大学。

青春正韶华，莫负好时光。对于如何规划自己的青春岁月，材料 1501 班的王元给出了她的完美答案——在最美好的年华，努力学习，把握机遇，实现人生的第N种可能！

踏实筑梦　有始有终

谈到自己的性格时，王元提到最多的两个词，便是"坚持"与"踏实"。踏实筑梦这四个字，在她的竞赛经历中体现得淋漓尽致。大二申报国家级创新创业计划时，在立项后实验经费短缺、时间不足的情况下，王元选择了咬牙坚持。“我申报的项目，一定要亲自去完成！”实验材料短缺，就勇于实践，自己合成；合成方法不足，就查阅资料，不断改进。在短暂的三十分钟课间休息时间内，她竟然跨校区赶往实验室制备样品。最终，她以两项专利的成果为这个项目写下最美的结束语。此外，她在大三时参加创业团队项目，担任学生负责人。在整个过程中，她们将创业项目不断打磨，精益求精；把策划书反复修改，力求精简；对演示文稿反复审核，确保逻辑主线层次分明。冲刺的那两个月，晚归夜叩门已成为王元的生活常态。事实证明，努力终会收获与之相应的回报——第四届中国“互联网+”大学生创新创业大赛银奖、“创青春”全国大学生创业计划大赛铜奖，为王元不懈的坚持与追求画上了完美的句号。

法学之始　勇于逐梦

兴趣一直是王元不断学习探索的动力，材料如是，法学亦然。出于兴趣，王元经常阅读与法学相关的书籍，翻看法典，关注时事热点与法学论坛，并从一些判决书中进一步发掘法学的魅力。旁人看起来冗长的法条，在她眼里却散发着理性的光辉。深思熟虑之后，她确定了自己的研究方向。心之所向，无畏艰难。在保证学业与竞赛同步推进的前提下，王元自学法学知识，带着一往无前的勇气与坚定的信念，探索一个对于自己来说全新的领域。在大三的暑假，她参加了中国政法大学与武汉大学的法学夏令营，均取得了预录取资格。“在最好的阶段，多学习一些知识，掌握一技之长，青春时光才不算虚度。”

合理规划　统筹兼顾

在科研、竞赛等各项事务的重重压力下，王元仍保持着优异的学习成绩，绩点位列年级前五。她多次获得国家励志奖学金，被评为“校三好学生”。“充分利用空闲时间，能在课上掌握的知识绝不拖到课下。”对时间的高效利用，是她取得保研资格的重要原因之一。成功取得保研资格后，王元没有选择放松自己，而是积极参与年级帮扶计划，帮助学习上有困难的同学，同时继续担任学工助理，汇总信息，审核表格，为有需要的同学联系勤工俭学的岗位。“在这个过程中我最大的收获就是锻炼了自己，提高了自己的各项能力。”这个爱笑的女孩，用自己的乐观感染着周围每一个人。

王元就是这样，追逐自己的兴趣，树立人生的目标，保持一颗淡泊的心，步伐坚定，踏实筑梦。愿这个爱笑的女孩以梦为马，不负韶华，活出自己人生的无限可能。

（记者：刘奕彤　采编：伍龙生　编辑：孟馨玥）

成型1501班　郑芮：靡不有初　鲜克有终

图 1–133　郑芮

郑芮（图 1–133），中共党员，成型 1501 班学生，总评学分绩点排名年级第二，综合测评排名年级第二，先后获得“校三好学生标兵”“校优秀共青团员”等荣誉称号以及国家奖学金，曾任材料科学与工程学院通讯社社长，参加武汉理工大学“启智铸材——STEAM 科普教育”暑期社会实践队，在中国青年网等国家级媒体发表九篇新闻稿，助力团队获评全国大学生暑期“三下乡”社会实践活动优秀团队，跻身校十大精英团队，被保送至西安交通大学。

“靡不有初，鲜克有终”，大学四年，郑芮时刻用这句话警醒着自己。在大学里，郑芮将不同题材的剧本尽心演绎。

砚滴将干难句癖

“所谓大学者，非谓有大楼之谓也，有大师之谓也。”对郑芮而言，充分利用学科资源，是一件能让她沉迷其中、不知疲倦的事情。正是因为有这样一份热爱与初心，“学霸”头衔伴随了她四年，她一路披荆斩棘，一路战绩骄人，而这在她看来只算是活得认真。

对学海泛舟的她来说，较真和自律是强有力的推进器。从活学到活用，从整理资料到创建公众号分享资源，她抓住了学习的要领。回忆起学习的经历，她戏称自己是“厚脸皮”，遇到不解便刨根问底，这让她成为更善言谈和倾听的求学者。

谈及何为“伪学霸”时，她坦言道：“大部分人的印象中‘学霸’是不怎么需要付出，成绩就会很好的人；其实不然，‘学霸’是受得了‘雪窗萤火二十年’，最后才得‘云路鹏程九万里’的人，我才刚刚踏上征途。”“砚滴将干难句癖，愧吾三日未临书”，这是郑芮勤奋学习的真实写照，早已成为她漫漫求索的精神所在。

从第一步到每一步

如郑芮所言，提高学习效率，才能把更多的时间留给兴趣。她的大学生活并不局限于学业的精进，她将对兴趣的那份小爱化作责任、陪伴、守护的大爱，彼时是被爱者，此时是施爱者。

起初，她凭借对文学的一腔热情加入了材料学院通讯社文学部，在社团中以文会友、以诗绘意的生活，前辈无微不至的关怀，俏皮有趣的氛围，让她渐渐将这里当成了自己的家。后来她担任文学部部长，又成功竞选社长，这一路并不如想象中容易。从专注审稿校对，组织文案征集，负责期刊卷首语撰写，联合各部门分任务、赶进度，到与各社团同办学院活动，共建材料文化，郑芮把当初前辈留下的火种燃成了火炬，照亮了后来人。

"陪你从第一步走到每一步"，这句话不仅仅是她在社团里从干事干到社长的一路成长的写照，更是她对社团全体成员及社团文化的期许。接过接力棒，打造"始于文学、精于宣传、忠于文化"的社团特色成为郑芮放在心底的愿景。为此，她挑起宣传重担，年均编审新闻稿件600余篇，培养采编人员10余人，组织80余人的编审团出版学院内部刊物《积材轩》《材料之星》《名师名导》等，联合校图书馆，长期开展吸引多个学院学生参与的读书交流会……

情怀不仅仅体现在社长这一身份上，而且渗透到她担任的每一个角色中。她在大一期间担任班级心理委员，关心身边同学的点滴生活；大二期间担任班级团支部宣传委员，撰写班团活动新闻稿，发表八篇，并助力团支部获年度"优秀宣传集体"称号。2017年暑假，作为团队骨干，她前往湖北保康开展暑期义务支教活动，凭借丰富的宣传工作经验，累计在中国青年网等国家级媒体发表报道九篇，助力团队获评全国大学生暑期"三下乡"社会实践活动优秀团队，获得"三下乡"直播评选活动二等奖。在她看来，无论在社团还是班级，无论是对自己还是他人，都需要以情怀相识、以情怀兼容、以情怀相处。

一生努力　一生被爱

一颗星，无论在何处都会散发出属于自己的美丽光芒，"材料之星"亦是如此。面对重重压力，郑芮于花繁柳密处拨得开，于风狂雨急时立得定，能将自己最好的一面呈现出来。

在生活中，郑芮是一个富有情调的人。她加入过笛箫协会，还自学乐器尤克里里，以充实自己的闲暇时光。她很享受阅读，于她而言这是一次精神的旅行。除此之外，她还是一名旅游爱好者，在城市的各个街巷，享受着走走停停的愉悦，享受每个角落带给自己的不一样的感觉。

"一生努力，一生被爱，想要的都拥有，得不到的都释怀。"这是郑芮最喜欢的一句话。一路走来，她有拼搏的汗水，有满足的笑容，有知心的挚友。曾经，她怀着美好的期许走进校园；如今，她带着丰硕的成果走向人生的新征途。

（记者：邱佳恒　采编：吴静娴　编辑：沈涛）

材料1501班　傅丰訸：积极进取　勇于担当

图 1–134　傅丰訸

傅丰訸（图 1–134），中共党员，材科1501班学生，曾获得两次校二等奖学金、一次校三等奖学金、两次社会奖学金，三次获评"校三好学生"。他曾担任院青年志愿者协会副会长，多次组织并参与"生之源""易行"等志愿服务活动，荣获"校志愿服务先进个人"荣誉称号，参加2017年度"奉献杯"志愿服务项目擂台赛并获校一等奖。他收获了八所海外高校的录取通知书，最终选择前往美国密歇根大学安娜堡分校继续深造。

虽然取得了累累硕果，但是傅丰訸在采访中没有丝毫炫耀，他谦逊而淡然的气质令我们深深折服。

阅尽风霜　简单纯粹

傅丰訸本科期间非常优秀，多次获得奖学金，凭借自己的不懈努力，获得了保研资格和八所海外高校的录取通知书。他选择了出国留学。被问及选择去国外读研的原因时，他微笑着毫不犹豫地说："我渴望感受不同的教育氛围，没什么别的想法。"很多人都思考过为什么要去国外读书，是为了获得毕业证书，还是为了学到更多学问。对此，傅丰訸的想法很简单：看看外国怎么教学，体验国外的教育方式与科研方式，将其与国内教育方式对比，博采众长，将来学成后能够以最好的方式报效祖国。的确，没有了复杂思想的羁绊，事情就变得容易很多，距离终点就更近了一步。

学会学习　学会选择

关于学习方面的体会与经验，傅丰訸提到，重要的是对课堂时间的把握，上课能不看手机就不看手机，老师讲课的每一分钟都很珍贵。除此之外，不要害怕向老师提问。大学跟高中不同，一些题目在网上很难找到解释，请教老师是最方便且正确的做法。在课程较少的时候可以选择游泳、打羽毛球等运动来增强自己的体质，并培养爱好。对于考研和出国的问题，傅丰訸强调不要多线作战，要懂得适当放弃，做好全面投入空闲时间的准备。此外，要尽早确定自己的目标，意在保研的同学需要思考自己想争取哪一类保研，如果是A类就把时间毫无保留地投入学习，如果是B类就加快进度，多参加几项比赛。如果决定出国，最好从大三开始准备，大四上学期投递简历，这样最省时间。在前进的道路上，艰苦在所难免，我们要学会学习，学会选择，这样才能更好地把握属于自己的人生。

我与青协共成长

被问及参与大学社团的感悟时，傅丰訸顿时精神为之一振，可以看出，热爱是不能被时间冲淡且深入骨髓的。作为前副会长，傅丰訸对青年志愿者协会的热爱从未改变。傅丰訸说："当你真正热爱并融入一个社团后，你会任劳任怨，这种负责任的感觉很好。"大一时，他只是项目部的一个干事，遇到一个老大爷倒在地铁站边上，周围没有人敢去扶，他问清大爷是酒喝多了的缘故，扶着大爷四处走动醒酒，并将大爷安全地送上了公交车。在猜疑面前，如果所有人都避而远之，人间恐怕就没有了真情。傅丰訸在任职期间，发展了材启思项目，授课内容和受众有了很大程度的扩展。他们设计了孩子能做的实验，改善了之前"爱小"项目中单纯对孩子作业进行辅导的方式，使项目变得更有意义，赢得了孩子的尊重与喜爱。关于社团未来的发展，傅丰訸提到两点：第一，要调动大家的积极性；第二，要提升创新力，扩大规模，让大家真正想服务，并且服务得开心。

傅丰訸，一颗积极进取、勇于担当的"材料之星"，他如春日暖阳，抚慰我们的心灵，激励新一届材料人不断前进。

（记者：韩维韬　采编：刘海云　编辑：林子睿）

复材1501班　吴加玮：心之所向　彼岸风光

图1-135　吴加玮

吴加玮(图1-135)，复材1501班学生，曾获2018年“创青春”全国大学生创业大赛银奖、第二届“普赛达杯”高分子材料设计与制备大赛一等奖、武汉理工大学第一届工程图学大赛一等奖、网络信息协会office应用比赛优秀奖。已发表SCI论文一篇，推免至同济大学。

加入科学技术协会，担任心理委员，投身于实验，参加各类竞赛……辗转于社团、学习、科研以及社会实践的吴加玮一直在寻找自己的真爱。他说：“明确自己喜欢做什么，并在自己喜欢的方向上有所发展、有所收获，是我大学四年的追求。”

其实他没有想过会取得今日的成就，无论是入社团还是进实验室，他都只是抱着试试的念头：喜欢，就坚持做下去；不喜欢，权当体验一把。在这样朴素的心态下，他广撒网，多捕鱼：校二等奖学金，校工程图学大赛一等奖，“创青春”全国大学生创业大赛银奖，“普赛达杯”高分子材料设计与制备大赛一等奖，一篇SCI论文……更大的收获，是心灵上的成长。

初入大学，吴加玮选择加入科学技术协会。“大一的时候只是辅助部长处理一些综合性事务”，到了大二留任创业部副部长，他才开始撑起一片天。那时科学技术协会还很年轻，创业部是一个新部门，积累相对薄弱，他积极寻找并整合相关创业资源，邀请参加过创业比赛的学长开展相关培训，成功举办了材料学院第一届创新创业大赛。“当时很有成就感。”他这样描述这段经历。至大三，学院科学技术协会与学校科学技术协会对接时，他已是主席团的一员。在对接过程中，重新划分部门职能、按需分配工作并对科学技术协会的组织框架进行改革是他的主要工作。这段工作经历给了他许多收获，让他对创业有了一定的了解。正因为想做，辛苦也好，劳累也罢，一路走来，他都甘之如饴。

参加“创青春”全国大学生创业大赛是他大学生涯中浓墨重彩的一笔。有了在科学技术协会的积淀和在一些企业调研的经历，再结合实验室中掌握的诸多方法技巧，突破层层选拔、加入师兄始创的公司仿佛水到渠成。但在省赛中担任队长的他并不轻松，“整个过程非常烦琐，你需要进行文本编辑、任务分包、PPT的制作安排和答辩，并且要不停地对问题及时进行沟通反馈”。但一分付出，一分回报，这又何尝不是对他能力的又一次锻炼和考验呢？更何况，他真正地将自己的所学化为所用，建立起材料课程与就业创业之间的联系，已经不负众望。

对他来说，大学四年，皆有所得。大一，认识大学，了解它的运作方式；大二，深入探索，切身体验；大三，厚积薄发，拼搏输出；大四，平衡心态，思考未来。一年一年，循序渐进。所以，当他回忆起大学四年时，才会感叹一句“总算没有浪费时间”吧。

对于确定的目标，他说无论付出怎样的努力都要达到，“生活中会遇到许多问题，而你的任务是去解决这些问题”。他不会把时间浪费在一些不必要的事情上，如对待手机，他表现得很理智：刷手机很多时候只是一种习惯，如果你真正明白自己需要的是什么，就不会沉迷，也可以采取其他更快捷、更健康的途径来拓宽视野、获取信息。“这样既能获取所需，又能控制看手机的时间，还能获得满足感，不是更好吗？”

生活上他其实还是很随性的，交一群志同道合的朋友，一起打打球、走一走，放松放松。有时他也喜欢独处，设计动漫形象，画画图。“我比较喜欢设计和创造，对心理学研究也很感兴趣，觉得将大脑中抽象的思考化作具体的表达去影响行动，是一个很有意义的过程。”

最后谈及学习时，吴加玮深有感触：“大学课程并不轻松，要将知识活学活用需要花费很多精力。学习是一辈子的事情，是你不断发展自我、不断更新知识，达到自己目的的一个根本手段。我们的课程学习旨在让你掌握一些思维方法，对自己的所学有基本认识，所以应该认真对待。”对于考试，他觉得“平时多积累，考试前再进行强化，这样会更轻松”。

风吹雨成花，时间追不上白马。四年光阴经不起浪费，“找到自己的真爱是最重要的”。有所追求，才能不负韶华，领略彼岸风光。

（记者：彭明霞　采编：张启蒙　编辑：张雨馨）

材料1603班 蔡轩皓：水到渠成，来自不懈的努力

图1–136 蔡轩皓

蔡轩皓(图1–136)，中共党员，材料1603班学生，平均学分绩点4.063，曾获国家奖学金，荣获“校三好学生标兵”荣誉称号，获全国大学生英语竞赛三等奖，作为组员参与国家级大学生创新训练计划项目“去合金法制备多孔钨及其在环路热管中的应用”并顺利结题。他获A类推免资格，至上海交通大学攻读硕士学位。

“贵有恒何必三更眠五更起，最无益只怕一日曝十日寒。”蔡轩皓通过自己在大学的学习经历告诉了我们这样一个道理：日积月累的努力，才有可能让成功“水到渠成”。

蔡轩皓在谈及如何取得优异的成绩时说：“其实没有什么特别的方法，只是平时上课认真听讲，复习的时候多做准备。”朴实的话语背后是一贯的努力与认真。“上课要认真听，不管当时有没有听懂都要认真听，课后对自己不懂的题目要多思考。多投入一些时间解决自己的困惑，这样考试时会有更多的信心，因为有些问题不是一两天就能想清楚的。”

“人生就像马拉松赛跑一样，只有坚持到最后的人，才能成为胜利者。”蔡轩皓告诉我们，不管平时是否努力，考试的时候都要全力以赴。“在复习阶段，有的老师会提供比较详尽的复习资料，有的老师着重考查平时的听课情况，所以不会提供。如果我们自己有复习资料，应当利用这些资料做更多的准备，这样在考试中遇到老师没有细讲的知识点时，就会有更大的把握和其他人拉开差距，考出优异的成绩，因此复习需要有一定的广度和深度。日积月累的坚持与努力必然带来质变。我刚转到材料学院时成绩并不理想，后来不断努力，成绩才慢慢好起来。”蔡轩皓十分谦虚。诚然，努力做自己该做的，付出自己能付出的，才能不负韶光。

保持信心，才有动力和勇气前行。“信心是一直要有的，这样才能学得好。”但是信心、底气又是从何而来的？它们来自平时的努力与认真，“即使疲惫不堪，也要向着目标前进”。他表示，把该完成的任务完成，把该学习的知识学好，认真地对待每

一件事，做到这些，自信就会有了。当然，偶尔也会遇到自控力不足的时候，在这种情况下要学会进行自我调节，有时“偷个懒”未必是件坏事，但上课认真听讲是必须落实的事情。

入学伊始，蔡轩皓便有了转专业的想法。对于转专业，他认为最重要的是了解自己所转的学院及专业，特别是要尽可能充分地了解自己所选择的方向，只有这样才能将未来的路走对、走好。蔡轩皓在大二时发现自己或许能够尝试保研后，便加倍努力起来，因为他知道漂亮的成绩单和竞赛获奖证书是证明自己优秀的最好方式。为了在全国大学生英语竞赛中取得更好的成绩，他进行了针对性训练，将三等奖收入囊中；作为小组成员，他认真完成自己的任务，“国创”项目“去合金法制备多孔钨及其在环路热管中的应用”顺利结题。正是一步一个脚印、踏踏实实的努力，才让他有了最终保研的成功。

“首先，要好好珍惜大学生活，体验不同的生活方式。其次，在发展兴趣爱好的同时不要落下学习。最后，过得开心一点！”蔡轩皓以朴实的话勉励学弟学妹们，愿他们也能通过不懈的努力，收获属于自己的“水到渠成”！

（记者：章雨　采编：龚培　编辑：景千贝）

复材1602班　曹文静：最美学生工作者

图1–137　曹文静

曹文静(图1–137)，中共党员，大学四年平均学分绩点3.640，曾获校三等奖学金、CPIC奖学金、“惠柏”奖学金，被评为“优秀共青团员”，在CPIC复合材料技术竞赛中获一等奖。大一学年她担任年级委生活部部长，大二学年至大四学年担任复材1602班班长，同时任材料学院马克思主义理论学习研究会理论学习部部长，大三学年任材料学院马克思主义理论学习研究会秘书长。她已获得思政实践类推免资格，将于毕业后担任辅导员。

进入大学，怀着对学生社团的憧憬，曹文静加入了材料学院马克思主义理论学习研究会，她没有想到这个社团会陪伴她三年。从一个初出茅庐的“小白”到独当一面的学习部部长，再到秘书长，这条路看似平坦，实际上充满了艰辛。初入社团时的她，对学生工作一无所知，同学的支持、部长的提携，给予了她信心。熬过了最难的那段时间，她开始迅速成长。“既然决定要做，就负责到底。”遇到难题时，她从来没有选择逃避。

“大一积累了一些经验，到了大二当班长，是因为更喜欢和班上的同学们相处。”可是在处理班级事务时，有些同学的拖延症、与年级辅导员沟通的困难以及部分同学的不理解，让本来自信满满的曹文静遭受了打击。虽然前期工作开展得并不顺利，但她没有被击倒。曹文静牢记自己的初衷——既然决定要做，就负责到底。在曹文静的带领下，复材1602班多次被评为“校标兵班集体”“学风建设优秀班集体”，跻身“理工易班网络十佳人气班集体”。采访时她说：“大学里的班级确实没有高中里的那么有凝聚力，但许多活动还是需要大家一起完成，我希望班上同学‘聚是一团火，散作满天星’。”

在做过如此多的学生工作之后，曹文静有点“沾沾自喜”，直到她在校学工部工作了一段时间，他人的优秀把她从自喜中叫醒，差距让她明白了真正优秀的人永远都怀着一颗学徒的心。提到那段时光，她满怀激动地说：“虽然真的很累，但那是我能力提升最快的一段时间。”

“善飞能舞世人敬，皇天不负有心人。”曹文静在大二时就计划通过思政实践来获得研究生推免资格，今天她如愿以偿。四年的时间转瞬即逝，如今她整装待发，毕业之后将担任辅导员，为自己铺就一条前行之路。

（记者：马子甲　采编：韩悦　编辑：孙旭玖）

材料1606班　陈七：不经一番寒彻骨，怎得梅花扑鼻香

图1–138　陈七

陈七（图1–138），中共党员，材料1606班学生，曾获校二等奖学金，被评为“校优秀学生干部”“院三好学生”“体育先进个人”等，在中文核心期刊《硅酸盐通报》以第一作者身份发表一篇学术论文，申请一项国家发明专利，获得全国大学生节能减排大赛二等奖，已获推免资格，至上海交通大学继续攻读硕士学位。

如果说机会是留给有准备的人的，那么陈七就是一个不想与机会擦肩而过的人。在大二转入材料学院之前，她就确定了自己的目标——保研，从此为之不懈拼搏，最终如愿以偿。

大学的环境与高中的大不相同，没有了清晨琅琅的读书声，也没有了时时刻刻督促学习的班主任。在这个远离家人的“小社会”里，很多同学无法克制自己的欲望，荒废了学业。从一开始，陈七就认为在大学里有一个优秀的学习圈子是非常必要的。她经常与一些富有学习热情的同学交流，分享各自的学习经验和学习资料，互相鼓励、互相督促。她坚持每天晚上自习，而不是待在宿舍里。正是这种向上的决心和锲而不舍的精神，让她最终取得了3.869的绩点。

谈及为什么会转到材料学院，投身于科研时，陈七感慨万千。她曾经有一个成为军人的梦想，可惜没能实现，便想研发出对国防有贡献的成果来弥补遗憾。许多人在陈七科研的道路上给予了她帮助，最令她难忘的是她的导师。陈七说，是导师积极地解答她科研上的疑惑，指出她实验设计、操作上的问题，并且在她论文写作时不遗余力地指导、修改，如果没有导师，就没有后来的她。还有一位师兄对陈七的影响很大，每当她在研究中遇到困难时总是会想起他说过的一句话：“每一个看似偶然的现象背后很可能藏着必然的规律，如果一时无法进行分析总结，不要气馁，换一个角度重新看待问题，也许会有出人意料的发现。”陈七说她很幸运，遇到了倾力帮助自己的导师和许多友善睿智的师兄师姐，才取得了今天的成绩。

参与全国大学生节能减排大赛并获得二等奖，是陈七最难忘且收获最多的一次经历。令她印象最深刻的是比赛接近尾声时，一个用来检测数据的关键仪器无法找到。同伴们心急如焚，但没有一个人轻言放弃。每个人各司其职，力图将手头上的工作做到尽善尽美。最后终于在一个老师的实验室里借到了这个仪器，完成了对样品的数据检测。陈七说，那段时间里，队员的团结和不服输的精神是令她难以置信的，这可能就是一个优秀团队对成员的影响吧。

对于学弟学妹们，陈七想说，要发现自己的兴趣与追求，少走弯路，明确了目标以后就心无旁骛地去努力，大学期间最重要的还是学业。她特别强调要重视简历，不论是读研还是就业，简历都是导师或面试官筛选的重要依据。一份充实的简历可以帮助自己在竞争中占尽先机。

“不经一番寒彻骨，怎得梅花扑鼻香？”陈七最终实现了她的愿望，在材料科研的道路上继续探索，而她不畏困苦、勇于追寻的精神也将鼓舞我们前行。

（记者：何思　采编：高希羽　编辑：霍鑫）

成型1601班　关欣：用日常堆砌出不凡

图1–139 关欣

关欣(图1–139)，中共党员，成型1601班学生，三年平均学分绩点达4.125，先后获得国家奖学金、国家励志奖学金，被评为“校三好学生标兵”“校三好学生”等。在第四届“维耕杯”钢结构桥梁设计与制作大赛中，凭借作品《心灵之眼》荣获二等奖。他已获推免资格，将赴上海交通大学攻读硕士学位。

优秀、自律，这是关欣的简历上透露出的特征；沉着、冷静，这是采访中关欣给人的印象。优秀源于日常，关欣就是如此。

梦想原来是卑微的执着

说起成功保研到上海交通大学的秘诀，关欣表示：“其实我没有什么特别的方法，只是在确定了保研的目标之后，一步步按部就班地去做，尽自己最大的努力做到最好。”无论是分享日常的学习经验，还是谈及提升自身能力的方法，关欣总是反复向我们强调努力的重要性。“我觉得有一句话说得特别有道理：大多数人以其努力程度之低，远远没有到拼天赋的时候。”确定自己的阶段性任务，每天提前到教室预习或者复习，上课绝不允许自己走神，课后老师布置的任务总是在第一时间完成，从不拖延。这是关欣日复一日、年复一年的学习日常，看起来确实不算特别，但能坚持下来的人寥寥无几。就是靠做好这些小事，关欣默默铺筑自己的保研之路。我想，正是务实、谦卑的态度和一件件看似庸常而枯燥的小事，让关欣渐渐出类拔萃。

身兼数职只为锻炼自己

入学以来，在学习任务并不轻松的情况下，关欣先后担任体育委员、副班长、寝室长、党支部宣传委员等职务，他说：“事实上，需要做的事情并不复杂，重要的是让自己得到锻炼，站在一个不一样的视角体验大学生活，接触到更多的资源。”

不同于很多学霸在学习和工作之间做选择题，关欣不愿意去权衡二者的利弊关系，“很多事情，你只有尝试了才能有所体会”。这些工作的确在很大程度上挤占了他的休息时间，但回报如期而至。因为担任班委，和班主任交流甚多，关欣在大二暑假得到了进入李蓓老师实验室学习的机会，在那里接触并了解了分子动力学模拟的相关知识。由于长期担任各项职务，关欣的领导力和人际交往能力尤为突出，他在大三下学期作为小组长带领组员们参加了“维耕杯”钢结构桥梁设计与制作大赛，并取得二等奖。“我觉得自己挺幸运的，遇见了这么好的老师，结识了那么多优秀的学长，没有他们，我不可能这么顺利。”其实，这并非偶然，而是另一种形式的必然。这个世界并不缺少机会，只是当机会摆在面前时，大多数人选择忽视，而关欣则牢牢抓住。

读书不必只读纸质书

谈及平日里的爱好时，关欣显得十分兴奋：“我特别喜欢看老电影，其成为经典是有原因的。我能从中感悟到复杂的情感和至真的道理，这些是一个人成长所需的。”关欣认为，虽然自己的成绩在年级已名列前茅，但是仍有很多值得他学习的人，他们每个人都有不同的闪光点，观察这些闪光点，能获益良多。对于关欣而言，他所读的书绝不仅限于课本，周围的人、身边的物、生活中的事，都可以被他拿来“读”。

对于大学生活，他提到一定要尽早明确自己的目标，并学会为之坚持，不要浪费时光和机会。大学就是一个包罗万象的修罗场，而关欣就像一棵树，在风雨喧嚣中不声不响、寂寂无闻地成长、壮大，用平凡的日常铸就不凡。

（记者：邹欣妍　采编：高歌　编辑：霍鑫）

复材1602班　韩雨欣：润物细雨蕴欣忭　气若幽兰散清香

图1-140　韩雨欣

韩雨欣(图1-140)，中共预备党员，复材1602班学生，必修课平均学分绩点3.394，先后获永环奖学金、亚唯·复材校友三等奖学金等，曾获第七届“CPIC杯”复合材料技术竞赛二等奖、优秀海报奖和“普赛达杯”高分子材料设计与制备竞赛三等奖。在课外实践方面，她获“希望家园”暑期社会实践院级一等奖及社会工作奖，被评为“院优秀共青团员”，现任年级委组织部部长，曾任班级团支书、材料学院通讯社秘书部副部长，已通过研究生支教团推免至武汉理工大学攻读硕士学位。

奥斯特洛夫斯基说：“一个人的生命应该这样度过：当他回首往事的时候，不因虚度年华而悔恨，也不因碌碌无为而羞愧。”来自复材1602班的韩雨欣在大学四年致力于志愿服务，在确保学习成绩优异的同时，传播自己的善意。当她回首往事时，一切坎坷都如烟飘散，留下的是鲜活、有趣的回忆。

当初心与现实碰撞

韩雨欣在接受笔者采访时始终保持微笑，我们感受到了她的活泼开朗，也体会到这几年参加志愿活动给她带来的改变。

韩雨欣一直热衷于志愿服务，希望尽自己最大的努力给这个世界带来改变。大三暑假，她抓住机会，报名参加了“希望家园”暑期社会实践活动。那时保康山区的气温超过30℃，教学条件简陋、商品采购不便都是巨大的考验，但这不足以浇灭志愿者们的热情。她说，“希望家园”暑期社会实践活动已经形成一种传承，往届前辈尽心尽力，后来者应该不忘初心，更加努力耕耘。在招生时，一个来自邻镇的家长听说武汉理工大学的学生来支教，每天不辞辛苦地花费两个小时将孩子送来，这让韩雨欣很是感动。她知道，保康的孩子们希望通过努力学习来改变自己的命运，于是决心将这种志愿精神更好地传承下去。

在当地政府的支持下，韩雨欣的团队利用十余天的时间带领孩子们进行有趣的科普实验，让孩子们感受到学习的魅力。在此过程中，他们和孩子们结下了深厚的友谊。她回忆说：“当我离开时，班里最小的孩子抱住了我，我知道自己做的一切都是值得的。”大四时，每天的时间都被安排得满满当当，当她身心俱疲、看不到希望时，就会看看孩子们写给她的信，整个人都被“治愈”了。在保康县，她领略了不同的人文环境，这不仅丰富了她的人生阅历，而且让她对志愿理念有了更深刻的理解。大学四年里，她参加过无数志愿活动，每一次都不会忘记志愿服务的精神——奉献、友爱、互助、进步。可能有人会问她，参加这么多志愿活动就没有一点目的吗？她说：“这些志愿服务的经历让我的人生丰富了许多，让我更有能力去处理好各种事务，这就是我的一点‘私心’，但永远不能忘记为何在这条路上行走。”

当忙碌与生活交织

高中时的韩雨欣并不像现在这样落落大方，为了挑战自己，她在大一时就积极参加各种社团，由于需要同时处理许多事情，精力上捉襟见肘。一次长沙之游，让她知晓了终身受益的一句话——“执行力就是生命力”。无论是工作还是学习，如果不能合理规划，当问题出现时不及时解决，就会引起难题堆积，让自己焦头烂额，形成恶性循环。于是她及时调整，渐渐地，生活归于平静并逐渐充实。大四时，她报名参加研究生支教团，虽然笔试和面试的准备工作琐碎而繁多，但她每周仍然抽出时间去上舞蹈课。

大二时，韩雨欣选择了留在材料学院通讯社秘书部。她觉得在这里结识了一帮家人般的朋友，自己能在这一群人的陪伴和帮助下不断成长。她说，让她印象最深的一件事是前任部长放心地把社团的活动账目交给她管理，这让她感到被信任。每逢开展活动或是接到印刷书刊的任务，她就会仔仔细细地将账目核对清楚后发到群里公示，做到账目公开透明。在这几年里，她从一个不善于交流的小姑娘成长为一个毫不怯场的“女战士”。她说，“态度明确、委婉表达”和“自信”是自己的法宝。交谈时要和对方有坚定的眼神交流，显示出自己的积极性和能力。这一法宝在很多场合(包括后来的研究生支教团面试)都适用。“自信可以在隐性层面为你加分。”她如是说。

机会总是留给有准备的人。选择研究生支教团之前，韩雨欣和大家一样准备考研。当她听闻研究生支教团的消息后，就主动去了解，询问相关人士。大三暑假的“希望家园”社会实践活动让她认识到自己能够胜任支教工作并且明确支教的意义，于是下定决心走这条路。研究生支教团的选拔竞争激烈，韩雨欣有自己的制胜妙招。她表示：“要向有相关经验的辅导员了解情况，借阅相关学习资料，每天思考笔试和面试的相关内容。”对于有参加研究生支教团意愿的同学，她分享了自己的经验：经常关注教育、志愿方面的时事政治，了解志愿服务的基本概念；提高撰写教案的水平；简历要逻辑清晰且内容充实，注重学生工作、志愿服务方面的经历；口语表达时要逻辑清晰、语言连贯，展现出自己的积极性。

当友谊与成长结合

大学四年里，她生活在团结友爱的氛围中。谈到班集体时，她说：“只要围在一起就有笑声，走在一起就可以交谈。”在参加“CPIC杯”复合材料技术竞赛时，她可以直接和身边的同学组队。同学之间避免不了摩擦，但她认为“多体谅、多包容”是在集体中相处的关键。作为宿舍长，她很骄傲，寝室里的六个人在大学期间都取得了优异的成绩。虽然生活习惯不同，但大家可以互相体谅、互相帮助。在她的带领下，她们寝室荣获“校文明标兵寝室”的荣誉称号。她们共同朝着目标努力，每天晚上十点前，会心照不宣地一起安静地学习，十点之后，大家分享一天的见闻，为有困难的室友排忧解难。

志愿者如幽兰一般散发清香，不为追名逐利，只为沁人心脾。韩雨欣经历过考验，收获了经验，笔者坚信赠人玫瑰的她一定会手有余香，收获充实而有趣的时光。

（记者：陈天天　采编：钟文龙　编辑：伍龙生）

材料1605班　贺鑫：借一颗恒心，细水长流

图1–141　贺鑫

贺鑫(图1–141)，中共预备党员，材科1605班学生，必修课平均学分绩点4.04，先后获得国家奖学金、长飞奖学金、校一等奖学金，荣获“校三好学生”“校优秀学生干部”等荣誉称号，从大二至大四一直担任班级团支书，在大三作为小组成员参与一项“国创”项目，一项专利已通过初审。她获得A类推免资格，赴华南理工大学攻读硕士学位。

“愿你在被打击时，记起你的珍贵，抵抗恶意。愿你在迷茫时，坚信你的珍贵，爱你所爱，行你所行，听从你心，无问西东。”贺鑫说，这是电影《无问西东》里她最喜欢的一句话。在听完她对自己大学四年生活的讲述之后，我认为这句话也是她本人的真实写照。

爱你所爱，行你所行

在大学期间，贺鑫一直保持着积极乐观、勇于尝试的态度。大二学年从化生学院转入材料学院的她，除了要和其他同学一样学习本学期课程，还需要补修之前落下的课程，但这并没有对她的整体学习成绩产生太大的影响。她坦言，自己在学习上一直保持着良好的习惯，会提前做好准备。此外，她将自己成绩的取得归功于良好的学习氛围：“无论是班级还是寝室，学习氛围都很好，这是激励我学习的一个重要动力。”

除了学习之外，志愿服务成为贺鑫大学生活中不可或缺的一部分。“大一刚入学

那天，志愿者学姐带着我，帮助我解决了许多问题，从那时起我就希望自己以后也能这样帮助他人。”她说自己很幸运，能够参加很多有意义的志愿活动。她笑着回忆：在做义务家教期间，她听说小朋友的成绩取得了进步，尽管自己对他的帮助有限，但仍然感到很快乐；在高校夏令营期间，她带领安徽省灵璧中学的一群高二学生参观学校，参加不同学院组织的特色活动，那些天过得十分充实和开心。

在忙碌的大三，贺鑫决定做科研。她和室友积极申报“国创”项目，并充分利用课余时间投入实验。在实验初期，她们坚持每周和指导老师探讨实验进程，一步步调整实验方案。经过大半年的准备，她们终于在大三暑期申请到了一项专利。

贺鑫热爱生活，热衷尝试，涉猎广泛。她担任团支书，多次投身志愿服务活动，积极参与全国大学生英语竞赛等活动。在课外，贺鑫非常喜欢练习瑜伽，她说：“练习瑜伽不仅能够缓解我在学习、工作后的疲劳，放松身心，而且对体态的改善和气质的提升起到了很大作用。”除此之外，侦探类书籍、影视作品和尤克里里也是她的心头爱。她说：“要以一种积极热情的态度去对待每一件事，要相信自己既然做了这件事，就一定会有所收获。”

听从你心，无问西东

成功的人往往会历经坎坷，贺鑫也不例外。

“我一直希望自己多尝试一些新鲜的事物，却不曾在某一方面深入研究，这就导致了我在哪一方面都不够突出。”贺鑫说。激烈的竞争，加上自信心不足，让她在大三暑期对于保研还是考研仍犹豫不决。她说：“那个时候，能够保研的同学已经稳稳当当地去参加夏令营了，考研的同学在图书馆、自习室里努力地学习，但是我还未明确自己的方向。”在纠结和徘徊中，她错过了申请参加夏令营的时机。此后，她开始了一段准备考研的艰辛之路。炎炎酷暑，从七月到八月，她每天起早贪黑，埋头苦干。虽然压力很大，也很辛苦，但她感到十分充实。九月初开学的时候，她尝试申请保研，最终获得了推免资格，成功保研至华南理工大学材料科学与工程学院。

那个暑假，贺鑫或许有过迷茫和失意，但是她听从自己的内心，不曾放弃努力，才能于沼泽中涅槃。

如切如磋，如琢如磨

“希望今后的目标能够更加清晰，做事专心且专一。”这是贺鑫对自己未来的期望，也是对学弟学妹们的勉励。她认为在大学里需要尽早确定一个目标，将时间和精力全部投入其中。因为大学四年的经历告诉她，全身心地致力于一件事，并将它做到最好，这样更容易取得阶段性成功。譬如，确定了自己想通过成绩保研，就要孜孜不倦地去学习；确定了自己对科研感兴趣，就要全力以赴地去探索。在条件允许的情况下，做自己喜欢的事情，把每一天都过得充实且有意义。

通往成功的道路上荆棘丛生，常有人望而却步，只有意志坚强的人才能走下去。大学四年里，贺鑫从未停止前进的步伐，她一步一个脚印，终于迎来了属于自己的那片绿洲！

（记者：龚培　采编：章雨　编辑：景千贝）

材料1604班　胡业媛：随遇而安　随缘自适

图1-142　胡业媛

胡业媛(图1-142)，材料1604班学生，成绩在大学前三年一直保持年级第一，先后获得国家奖学金、长飞社会奖学金，被评为“校三好学生”“勤奋好学先进个人”。她曾获金相技能大赛二等奖、学院十佳歌手大赛一等奖。在科研上，她致力于论文发表，以第二作者身份发表一篇SCI一区论文，以第四作者身份在《金属学报》发表一篇论文，已获得A类推免资格，将赴清华大学材料学院攻读博士学位。

有多少人在进入象牙塔时有一腔难凉热血，又有多少人能在看似平淡的大学生活中不陷入蹉跎岁月的泥沼。回溯胡业媛的大学时光和保研之路，不难发现积淀亦可焕辉。

从初入大学参加各种比赛到最终被保送至清华大学材料学院，这一路上胡业媛经历了很多，高光的背后是艰苦的付出与坚守。在胡业媛眼中，随遇而安并不等同于不思进取。大一时就读于能源与动力工程学院的她，虽然不是很喜欢本专业的课程，但还是把主要精力放在学习上，以年级第一的成绩转入材料学院的金属专业。至于当初为何会选择转入材料学院，胡业媛表示，一方面是由于她想要富有挑战性的大学生活，另一方面则是因为她对航空航天的热爱。当笔者谈及航空航天时，胡业媛的言语中充满了期待，她的研究方向是航空发动机的凝固模拟计算。转入材料学院后，面对新的专业总会遇到诸多困难，但她不急不躁，稳扎稳打地走好每一步。随着对金属专业了解的加深，胡业媛渐渐地喜欢上了各种金属材料。学习上，一直保持年级第一的胡业媛有自己的独到经验：在复习时会自学一遍课本和ppt，并把知识点总结在本子上；上课认真听讲，在复习时就更容易理解思路，也可以找各个网站的学习资源作为补充。在空闲时间，胡业媛通常会选择和同学外出散步、跳舞、刺绣、去健身房，也会参加各种志愿活动来丰富自己的生活。

在科研上，胡业媛真正开始接触实验室是在大二结束后的暑假，她主动联系张联盟教授并加入了他的课题组。虽然进入实验室相对较晚，但胡业媛坦言自己没有什么心理负担，而是抱着任何时候开始学习都不算晚的心态，渐渐地去了解科研。最开始她在师姐的指导下完成制样和测试流程，然后自己查找文献去了解课题，最后着手撰写论文。为了完成论文，胡业媛查阅了大量资料，初稿完成后就交给导师和师姐修改，收到反馈意见后再反复地删改和补做实验。如此反复，才终有所成。针对本科生发表论文这件事情，胡业媛表示自己感觉不难，但中间会出现许多问题，需要花心思解决，有时会为解决一个小问题找几个星期的参考文献。诸如此类的问题不少，一切都要耐心处理，才能交出一份满意的答卷。胡业媛说，导师和师姐的科研习惯和态度对她有很大的影响，如对实验环境的关注、对仪器设备的保护、进行数据处理分析时严谨的态度等，这些对提高她的科研能力和素养起到了极大的作用。

虽然胡业媛很早就获得了保研的资格，但是她的保研过程并不像预期的那样顺利。参加了三个夏令营的她，在清华大学化学系和材料学院组织的两个夏令营中都遇到诸多阻力。由于清华夏令营在当年没有评选优秀营员，胡业媛无法直接通过夏令营保研，而是需要向导师提交申请，而她提交申请的两位导师都没有同意其面试。在距离申请结束只剩一周的时候，胡业媛抱着得失随缘的心态联系了同期夏令营同学推荐的一位方向相近的导师，和导师深入交流后，才得以通过面试，顺利保研清华大学。

采访最后，胡业媛希望学弟学妹们能做一个诚信的人，不负韶华，不负自己。她分享了自己的人生信条：对每一件事情在做之前都别抱太大期望，这样就会比较享受做事情的过程，没有收获也不会失望，有所收获就算是意外之喜。

（记者：杨万里　采编：贺豪　编辑：张佳喜）

复材1601班　黄莹：锐意进取，迎难而上

图1–143　黄莹

黄莹(图1–143)，复材1601班学生，大学四年平均学分绩点4.311，曾两次获国家奖学金，先后被评为“校三好学生标兵”“院三好学生”“勤奋好学先进个人”等，参与“国创”项目“CNTs/PMMA梯度微发泡复合材料的制备与其在冲击防护的应用”，以第三作者身份发表论文一篇，以第三发明人身份申请发明专利两项，在CPIC复合材料制备竞赛和水泥基工艺品设计竞赛中均荣获三等奖。她已获A类推免资格，将赴上海交通大学攻读硕士学位。

爱因斯坦曾经说，兴趣是最好的老师。正是凭着对学习的兴趣与热情，黄莹取得了平均学分绩点4.311的好成绩。她每年综合测评排名班级第一，获得众多荣誉称号和奖学金，发表了一篇论文，申请了两项专利，被保送至上海交通大学。人们通常只惊羡花儿现时的明艳，而忘了其背后是持之以恒的努力。

黄莹的学习之路并非坦途。初入大学时，她与大多数新生一样，对绩点没有明确的概念。专业导论课时间安排紧凑，下午上课时她常因睡眠不足无法集中精力，又因考试为开卷而抱有侥幸心理，最终导致这门课的成绩刚刚及格，黄莹因此失去了申请国家奖学金和评优评先的资格。纪伯伦说：“一个羞赧的失败比一个骄傲的成功还要高贵。”黄莹总结了失败的原因并且明确了目标：上课一定要认真听讲，保证所有课程的成绩都高于80分。回顾专业导论课考试的失利，黄莹仍然感到十分可惜，不过她也感谢这宝贵的一课。

三毛曾言：“永不抗拒生命交给我们的重负，才是一个勇者。”在大三上学期临近考试的两周，黄莹经历了最艰难的一段日子。“那时天气很冷，我们需要进行机械课程设计，我每天从鉴湖到东院画图，从早上八点画到晚上九点，然后回寝室复习三门比较难的专业课。尤其是当时我得知一位家人因脑出血进了ICU，更是心急如焚。”复习的压力以及对家人的担心使黄莹内心十分焦灼。但是，她并未向生活低头，通过合理规划时间，集中精力投入复习，最终成绩仍排名第一。

在学习方面，黄莹提到最多的就是自律和时间规划，她认为这是自己取得优异

成绩的重要原因。将与学习有关的事情排在时间表首位已经成为她的习惯。在采访过程中，黄莹分享了自己的学习方法和技巧：上课时做笔记，防止自己分心；下课之后趁热打铁，及时完成作业，巩固知识；在考试周注重时间管理，复习时把手机关机，保证高效率；复习内容要全面，除了老师强调的重点，课后习题、往年试卷和其他知识点也十分重要；在英语方面，多看多读，注重词汇的积累。"不积跬步，无以至千里；不积小流，无以成江海。"正是黄莹的持之以恒和日积月累，才成就了她在学业上的耀眼光芒。

对于科研，黄莹认为"单丝不成线，独木不成林"，合作能促进彼此之间的交流，增加科研的乐趣。在闲暇之时，黄莹喜欢在实验室和同学聊天，探讨实验中的难题。在实验过程中，黄莹不可避免地遇到过困惑。如梯度泡沫的制备，她多次与任课老师及同学讨论交流，更换过许多模具，并且进行了反复测试与制备，但是效果都不理想。面对实验的失败，黄莹并没有气馁，反而表现得十分豁达："不是所有的结果都会是自己想要的，就当积累经验了。"通过不懈努力，黄莹以第三作者的身份发表论文《物理束缚PMMA微孔发泡材料结构与性能研究》，以第三发明人的身份申请专利"一种聚合物基微发泡夹层梯度材料的制备方法"和"一种TPX基轻质高强微孔泡沫材料及其制备方法"。

此外，黄莹踊跃参与竞赛活动，如CPIC复合材料制备竞赛、水泥基工艺品设计竞赛以及陶艺竞赛等，同时积极参与学校组织的各类志愿服务活动，并在寒暑假参加社会实践活动，前往宜昌感受土家族文化的魅力。

在采访之末，黄莹表达了对学弟学妹的期盼，并提出了几点建议：要把成绩放在第一位，稳定成绩之后再积累经验；确定目标之后尽早做准备，避免因时间紧迫而产生压力感；多参加比赛，锻炼自身能力；多参与社团活动和社会实践，丰富课余生活；常与朋友们外出旅游，增进彼此的感情；要学会与人交往的艺术，提高自身的情商。"你若有一个不屈的灵魂，脚下就会有一片坚实的土地。"这是汪国真诗作《旅程》中的一句话，也是黄莹最真实的写照：坚持不懈，只争朝夕，脚踏实地，步步攀登。

（记者：李松涛　采编：孙悦彤　编辑：伍龙生）

材化1601班　柯雅洁：蛰伏生梦，行走有歌

图 1-144　柯雅洁

柯雅洁(图 1-144)，材化 1601 班学生，曾获得校三等奖学金、社会奖学金，被评为“军训优秀个人”“校优秀共青团干部”“校优秀学生干部”等，曾任材料学院学生科学技术协会副主席、校瑜伽协会会长，完成武汉理工大学国家级大学生创新创业项目一项，同时主持完成“校创”班级项目；参加第十九届“创新杯”大学生课外学术科技作品竞赛，在能源化工组荣获一等奖；参加第四届全国大学生材料设计邀请赛(MDC)，获得三等奖；参加第五届中国“互联网 +”大学生创新创业大赛，获得最佳设计奖；获推免资格，赴合肥微尺度物质科学国家研究中心攻读硕士学位。

最重要的不是去看远方模糊的未来，而是做好手边的事。对柯雅洁来说，做好手上的每一件小事，充实每一天的生活，是实现人生价值的最佳途径。“活在当下”是她大学四年取得优异成绩的制胜法宝。

万事始于心　成于行

一切的开端都是尝试，一切的起因皆为兴趣。很多人在面对一件事时，往往会犹犹豫豫，迟迟不敢迈出第一步，而柯雅洁认为喜欢就要去尝试，心动就要行动。尝试不一定会成功，但是止步不前一定会失败。因为对科研有兴趣，她选择加入科学技术协会，通过导师制平台进入实验室；因为对瑜伽的热爱，她选择了加入校瑜伽协会。机会不会在原地等待，错过了再回头看时，它早已消失不见，所以与其在原地徘徊不前，不如把握机遇，认真走好脚下的路。

衣带渐宽终不悔

柯雅洁的综合测评成绩排名年级第一，她获得过“军训优秀个人”“校优秀学生

干部”“校优秀共青团干部”等荣誉称号，曾担任材料学院学生科学技术协会副主席、校瑜伽协会会长。这些无不证明着她的卓越，但这一切不是凭空得来的。她十分忙碌，除了睡觉外基本不会回寝室，每星期必去实验室，要么在教学楼苦读，要么在图书馆查阅资料。即便如此，她从来没有因为时间有限而放弃某一件事。“凡是经历过的都是有价值的。”她喜欢在工作中发现问题并解决问题的过程，在此过程中一点点成长。她认为凡是做过的事情或多或少都会带来一些影响，正是这些点滴的影响，让她成为更好的自己。

坚持是一种执着的追求

柯雅洁在科研上的成果源于一步一个脚印的努力和经历失败也不放弃的坚持。一件事不可能永远有趣，一个人也不可能永远做自己觉得有趣的事。刚开始做实验时的兴趣会随着对实验过程的熟悉而慢慢衰退，取而代之的是一个个需要解决的问题。比起兴趣，坚持往往更重要。面对实验和比赛中的困难与失败，柯雅洁表示：“不要害怕，那仅仅是一次失败而已。”经历失败固然痛苦，但更糟糕的是就此放弃。

任职源于责任，源于一颗想要去改变的心。无论是选择留任科学技术协会副主席，还是担任班长，或是在校瑜伽协会申请注销之际决定挽救这个社团，她都希望美好的事物延续下去，并尽其所能让它变得更加美好。我们改变不了大环境，但可以营造自己的小环境。

面对繁重的工作和科研任务，柯雅洁会在每周的计划表上给学习预留足够的时间，并安排好运动和休息的时间，正是这样有规划、有准备的生活让她能够“运筹帷幄之中，决胜千里之外”。

每一个不曾努力的日子都是对青春的辜负

保研之后的柯雅洁对未来充满希望与信心，对过往则十分感慨。她对学弟学妹们寄语：“在大一时，应该保持好奇心，不计得失地尝试；大二时，应该确定自己的方向，做事追求稳妥，学会负责；大三时，多逼迫自己，在保持学习成绩的同时主动出击，争取各种机会。愿大家不负韶华，砥砺前行。”

（记者：彭金玥　采编：向鹏飞　编辑：张佳喜）

材料sy1602班　李智：跳出舒适区，谱写青春曲

图1-145　李智

李智(图1-145)，材料sy1602班学生，获得校一等、二等、三等奖学金各一次，被评为“院三好学生”和“校三好学生”。大二学年暑假，他被选派赴英国参加短期交流项目，获得相应证书；曾跟随校队前往潮州三环集团进行社会实践；已获A类推免资格，在本校攻读博士学位。

春天的暖阳恰好映照在李智轮廓鲜明的侧脸上，他温柔的笑容传递出善良与友好，这便是材料学院优秀学子的模样。

历经艰辛的尝试，并不一定走向成功，但放弃尝试，便等于放弃了成功的机会。回望大学四年时光，李智在追逐梦想的道路上从未止步。

欲戴其冠，必承其重

正值“长风万里送秋雁”的时节，李智步入大学校园，对即将到来的大学生活充满期待。因为对材料学科的兴趣，他立下一个阶段性目标——转入材料国际化示范学院。凭借着勇于尝试、不怕失败的精神，他积极进取，不断超越自我。他不安于现状，精益求精，始终严格要求自己。当谈到如何取得如此优异的成绩时，他腼腆地笑道：“每天花一点时间对所学的知识做一个总结，在日常生活中始终保持初心，态度端正。我始终相信功在平时。”功夫不负有心人，大二时他以班级第一的成绩顺利转入材料国际化示范学院。这一路看似简单，实际上充满艰辛，正是通过不懈努力，他才能打下坚实的基础，敢于跳出自己的舒适区，去做一个勇往直前的追梦少年。

抓住机会，全面发展

只有在集体中，个人才能获得全面发展的机会，而人与人的交流与沟通在这时显得尤为重要。初入大学时，李智便决定要全面发展，于是通过面试加入了社团的外联

部与宣传部。当谈到这段经历时，他露出了欣慰的笑容："有时接到紧急通知，需要策划一个活动，而正值期中复习阶段，时间紧迫。即使面临巨大压力，我也要勇于尝试、抓住机会，锻炼自己的能力。"他在大二期间担任社团副部长，积极与社团成员沟通交流，最终带领社团获得校级"四星优秀社团"称号。他走上了属于自己的成功之路，为青春时光添上浓墨重彩的一笔。

立志科研，道济天下

虽然没有大海般的浩瀚与辽阔，没有瀑布般的磅礴与壮阔，但他有岩石般的坚毅与稳重。实验室就像李智的乐园，他一有空便来到这里，用自己的实际行动展现武理学子的风采。他在大一主动联系导师进入实验室，大二期间即使面临着转专业补课的巨大压力，也坚持留在实验室继续做研究，每天早出晚归。如今，他已获得A类推免资格，将在本校攻读博士学位。背上行囊，他已踏上了新的征程。

勇于尝试，不怕受挫，或许这就是他的成功之道。最后，他还提醒我们，大学生活中玩游戏和追剧是两大"时间黑洞"，应该尽量少在这上面花时间，多留一些时间去思考，找到自己未来的方向，并用实际行动去实现目标。这位优秀的学子，一定会在科研路上不畏风雨、砥砺前行，最终抵达梦想的彼岸。

（记者：张楚雄　采编：王守豪　编辑：张佳喜）

高分子1602班　廉思甜：心怀理想，逐梦科研

图1-146　廉思甜

廉思甜（图1-146），中共预备党员，高分子1602班学生，学术科技作品《高性能新型锌离子电池研制与优化机制研究》获"挑战杯"全国大学生课外学术科技作品竞赛特等奖。她发表多篇学术论文，其论文入选全国大学生创新创业年会，本人亦受邀作为代表发言。她申请国家发明专利一项，曾获湖北省"向上向善好青年"荣誉称号，保研本校。

大学这段时光，有人虚度，有人忙碌，廉思甜选择用一系列的科研挑战充实自己的大学时光。

兴趣是光，指引迷航

热爱可抵岁月漫长。虽然廉思甜起初是抱着尝试的态度进入实验室的，但对科研的兴趣和热爱使她逐渐明确了方向。初入大学时，和其他同学一样，廉思甜对新事物充满兴趣。她坦言："我在大一学年和大二上学期的时候对小提琴颇感兴趣，为此还选修了相关课程，那段时间自己经常在宿舍练习。后来由于实验室的任务增多，没有时间再去练习小提琴，虽感觉有些遗憾，但不曾后悔。"在实验室的不断摸索和尝试让她逐渐找到了适合自己的研究方向，于是她投入了更多的精力，空闲时间全泡在实验室里。正如她所言，她就是在一步步尝试之中逐渐找到了真正热爱的东西，知足且上进，温柔而坚定。

科研是梦，砥砺前行

"山外有山，珠玉在前。不忘初心，逐梦科研。"这是廉思甜的人生格言。两年中，她不断克服科研中遇到的困难。2019 年，廉思甜和她的队友无数次地打磨她们的项目，一路披荆斩棘来到"挑战杯"国赛的赛场上。功夫不负有心人，她们最终夺得特等奖而归。"如何将自己的项目讲解得通俗易懂，让外行人也能理解，这是很困难的。"在提交项目前，老师们进行了集中指导，廉思甜和她的队友在长达两周的时间里保持着高强度修改项目的状态，有时一天都顾不上吃饭，甚至会在实验室熬通宵。谈及当时遇到的困难，她说："参加比赛的同时赶上期末考试，压力很大。"虽然困难重重，但她们坚持不懈，最终取得佳绩。成功路上，唯有经受得住破茧成蝶的痛，才能担得起振翅高飞的美。

学习是舟，驶向远方

在学习方面，廉思甜有自己独到的见解。她会在实验室里用等待样品的时间完成作业，因为在做研究的过程中认识到了专业知识的重要性，课堂上她会认真学习老师讲解的知识，及时消化，课后作业也会结合自己现有的研究来完成，让作业内容更加丰富和充实。

时间像风，不经意间从我们身边拂过。采访逐渐接近尾声，廉思甜说："要尽早做好职业规划，学好专业知识，找到自己的兴趣点，努力培养自己的兴趣。"兴趣可以说是一个人的灵魂，我们需要用自己的努力去锤炼它。

“没有一颗心，会因为追求梦想而受伤。”对科研工作充满热爱的廉思甜，在科研道路上迎接一个个挑战后，更加坚定了心之所爱。虽然这一路并非坦途，但她仍选择坚持不懈，并在追梦的路途上奋勇前行。最后，愿各位追梦学子梦想成真。

（记者：邱佳恒　采编：李沛隆　编辑：张佳喜）

成型zy1601班　林怡璇：回归初心　砥砺前行

图1-147　林怡璇

林怡璇（图1-147），中共党员，成型zy1601班学生，三年必修课平均学分绩点4.167，连续三年位列年级前三，获得“校三好学生”称号，曾获得两次校一等奖学金和“京博仁孝”社会奖学金，在“维耕杯”钢结构桥梁设计与制作大赛中获三等奖，已获A类推免资格，至哈尔滨工业大学（深圳）攻读硕士学位。

王惟一在《西江月》中写道：“学道须当猛烈，始终确守初心。纤毫物欲不相侵。”从每年获评“校三好学生”到大四成功保研，林怡璇正如词中写的那样，始终确守初心，脚踏实地，在学习的道路上砥砺前行。

三年以前，十八岁的林怡璇怀着对大学生活的憧憬踏入了这座陌生的校园，对学校的初印象是这里有着与高中校园完全不同的氛围，既充满了活力，又有着理工科学校特有的严谨。三年之后，再谈及武理时，她坚定地说道：“这是一所学风很棒的学校，在这里，只要付出就会有无限可能。”

在被问到如何保持如此优异的成绩、是否有特殊的学习方法时，她答道：“我只是在学完每一章之后做一个总结，把知识点串联起来。把上课时的重点先记在纸上，总结的时候按照自己的看书习惯再整理一遍。”在遇到比较有难度的学科时，她并未畏惧退缩，反而更加认真地完成课上作业，并在课后主动加大练习量，最终取得了令人艳羡的成绩。学习上，只有做到平时坚持不懈地积累与沉淀，才会有运用知识时的镇静与从容。

除了“默而识之，学而不厌”的学习态度，林怡璇还有“诲人不倦”的助人精神。在课堂之外，林怡璇主动将自己整理的学习资料分享给同班同学，并为学习有困难的同学进行专项辅导，帮助他们重拾学习信心，提高学习成绩。此外，她还积极参与院党委推出的“一对一帮扶”活动，为帮扶对象辅导弱势科目。她在上课时记录课堂重点，在课下梳理知识框架，将自己整理好的学习笔记分享给帮扶对象，并主动为帮扶对象答疑解惑。除了在学习方面帮助同学们之外，林怡璇还是学院青年志愿者协会的一员，多次参与“易行”“生之源”等志愿服务项目。在她看来，帮助他人能够实现自我能力的提升，能够带给自己快乐，更是对武理互帮互助精神的一种传承。

爱心是责任感的体现。作为一名有责任、有担当、有梦想的青年学生，林怡璇在本科期间积极参与思政学习，在不懈努力下，顺利成为一名中共党员。在谈及入党后的生活变化时，她说：“入党后心中会有一种责任感，更愿意主动帮助同学，多承担一些工作。”成为党员之后，林怡璇以更高的要求来鞭策自己，在学习与生活中不断努力向前，奋斗不止。

在回答如何充实自己的大学生活这个问题时，林怡璇说自己爱看电影，偶尔还会和同学打打球。她觉得通过这些活动能够有效地放松自己，缓解疲劳，以更饱满的精神状态去迎接之后的学习与工作。除了娱乐，她还参加导师制项目以充实自己的课余时间，希望为自己未来的科研之路打下坚实的基础。

林怡璇最喜欢的一句话是“回归初心”，她来到大学的初心就是不断学习和帮助他人，所以她一直都在路上。采访最后，她给学弟学妹们留下一句话：“学习好是成功，但学习不好也不算失败。只要做到自己想做的，坚守住自己的初心，那就是成功。”

（记者：邱佳恒　采编：李沛隆　编辑：张佳喜）

复材1602班　鲁亚妮：勇者善挑战，强者在心恒

图1-148　鲁亚妮

鲁亚妮(图1-148)，中共党员，复材1602班学生，三年专业必修课绩点4.067，曾先后获国家励志奖学金、长飞奖学金、利德尔奖学金，被评为“校三好学生标兵”“校三好学生”“院优秀学生干部”“院优秀共青团员”“院先进个人”等，曾获“爱在理工”演讲比赛二等奖、“自强杯”演讲比赛一等奖、CPIC复合材料技术竞赛一等奖及最佳海报奖、2017“蔚来杯”中国大学生电动方程式大赛二等奖、2018“蔚来杯”中国大学生电动方程式大赛三等奖，在中文核心期刊发表论文两篇，任武汉理工大学WUTE电动方程式赛车队车身组副组长，已推免至南方科技大学攻读硕士学位。

初见鲁亚妮是在十二月初一个天气晴朗的午后，阳光洒在面带微笑的她身上，驱散了空气中的阵阵寒意。她的落落大方和坚毅、自信给我们留下了深刻印象。

在专业必修课上取得超高绩点，多次获得奖学金，是鲁亚妮学习上最闪亮的地方。“工欲善其事，必先利其器。”良好的学习习惯是她能够高效学习的重要保障。上课时认真听讲、一丝不苟地整理课堂笔记、及时标注难懂之处、课后适时回顾总结等，这些大家早已耳熟能详的学习方法在鲁亚妮身上得到了充分实践。当被问及她在学习上是否遇到过难以攻克的科目时，她自信地笑道：“其实学不好不代表这门课有多难，很可能只是自己付出得不够多。”话语间流露出鲁亚妮对“一分耕耘，一分收获”的坚信和对“坚持能战胜一切困难”这一信念的坚守。因此，我们就不难理解为什么她能在像大学物理等众人眼里“洪水猛兽”似的科目上取得好成绩，在她看来不过是探囊取物，她应对自如，甚至坦言自己乐在其中。

除了学习，参赛成为鲁亚妮大学生活里一段精彩、充实又令人回味无穷的历程，骨子里对新鲜事物的好奇心促使她不断尝试。大一时，各种文娱类比赛，如校运会趣味比赛、“爱在理工”及“自强杯”演讲比赛等，都留下了她充满青春活力的身影。当被问及参加演讲比赛的心得体会时，她说自己外向开朗的性格对脱稿演讲并保持微笑有很大的帮助：“紧张是每个人都会有的情绪，如何合理地利用它尤为重要。”据鲁亚妮介绍，她会在演讲的时候反复进行自我暗示，无论讲得对不对，先讲出来再说。这种自信和勇气，让她在赛场上保持正常的语速、语调，台下的观众都感受不到她的紧张。大二时，经导师推荐，她参加了武汉理工大学WUTE电动方程式赛车队并担任车身组副组长。“比赛是一场紧张刺激的角逐，需要投入大量时间和精力。”从赛车的设计、试验、制作到最后走向赛场，每个环节都不允许出一丝一毫的纰漏。大到对比赛要求及赛车性能的考虑，小到材料的选取，车身、车架、电气、发动机、底盘的设计安装，都是摆在车队面前的难题。鲁亚妮和队员们顶住压力，精准设计，不放过每一个细节，最终斩获二等奖。

在科研的路上，所谓“勇者天助”，鲁亚妮的导师王继辉老师为她提供了一切硬件支持，但探索的路终究还是得自己走。下到谷底，才能登上更高的山峰。鲁亚妮对于挫折有着自己理性而睿智的看法。她认为应当正确看待挫折，要学会反思，这样挫折才能助人成长。过得太顺不见得是一件好事，可能会让自己在一次挫败中就站不起来。“做科研需要向别人没有做过的领域进军，找到突破点，不断发现问题、解决问题，一遍遍修改实验数据以期达到预想的效果。”这看似轻松的几句话背后实则是超乎常人的耐心与毅力。回顾那段生活，她除了上课就是坐在电脑前，宿舍熄灯后还会一直工作到“榨干”电脑的电量，第二天早上六点再战。最终，鲁亚妮在中文核心期刊发表论文两篇。尽管曾经和众多新生一样是论文“小白”，可她并未因此心生畏惧。“一切先从模仿开始，当看别人看得足够多了，再抛开一切，发现自己也能写出属于自己的东西了。”经历了漫长的黑夜，才能拥抱绚烂的朝阳。

工作要充满激情，生活也应富有诗意。提及兴趣爱好时，鲁亚妮的眼里闪烁着光芒。她不仅是一个科研爱好者，而且有一颗富有诗意的心。这份诗意流连在东野圭吾和汪曾祺的小说里，饱读侦探小说使生活中的她极具理性，汪曾祺的作品让她品尝百味人生；这份诗意表达于她的手工作品里，永生花、各式各样的灯等小物件，将她的宿舍装扮得无比温馨；这份诗意还体现在烹饪上，将食物像艺术品一样“雕琢”出来是她未来的追求。未来，她想在能力足够时开一家甜品店，享受生活的静美。

“虚心竹有低头叶，傲骨梅无仰面花。”对于成绩，鲁亚妮毫不在意，用她自己的话说：“在别人眼里你很优秀，可你自己要清楚离理想中的自己还有差距。”正是摆正了心态，看清了自己，鲁亚妮才能在人生道路上继续稳健前行。

回首这一路，她给出了自己对于大学生活的见解：首先，要尽快适应大学课堂，适应老师的授课方式，培养自主学习意识；其次，成绩在大学仍然重要，任何时候都应该记住学习才是主业；最后，学会面对落差，无论是进社团还是进实验室，都得从基础开始做起，要有坚持下去的信念。

四年光阴，收获成长。鲁亚妮用勇气与坚持为自己的大学生活画上了圆满的句号。“青春须早为，岂能长少年？”让我们祝愿将赴南方科技大学读研的她学有所成，梦想终得圆满！

（记者：余良康　采编：龙新阳　编辑：霍鑫）

材料1606班　吕振杰：扎实稳健的“教科书式”学霸

图1–149　吕振杰

吕振杰(图1–149)，材料1606班学生，中共党员，大学四年平均学分绩点4.209，曾获得校一等奖学金和国家奖学金，被评为“校三好学生标兵”“校优秀学生干部”，参加全国大学生材料科学基础知识竞赛并获二等奖，已获A类推免资格，将赴上海交通大学电子信息与电气工程学院攻读硕士学位。

企业家李嘉诚说："人生重要的不是所站的位置，而是所朝的方向。"吕振杰的大学生活堪称教科书范例：找到适合自己的方向，并为之不断努力奋斗，在稳步前行中突破自己。

他努力学习课业知识，积极参与学生工作，重视科研竞赛机会，以保研为阶段性目标，并为之努力奋斗，最终成功前往自己向往的学校深造。可能有人会觉得，这就是标准的"学霸"大学生活。不过，没有人规定成功的道路要怎么走。吕振杰成功的原因在于他对学习和生活有目标、有方向，脚步扎实稳健，这就是他的过人之处。

谈起学习，吕振杰有着独到的见解。在其他人看来，找到合适的学习方法是前提，而在吕振杰看来，真正静下心来学习是关键。该学习的时候，就用心去学习，真正地静下心来学习，脑子里不应该想着乱七八糟的东西。该放松的时候，找一些自己喜欢的放松方式：听听音乐，散散步，读一些课外书。在吕振杰眼里，学习从来不是一件难事，会者不难，难者不会，真正静下心学习的人，不会觉得学习有多难。在采访中我们了解到，吕振杰从步入大学开始，就从来没有在学习上敷衍了事过。正是这种对学习认真坚持的态度，使他成为学习上的佼佼者。

吕振杰的成功离不开他对自己的严格要求和对现状的不满足。虽然在别人眼中他已经足够优秀，但他自己始终存有一份忧患意识。吕振杰参加过不少科研竞赛，曾获得国家级二等奖、国家级奖学金和校级奖学金，他却说自己最大的遗憾是没有获得更多的奖项，没能取得更多的成就。正是这种不安于现状的态度使吕振杰变得更优秀。

吕振杰说，他原本是一个内向的人，不善于表达自己的想法。但是在采访过程中，我们完全看不出他所描述的"内向"。从沉默寡言到落落大方，这一转变得益于吕振杰懂得并且愿意去尝试。吕振杰曾参加全国大学生材料科学基础知识竞赛等大型科研竞赛，并担任团队负责人。作为负责人，他需要上场答辩、交流分享、总结发言等。在这些工作中，吕振杰最大的收获是学会了更好地展示自己、表达自己。吕振杰说："不只是性格的改变，积极尝试在很多方面都会给人带来好处。只有尝试才会抓住更多的机会，才能更容易成功。活在自己的小角落里，哪怕这个角落被装饰得很美，也没有人会看到。只有选择尝试才能让人看到你美丽而丰满的羽翼。"

临别之际，吕振杰告诫学弟学妹们说："在大学一定不能放松学习，要静下心来找到自己的节奏，明确目标和方向，然后努力。如果找不到适合自己的节奏，就按部就班地做好每一件事。"

"教科书式"的追梦之旅不是循规蹈矩，也不是故步自封，而是背上理想的行囊，去往梦想的地方。在平静中淬炼灵魂，在尝试中突破自我，吕振杰宛如追梦之路上的苦行僧，把学习当作一场修行，把科研视为一次朝圣，脚踏实地，驰而不息，只要心怀菩提，举目所及皆为扶桑。

（记者：曾宇杰　采编：黄承志　编辑：孙旭玖）

材料 1603 班　汪雪颖：走自己的大学之路

图 1–150　汪雪颖

汪雪颖（图 1–150），材科 1603 班学生，中共党员，必修课平均学分绩点 3.733，连续两年获得“校三好学生”称号，先后获得校一等奖学金、校二等奖学金、闻泰科技社会奖学金，连续三年获得“院文艺优秀个人”称号，荣获湖北省大学生金相技能大赛二等奖、全国大学生金相技能大赛三等奖、校“金秋杯”舞蹈大赛一等奖、“理工好舞蹈”大赛一等奖、全国大学生材料设计邀请大赛三等奖。她已被保送至北京航空航天大学。

赫胥黎说：“充满着欢乐与斗争精神的人们，永远带着欢乐，欢迎雷霆与阳光。”汪雪颖就是这样一个人，无论是日常学习，还是学生工作、舞蹈比赛，她都以一种乐观的心态去面对。大学四年里，她把生活的节奏掌握在自己手里，在激烈的竞争中，凭着自己出众的能力和心理素质活成了其他同学羡慕的样子。

努力可换星辰万里

大一的汪雪颖在课上专心听讲，课后认真复习总结，选择参加不同的社团活动来锻炼自己。在大二下学期明确保研的目标后，她不断付出努力，使自己越来越接近目标。她大二、大三暑假的大部分时间在实验室度过，这为她在金相技能大赛和“国创”项目中取得优秀成绩打下了坚实的基础。

努力不会白费的。每一次默默的付出，每一次深夜里的挣扎与彷徨，终会造就一个强大的自我。在和队友一起准备项目的时候，身为负责人的她，不仅在申报阶段熬夜修改申报书，而且将自己的周末时间全都奉献给实验室。她说：“当时和队友为了一个目标奋斗，到晚上十点多才回到寝室，那时还在实验室的人已经寥寥无几。虽然结果不尽如人意，但过程确实很难忘。”在谈到竞赛经验时，汪雪颖首先提到的就是要提前准备。很多实验要做出成果其实需要很漫长的时间，如果不熟悉实验操作步骤会浪费很多时间，所以可以提前去实验室了解整套流程。其次是团队协作，成员之间密切协作能达到事半功倍的效果。最后是心理素质。科研路漫漫，很多人坐了多年冷板凳才成功，所以在实验过程中要有较强的心理素质，不能因为等待的时间漫长就浮躁。

在谈到学习方法时，她认为应该好好利用图书馆的资源。在保证课业的同时，不局限于课本，善于利用网络资源，如公开课、资料库等，拓宽视野。除此之外，她还善于规划，会先制定长远目标，再进行目标拆分，每次学习完问自己有没有离目标更近一点，以此增强自信。对于已学过的知识，她会通过思维导图的形式整理、总结，这不仅让她高效地复习了老师所讲的知识，而且有利于她长久记忆。

平衡可育花开两朵

如何平衡好学习和工作是许多大学生都会遇到的问题。当笔者问汪雪颖当了四年的团支书是什么感受时，她没有感叹工作的繁忙，反而粲然一笑，说："其实团支书工作没有我们想的那么繁忙，关键是要形成自己的一套体系。当体系形成后，工作会变得顺畅很多。"除此之外，汪雪颖还会和班长或其他班干部通力合作。汪雪颖四年愉快的团支书任职经历告诉我们，一切都是自己决定的，想要不再挣扎于繁忙的工作，唯一的方法就是让自己更加熟练。

除此之外，她还是文工团的副团长。由于对舞蹈的热爱，她大一时就进入了文工团，在不断努力下最终当选文工团副团长，带领舞蹈爱好者们拿下"理工好舞蹈"大赛一等奖等奖项，但这一路走来并不轻松。她说在决定参加"理工好舞蹈"大赛的时候，离比赛日期已经很近，当时队员们都面临繁重的课业负担，白天没有时间练习。身为负责人的汪雪颖每天晚上带着队友们在鉴湖19楼练习，熬过一个又一个晚上，经过一次又一次纠正，他们终于取得了一等奖的好成绩。从她的表述中，笔者能听出她对于舞蹈的热爱和对以前一起跳舞的日子的怀念。"在文工团里不仅能和志同道合的人一起跳舞，而且能互相学习、互相比拼。"她如是说。学习和爱好对于汪雪颖同等重要，她不会为了学习而放弃跳舞，能够合理地安排自己的时间，在保证学习成绩的同时做自己热爱的事情。

热爱可抵岁月漫长

"假如你不够快乐，也不要把眉头深锁，人生本来短暂，为什么还要栽培苦涩？"

这是汪国真的诗句。汪雪颖在大学里活成了自己想要的样子，她没有一味地沉浸于学习，而是做一些让自己开心的事。她喜欢体育锻炼，有时间就会打打羽毛球；她喜欢看电影，也会抽出时间去电影院；她喜欢打扮自己，因为这样可以变得更加自信。如果说生活像一张画纸，每个人都可以在上面画出不同的风景，那么汪雪颖的风景是充满诗情画意的；如果说生活像一张乐谱，每个人都可以在上面谱写不同的乐曲，那么汪雪颖的乐曲是高昂轻快的。

最后，提到对学弟学妹的建议时，她说："不论今后选择如何，学习成绩真的很重要，在学习之余享受当下也很重要。机会是留给有准备的人的，即使是凡尘微末，也要心向天空。"《你的答案》中有句歌词是这样的："黎明的那道光，会越过黑暗，打破一切恐惧，我能找到答案。"如能像汪雪颖一样，努力充实地度过大学时光，终有一日我们也能打破一切恐惧，找到自己的答案。

（记者：童瑶　采编：童瑶　编辑：景千贝）

无机非1601班　黄家钊：以适道，行人生

图1–151　黄家钊

黄家钊(图1–151)，无机非1601班学生，被评为"院三好学生"，在湖北省第十二届"挑战杯"大学生课外学术科技作品竞赛中获一等奖，在第十六届"挑战杯"全国大学生课外学术科技作品竞赛中获三等奖，发表SCI论文两篇，主持国家级大学生创新训练项目一项，已获B类推免资格，赴华中科技大学攻读硕士学位。

"花开复见却飘零，残憾莫使今生留。"对于黄家钊而言，大学生活有机遇也有挑战，有痛苦迷茫，也有勇往直前。尽管四年路途漫漫，他矢志不渝，最终观尽路边风华，守得云开见月明。

和大多数人一样，黄家钊在入学后发现理想和现实的不同，其中的落差让他辗转反侧、彻夜难眠，甚至一度想要通过转专业等方式逃避现实。但随着时间的推移，他逐渐找回了热情，开始了丰富多彩的大学生活。

生活剪影：充实而快乐

初入大学，一切都是新鲜有趣的。大一学年，黄家钊怀着好奇心加入了社团组织，社团经历极大地丰富了他的课余生活，让他感受到与人交往的快乐。在新生才艺表演大会上，他与其他同学相互配合，以饱满的热情，凭借一首歌曲《中华魂》拿下三等奖。黄家钊热爱生活，弹吉他是他愉悦身心、陶冶情操的首选方式。他也热爱旅游，一有时间就会收拾行装，一个人来一场说走就走的旅行，见识不同的风景和人文，领略别样的美好。

但人生贵在选择，他明白"鱼与熊掌不可兼得"的道理，大一下学期便急流勇退，将这份热忱和赤诚投向科学研究。

醉心科研：实验室里的坚守

科研，黄家钊描述为"生活的轴心"。军训后没多久，他就迫不及待地进入了实验室，从此开启了四年的实验室生涯。极致简单的生活中蕴藏着别样的快乐，师兄师姐的陪伴让枯燥的生活变得多彩，一句简单的"寒暑假基本留在实验室"概括了钻研的艰辛。从刚进实验室时的懵懂到深夜苦读论文的奋进，再到取得阶段性成果的兴奋，最终他在本科期间发表两篇SCI论文，让日日夜夜的付出结出硕果。

竞赛，是科研的另一种表现形式。依托实验室的平台，他踊跃申报各种竞赛项目。"挑战自己就从平衡学习、竞赛与科研开始。"他的话语无不展现出面对挑战时的自信。收集资料、撰写项目背景、答辩演讲……每一个细节他都力求完美。别人只看到了他的高光时刻，而无数个夜晚的埋头苦干只有他自己知道。越努力越幸运，他已经手捧湖北省一等奖、全国三等奖的奖杯，拿到了湖北大学、华南理工大学等知名院校的推免名额。最后，想要和武汉续缘的他，选择了前往华中科技大学继续攻读硕士学位。

展望未来：逐梦科研

回顾四年，无悔科研。科研已经融入他的生活，成为其中的一部分。谈及未来时，他坦言："如有可能，希望在科研的道路上再接再厉，越走越远！"正如苏格拉底所言："世上最快乐的事，莫过于为理想而奋斗。"他就是这样一个人，未来将带着他的坚持、他的热忱，做一个永不停歇的追梦人。

（记者：王守豪　采编：张佳喜　编辑：张佳喜）

材料1602班　钱津辰：我行其野，芃芃其麦

图1–152　钱津辰

钱津辰(图1–152)，材料1602班学生，曾获得“联洋新材”奖学金、校三等奖学金，被评为“军训优秀个人”“体育先进个人”。作为负责人参加国家级大学生创新训练项目，以第四发明人身份申请国家发明专利一项，以第一作者和第三作者身份分别发表SCI论文一篇，已获B类推免资格，赴东南大学攻读硕士学位。

钱津辰，一个不害怕受伤和失败，只愿做自己的人。大学四年，面对困难，她就算受伤也会逆风飞翔，再辛苦也会勇敢坚强。她笑看不如意，云淡风轻地面对一切。

我行其野

在大一的运动会上，钱津辰凭借多年练习乒乓球的丰富经验和高超技术，带领她所在的团队赢得了冠军。闪耀的人总会被注视，钱津辰出色的表现吸引了校乒乓协会学姐的注意。尽管招新已经结束，但看好她的学姐依旧热情地邀请她加入。认识球友的机会是难得的，钱津辰顺理成章地接受了学姐的邀请。后来，她一次次打破了同学们对她的固有印象：跳高第一、游泳第一、跳远第一……就连此前从未接触过的标枪，她也将第二名收入囊中。

左拉说：“生命全部的意义在于无穷地探索尚未知道的东西。”如果有一天能够拿到乒乓球比赛的冠军，我们可能不会去想还有哪些地方需要改进、需要突破，可能会安心享受众人的称赞。但钱津辰没有，她不希望自己趴在回忆的罅隙里沉浸于过去的荣誉，而是希望将得失抛诸身后，朝碧海而暮苍梧！

芃芃其麦

在大一、大二时，钱津辰的成绩并不算特别优秀，经过整整一个月的考虑，她确立

了保研的目标，此后一直为之奋斗。

钱津辰在学习上稳扎稳打，课前做好充分准备，课中课后对待笔记和作业也毫不含糊。追求完美成了她学习的常态。除此之外，每周的双休日，她还去学习德语。钱津辰不是完人，在漫长而又艰苦的学习过程中，她也想过放弃，但每当想要偷懒的时候，她都会想起是因为什么才一路坚持到现在。“万丈高楼平地起”，刻苦学习的经历实在算不上甜美的回忆，但它是成功的必要基础。两年多的时间里，充实的学习生活为钱津辰后来取得丰硕的成果打下了坚实的基础。“登高必自卑，行远必自迩”，在这个世界上，重要的不是你站在哪里，而是你当下有没有前进。

春蚕结茧

对材料学院的学生来说，实验室是他们生根发芽的肥沃土壤，是他们展翅翱翔的湛蓝天空，钱津辰也不例外。恰逢“国创”与学姐推荐的双重机会，钱津辰拉着她的好朋友开始了她们的实验之旅。谈到参与“国创”项目的经历时，钱津辰说：“在工作日至少要去实验室四次，周末至少要去两个半天，保证一周内每天都有人在实验室。”功夫不负有心人，她们最终成功申请了一项国家专利。

有的人在实验室得过且过，有的人拼尽全力反复试验，执着又安静地汲取所需的知识，钱津辰是后者。成功的路总是艰辛的，实验室的生活并非有趣而生动，为了达到目标，两年的时间里，她坚持每天记备忘录，合理利用零碎时间，高频次进出实验室。成功的花总是令人惊艳的，她获得B类推免资格，将赴东南大学攻读硕士学位，这样的成绩令人敬佩。

坚韧长存

坠地之鸟顾影自怜，急盼风起以了夙愿，祷告纵然心虔，世界又能有何改变？钱津辰与大多数人一样有自己的梦想，有想走的道路，有想要完成的事业。与众不同的是，她从不心存侥幸，而是一步一个脚印，行其野，拾其麦，结其丝，报梦想以日月光华。

“人之有生也，如太仓之粒米，如灼目之电光，如悬崖之朽木，如逝海之巨波。”当击水中流，奋飞长空时，何必踌躇，何必彷徨？尽管结果令人羡慕，但在奋斗初始，对钱津辰来说，也许，永远没有那一天，前程如朝霞般绚烂；也许，永远没有那一天，成功如灯火般辉煌；也许，只是攀缘，却达不到峰顶；也许，只是奔流，却掀不起波浪……但任凭东西南北风狂肆，坚韧长存于心！真正重要的不是到达终点，而是当别人停下的时候，你正在前进。

（记者：向鹏飞　采编：彭金玥　编辑：张佳喜）

材料sy1602班　史艺璇：进一寸有一寸的欢喜

图1-153　史艺璇

史艺璇（图1-153），材料sy1602班学生，三年必修课平均学分绩点3.991，三年综合测评排名年级第六，先后获得三次校一等奖学金，被评为“校优秀学生干部”“校三好学生”等。前往日本和澳大利亚进行短期交流学习，担任过班级团支书，为院羽毛球队成员，保研至本校。

“怕什么真理无穷，进一寸有一寸的欢喜。”史艺璇成绩优异，多次获得奖学金，拿到了大学英语六级和日语N2级证书，曾经两次出国交流，已获得保研资格，在本校本硕连读，并加入材料学院热电材料课题组进行后续研究工作。

持戈试马，劈波斩浪

高考结束后的假期，当其他同学还在聚会狂欢时，史艺璇已经在为再一次的自我提高做准备。她毅然放弃了安逸和享受，勇敢地接受挑战，认真学习、准备面试，最终进入了人才济济的材料示范学院。

入学后，即使专业学习任务繁重，她仍兴致勃勃地着手学习第三门语言——日语，在第一次N2考试失败后毫不气馁，大三便通过考试取得证书，在2018年暑假去日本东京交流学习一个月。在东京她见识了别样的异域风情：上班族深夜下班、满脸疲惫，老人须发皆白还身着西装开出租车，女性出门必化妆……日本人勤劳认真、严谨自持的生活态度影响了她，这为她今后的成功奠定了基础。

砥志研思，精进不休

能够取得优异的成绩，是因为史艺璇没有忘记学生的第一要务——坚持把学习放在首位。

刚入学时，她对所有新事物都充满好奇与热情，想做的事情太多，她无奈把学习放在最后，结果在期中考试中排名倒数第一。她猛然警醒，学会了取舍。“人的时间和精力是有限的，学会合理分配，才能使收益最大化。要知道自己目前最重要的事情是什么，不同阶段有不同的重点。”

恪尽职守，任劳任怨

谈起大一时担任团支书的经历时，她饶有兴致地分享了她所组织的班级活动。为了保护树木，她组织给树木刷石灰的活动，先是向负责的老师申请活动许可，然后在网上筛选厂家，订购石灰和硫黄粉，联系货车运送，再四处买刷子和桶，提前一晚将原料配成浆料。“真是一波三折，令人印象深刻。”她笑道。

除了担任团支书，她还加入了院学生会对外合作部和校易班，大二至大三学年作为院羽毛球队的一员参加了两次“理工杯”羽毛球赛。大四上学期，她正式成为材料示范学院MA组织管理委员会的成员，负责会议的准备工作。

学生工作给人带来的能力提升，史艺璇认为主要体现在两个方面：一是培养心平气和地处理琐碎事务的耐心，二是学会与他人交流沟通。她诚恳地说：“耐心是一种修养，需要修炼。与人相处是一门学问，也是一种艺术。”

此外，她十分感谢在社团认识的同样渴望进步的伙伴们：“是他们给了我宝贵的精神力量，当然也有很多实质性的帮助。”

采访最后，她真诚地给学弟学妹们留下了一段话：“尽管尝试，拼命奔跑，跌倒也是华丽的。坐井观天、安于现状，迟早会被禁锢。”

（记者：汪银瑞　采编：张雨兮　编辑：孙旭玖）

成型zy1601班　汪智威：积极进取，厚积薄发

图1–154　汪智威

汪智威(图1–154)，中共党员，成型zy1601班学生，曾任材料学院易班学生工作站站长，获“优秀易班站长”称号；曾获第四届中国“互联网+”大学生创新创业大赛湖北省铜奖，被评为“暑期社会实践先进个人”“校三好学生”“校优秀学生干部”等。已获A类推免资格，至天津大学攻读硕士学位。

“最后的胜利者往往是最善良的人。”汪智威怀着这样的初心，一路披荆斩棘，积极进取，走过了精彩纷呈的大学四年。这四年里，有默默无闻的付出，有不经意间收获的感动，也有一些小小的遗憾。四年努力耕耘，付出终有回报。

积极进取、刻苦钻研是他的真实写照。他潜心学习，不懂就问，吃透了书中的每一个知识点。功夫不负有心人，在大四时，他以3.97的绩点成功保研至天津大学。学习之余，他不断地寻找提升自己的机会，主动联系导师，参与各种竞赛。为此，一向爱好旅游的他，在“五一”假期选择投身实验室，抱着电脑和其他几个同学一起将项目书修改了一遍又一遍。他认真对待每一次答辩、展示活动，一路过关斩将，最终将第四届中国“互联网+”大学生创新创业大赛湖北省赛区铜奖收入囊中。

此外，他还积极参与学生工作，力争从多个维度提升工作能力。他曾担任班级生活委员、材料学院易班学生工作站站长。他还代表学院参加学生代表大会，为校园建设及学生工作贡献自己的力量。他努力跳出自己的舒适圈，抓住每一个机会提升自己。如今的他，已经成长为一个精明能干的新时代青年。

他积极进取的精神，不断影响着周围的人。作为材料学院易班学生工作站(以下简称“材院易班”)第一任站长的他，在谈及他和材院易班的故事时说道：“我见证了材院易班从无到有、从弱到强的发展过程。”在材院易班成立初期，架构还不够完善，人手也比较缺乏，这对于他来说是一个不小的挑战。本着只有充分了解各项工作的内容，才能更好地指导材院易班成员开展活动的初心，他自己动手剪视频、外出采访、进行演讲；他任劳任怨，埋头苦干两年时光，材院易班终于成为集思想教育、教育教学、娱乐文化为一体的校园平台。如今，在离别之际，汪智威充满了不舍，可他知道，只有

不断注入新鲜血液，这栋大厦才能越来越高、越来越稳。

在生活中，他是个富有爱心并乐于奉献的人。他是“蛋蛋在行动”志愿服务队的一员，经常前往理工大西社区给随迁子女上课；也曾作为“启智铸材——STEAM科普教育”暑期社会实践队巴东分队队长，带领队员们前往巴东偏远山村支教，组织孩子们开展水火箭、化学电池、3D打印等科普活动。看着孩子们天真的脸庞，体会到山区生活的艰辛，他颇有感触，觉得当时所做的一切是对孩子们未来的引领，对于自己也意义非凡。

每一次的志愿活动，都在慢慢地祛除他的功利心，让他的心态更加平和，也让他更加善良。他希望通过更多类似的活动，为他人送去点滴光亮和温暖。正是在志愿服务中收获的温暖与感动，激励他不断前行，勇敢攀登每一个高峰。

他深知一分耕耘，一分收获，唯有不断进取才能不负青春。他心怀鸿鹄之志，期盼大展宏图。在学习上，他希望不断了解和完善自己，为将来的学习和工作打下坚实的基础；在学术研究上，他希望在老师的指导下完成更多的科研项目；在生活中，他希望实现经济独立，努力成为一个有担当、有责任心的人。

毕业在即，汪智威对学弟学妹们说：“面对缤纷多彩的大学生活，你们一定充满期待，希望你们能始终怀有最初的激情，热情洋溢、乐观阳光，不负青春韶华。”此后，他也将踏上新的征程，去寻找属于他的星辰大海。

（记者：李文赟　采编：林诗尧　编辑：孙旭玖）

材科sy1603班　吴锐：趁年轻偏要勉强

图1–155　吴锐

吴锐(图1–155)，材科sy1603班学生，必修课平均学分绩点3.4，曾被评为“优秀学生干部”，先后获得校二等奖学金一次、校三等奖学金两次，在湖北省大学生数学竞赛中获二等奖。他曾任学院辩论协会(现马研辩论队)主席，多次参加校级辩论赛、黄金联赛、华语辩论巡回赛、“临潮杯”辩论赛等，曾带领新生获得校辩论赛第三名，在“临潮杯”辩论赛中获得武汉赛区亚军。他曾担任学生会副主席，参与节能减排大赛筹备及“校创”项目申报等工作，已获A类推免资格，至武汉理工大学攻读硕士学位。

自嘲是“老学长”的吴锐，在大学四年里加入校辩论队，参加过“临潮杯”辩论赛、华语辩论“世界杯”武汉赛区选拔赛、华语辩论巡回赛等比赛，曾担任材料示范学院学生会副主席，被评为“优秀学生干部”。除此之外，他成绩优异，多次获得校奖学金，已获A类推免资格，至本校攻读硕士学位。大学，这漫漫的征程，可能会索然无味，但他的一次次尝试，使一切变得充满活力。

第一次尝试是加入辩论协会。高中时他参加过班级辩论赛，虽然当时思维还不够成熟，能力有待提高，但他对辩论活动已有了浓厚的兴趣。大一期间社团宣讲时，辩论协会的出现让他意识到这是一个发展自己兴趣的大好机会，于是他毫不犹豫地加入其中。刚开始的时候困难重重：一方面，自己之前所理解的辩论与如今所要求的辩论有些许不同，需要一段时间适应；另一方面，虽然社团老师会教授基本技巧和经验，但以此应对实战尚显不足。他于是积极利用网络资源，观看辩论界前辈的讲解，留意和辩论有关的公众号，阅读文字版的辩论赛赛评等，以提升自己的能力。

凭借着一步步的坚持，大二时他担任了辩论队队长，大三留任辩论协会主席。对于吴锐来说，对辩题的理解是和自身的阅历紧密相关的，即使在同一个团队，由于每个人的思想观念不同，团队内部在辩题理解上容易产生冲突，这一问题如果解决不好，往往会对后期产生不利影响。每次遇到这种问题时，吴锐和他的队友都会相互协商，一方面在讨论中充分交换观点，在不同观点的碰撞中迸发出新的思路，开阔自己的视野；另一方面，总结出一个大家都认同的观点，统一进行论述。在学院之间举办的辩论赛中，他带领队友多次跻身“八强”。在辩论协会的这几年，他尝试利用QQ空间来宣传学校的辩论比赛及一些辩论技巧，吸引更多学生参与辩论活动。他希望辩论赛能作为一种推广宣传形式，融入学院的各类大型活动，从小众范围走出去，成为大众普遍认可的常态化文艺活动。他鼓励同学们多多体验辩论，“这是一件物超所值的事情”。

另一份尝试是学生工作。吴锐上大学之前没有担任过学生干部，本着服务同学、锻炼自己的原则，他加入了示范学院学生会。大三时他担任副主席，负责活动组织及科研项目申报工作，参与策划了示范学院羽毛球赛、篮球赛、元旦晚会、校“创新杯”项目申报等活动。为了使每次活动有条不紊地进行，他经常在活动前留出充足的时间，列好计划并向各部门准确传达信息，跟进工作进度；有时还会和其他成员一起讨论活动的不足之处，推动后续工作有序进行。示范学院决定改组学生会，他协助学生会主席建立梯队培养模式，划分具体工作范围，尽量以自己的工作经验为后续的学生工作提供建议。总之，因为有了认真的工作态度，他组织的活动都能够顺利进行。当谈及工作经验时，吴锐表示，关键在于上传下达，一方面要清楚指导老师的要求，另一方面要向各部门准确无误地传达，并保持沟通，及时应对突发情况。他提到学生社团就是一个大家庭，要让大家满怀憧憬地加入，心满意足地离去。他希望能尽自己最大的努力把在社团里感受到的温暖传递下去，并保持社团良好的上进氛围。

谈到收获时，吴锐说："辩论让我能够思辨地观察世界，保持冷静的思考力与判断力。学生工作让我学会换位思考，从参与者的角度理解组织者的难处，重新认识了服务他人所需承担的压力和责任，这让我变得更加宽容与坚强。最重要的是它们都让我认识了许多有趣的朋友，让我的生活更加丰富多彩。"

活动与学习不能偏废。吴锐表示："学习是大学生最根本的任务。"他在本科阶段参加兴趣活动时都错开了科研与考试的时间，因此有足够的时间投入学习。他的学习方法说起来很简单，即培养对学科的兴趣。如数学，吴锐谈到，由于他很感兴趣，所以学得比较顺利，还荣获湖北省大学生数学竞赛二等奖。"其他学科亦是如此。"他说。当谈及部分同学对未来的困惑时，他表示，材料专业偏向于做研究，本科生对材料专业理解不深，竞争力相对较弱，所以需要系统地学习方法和理论，读研是更好的选择。如果能在大学阶段发现自己的兴趣爱好，应在深思熟虑后勇敢尝试。他的很多辩友因为参加辩论赛培养了对语言竞技的爱好，进而选择法律作为后续的人生方向，他对此表示衷心的祝福，他认为追求自己真正热爱的事业是值得鼓励的。大学可以提供无限可能，让大家有机会把人生的路越走越宽。

回首往事，他也不无遗憾。他说本科期间没有取得科研成果，不过能够结交有趣的挚友、坚持做喜欢的事、不断探索新事物，也算有所收获。记得2019年元旦，他和几位辩友去杭州参加辩论赛，当时正值期末考试周，他上午在宾馆复习，下午参加辩论赛，晚上回宾馆整理资料，颇有些手忙脚乱。不过那一年的杭州，雪景相当美丽，"阶平庭满白皑皑"，真似人间仙境。

最后，他寄语学弟学妹：大一要勇敢尝试新鲜事物，重在参与；大二要在众多兴趣中做好取舍并深入下去；大三要在忙碌的生活中坚持，做到"有始有终"；大四要选好方向再出发。在困惑时，要坚持自己应该坚持的事，为自己的坚持找到理由，才能有所收获。

辩手詹青云曾在华语辩论"世界杯"上说过这样一句话："趁着年轻我偏要勉强。"如今，吴锐正践行着这句话，他用一份好奇、一份热情、一份坚持，换来满足的笑容。之后，他将踏上新的征程，不断地挑战自我。"雄关漫道真如铁，而今迈步从头越"，在固体废弃物循环再生的研究课题上，他将和导师一起攻坚克难。对于辩论，他表示还会坚持下去，"以后我还会关注一些大型的辩论活动，如果有机会也会积极参加"。

（记者：陈天天　采编：钟文龙　编辑：伍龙生）

材化1601班　徐诗琪：在实践中自我成长

图1-156　徐诗琪

徐诗琪(图 1-156)，中共预备党员，材化1601班学生，担任班级团支书，曾获新威奖学金。担任团支书期间，组织开展多种团日主题活动，活动多次登上院新闻网。组织开展“母校行”招生宣传活动，申报学校自主创新研究基金本科生团队培育类集体项目，积极参加各类社会实践，已获得思政实践类推免资格，将于毕业后担任辅导员。

担任团支书、开展多种班团活动、参与社会实践、参加各类公司实习……与其他同学相比，徐诗琪并不是那种“典型的”好学生，她没有选择通过高绩点或者科研成果来证明自己，而是另辟蹊径，选择了实践，并收获了属于自己的硕果。

回顾自己的大学生涯，她认为关键词是“转变”。

第一个转变体现在学习态度上。刚进入大学时，她对新事物充满了好奇，尝试重新认识自我和看待世界，却在不知不觉中忽略了学习。在挫败中品味一番苦涩后，她猛然醒悟，和好朋友相互鼓励，从每一次早起开始，努力做好每一件事。终于，在大三下学期，她光荣地获得了奖学金。

第二个转变体现在工作能力和为人处世的能力上。她感慨道：“四年任团支书的经历真的会给人全方位的提升。”

从不知如何组建团队到学会适时、恰当地分配任务，学生工作教会她如何把所有人整合到一起，让每个人各尽其能。她对成员的义务和权利进行划分，每个人都有明确的分工，也有对应的监督者。对于怠惰者，她坚决地督促，积极地鼓励。“没有分工，各行其是，这不仅是领导者的失职，而且是团队的悲哀。”她总结说。

“大二的时候学习任务重、工作内容多，这让我感到力不从心。”她苦笑道，“后来跟班主任反映情况，他告诉我，咬咬牙坚持一下再回头看，会觉得收获很多。”一次一次地哭，一次一次地沟通，一次一次地咬牙坚持，她慢慢地找到了平衡点，找到了更高效的办事方式。

第三个转变体现在人生规划上。她最初的规划是就业，因此她尝试了不同的工作，如在武汉市政府直属部门和社区做文秘，在计算机公司参与实习，在华为和抖音参加提前批招聘，甚至通过考试拿到了教师资格证。

她在这些工作中积累了丰富的经验，后来获得思政实践类推免资格，这既在意料之外，也在情理之中。大四时她得知思政实践类推免生需要先从事两年辅导员工作再入学读研，她找到了灯塔。她喜欢校园，也喜欢学生。她期待自己能做学生的好朋友，陪伴他们克服大大小小的困难；做知心的大姐姐，倾听学生们的小烦恼；做麦田里的守望者、灵魂的摆渡人。

“在做每一个决定时，不论是坚持还是放弃，都要充分谨慎。一定要重视自己的学习，这才是学生的本分。”她郑重其事地告诫尚在校园的学弟学妹们。

（记者：汪银瑞　采编：张雨兮　编辑：孙旭玖）

材料1601班　杨璐：脚踏实地，仰望星空

图1-157　杨璐

杨璐（图1-157），材料1601班学生，先后获得校三等奖学金、“长飞”奖学金、“上玮”奖学金，被评为“校三好学生”“校优秀学生干部”“优秀共青团干部（社会先进个人）”“院先进个人”“优秀军训学员”等，曾担任班级团支书和校学生会权益部部长，参与2018年国家级创新创业大赛创业项目，保研至北京航空航天大学。

“生命中所有的经历都是上苍对你的最好安排，不问顺逆，无论成败，怀揣一颗平常心伫立于璀璨星河之下，脚踏实地，展望未来。”无论遭遇困境，抑或面对机遇，杨璐始终抱定这一信念，笃行向前。

从小热爱数学的杨璐在大一的高数期中考试中取得了班级第一的好成绩。出于对科学研究的浓厚兴趣，杨璐于大一下学期进入姜洪义老师的实验室，研究红色长余辉发光材料。从此以后，在实验室里研究发光材料就成了她生活的一部分。除了日常的实验室工作，在寒暑假开始时，杨璐总会抽出一个星期的时间继续研究实验项目。她脚踏实地，步步为营，不断尝试新方法，调整原料的配比，以获得最佳的样品。她就是这样，平时在实验室学习操作技巧，积累科研经验，等到机会来临的时候才不会手

忙脚乱。2018年，她和学长一起参加创新创业大赛，用自己长期以来的坚持与努力换来了令人满意的比赛结果。最终，她因为自己在科研方面的精彩表现被保送至北京航空航天大学。

在实验室潜心研究，不仅丰富了杨璐的专业知识，而且激发了她的学习兴趣。大二时，学习任务日益繁重，杨璐曾一度迷茫，但她能够及时调整好自己的心态。她认为，学习是一个学生的本分，因此无论上什么课都要抢前排的位置。她坚韧不拔，刻苦钻研，通过自己的不懈努力，在大三学年取得了平均学分绩点4.147的优异成绩。这段学习经历让她明白："脚踏实地，一步步向前，久而久之养成了习惯，自然会变得优秀。"

除了学习，杨璐积极投身社会公益活动。她曾参加爱心服务、"武汉马拉松"、"台湾周"、迎新等志愿活动，累计获得146个志愿工时。她抽出周末的空闲时间，走进社区学校，为小朋友们带去一堂堂科学活动课，手把手教他们做实验。她从孩子们的眼中看到了对知识的渴望，明白自己所做的虽然很少，但对于孩子们而言弥足珍贵。除此之外，她还积极参与爱心献血站的志愿服务活动。那些自愿献血、满怀爱心的陌生人，让她收获了一份份感动，激励着她继续参与这项活动，将爱心传递下去。

学生工作一直是杨璐所热爱的。对她而言，选择学生工作，是因为热爱，而坚守学生工作，则是因为责任。本科期间，她担任了班级团支书。为凝聚班级力量，她联合其他几个班级的同学，在公寓旁开展义卖、义唱活动。此外，她在校学生会任职三年，担任学生会权益部部长一年，参与学生代表大会中关于如何建设美丽校园的讨论，参与安全校园提案的撰写，积极与食堂管理人员开展座谈会等。当谈及学习和学生工作的关系时，她说："学习和学生工作并不冲突，最重要的是注重效率，在考前及时回归课本，熟悉基础知识，做到步步为营。"三年来，她就是这样坚持不懈，不断摸索，逐渐平衡了二者之间的关系，凭借优异的表现获得"校三好学生""五四优秀共青团干部"等荣誉称号。

"少一点功利心，活在当下，踏踏实实地把手头的事做好。"秉持着如此初心，对于未来的生活，杨璐充满信心。从她笃定的眼神中，你仿佛可以看见一个在求学之路上砥砺前行的身影，她披荆斩棘、乘风破浪，在璀璨星空下熠熠生辉。

（记者：林诗尧　采编：李文赟　编辑：孙旭玖）

材料1601班　杨世礼：薪火传志，不负时光

图1-158　杨世礼

杨世礼(图1-158)，中共党员，材料1601班学生，曾获校一等奖学金、校二等奖学金，荣获“校优秀学生干部”“校三好学生”等荣誉称号；曾任材料学院理工党员网编辑，协助老师完成对各党支部活动新闻稿件的审阅、挂网工作。他热衷科学研究，四年来积极跟随导师参与科技创新，以负责人身份主持国家级大学生创新训练项目“基于氧化铈电子传输层的高效稳定柔性钙钛矿太阳能电池”并顺利结题，已获推免资格，至南京大学攻读硕士学位。

琴剑前时为我来，志同道合味悠哉

“恰同学少年，风华正茂；书生意气，挥斥方遒。”杨世礼的成长，离不开学长的引领与朋友的相伴，他们共同逐梦的日子，想必是他最好的时光。

杨世礼的成绩起初不算十分突出，仅位列班级第八。他曾旁听国家奖学金答辩，被一位位直谅多闻的学长感染，立志要向他们学习。在新闻部，他结识了志同道合的学长。学长在大一时成绩同样不理想，但之后刻苦学习，绩点始终保持在4.0以上，这给了他莫大的激励。自此，学长便如同炬火一般指引着杨世礼前行。大二以后，杨世礼的绩点都保持在4.0以上。掌握老师教学的重点，是杨世礼学习的诀窍。

在保研的道路上，同行的伙伴也给予了杨世礼很多帮助。他们曾经相约“一起保研”，彼此交流学习心得，见证努力，共同进步。皇天不负有心人，杨世礼获得了南京大学的保研名额，同伴获得了华中科技大学的保研名额。成功路上，需要同行者的鞭策。杨世礼说：“倘若当初没有走上保研的道路，见到的便是另一番风景了。”

千淘万漉虽辛苦，吹尽狂沙始到金

在“国创”项目“基于氧化铈电子传输层的高效稳定柔性钙钛矿太阳能电池”的

颗粒合成过程中，杨世礼遭遇了入学以来最大的挫折。“上半年毫无进展，下半年只是稍有改观，一年来都在不断经历失败。”杨世礼所能做的只有不断摸索。完成一次合成需要两至三天，在一次次失败的情况下，杨世礼坚持了整整一年。

“世上无难事，只要肯登攀。”杨世礼曾有过逃避的念头，在同伴的安慰和老师的悉心指导下，他坚持下来了。他冷静地分析自己遇到的问题，终于在结题前一周获得了成功。“自那以后，实验就变得非常顺利了。”平静的话语中，藏着的是发自内心的喜悦与激动，其中滋味，也许只有他自己才能体会。

新竹高于旧竹枝，全凭老干为扶持

杨世礼能取得如今的成就，离不开老师的谆谆教诲。在印刷光电子的实验团队里，黄福志老师对他关怀备至，曾因为他的实验毫无进展而牺牲自己的休息时间，手把手辅导他一整天。无论何时提问，他都能得到老师的及时回答。杨世礼说道：“跟老师沟通十分重要，不能因为不好意思而不去问老师。”“学而不思则罔，思而不学则殆”，思索的同时，要及时向老师求教，倘若独自苦苦琢磨，便是“道在迩而求诸远”了。

心之所向，一路风景

周末，杨世礼常去实验室做实验，寒暑假则喜欢与同伴一起游历河山。“上有天堂，下有苏杭”“桂林山水甲天下”“金陵风景好，豪士集新亭”“少别华阳万里游，近南风景不曾秋”，苏杭、桂林、南京、广州、深圳、上海，都留下了他的足迹。

“心之所向，一路风景。”杨世礼说道。向着目标前进的日子里，风景想必是不逊于名山大川的。或者说，他求学路上所遇的风景，就是他眼里的名山大川。

杨世礼说，他的大学生活还有很多遗憾，这是无法避免的。正是因为有遗憾，才让人倍加珍惜当下。

（记者：丁睿　采编：丁睿　编辑：景千贝）

材料sy1601班 叶智怡：耐心沉淀，静候花开

图1-159 叶智怡

叶智怡(图1-159)，材料sy1601班学生，必修课平均学分绩点3.9，曾两次获得国家励志奖学金和“校三好学生”称号。曾获省市级和国家级文艺类比赛一等奖、武汉市第十四届高校文化艺术节戏曲类一等奖、武汉市第十一届大学生戏剧节优秀表演奖、第十三届全国高校京剧演唱研讨会比赛一等奖、湖北省高校戏剧展演优秀剧目奖，被评为“校园戏剧之星”。他连续三年获武汉理工大学化学实验知识竞赛一等奖，已获A类推免资格，至武汉理工大学攻读硕士学位。

叶智怡四年的大学生活，如同一杯茶，有茶道的严谨认真，也有茶香的静心沉淀。他本人也如同一杯茶，散发着特有的文艺气息。

莎士比亚说：“放弃时间的人，时间也会放弃他。”对于叶智怡来说，生活中没有各类电子游戏，他的时间要用来学习自己真正感兴趣的知识。“也许是我太笨了，游戏什么的都学不会。”他自嘲道。叶智怡涉猎广泛，天文地理、历史人文、生物医学、诗词戏曲都不在话下。周末，他常常流连于图书馆中，学生物医学，了解人体的秘密；学古典文学，提升自我修养；学戏曲知识，完善自己的表演技巧。在专业学习上，他更是毫不含糊，课前做好预习，记下不懂的地方；然后早早来到教室抢占第一排的位置，以此促使自己集中注意力去听课，这样能够对自己不清楚的地方有更深刻的认识；课后及时复习巩固，有针对性地进行训练。这便是叶智怡的高分秘诀。四年的大学时光里，他斩获了许多荣誉。这就是一个“笨”到学不会游戏的人，在不断突破自我、丰富自我的过程中交出的答卷。

学习之外，叶智怡在文艺表演方面获得的成绩更让笔者惊叹。小时候被电视中播放的戏曲节目里丰富的人物表演形式所吸引，他在心中埋下了戏曲的种子。在大二那年，这颗尘封多年的种子终于迎来了生根发芽的机会，叶智怡选修了学校的京剧研习班公共课，有幸得到一级演员李兰萍老师的指导，学习了很多剧目与演唱技巧。由于在戏曲方面的出色表现，他被引荐进入学校艺术教育中心，作为主要演员参加了各类

省市级乃至国家级的比赛。在筹备比赛的过程中，他需要频繁排练，但叶智怡对此毫无怨言："虽然排练很辛苦，但同学们拧成一股绳，互相帮助，那段时光非常快乐。"在老师家中进行集训时，他学到了很多演唱技巧及表演技巧。2017—2019 年，他斩获各类奖项，获得"校园戏剧之星"的荣誉称号。累累硕果的背后，是一位少年十几年来对梦想的坚持与执着。

"百尺竿头须进步，十方世界是全身"，叶智怡正是如此，在已经取得许多成就后，并没有驻足，而是不断尝试，寻找更多的可能性。他担任"东风汽车杯"节能减排大赛的志愿者，通过考试拿到了高级中学教师资格证。他渴望自己能成为一个乐于助人的人，能走上三尺讲台，去塑造学生的人格，培养学生正确的人生观、价值观。狄更斯有言："能够帮助他人的人绝非碌碌之辈。"叶智怡正是这样，尝试去给予，努力让自己闪闪发光，这又何尝不是对自我的一种升华呢？

"要平衡好学习与课余活动，明确学习的目的，更要清楚地知道自己需要什么，真正想要做什么，然后科学地制定短期、中长期的学习目标。"这是叶智怡给予学弟学妹们的寄语。漫漫人生，充满未知，充满挑战，唯有不断沉淀，充实自我，超越自我，为了自己的梦想不懈努力，最终才能绽放成功之花，就像叶智怡一般，他虽无波澜壮阔的经历，却也步步坚定，向着自己的梦想笃定前行。

（记者：范思瀚　采编：范思瀚　编辑：景千贝）

材料1606班　张博文：梦想就在不远处

图 1–160　张博文

张博文(图 1–160)，材料 1606 班学生，大学三年必修课平均学分绩点 4.378，曾获国家奖学金，获 2017 年全国大学生英语竞赛(C 类)特等奖、2019 年美国大学生数学建模竞赛 Honorable Mention 奖(二等奖)，参加 2018 年武汉理工大学材料文化节材料知识竞赛和第三届全国无机非金属材料基础知识竞赛，均获二等奖，获 2019 年武汉理工大学节能减排大赛二等奖、武汉理工大学首届大学生学术研讨会一等奖和优秀摘要奖，已获推免资格，至清华大学攻读硕士学位。

“其实一开始也没想过自己能走到哪里，但进入大学之后，开始了一段新的征程，发现自己有机会去尝试。”对张博文来说，大学是一个新的起点，他与其他人站在同一起跑线上，在迷茫之中认清自己未来的方向。

张博文通过高考进入武汉理工大学就读，但与心仪的材料学院擦肩而过。经过一位学长的点拨和引导，他确立了转专业的目标，并为之努力学习。付出终有回报，他最终成功转入材料学院。面对专业分流，他凭着自己的高绩点，顺利地被分入喜欢的无机非专业，离自己的梦想更近了一步。

“其实，我也走了许多弯路，学好一门课比考好一门课难得多，要付出更多的思考和实践……”他将自己的学习经历娓娓道来，指出大学的学习更为自主，这种自主不仅体现在时间和精力的分配上，而且体现在方法的选择上。张博文鼓励学弟学妹们在自主学习的路上一步一个脚印，找到适合自己的方法。找对了方法，哪怕缺少天赋，只要脚踏实地地学习，就会发现自己和别人很不一样。

当提到美国大学生数学建模竞赛时，他非常开心地和我们分享这段难忘的经历。那是在大二下学期以及大三上学期课业最繁重的时候，从征选、培训到参赛，他充分利用课余时间查资料、探索新事物，暑假期间更是花费大量精力进行准备。虽然熬了不少夜，但是与伙伴们一起讨论、吐槽，一起解答一道道难题时的感动，让他忘却了疲惫。

面对未来，起初张博文也拿不定主意，但他心中谨记要继续努力，为自己今后能有更多的主动权做准备。所以在大学期间，他积极参加各类竞赛，斩获大学生英语竞赛二等奖、节能减排大赛二等奖、学术研讨会一等奖及优秀摘要奖等，这些获奖经历让他的大学生活更加充实。机会只留给有准备的人，只有种下希望的种子，付出艰辛的劳作，种子才能长成茁壮的树，开出美丽的花，结出丰硕的果。

大学是开放性的，不仅重视学业，而且提供了平台，让学生有更多机会探索自己的兴趣。对张博文来说，兴趣能洗涤心灵，让自己保持情绪健康，不会因为一时的挫折而失去一颗怀抱希望与梦想的心。他的兴趣大多在于科研，他并不把它当作枯燥乏味的事。他鼓励师弟师妹们多去发现大学生活中的美好，发掘自己喜欢的事物，去充实自己。

回顾在理工大的四年，有很多善于授课的老师、暖心互助的同学，还有学校和学院提供的资源丰富的平台，这些都让他心存感激、难以忘怀。一次次的历练告诉他，在确定了自己努力的方向之后，要抓住一切机会积累和沉淀，才能让梦想离自己更近一步。

（记者：江子安　采编：刘子涵　编辑：景千贝）

无机非1601班　张妍嘉：唯刀百辟，唯心不易

图1-161　张研嘉

张妍嘉(图1-161)，无机非1601班学生，平均学分绩点和综合测评均位列年级第一。曾获国家奖学金、上海硅酸盐研究所大学生奖学金、长飞奖学金等，多次被评为“校三好学生”。她勇于探索未知领域，享受竞赛过程，参加第四届中国“互联网+”大学生创新创业大赛并获银奖；作为负责人主持2018年度国家级大学生创新训练计划项目，验收合格；申请国家发明专利一项，参与发表SCI论文一篇；已获推免资格，至上海交通大学攻读硕士学位。

“不论生活怎样对待你，你都要相信自己，大步向前。”正是凭着这种积极乐观的心态，张妍嘉在大学四年里披荆斩棘，取得了优异的成绩。

“唯刀百辟”，对于张妍嘉来说，她手中锋利的“刀”便是自己的学识。大学前三年平均学分绩点高达4.2的她，在刚入学时也曾陷入短暂的迷茫，可很快她意识到了学习的重要性，便奋发向上，努力汲取知识。谈到如何学习时，张妍嘉着重强调学习的质量，要多花费时间，知识在于积累，量变终会引起质变，并且不要局限于考点，要多去思考问题的本质。学习的过程中不仅要理解知识，而且要训练思维、积累方法。如果这些都做到了，拿到漂亮的平均学分绩点自然不是问题。

在学习之余，她积极参加竞赛。张妍嘉认为，各类专业比赛不仅是自己学习生活的调味剂，而且是提升自己的方式。在备赛的过程中，不仅可以了解不同的领域，而且会与队友产生思维火花的碰撞，以弥补自身的不足之处。不论最终结果如何，张妍嘉总是十分享受参赛的过程和面对挑战的快感。在比赛中遇到挫折时不气馁、不放弃，取得好成绩时不骄傲，是张妍嘉一直坚守的信条。

“唯心不易”，在大学期间，张妍嘉根据实际情况定下了一个又一个目标，并为之努力。“不忘初心，砥砺前行”是她一贯秉持的理念。出于对科研领域的向往，她在大一下学期进入了实验室。虽然实验会有些许枯燥，需要无数次地重复，但每当有新发现时，便会产生推动自己继续坚持做下去的巨大动力，她称其为自己的正反馈。不可避免地，她遭遇过低谷期，实验数据不理想，实验进度停滞不前，可她从未被困难打倒，向师

兄师姐请教之后又重整旗鼓，继续投入其中。张妍嘉称在实验中碰到难以解决的问题时，要敢于放弃，有时候改变思路，甚至从头来过未尝不是一个好的选择。

谈到保研之路时，张妍嘉表示成绩是第一要素，科研项目、英语是必不可少的加分项，竞赛会使个人经历锦上添花。“有目标，有想法，有行动力”是张妍嘉成功的秘诀。正是内心的笃定让她获得了当下的成就，也让她更加坚定了投身科研的决心。

最后，张妍嘉给学弟学妹们提出建议：不仅要学好专业知识，而且要了解历史、时事，开阔眼界；重视对基础学科的自主学习，比如英语、数学、物理、计算机等，这样可以让自己在面对各类问题时都从容不迫；保持至少一个兴趣爱好，参加至少一项体育运动，前者可以让生活更丰富，后者可以增强自己的身体素质；在以学业为主的同时多参加一些竞赛活动，结果不是最重要的，过程中的奋斗经历才是。

“相比知识本身，掌握知识的能力更加重要。”在整整四年的时间里，张妍嘉一直都注重学习能力的提升。不断地学习新知，不断地将新知运用到自己的生活中，从而不断地促进自己成长，这是张妍嘉敢于在漫漫求学路上不断奋勇前行的底气与勇气所在。相信她会在接下来的学习生活中“百尺竿头，更进一步”，在科研的道路上发出属于自己的那一道光。

（记者：郑文泽　采编：沙孟琳　编辑：霍鑫）

高分子1601班　张延博：在探索中不断成长

图1-162　张延博

张延博(图1-162)，高分子1601班学生，中共预备党员，必修课平均学分绩点3.55，被评为“院三好学生”，获得利德尔社会奖学金、威海光威社会奖学金。他积极参加科技创新活动，完成多项课题，申请国家发明专利一项，发表SCI论文一篇，作为负责人申报“国创”项目并以“优秀”等级结题，已被保送至中国科学技术大学化学与材料学院材料物理与化学专业。

每个人对大学生活的定义不尽相同，有人用开心来定义，有人用充实来定义，有人用奋进来定义，张延博则用探索和成长来定义。害怕困难、抗拒挫折并不是明智的学习态度，要改变心态，主动积极地迎接学习中的挑战。张延博用他的经历告诉我们，学习中的种种磨炼是必不可少的，只有真正努力过，才能绽放最动人的笑容。

蜕变：一句话的力量

张延博也曾像其他同学一样陷入迷茫，不知路在何方。幸运的是，他并没有蹉跎下去，而是逐渐认清了心中志向，坚定了信念。刚进入大学时，因为对全新生活和学习模式的不适应，他在各方面的表现并不突出，专业成绩仅仅处在中游。大一下学期，他抱着尝试的心态进入麦立强老师的纳米实验室，有了意想不到的收获。在那里他结识了一些优秀的学长，发现他们不仅在科研方面表现突出，在其他方面也很优秀。他开始反思自己，决定不再自由散漫，他对自己说："我要做一个优秀的人。"简短的一句话，蕴含着巨大的力量。心中有目标，脚下有方向，在学习上他调整方法，奋起直追；在科研上他夯实基础，稳步前进；在生活上他严于律己，养成良好的生活习惯。

回想起这段经历，张延博跟我们分享道："一方面，身边的人对自己的影响很大，让我意识到自身的不足；另一方面，我找到了自己想做的事，明确了前进的方向。"心之所向，素履以往。他对实验研究产生了浓厚的兴趣，总是泡在实验室，寒暑假依然留校做实验。他兼顾着繁重的学习任务和科研工作，虽然很辛苦，但是他认为这样的生活很充实，自己乐在其中。

探索：知识的道路

"我是在不断尝试中摸索出适合自己的学习方法。"他有些不好意思地说，"刚开始我也走了弯路，沿用高中时的学习方法，经过一段时间的学习后发现不可行，才开始不断调整。大学的学习内容相比高中的更多、更难懂，所以除了要做到上课认真听讲外，还应该花费大量的精力在课后巩固上，以保证自己完全掌握每一个知识点。"定期复习，不断总结，不懂就问，张延博渐渐地找到了学习的状态。此外，他还善用图书馆等宝贵的资源，查阅资料、阅读书籍以开阔视野。

在科研方面，张延博也是一路磕磕绊绊摸索着前行。刚进入实验室的他对课题组的实验内容、背景、研究进展等毫无头绪，不知从何入手。导师为了锻炼他，给他布置了250多篇文献的阅读任务，要求他每天看5篇，每周进行一次汇报总结。对于刚入门的他来说，读通、理解充斥着专业词汇的英文文献特别艰难，刚开始他借助翻译软件，花费大量时间逐字逐句地阅读，后来不断积累词汇、总结规律，可以自主阅读文献，初步了解实验的相关内容，这为他走好科研之路打下了坚实的基础。

通往目的地的道路，未必是笔直的康庄大道，也可能是一条曲曲折折的小径。初入这条道路的张延博，绕来绕去，以为找不到出口，其实已经悄然靠近目标。

坚持："熬"的过程

"坚其志，苦其心，勤其力，事无大小，必有所成。"科研是一条艰辛之路，在这条路上人会历经无数次失败，要坐得住冷板凳，所以能坚持到最后的人少之又少，张延博便是其中一个。在科研过程中他曾无数次碰壁，也曾遇到瓶颈，想过放弃、更换课题，最后却并没有这样做，而是选择调整心态重新出发。既然选择了远方，便只顾风雨兼程。在采访中他多次提到"专注"二字，尤其是在科研过程中，可能会遇到各种各样的问题，必须摒弃杂念，全身心投入，才能找到突破口。从最初的科研"小白"到研发材料、发表论文的过程很苦、很累，但在"熬"的过程中，张延博完成了对自我的超越。

回首四年大学经历，张延博对学弟学妹们寄语："可以先进行广泛了解，开阔自己的视野，从中找到适合自己的路。在明确方向的同时，要有足够的自制力、执行力去实施，不让目标沦为空头支票。"此时的张延博已被保送至中国科学技术大学化学与材料学院，即将踏上新的征程，他表示自己的基础知识还有所欠缺，会利用假期时间进行弥补，自己不会停下前进的脚步。以梦为马，不负韶华，在这个年轻学子的身上，我们看到了青春的朝气、不服输的韧劲、顽强拼搏的毅力。

（记者：江子安　采编：刘子涵　编辑：景千贝）

材化1601班　赵晨阳：功不唐捐，玉汝于成

图1-163　赵晨阳

赵晨阳(图1-163)，中共预备党员，材化1601班学生，绩点3.994，排名年级第一，多次获得奖学金，被评为"校三好学生"，任团委创新创业部项目部副部长，作为组员参与国家级创新创业类项目并顺利结题，获A类推免资格，至浙江大学攻读硕士学位。

“如果这世界上真有奇迹，那它只是努力的另一个名字。生命中最难的阶段不是没有人懂你，而是你不懂自己。”一路走来，赵晨阳知晓本心并始终向着光明的未来前进。

每一个不曾起舞的日子，都是对生命的辜负。大一上学期经历短暂的迷茫后，赵晨阳给自己定下了保研的目标，自此专注努力，高效率的学习成了他大学生活的主旋律。“我上课时习惯把重要内容写在一张纸上，这样复习起来非常省时省力。”“期末复习时可以去找往届真题，先做一两套看看考什么，然后精准复习对应知识点，最后再做几套查漏补缺，这样事半功倍，还可以用节省下来的时间做别的事。”独门小妙招让赵晨阳学习起来如鱼得水。此外，高效学习还有赖于说做就做的执行力，“明白许多道理却依然过不好这一生”的原因就是想得太多，做得太少。赵晨阳有着说一不二的执行力，他始终秉持事事有回应的原则，完成一项项任务，学习一个个知识点。子曰：“知之者不如好之者，好之者不如乐之者。”在学习的过程中，赵晨阳找到了乐趣。“不要仇视学习，完成任务是一件很有成就感的事。”他如是说。

对于赵晨阳来说，社团生活也是他本科生活中一道亮丽的风景。他大一加入院团委创新创业部，大二担任项目部副部长，虽然因为时间冲突，他不得不放弃同期进行的双学位修读，但鱼和熊掌不可兼得，理性的取舍才是正确的选择。两年的社团生活使他的个人能力得到了提升，也令他的课余生活异常充实。正是因为有创新创业部的任职经历，赵晨阳参与申报了“多壁碳纳米管负载双金属氮化物纳米材料的电化学研究”这一国家级创新创业类项目。他在困难面前没有退缩，最终项目顺利结题，努力的土壤里开出了成功之花。

回溯过去，从大一的迷茫不适，到大二的渐入佳境，再到大三、大四的求真务实，他用自己的经历给出了一个普通大学生“大学四年应该怎样度过”的标准答案：在思想上知道自己真正想要什么，在行动上心无旁骛地朝它靠拢，所谓“志守一井，力求及泉”便是如此。

最后，结合自己四年的大学生活，他给了学弟学妹们一些“过来人”的建议：“绩点和综合测评，不论在什么情况下都是很有用的。好好学习，大一大二多参加社团活动，学会与各种不同的人交流。在追逐的过程中要佛系一点，理性看待得失。”

（记者：宋佳瑛　采编：张佳喜　编辑：张佳喜）

高分子1602班　周逸：初心不改　勇攀高峰

图1-164　周逸

周逸(图1-164)，中共预备党员，曾获校三等奖学金，被评为“社会工作先进个人”，曾任材料学院青年志愿者协会项目部部长、副会长兼材料示范学院青年志愿者协会会长，累计志愿服务工时达200余小时。本科期间参与发表论文两篇，担任班级团支书并带领班级获“五四红旗团支部”荣誉称号，已获A类推免资格，至武汉理工大学攻读硕士学位。

“你可能会因为大学这个环境而发生改变，但更重要的是你如何在这里成长，让大学成为你走向更广阔天地的平台。回想这四年，我只是做了自己想做的事，志愿活动和科学研究是我生命中的闪光点。”回溯四年的时光，周逸这样评价自己的大学生活。

他曾担任武汉马拉松志愿者、武汉军运会志愿者，志愿服务工时累计200小时有余，从材料学院青年志愿者协会项目部部长到副会长兼材料示范学院青年志愿者协会会长，在周逸的大学生活中，志愿服务工作无疑是闪亮的风景。当被问起因何与志愿活动结缘时，周逸说：“这其实源自高中时参加的一个志愿活动。那是一个特殊教育学校捐书义演的活动，对我触动很大，让我意识到还有很多人需要帮助。”正是因为这份触动，大一的时候，周逸毅然加入了青年志愿者协会项目部，日日夜夜的付出，成就了如今的“材料之星”。

当被问到是什么原因让他能够坚持下来的时候，周逸说是自己的初心，还有在志愿服务工作中获得的成就感。“有时会觉得志愿服务活动有点枯燥，但想到自己加入社团时的初心，便义无反顾地坚持了下来。后来担任项目部部长和副会长时，工作更加具有挑战性，我会想方设法让同学们更积极地参与志愿活动，有新的想法时有计划地实行，在这个过程中我会产生一种成就感，自己也乐在其中。”

虽然已经发表了两篇论文，但周逸表示自己在科研方面还有许多地方需要提升。他大二时进入实验室，随着对研究方向的不断了解和专业学习的持续深入，他的独立思考能力得到了锻炼，科研素养也得到了提升。在谈到科研与学习的关系时，周逸说：“科研和课程学习其实是相辅相成的。我的研究课题是生物炭材料，其中用到的表征方法与所学的材料测试技术相符，在表征过程中可以结合课内知识，还可以和材料测试中心的老师进行沟通交流，以加深自己的理解。”

科研需要的是认真严谨的态度和坚持不懈的努力，要花费大量的时间和精力。当记者问起如何平衡社团工作与科研时，周逸说：“我一般利用工作日的课余时间去实验室，周末将社团工作完成。”合理的时间分配，是迈向成功的前提。他表示，开始会很辛苦，但坚持下来就习惯了，走下去便是康庄大道。对于如何更好地进行科研，他表示，在做实验的过程中更重要的是交流，要敢于去做，不能仅仅停留在阅读文献上，有什么想法可以和师兄师姐、导师沟通，听听他们的见解。不断交流的过程能使认识不断深化，所以切忌闭门造车，与导师交流会不断强化你的科研思维。

最后，谈起对未来的展望，他希望在研究生阶段，将学习与科研相结合，特别是取得自己的科研成果，并使其为人们所用。他希望学弟学妹们在大学四年期间，抓住每一个机会，努力提升自己、突破自己，最终学有所成。

（记者：金博闻　采编：张永琪　编辑：霍鑫）

高分子1602班　邹进成：诚亦坚，行亦得

图1–165　邹进成

邹进成（图 1–165），三年平均学分绩点 3.933，位居年级第五，先后获得校一等奖学金、“闻泰科技”奖学金、“CPIC”一等社会奖学金、“长兴材料”社会奖学金等，被评为“校三好学生”“校优秀共青团干部”等，以项目负责人身份申报国家级大学生创新训练类项目、校自主创新研究基金本科生项目各一项并顺利结题。此外，他参加了第十二届全国大学生节能减排社会实践与科技竞赛并获三等奖，申请国家发明专利一项，已保研至华中科技大学。

从成绩排名年级第五到保研至华中科技大学，从两项科研项目的顺利结题到一项国家发明专利的授权，从参加全国大学生游泳锦标赛到参与“军运会”志愿服务，邹进成用这些经历为自己的本科生涯增色添彩。当然，“宝剑锋从磨砺出，梅花香自苦寒来”，荣誉的取得离不开邹进成的辛勤付出与默默坚持。

参加竞赛是邹进成大学时光中最重要的经历。大二时，邹进成开始坚定地走保研这条路，但那时候他的学习成绩不足以使他获得保研资格，于是他想通过参加竞赛让自

己离目标更进一步。邹进成参加了大学生节能减排社会实践与科技竞赛，与伙伴们一起做准备，投入了大量时间，但遗憾的是，这次参赛经历仅以获得校二等奖的结果告终。眼看大二已经过去，竞赛结果不尽如人意，学习成绩也没有明显提升，邹进成开始苦恼，陷入低迷。

毛姆说过："一经打击就灰心泄气的人，永远是个失败者。"邹进成没有因为之前的失败而气馁，而是总结经验并为下一次竞赛做准备。大三时，他再一次参加大学生节能减排社会实践与科技竞赛。在这一次比赛中，邹进成铆足了劲，将策划书多次修改，对方方面面严格把关，争取做到十全十美。皇天不负有心人，最终他如愿以偿，获得第十二届全国大学生节能减排社会实践与科技竞赛三等奖。回顾自己的竞赛经历，邹进成记忆犹新。其中的辛酸与苦楚，只有他自己知道。

在科研方面，邹进成同样有所成就，然而其过程十分艰难。起初由于受到实验方案可行性和实验条件的限制，样品的制作花费了大量时间，最后他不得不利用寒假完成实验并撰写专利申请书。在不懈努力下，他的国家发明专利"基于全物理交联的双网络结构高分子水凝胶的制备方法"具有操作简单、易于控制、制备条件温和、可重复性好、绿色环保等优点，在药物输送及控制释放、组织工程、生物仿生、人工肌肉及生物传感器等领域具有广阔的应用前景。从采访中笔者了解到，邹进成一半以上的假期都待在实验室里。

除了竞赛与科研，邹进成在学习上也取得了优异的成绩。在谈到学习方面的经验时，邹进成分享道："首先对于每一门科目都要重视，不能有任何一科拖后腿，这样高绩点才能有所保证。平时要按照老师的要求，课前预习、课后复习。其次要学会扬长避短，自己擅长的科目要发挥优势，不擅长的科目要投入更多的精力。此外，在复习备考时，不论是擅长的还是不擅长的科目都要认真复习。"在时间安排上，他认为大学生应该增强自己的自制力，用更多时间去做有意义的事情。时间就像海绵里的水，只要愿意挤，总还是有的。

获得如此成就，需要坚定的信念支撑。大二时，在一次英语课上，邹进成从乔布斯的演讲中听到："你不得不相信某些东西……正是这种信仰让我没有失去希望，它使我的人生变得与众不同。"这段话给了当时的邹进成莫大的激励，使他坚定了保研的决心，也让他相信自己的付出在未来一定会有回报。他希望学弟学妹们能够趁着大好年华，多尝试、多努力，今日的所为就是在为未来的所获奠定基础。

急流勇进，终有所成。邹进成用赤子之心书写了自己的故事。笔者坚信，他会在人生的道路上继续披荆斩棘、乘风破浪。

（记者：李松涛　采编：李松涛　编辑：伍龙生）

材料1605班　周佩汝：直挂云帆济沧海

图1-166　周佩汝

周佩汝（图1-166），中共预备党员，材料1605班学生，前三学年必修课平均学分绩点4.308，连续两年获得国家奖学金和"三好学生标兵"称号，曾被评为"勤奋好学先进个人""院学风建设优秀学生干部"，作为项目负责人申报"国创"项目，获得一项专利，参加第八届海洋航行器设计与制备大赛，以第四作者身份发表会议论文，已获A类保研资格，至上海交通大学材料科学与工程学院攻读硕士学位。

人生总会面临选择，我们并不知道前方有什么，也不知道终点是否光明。迷雾遮掩的或许是一条华容险道，或许是一条康庄大道，只要遵从自己的内心，用心血与汗水一路奋进，大雾散尽之时，前方将会是另一番风景。对于周佩汝来说，大学生活便是如此。

大二时的周佩汝从管理学院转到材料学院，除了学习大二的课程，她还需要用晚自习和周末的时间补修大一的课程。由于专业跨度较大，思维与学习方式上的差异，带给周佩汝较重的课业压力与心理负担。

依靠自己对理工科的喜爱和高中时打下的基础，周佩汝一直努力追赶着同学们的步伐。她极力探索与每一门课程相适应的学习方法。理工科的学习需要很强的逻辑思维能力，她说自己从不熬夜，所有课程都必须保证在自己精神饱满时学习，否则效率会很低，浪费时间。她坚持利用每天早晨从宿舍去教室的十分钟听一段BBC新闻，让自己以清醒的头脑迎接新一天的学习；坚持每天睡前整理当天学习的公式、单词，反复回顾是加强记忆的最好方法。她总是能够在繁重的课业中寻觅到收获知识的快乐，将闲暇时光用来预习与复习专业课程。功夫不负有心人，在补修多门专业课的前提下，她的绩点始终保持年级第一，前三学年必修课平均学分绩点达4.308，大二下学期的绩点居然高达4.53，大学物理和工程力学获得全年级唯一的满分，所有重要专业课程均保持在94分以上。

2018年，周佩汝参与申报"国创"项目"沿岸建筑物对VTS雷达站遮蔽影响研究”，并成功结题。大二下学期，她申请进入武汉理工大学硅酸盐建筑材料国家重点实验室，进行特种陶瓷的科学研究。2019年年初，她作为项目负责人申报题为“原位生成碳化硅纤维增韧氧化铝陶瓷”的“国创”项目，获得一项专利“一种纤维增韧陶瓷制备方法”，并以第一作者身份撰写论文。

气质美如兰，才华馥比仙。周佩汝喜爱阅读诗歌、散文，欣赏的作家是庆山。在周佩汝的眼中，庆山是一位很有思想的女性，她希望自己能像庆山一样成长为一个思想独立的完整个体。对于阅读与写作，她认为这是一种感情的宣泄。“我不善言谈，在现实中可能找不到一个能理解我所有想法的人，但是文字不一样，它是温和的，是包容的，在文字里有另一个纯洁无瑕的世界，我甘心沉醉其中。”这是一种心与心的交流，或许没有人可以真正了解你的内心世界，但我们可以用文字去烹煮生活，煎出一杯醇香、沁人的茶。

日常生活中，她温柔可爱，与同学们相处融洽。作为班级的学习委员，她总是认真仔细地做好自己的每一项工作，每周都会把作业要求整理好发到班级群里，提前通知大家需要完成的任务，带领同学们共同进步。

谈到需要感谢的人时，周佩汝说她有一个老乡学长，在本科期间就已取得累累硕果，是当年校园十大风云学子之一。这位学长从她大二开始就一直督促她好好学习，不厌其烦地给她传授了很多宝贵的学习和科研经验。“我非常感谢他一直以来对我的帮助，同时也想把自己的经验传递给学弟学妹们，将这样温暖的火种继续传递下去。”在提到对学弟学妹们的寄语时，周佩汝说：“对于课程的学习，不能功利心太强，切忌只为考试而学。大多数课程内容比较有深度，但是考试难度不大，应重在平时。只有专业知识积累得足够深厚，日后无论是走科研道路还是找工作，你在人群中才更加显眼。”

一转眼，大学四年进入了尾声，周佩汝获得了A类保研资格。她的候选学校是清华大学和上海交通大学。当她发现与她联系的清华导师的研究方向过于前沿且与自己的兴趣不匹配时，她毅然放弃了去清华大学直博的机会，选择去上海交通大学。或许有人不理解，但是她听从了自己的内心，无怨无悔。

流沙河曾说：“请乘理想之马，挥鞭从此起程。路上春色正好，天上太阳正晴。”对于周佩汝来说，接下来的漫漫求学路将是她人生一段新的旅程，相信即使面对风风雨雨，她也定能直挂云帆济沧海。

（记者：张雨馨　采编：胡悦娟　编辑：伍龙生）

材料1605班　李放：风雨兼程一路歌

图1–167　李放

李放(图1–167)，中共党员，材料1605班学生，先后获得校三等奖学金、河北安全集团奖学金，被评为“校志愿服务先进个人”“校优秀团员”“优秀学生社团会长”“校运会优秀裁判员”“院三好学生”“院优秀学生干部”等，曾任武汉理工大学未来管理者协会副会长，策划组织案例分析大赛、大学生职业生涯规划设计大赛和模拟招聘大赛，参与申报优品汇项目并获结项答辩第一名，将赴英国帝国理工学院读研深造。

在校园咖啡厅的一隅，我们采访了李放。她热情洋溢，给我们的第一印象如同冬日暖阳。

关于出国

即将赴英国帝国理工学院读研深造的李放，已经做好在国外学习和生活的准备。她十分有趣地调侃：“因为我有一个中国胃，吃不惯西餐，现在正学着炒菜做饭，要自己喂饱自己。”

至于为何选择出国深造，李放说：“每颗星星都有自己的轨迹，这是我认为最适合自己的轨迹。”谈及“刚刚进入大学时是否会迷茫”时，她说：“我并没有感到迷茫，一开始就想好了自己未来的发展方向，一直在往这个方向努力。”所以明确了自己的目标之后，她毅然决然地从管理学院转到材料学院，开始追逐自己的科研梦。面对繁重的学业，加上要补修专业课、备考雅思、做实验和参加实习，她直言：“大二、大三真的过得很充实，能忙到焦头烂额、精神崩溃。”然而，成功不就是在紧要处多了一份坚持和忍耐吗？

除了学习，李放的学生工作也做得非常出色。她在担任未来管理者协会副会长期间，参与案例分析大赛、大学生职业生涯规划设计大赛和模拟招聘大赛的策划组织工作，积极申报优品汇项目，作为主要负责人之一在结项答辩时获得第一名的好成绩，被评为“优秀学生社团会长”。

关于学习

面对如此繁忙的工作和生活，我惊叹她的平均学分绩点仍能位居前列。她回答：“如果想把所有事情一把抓，那么留给学习的时间真的不多，我能做的就是尽可能地提高效率。其实我的学习成绩真的不算很好，取得这样的成绩只算是交给自己一份比较满意的答卷吧。”对于如何加强自控力，她有自己的方式：在考试月去图书馆时不带手机，从开馆一直高效地学到闭馆。对于普遍存在的拖延症，她直言自己也有，但最后能高质量地完成任务是因为自己是一个“要么不开始，开始了就要做好”的人。

学习从来不是一个人的单打独斗，她善于向身边的“学霸”请教。她说：“不管是解题思路还是理解方式，我总能从他们身上学到些什么。”

关于志愿

第一次看到李放的简历时，最吸引我的是她进行志愿服务的经历：湖北省青少年高校科学营优秀志愿者、武汉马拉松优秀志愿者、澳大利亚环境保护国际志愿者，曾赴尼泊尔支教……

提及令她印象深刻的瞬间时，她说在尼泊尔支教的最后一天，他们准备离开时，小朋友捏着她的衣角对她讲：“You are my best teacher. Can you come back next year? ”小朋友们还用李放教给他们的中文对她说“我爱你”。这确实是一段足以回味一生的日子，让她真切感受到了“赠人玫瑰，手有余香”的快乐和满足。

关于爱好

当我询问她的兴趣爱好时，李放毫不犹豫地答道：“我特别喜欢去旅行，不管多忙都会抽时间出去看看。”她确实这样做了，即使再忙碌，她的足迹也遍布海内外。

如此热衷于旅行的她，有着自己的旅行小习惯：“我除了订机票和酒店，其他事都不会提前做攻略。”虽然从不提前做规划，但她依然非常享受每一段旅程，这大概归功于她随遇而安的生活态度。

对于所到之处，她喜欢体验风土人情，了解文化特色，品尝美食。她勇于挑战，追求刺激，甚至体验过蹦极、跳伞、潜水、滑翔、漂流、冲浪等极限运动。当我细问她关于跳伞的感受时，她说："仿佛在空中翱翔，感受到超越极限的酷爽。在15 000英尺(1英尺＝0.3048米)的高度跳出飞机的刹那，有一种无论在地面上怎么折腾都体验不到的酣畅淋漓、自由自在、无比潇洒的感觉，值得用一生去回味。"

谈及"旅行对自身的影响"时，她娓娓道来："注目远方，才会加快步伐；观赏风景，才会步履轻盈；结伴同行，才能欢歌笑语；风雨兼程，才能成功登顶。"

在采访的最后，她勉励学弟学妹们："大学时光不要荒废，多提升自己，多与人交往，多看看书。平淡的心态不是不思进取的借口，否则，当你疲倦地走过四年，会发现留在身后的除了那份平淡，什么也没有。"确实，我们要正确地定位自己，正确地认识社会，在各种诱惑面前坚持本真状态，不要被泥沙俱下的大潮裹挟着四处漂流。

在生活中沉淀，在沉淀中学习。她充实地过着每一天，上着五花八门的课，结识形形色色的人，经历林林总总的事，走在越走越熟悉却越看越陌生的路上，徜徉在平凡而不平淡的日子里，无悔于青春。

(记者：龚培　采编：章雨　编辑：景千贝)

材物1601班　程子佳：逐梦之路，始于足下

图1–168　程子佳

程子佳(图1–168)，材物1601班学生，曾担任班级团支书，被评为"校三好学生""校优秀学生干部"等，先后获得河北安全集团奖学金、永环奖学金等。他参加功能材料设计大赛荣获三等奖，拿到了美国加利福尼亚大学洛杉矶分校的录取通知书。

大学好似一片汪洋，学子们行舟其上，而程子佳以他独特的方式，劈波斩浪，扬帆远航。

学非探其花，要自拔其根

程子佳一直认为，学生的本职是学好每一门课程。在大一，他每天都做好规划，把时间分配到每个科目的学习上，充分保证学习质量。对于大多数大一学生来说，自主学习很容易让人放松下来，从而无法保持良好的学习状态。程子佳严格执行每日计

划，日复一日，从而做到出类拔萃。相比于考前突击，他更重视平时对知识的积累，从而得到属于自己的那一份收获。

路漫漫其修远兮，吾将上下而求索

在深入学习的过程中，他逐渐感受到材料学科的博大精深，于是和同班同学组队参加功能材料设计大赛，进入实验室进行学习与研究。实验室渐渐地成了他的“家”，也是他与师兄师姐及导师一同奋斗的“战场”。然而做实验并非一时之功，不能浮于表面，而是需要去积累、去沉淀。在他眼中，做科研应该实事求是、脚踏实地地去钻研，全身心投入实验。功夫不负有心人，通过不懈的努力，他荣获了三等奖。从此他在心中埋下了逐梦科研的种子，为了实现自己的科研梦，他努力丰富科研知识，全面提升能力。他并未选择“躺在功劳簿上睡觉”，而是不断反省自身的不足之处，以求攀登更高的山峰。

千磨万击还坚劲，任尔东西南北风

随着时间的推移，程子佳身边的朋友都开始对未来做规划，有的人选择凭借高绩点保研，有的人选择转专业，他对自己的未来也有了打算——出国。他认为出国学习可以体验不同的学习模式，能更深入地学习，增加知识储备，助力自己实现科研梦。对于英语基础不好的他来说，语言成为留学路上的一只“拦路虎”。大二下学期，他开始准备语言考试。尽管花费了大量的时间去学习，可连续两次托福考试成绩都不尽如人意，这让他陷入了迷茫，不知道是否应该坚持下去。可他想到，人的潜能是被逼出来的，不去试一下怎么能突破自我呢？他坚信自己的努力不会白费，于是越挫越勇，及时改进自己的学习方法，吸取教训，关注“阿良说”微信公众号上的网课，通过背单词和刷题逐渐积累相关知识，同时与他人进行更多交流。最终，他通过了托福考试这一关。

长风破浪会有时，直挂云帆济沧海

当被问及成功的秘诀时，程子佳表示自己并未取得傲人的成绩，只是一直保持热爱，踏踏实实地走好每一步。追梦的道路也许布满荆棘，只要目标还屹立在远方，他便是那无畏的少年，纵有疾风起，人生不言弃。在他看来，虽然不知道意外与惊喜哪个先到，但只要付出行动，就能迎来那个更好的自己。

“想清楚自己的路，然后脚踏实地地去做。”这是程子佳送给所有在追梦路上的学弟学妹的一句话。他永远是那个沉醉于科研的少年，那个越挫越勇的追梦人。笔者衷心祝愿他能在逐梦的道路上不忘初心，奔向未来。

（记者：洪祥　采编：欧阳昊峰　编辑：伍龙生）

复材1602班　陈菊：守得云开见月明

图1-169　陈菊

陈菊（图1-169），平均学分绩点4.049，连续两年获国家励志奖学金和“校三好学生”荣誉称号，以项目负责人身份申报并完成“国创”项目一项，以第一作者身份在中文核心期刊发表论文一篇，以第二作者身份发表SCI论文两篇，已获B类推免资格，至上海交通大学攻读硕士学位。

不是所有的坚持都有结果，但总有一些坚持，能从冰封的土地里培育出怒放的花朵。四年的大学生活里，陈菊一直以乐观的心态笑对暴风骤雨，凭借着坚持不懈的努力为自己拼出云开月明。

谈到乐观的心态时，陈菊说，大学生活伊始，她也曾有过一段迷茫期。那时候猛然踏入大学这样一个不同于高中的新环境，她一时间还没有调整过来，上完课就回到寝室休息。在大一下学期，她发觉这样的生活了无生趣，于是逼迫自己去图书馆看书。她十分喜欢鲁迅的书，在书中找到了内心的共鸣。她拨开那一层迷雾，一扫之前的阴霾，用乐观积极的心态去面对之后的大学生活。大二时她进入实验室，逐渐找到了自己努力的方向和动力。托尔斯泰说：“生活，就应当努力使之美好起来。”大三上学期期末，课程设计、期末考试、科研任务同时压到她的头上，让她颇为焦虑，但随后她静下心来，积极开导自己，以乐观的心态应对挑战，将其逐一击破，最终出色地完成了所有任务。

坚持不懈的努力是陈菊在大学阶段取得成功的基石。她认为本科生进入实验室后，最需要的是坚持不懈。“很多同学大二就进入了实验室，却没能坚持下来；还有一些同学，虽然坚持了下来，但是最后没有取得成果。”陈菊认为，不管有没有取得成果，坚持下来，自己一定会有收获的。从长远来看，怀着学习的心态，不急于求成，通过自己的坚持，在科研方面学到更多的知识，不断地积累经验，这份收获对于个人来说才是无价的。贝多芬说："涓滴之水终可以磨损大石，不是由于它力量强大，而是由于它昼夜不舍地滴坠。"科研之路亦是如此。

采访临近尾声，陈菊在谈到自己对大学学习的认识时说道："本科阶段的学习应该追求广度而不是片面追求深度，应该开阔视野，让自己拥有交叉学科的思维。现阶段学到更多的知识，拥有广阔的视野和发散的思维能力能够为自己的未来打下更好的基础。"

最后，陈菊告诉学弟学妹们："时刻保持乐观的心态，努力学习，不急于求成。要有较高的目标，不要在意外界的声音，朝着自己的方向奋勇前行。"对于陈菊而言，未来的研究生之路依旧充满挑战，但"精诚所至，金石为开"，相信无论遇到什么样的困难，她都可以凭借自己乐观的心态和坚持不懈的努力，拨开云雾见光明。

（记者：张永琪　采编：金博闻　编辑：霍鑫）

成型1602班　刘淼：智者善谋，不如当时

图1–170　刘淼

刘淼（图1–170），中共党员，成型1602班学生，先后获利德尔奖学金、惠普助学金，在校期间担任三年辅导员助理，曾在2017年武汉马拉松中担任志愿者，在江汉区销售实习中排名第三，在伯乐校招销售实习中排名第一。本科毕业后将赴震坤行工业超市（上海）有限公司工作。

雨果说："机会是不守纪律的。"机会因其偶然性，是可遇而不可求的。抓住能抓住的机会，做好该做好的工作，是对刘淼大学生活的概括。

在旁人看来，刘淼是幸运的，他担任辅导员助理，得到了众多实习机会，找到了好工作，但这些都离不开他的不懈努力。刘淼对于机遇与努力有着自己的看法："不要觉得自己能力不够就不去参与，要抓住机会，勇于尝试，然后为之付出努力。只要有一颗乐于学习的心，就一定能学到很多东西，并从中提升自己。我们可以适当地降低对自己的期望，不要害怕犯错，没有人会因为你的失误而完全否定你。你需要做的是变得更好，相信自己。"

管子曰："智者善谋，不如当时。"这句话仿佛是刘淼的真实写照，他也许不是大学校园里的学霸，却善于把握生活中的各种机遇，让别人眼中的偶然事件变成他成功路上的垫脚石。刘淼担任了三年的辅导员助理，在此期间，他需要搜集资料、整理文件、处理琐事。也许在别人看来，这是一份又苦又累的差事，刘淼却把它当作提升个人能力的宝贵机会，他享受其中，甘之如饴。作为辅导员助理，他有更多接触领导、老师和学生干部的机会，这不仅让他学会了与不同的人打交道，而且让他积累了更广的人脉。这份工作经历为他今后的成功奠定了基础。

刘淼一直坚信："想要抓住机遇，就必须提前做充分的准备。"他在大二的时候就已经对自己未来的道路有了初步规划，调查了好多行业的行情以及前景，最后找准了销售这个方向。刘淼的实习经历很丰富，他在康佳集团做过实习销售，在江汉区销售实习中排名第三，在伯乐校招销售实习中排名第一。刘淼在实习期间取得的成功与他懂得提前做好准备密切相关。就业问题是很多大学生需要面对的，对此刘淼的看法是："我们首先要了解自己，对自己有清晰的定位，再去寻找适合自己的岗位。古人讲究'兵马未动，粮草先行'，我们需要做充足的准备，去了解一个行业的龙头企业和发展前景，以及相关企业的企业文化。除此之外还要有一颗平常心，做好自己该做的事情，结果顺其自然就好了。"

跟大多数人相比，刘淼的大学生活是如此忙碌，他需要完成学业任务，做好辅导员助理工作，参与各种志愿服务活动。他说："如果能确保每天有八小时在做对的事情，就会收获特别多。"每天八小时做对的事情，坚持这样的生活节奏实属不易。所以，没有人的成功是一蹴而就的，在光鲜的背后，往往是日复一日、年复一年的努力，而这种昂扬向上的精神值得我们每一个人去学习。

最后，刘淼对学弟学妹们提出了一些建议："大学生活如何度过，取决于你在毕业之后想要成为一个怎样的人，取决于你对自己未来的期望。给自己确立一个长远的目标，不要害怕达不到，脚踏实地地去做，到最后你会发现，原本以为遥不可及的目标，慢慢地竟然能够达到。""如果说我的大学生活还有什么遗憾的话，就是很多事情没有做到最好，没有及时找到自己的定位，比别人慢了一步。还是那句话，做充足的准备，认清自己。"

"智者善谋，不如当时。"刘淼成功的原因在于他能够把握每一个机会，明确目标，脚踏实地。他在通向成功的道路上不断突破，其求学的精神和认真的态度将引导并激励后来者奋勇向前。

（记者：黄承志　采编：曾宇杰　编辑：孙旭玖）

材料1604班　谢美怡：万事俱备，只待东风

图1-171　谢美怡

谢美怡(图1-171)，中共预备党员，材料1604班学生，先后获得国家励志奖学金、社会工作奖、河北安全集团三等奖学金，被评为“校三好学生”“院三好学生”“军训优秀个人”等。大一暑假参加武汉“五天五夜身无分文生存挑战”活动，大二寒假参加Newth青年文化社区第十季“在爱中行走”活动，担任义工团项目部部长，大二暑假在世界“五百强企业”之一的法雷奥集团实习，任法雷奥校园俱乐部大使。大学三年必修课平均学分绩点3.176，其中大三学年平均学分绩点4.12。大三下学期参加“顺丰杯”模拟招聘比赛并获得三等奖及奖金。大三暑假在武汉艺海创新公司实习，深度参与广东省佛山市顺德区招商引资项目和湖北省红安县七彩湾旅游景区的规划设计。毕业后将赴深圳工作。

大学就像是广阔的海洋，有的人迷失了方向，有的人劈波斩浪，迎风起航。谢美怡就是后者。

在大学中，迷茫是最常见的，有些同学因平淡无奇的生活而感到孤寂和落寞，有些同学因周而复始的生活节奏而倍感烦躁与无聊，但是谢美怡在刚进入大学时就已经有了明确的方向——就业。她说：“在未来的规划上我们一定要有明确的目标，要知道自己要什么、想做什么。有些同学想继续深造，于是努力学习，取得了很好的成绩，最终顺利保研；有些同学将来想从事科研工作，于是进实验室，发表了好几篇论文；有些同学想就业，于是积极参加各种活动，为就业做准备。”

爱默生说：“一心向着自己目标前进的人，整个世界都会为他让路。”谢美怡的大学生活很好地印证了这句话。为了在本科毕业时找到心仪的工作，谢美怡充分发掘身边的有效信息，利用寒暑假抓住机会历练自己。她在大一暑假期间参加了“五天五夜身无分文生存挑战”活动，并在校外机构学习英语；大二寒假参加了为期十五天的海南之旅，暑假在世界“500强企业”之一的法雷奥集团实习。她说，就业意味着人生模式的转型，而在转型的过程中会遇到各种各样的问题，很多时候解决这些问题并不靠专业知识，而是靠个人能力、阅历等，多参加活动不仅可以快速提升个人能

力，而且可以结识许多有着丰富经验的前辈，从他们身上学习、借鉴，对于自身成长有着非常大的帮助。

当我们问她："参加了这么多活动，有没有遇到过困难而想要放弃？"她低头笑了一下说，当时去海南参加活动，要背着十几千克的行李沿沙滩徒步几十千米走到住宿的地方，其间只休息了两次。这种活动对于身心都是极大的煎熬，同行的伙伴都走在前面，她一个人落在后面慢慢地走，虽然艰难但还是坚持着走完了。这次活动结束之后，她骄傲地认为自己可以做到以前做不到的事情了。

在与她的交谈中，她提到最多的两个词，一个是目标，另一个是思考。对她来说，思考是必须做的事情，首先要思考自己，了解自己，清楚自己要干什么，处理好自己与外界的关系、与他人的关系。在实习期间，她曾经跟随公司的同事到一个比较远的地方考察，而同事因为公司的其他事务要先行返回，剩下的十五天只有她一个人坚守。对于常人来说，这十五天恐怕不好过，换了别人可能会感到孤寂，可能会因此松懈，但是她没有。"孤独太常见了，大部分时间你是孤独的，并不是有人陪你，你就不孤独了，内心的孤独是长存的。当你思考清楚了自己是谁，内心的追求是什么，你与他人的关系是怎样的，你就不会因为外界而受影响。有人也好，无人也罢，你始终在自己的道路上前进着。我认为人的一生要过得通透，过得有计划。有些人觉得，事事都安排好了，人生会很无聊，没有惊喜，其实不是这样。机会是留给有准备的人的，在自己既定的道路上前进，这是准备，而机会与惊喜就是东风，当你做到万事俱备的时候，只需要等待东风的到来。"她如是说。

最后她说，无论如何有一件事情是必须做的，那就是学习，无论你处于人生的哪个阶段，学习都是必不可少的。在学校好好学习，取得好成绩，可以让你拥有更多的选择权，因为在不了解个人能力的情况下，成绩是别人对你的第一印象。早些就业不代表不用学习了，相反，更多的知识、道理都是在工作后才学到的，要始终保持积极进取的心态和潜心学习的态度。谈话结束后，她即刻前往教学楼参加党支部活动，在前进的征程上永不停歇。

（记者：欧阳昊峰　采编：洪祥　编辑：伍龙生）

成型1603班　颜锴剑：与兴趣一同前行

图1-172　颜锴剑

颜锴剑(图1-172)，中共党员，校足球队队员，连续三年获得材料学院“体育先进个人”称号。他获得材料学院第七届金工实习作品评比大赛一等奖，曾获得校三等奖学金、“中哲创建”奖学金，被评为“院三好学生”，已考取本校研究生。

全国青少年校园足球联赛、全国大学生足球联赛、兴业银行青少年国际足球锦标赛、湖北省第十二届大学生运动会足球赛……在颜锴剑的大学生活画卷中，参加足球比赛一定是最浓墨重彩的一笔。

初中时，在机缘巧合之下，他与足球有了一次美丽的邂逅，从此他矫健的身影就一直在绿茵场上闪烁。黑白相间的“补丁球”宛若一颗璀璨的流星，点缀着颜锴剑的花样年华。待到步入大学殿堂，他终于凭借自己的出色表现成为校足球队的正式队员。提及自己的赛场首秀时，他眸光流转。那是他在大二时参加的“一球成名”大学生足球赛，他们队虽然未能取得胜利，却收获了经验，得到了成长。他还记得，当裁判员最后一声哨响在赛场回荡的那一刻，他站在11人球队中间，虽然沮丧，但不气馁。他默默地对自己说：“这场比赛结束了，但属于我的比赛才刚刚开始。”

为了提升个人实力，为了给自己和球队赢得荣誉，颜锴剑坚持每天训练，不论寒暑，从未放弃。他说从未感觉到训练很苦，因为心中的热爱是支撑他的不竭动力。他的宿舍位于顶楼，每天清晨，他都能看到朝阳映照在楼下的足球场上，仿佛梦想在向他招手。那一刻，他感觉追梦的脚步更有力量了。

“大海不会一直风平浪静”，在与足球相伴的日子里，颜锴剑也遇到了一些困难。昔日留下的伤痛，给他带来了不便；家人不支持、天赋被否定，更加让他感到有些迷茫。好在苦楚是暂时的，很快他就找到了合适的方式来平衡各种关系，与朋友一起踢球的快乐冲淡了负面情绪，同时他也用行动证明了爱好足球并没有影响学习。“踢球和学习是可以互相促进的，我经常通过踢球来放松心情，这给学习带来很多好处。”颜锴剑说，“我会以学业为主，不能因为足球而荒废学业。”在校足球队里不乏成绩优异的队员，良好的环境也给了他很多动力。

“种瓜得瓜，种豆得豆。”颜锴剑的付出和努力并没有被辜负。他们球队先后获得2017—2018年全国青少年校园足球联赛(大学组)湖北赛区第三名、2018年第三届兴业银行青少年国际足球锦标赛高校组华中赛区冠军、2018年湖北省第十二届大学生运动会足球赛甲组(校园组)亚军、2019年全国大学生足球联赛校园组西南赛区第六名等荣誉，他本人连续三年获得材料学院“体育先进个人”称号。更重要的是，他逐渐变得开朗，并结识了很多志同道合的朋友。初中就背井离乡求学的他，在陌生的城市变得较为封闭，靠着踢球才和同学们熟悉起来，人也变得开朗外向很多。后来，他通过足球结识的朋友越来越多，大家一起踢球、一起聊天、一起休息的场景，至今都是他回忆里最美好的画面。

除了足球和学习，颜锴剑参与的社团活动也十分丰富。他曾担任足球社宣传部部长，还参加了青年志愿者协会组织的义务家教活动。颜锴剑特别提到了宿舍生活的快乐，他说宿舍是一个神奇的地方，既锻炼了他的自理能力，又让他收获了珍贵的友谊。

“打算考本校的研究生，一边做研究一边在校队努力，继续兼顾学业和足球。”提到未来的规划时，颜锴剑如是说。他希望在之后的比赛中，能够赢得省赛冠军，因为此前校队最好的成绩是省赛亚军，每次都差一点点。他希望通过自己的努力弥补这一缺憾。

哪怕四年的时光接近尾声，只要一直保持热情，奋力奔跑，就能迎来一片新的天地。你看，颜锴剑驰骋在未来的球场上，向着人生的球门，开出一记大脚。

(记者：韩悦　采编：马子甲　编辑：孙旭玖)

材料1604班　陈灵光：乘风踏浪搏激流，纵马扬鞭逐流星

图1-173　陈灵光

陈灵光(图1-173)，材料1604班学生，曾获第八届全国金相技能大赛一等奖、“江西建材”奖学金，被评为“院三好学生”“材料文化节先进个人”，曾担任材料学院学生会副主席。

作为一名本科生，陈灵光无疑是优秀的，作为负责人申报“轻购云科技”国家级大学生创新训练计划项目，参加“互联网+”大学生创新创业大赛并获得校级二等奖，担任材料学院学生会副主席，奔赴湖北保康开展科普夏令营活动……这些经历丰富而精彩。

回想起自己大学期间的社团生活，陈灵光最大的感触是“充实”。从大一任文工团团务部干事到大二任文工团团长助理，陈灵光说，很多个周末为了舞台准备工作来回奔波，虽然辛苦，却积累了经验，从而能一步一个脚印，向着更远大的目标迈进。大三的时候，陈灵光担任材料学院学生会副主席，这对于陈灵光而言是一个全新的挑战。为此，他恶补了微信公众号的推广运营技术，从细节入手，严格要求每一个标点、每一句话，确保不出现一丝一毫的纰漏。此外，他还会组织学生会与其他学生社团进行互动，相互交流，取长补短，学习其他社团的优秀管理经验。回顾这一年，陈灵光坦言，自己改变了许多，变得更加细心，能够以更加严谨的态度去处理和解决问题。

在第八届全国金相技能大赛中，陈灵光获得了一等奖，在这份荣誉的背后凝结的是陈灵光对于自己的严格要求和坚持不懈的决心。在制作样品时，需要抛光、清洗、观察组织形态，而合适的样品在显微镜下必须完美无瑕。在备战的三个月里，陈灵光每天都会去实验室练习。或许，在大学阶段，没有了外力监督，很多人坚持不下来，他却日日不辍，用更严格的标准要求自己。在一次次的制样过程中，他逐渐总结经验，找到了属于自己的制样方法，最终打磨出完美的金相样品。回忆起这段日子，陈灵光说，假期的时候，材料大楼空荡荡的，似乎只剩下自己和同伴。那几个月里，他和同伴约好每天七点到材料大楼打磨金相，一待就是一上午。那段日子虽然忙碌，回想起来却十分充实有收获。

说到求职，陈灵光着重强调了三点。首先是明确目标，宜早不宜迟，切忌同时选择两个或两个以上的目标让自己分神。其次是找准自己的定位，熟悉自己的性格，明确自己适合什么类型的工作。明白自己想要什么，并为之努力，比盲目地广撒网更重要。最后是亲身实践，相比于听他人口述，去寻找实习机会并亲身体验，能够更直观、更深入地了解岗位的工作状态。

最后，陈灵光寄语学弟学妹：“无论想做什么，都要先明确自己的目标，然后为之奋斗，抱着破釜沉舟的心态，不给自己留后路。”我们祝愿陈灵光乘风破浪，纵马扬鞭，去追寻心中那颗闪耀的星。

（记者：郑雨欣　采编：金博闻　编辑：郑雨欣）

复材1601班　程巧：行成于思，业精于勤

图1-174　程巧

程巧(图1-174)，中共预备党员，必修课绩点3.902，排名班级第三，曾获国家励志奖学金、亚唯复材校友奖学金、校三等奖学金，被评为“校优秀学生干部”“志愿服务先进个人”“校三好学生”等，获“上纬杯”全国大学生复合材料设计与制作大赛三等奖、第七届“CPIC杯”复合材料技术竞赛二等奖，曾任副班长及院青年志愿者协会秘书部部长、秘书长。作为负责人申报“国创”项目一项，发表SCI论文两篇，已获A类保研资格，至北京航空航天大学材料科学与工程学院攻读硕士学位。

学习、加入社团、做科研，是大部分大学生在大学阶段都会做的事，但很少有人能同时把这三件事做好，程巧就是其中之一。绩点排名班级第三、任院青年志愿者协会秘书长、发表SCI论文……四年过去，她收获颇丰，除了奖项与荣誉，还有很多被铭记的小小瞬间。

和很多同学一样，程巧在大二通过导师制平台进入了实验室。程巧坦言，自己一开始什么都不会，实验室里的学长都很热心，教她使用科研软件，教她写开题报告。大二下学期到大三结束，一年半的时间里，程巧和团队其他同学一起完成了“国创”项目，还申请了一项专利，发表了两篇SCI论文。在这个过程中，她曾因为英语不好而苦恼，但这种苦恼并没有持续很久。“哪里有不足就去努力改进，好好做，只要努力，就会有收获。”

四年的大学生活里，她与社团中的同学相处的时间很长，彼此间的情谊十分深厚。她说喜欢在课余时间参与活动，对于公益活动尤其喜爱，能够帮助别人对于她来说是一件很幸福的事情。她说，回想起大二那一年，她几乎每天都在熬夜，现在想起来感觉当时的自己十分单纯，心无杂念，生活虽然忙碌，但还是很充实、很快乐。大二末换届，她曾犹豫过，但最终还是留了下来。“人都是有惰性的，我觉得即便离开了社团，我也做不到把时间全部投入学习，所以想留下来，为了自己喜欢的事情，也希望大三可以过得充实。”当被问到如何平衡各个方面的压力时，她说：“每次去南湖校区上课

的时候，我都会把电脑背在书包里，下课之后直接去图书馆，复习完课程就开始处理社团事务。”说到社会活动，她曾跟随团队一起前往保康支教，短短半个多月，孩子们的成长过程显而易见。临走的时候，有孩子问：“老师，您明年还会来吗？”当时的她竟然无法回答。

提到给学弟学妹们的建议时，程巧说，首先要有计划，其次要保持乐观的心态，适当给予自己一些积极的暗示。有时压力太大，她会去操场跑跑步，给自己减压。“在跑步之前你会感觉很茫然、很焦虑，跑上两圈，压力就会烟消云散。”此外，程巧注重培养好习惯，她会给自己定闹钟，早早起床吃完早餐去上自习。“早上六点到八点是人最有精气神的时段。”一个人可能很难坚持下去，她说宿舍同学的习惯都很相似，大家互相监督、互相帮助。

毕业在即，程巧想告诉还在校园中的同学们：“四年时间其实很短，希望你可以抓住每一个突破自己的机会，让它成为成功路上的基石。大学的学习真的一点也不轻松，无论是必修课还是选修课，都要认真对待。学习之余，你可以参加各类比赛，取得证书，进入实验室，积累丰富的实践经验。关于社交，去加入‘适合’自己的社团，去参加感兴趣的活动，你会从中受益良多。多和优秀的人接触，努力提升自己，向他们靠近。正是鲜衣怒马少年时，切勿荒废时间。”此后，她将前往更广阔的天地，朝着自己梦想的方向继续前行。

（记者：张佳喜　采编：郑雨欣　编辑：郑雨欣）

材料1606班　董娇娇：期待更好的明天

图1-175　董娇娇

董娇娇(图1-175)，材料1606班学生，曾担任团支书，多次组织主题团日活动，先后获两次校三等奖学金、一次社会奖学金，获校混凝土设计比赛三等奖、玻璃设计比赛二等奖，已被浙江大学材料学院录取，继续攻读硕士学位。

朗弗罗说：“乌云后面依然是灿烂的晴天。”不经历风雨，怎能见到彩虹？大学四年是人生的重要阶段，有挫折、有坎坷，也有愉悦、有欢乐。

刚进入大学的董娇娇难以适应新的生活，在学习上感到力不从心，新的环境、陌生的氛围让她手足无措。在大一上学期快要结束时，一场大病让董娇娇在医院休养了近两个月，这对她来说是身体与心理的双重挑战。治疗结束后，她花了很长时间调整自己的状态，一次次灰心、一次次奋进。即使在身体不佳的情况下，她还是坚持到校参加考试。虽然结果可能会不尽如人意，但她不想因为身体而耽误了学习。

即使事出有因，不理想的成绩还是给她带来了许多影响。虽说成绩不代表一切，但在很大程度上，好的成绩是一块敲门砖。因为药物的影响，那时的她身体处于浮肿的状态。为了转变这样的状况，董娇娇在大一下学期改进学习方法，克服了自己的拖延症，成绩渐渐有了起色。与此同时，她还积极参与团支书竞选，尽力为班级做贡献，同学们的鼓励让她渐渐战胜了内心的自卑感。另外，她还努力减肥，在三个月内瘦了三十斤，整个人的精神状态恢复了许多。

大一，她就这样跌跌撞撞地走过了，虽然路途坎坷，不过她坚信："明天不一定更好，但更好的明天一定会来。"在她看来，低谷期并不可怕，可怕的是一蹶不振、就此放弃。只要努力，将困难逐个克服，一切都会变好的。

从大二开始，董娇娇就规划自己的考研路。在她眼中，有人读书是为了应付父母、老师，有人读书是为了自己，有人读书是为了国家。这三种人对应了三种学习态度，学习能力依次递增，学习效果也大不相同。在董娇娇看来，学习是为自己的未来投资，付出终会得到回报。在英语四六级考试的准备过程中，她将重点放在了基础上。"学英语其实就像造房子，单词是一砖一瓦，最基础也最重要。"只有夯实了基础，才能探索答题技巧。在她的备考过程中，劳逸结合、保证生活质量十分重要，她会吃好睡好，保证良好的精神状态。她将自己的时间安排得井井有条，"当身体适应了生活的规律，一切都会变得顺其自然"。另外很重要的一点是，在复习临近尾声时，不要与别人比进度，一步一个脚印地走好自己的路，最后的结果一定不会差。

大学四年中，董娇娇在学习之余做了许多班级工作。从当上团支书起，她就一心想为班级多争取荣誉。大一、大二两年，她精心策划活动，组织了班级党的十九大知识竞赛及校园路面修缮活动，得到同学们的积极响应。在大家的共同努力下，班级的荣誉册越来越厚。她认真对待学院布置的每一项任务，鼓励大家积极参与，督促同学们及时完成。此外，董娇娇还组织了流浪小动物救助活动，与武汉小动物保护协会合作，带领同学们为小动物进行义卖筹款。

"自助者天助之。"董娇娇坚信，只有不断丰富自己，才能在任何时候都泰然自若。无论何时何地，我们都要对自己有一个明确的定位。作为学生，学习是放在首位的。对于董娇娇来说，前路还有很多未知，相信在她的努力下，未来一定是美好的、值得期待的。

（记者：张雨馨　采编：李松涛　编辑：伍龙生）

材料1606班　张鸣奇：敏而好学　勤以致业

图1–176　张鸣奇

张鸣奇(图1–176)，材料1606班学生，中共党员，曾获校三等奖学金、“江西建材”二等奖学金，被评为“校三好学生”，获第三届全国高校无机非金属材料基础知识竞赛二等奖、武汉理工大学2019年大学生节能减排社会实践与科技竞赛二等奖，曾任文体部部长、班长，已考取武汉理工大学材料学院攻读硕士学位。

“珍惜在学校的时光，做一些实事，少刷手机、少睡懒觉。”四年来，张鸣奇一直这样要求自己。他深感大学时光易逝，只有多做实事，才能证明自己不曾虚度光阴，无愧于心。对于时间他没有过多的规划，只是从不拖沓，按部就班地完成各项任务。也许是凭着一腔热血，也许是担着一种责任，他身兼多职也能做到面面俱到，在各个领域熠熠生辉。

刚入大学时，张鸣奇并没有明确的目标，而是无知无畏地与新生活碰撞。大一上学期，他保持着高三时奋进的学习状态，取得了不错的成绩，下学期却放松了紧绷的神经，学习陷入低谷。他就像一艘远航的船，由于海浪的拍打，暂时偏离了前进的方向。那时他与周围的环境慢慢磨合，逐渐形成自己的学习模式，到了大二、大三，成绩稳步上升。勤学好问是他的习惯，不熟悉就查阅资料，不懂就询问老师，他在学习上从来不留疑惑。在张鸣奇看来，学习不只是跟随老师掌握课本上的专业知识，更多要靠自学，因为世界上从不缺乏人云亦云的学者，只有习惯独立思考，形成自己的观点，才能脱颖而出。

此外，张鸣奇还说，不能死读书，要勇于实践。怀着锻炼自己动手能力的初衷，大二暑假借参加圣戈班玻璃竞赛的契机，他联系导师进入了硅酸盐重点实验室。大三时，他和学长们参加了大学生节能减排竞赛。回忆起那段备赛的艰苦时光，他与队友做实验到晚上十一点，日夜苦思冥想进行实验设计……他从没有因此感到疲惫或想要放弃。做科研是一个让人静心的过程，他享受着，也为之努力着。项目进展并不顺利，虽然他们有用太阳能玻璃盖板的增透玻璃提高发电效率的新颖创意，但成品与预想中的存在很大差异，一些物理性能不容易检测，最终的展示模型也不容易构造。这些困难并没有打消他们的积极性，反而激发了他们的斗志。他们每天查阅相关资料，改进实验方法，一次又一次地尝试，最终获得了二等奖。从来没有一蹴而就的成功，也许别人会惊羡他们最终的成果，但幕后的坚持与付出才是弥足珍贵的。在大三暑假，他参加了第三届全国高校无机非金属材料基础知识竞赛。虽然有着过硬的专业知识基础，但他不敢有丝毫松懈。买教材、重温老师讲课的ppt、在图书馆借阅相关资料，敏而好学，勤学好问，他不断充实提高自己，最终取得二等奖的好成绩。努力不会付诸东流，只要有实力，就会有展示的舞台。

张鸣奇曾任材料1606班班长及材料学院2016级文体部部长，当被问及是否会感到力不从心时，他说："同学们参加活动都挺积极的，班委也能各自做好本职工作，任务分配下去就不用担心。任职期间锻炼了我的协调与策划能力，让我的大学生活更加充实。"工作任务他都能利落地完成，这是他对自己的要求，也是一种责任担当。

"路漫漫其修远兮，吾将上下而求索。"大学四年是人生的一个阶段，张鸣奇践行"追求卓越"的武理精神，永秉初心，勤以致业。相信以后的他依然能够乘风破浪，终有所成。

（记者：周瑞鑫　采编：周瑞鑫　编辑：景千贝）

复材1602班　张颀：此心光明　亦复何言

图1-177　张颀

张颀（图1-177），中共党员，复材1602班学生，三年平均学分绩点4.123，排名班级第一、年级第二；曾两次获得国家奖学金，被评为"三好学生"和"三好学生标兵"，参与发表两篇SCI论文，申报"国创"项目并以"优秀"等级结题，已获A类推免资格，至中国科学技术大学化学与材料科学学院攻读硕士学位。

如何顺利又不留遗憾地度过本科四年，似乎是一个较难的问题，但对张颀而言，这个问题仿佛不曾存在。进入大学以来，张颀从未迷茫，他一直坚定自己的目标——保研，并为之不懈奋斗。

吾心自有光明月，千古团圆永无缺

三年平均学分绩点4.123，两次获得国家奖学金，张顽在大学期间成绩优异。在被问及如何取得这样优异的成绩时，张顽坦言自己并不是一味埋头学习的人，他更注重学习方法。“我平时上课认真听讲，课程结束后一定会自己总结。”在大三上工艺与设计课时他曾自己整理了一份复习资料，原本只在寝室分享，后来这份资料获得大家的认可，广为借阅。张顽用最少的时间取得了最好的效果。

千淘万漉虽辛苦，吹尽狂沙始到金

在大二上学期，张顽进入硅酸盐国家重点实验室，加入谢峻林教授的课题组，积极参与科研活动。在此期间他遇到很多问题，是坚持和交流使他克服重重困难，砥砺前行。而今，他参与发表论文两篇，获得专利一项，同时作为主力成员参与“国创”项目“利用钢厂烧结灰制备SCR脱硝催化剂的研究”，并以“优秀”等级结题，可谓硕果累累。

当被问及如何在参与众多竞赛的同时仍能取得优异的成绩时，他表示科研与学习并不冲突，在学有余力的情况下，做科研可以提高自己的综合素质。双休日，他会用一天的时间在图书馆学习，掌握了当周的内容后再用一天的时间泡在实验室。只要真心想做，总是能挤出时间来。讲到这里，张顽想到了自己的C语言学习经历：“人一能之，己百之；人十能之，己千之。”在C语言的学习中，因为对老师授课方式的不适应，知识理解得不够到位，张顽每天早上很早就起床学习编程。正是这种攻坚克难、不服输的精神，使他取得了今天的成就。

纵饮冰十年，亦难凉热血

“不忘初心。”这是张顽在采访的最后送给学弟学妹们的话，也是他亲身经历后的感悟。只有经历过那些为理想奋斗的日子的人，才能给出这样从容的劝诫。人不缺少梦想，可是有人的梦想终究是梦想，有人让梦想成为现实，其中的缘由可能只有经历过的人才会懂。

漫漫求学路，布满荆棘，充满挑战，唯有坚定信念，超越自我，为梦想不懈奋斗，方能成就自我，如张顽一般，向着人生巅峰，努力攀登。

（记者：佘玉龙　采编：佘玉龙　编辑：景千贝）

复材1602班　张毅为：在青春的道路上尽情奔跑

图1-178　张毅为

张毅为(图1-178)，中共党员，平均学分绩点3.879，复材1602班学生，曾担任班级体育委员、材料学院学生会体育部副部长，在全国大学生田径锦标赛阳光组男子4×100米接力赛中获第六名，在湖北省运动会大学生甲组男子400米栏比赛中获第一名，在4×400米、4×100米接力赛中均获第一名，获校运动会400米栏第一名。在全国大学生英语竞赛中获三等奖，在校“楚墨缘”书画比赛中获硬笔书法一等奖，曾获得上纬一等奖学金、亚唯复材校友奖学金、校三等奖学金。已通过考研复试，将前往浙江大学高分子科学与工程学系攻读硕士学位。

回首过往的四年时光，张毅为觉得自己一直在奔跑。环形跑道上留下了他坚实的足迹和矫健的身姿。

赛场狂奔

张毅为并不是从小就展现出极佳的运动天赋。初中三年的合理锻炼，让他的身体素质有了极大的提高，他在高中和大学也保持了运动的习惯。运动不仅仅塑造了他挺拔的身材，更让他拥有了坚韧不拔的精神和顽强拼搏的斗志，这些为他在学海中奋勇向前提供了不竭的动力。至今，他都保持着良好的运动习惯。

因为在校运会上的出色表现，他被体育老师推荐加入了学校田径队。大二暑假，他代表学校去黑龙江省参加全国大学生田径锦标赛，取得了优异成绩。三年来，他在各级各类比赛中都斩获佳绩。虽然训练占用了绝大部分课余时间而使他与一些学术竞赛失之交臂，但是他所取得的成绩足以令人艳羡。

考场长跑

在赛场上，张毅为是一名优秀的短跑运动员。对他来讲，考研更像是一场马拉松。这里没有栏杆，也没有弯道，胜负的关键在于能否一路坚持，不改初衷。只有耐得住寂寞的人才能守得住繁华。

张毅为的学习成绩并不是一直都很好。大一阶段，他也曾经历迷茫期。大二上学期，成绩的波动和同学间的激烈竞争让他意识到大学的学习是需要下狠功夫的。为此，他给自己设置了一条底线：每天投入足够的时间，对于繁难的课程要迎难而上。合理的学习方式与充足的时间投入使他的成绩稳步提升。

谈及考研，他说自己是在同伴的带动下开始复习的。备战的过程无疑是对自律性的极大挑战，激烈的竞争造成巨大的思想压力，但是张毅为坚持了下来，这得益于他在运动中培养的不服输精神，也得益于伙伴的陪伴与鼓励。尽管在择校时有过纠结，但最终他和伙伴都成功“上岸”。

在青春的赛道上尽情奔跑，也许是一生中最恣意的状态。在生活中，他是那样谦逊温和，平静地讲述自己的故事，从没有把成绩当作光环。也许只有融入星光里的人，才不知自己的璀璨。尽管已经考研成功，张毅为仍抓紧时间，利用假期不断学习，提升自我。青春的跑道没有终点，他依旧那样激情四射、奋勇争先。

（记者：李楠　采编：李岚　编辑：孙旭玖）

成型1602班　陈瑞川：功不唐捐，越甲吞吴

图1-179　陈瑞川

陈瑞川（图1-179），成型1602班学生，曾任班级心理委员与志愿服务委员、材料学院科学技术协会副主席，曾获第四届“互联网+”大学生创新创业大赛湖北省复赛二等奖。本科期间从事轴承磨损相关研究工作，获得专利三项，发表论文一篇，毕业后就职于紫光新华三集团。

华盛顿说：“成功并不能用一个人达到什么地位来衡量，而是根据他在迈向成功的过程中，到底克服了多少困难和障碍。”从一个初入大学的茫然少年到毕业时成为一名产品工程师，陈瑞川所克服的重重困难和障碍，使他称得上“成功”二字。

转折

初入大学，陈瑞川就遭遇了长达一年的迷茫期。他懵懵懂懂，茫然不知所措，终日

看书、听歌、打游戏，把生活与学习弄得一团糟。很多同学遇到类似的情况，会选择放弃自我，浑浑噩噩地过完大学四年。但是大二的他逐渐认清自我，不满于自己的生活和学习状态，他开始改变自己，做项目、组织班级和社团活动，第一次拿到了奖学金。大二暑假，陈瑞川是辛苦的，但也是幸福的。他留在学校和小伙伴们一起备战第四届"互联网+"大学生创新创业大赛，最终这次参赛经历以他们获得省级二等奖而完美收官。

即使生活变得忙碌起来，他依然坚持自己的爱好——看书，尤其是哲学、历史、政治、经济类的书。正是受到书籍的熏陶，陈瑞川逐渐明白了自己想要的是什么，也有了前进的精神力量。

探索

著名长篇小说《堂·吉诃德》中有这样一段话："忍受那不能忍受的痛苦，跋涉那不堪跋涉的泥泞，负担那负担不了的风雨，探索那探索不及的晨星。"初获奖项的陈瑞川在泥泞中一直探索着。大二下学期到大三上学期的一年时间里，他把能参加的各类竞赛都参加了一遍，为自己增加了不少经验。大三下学期，他开始准备轴承实验室的"国创"项目，最终收获了一篇论文、三项专利。

与此同时，他还担任材料学院科学技术协会副主席，这段经历给他带来颇多收获。陈瑞川说："我在科学技术协会的工作中办过不少荒唐事，磨损了团队的锐气与热情，大三以后才开始逐渐掌握与人合作的基本方法。未来的工作和生活中少不了与人打交道，怎么团结协作，可能是我一生要去学习的社会工程学知识。"在学生工作中他学会了如何沟通、如何分配任务，相信这一定是陈瑞川大学生活中一段难忘的经历。

在谈到竞赛方面的经验时，陈瑞川十分谦虚："说来惭愧，我并不是'竞赛大神'。如果说有什么经验可以分享，我认为最重要的是要'有所长'，这样别人才愿意找你加入团队，加入的竞赛团队多了，多拿奖、拿大奖的概率就上升了。"对于竞赛来说，写文案、做PPT、宣讲都是非常重要的，陈瑞川正是在一次一次的探索中逐渐提升能力的。

选择

毕业后是继续深造还是就业，是每个毕业生都要思考的问题。这个问题在陈瑞川心中早就有了答案。经历了大学四年，他明白自己适合什么样的工作。相较于写论文、做实验，他更喜欢在大屏幕前切换PPT，与人分享自己的成果。所以他在大四秋季招聘的时候，向与专业相关的公司都投递了简历，最后选择了信息与通信技术行业，到新华三集团广州代表处与服务器、交换机打交道，成为一个给客户讲解配置、讲解方案的产品工程师。

谈到对学弟学妹们的建议时，陈瑞川提到了四个“多”——多看、多想、多做、多交流。他说：“初入大学，茫然不知所措是正常状态，应该抓紧时间去实验室、去招聘会、去企业实习，去看看自己到底想以什么样的状态迎接未来的工作与生活，然后谨慎选择前进的道路。”

陈瑞川最喜欢这样一句话：“人能十之我百之，人能百之我千之，功不唐捐，越甲吞吴。”他即使被别人暂时超越，也要用百倍的勤奋、努力去超越别人。朱光潜老先生说：“自己的责任必须自己担起，成功是我的成功，失败也是我的失败。”陈瑞川奋起直追的经历不但给他带来高光时刻，而且在以后的生活中激励着他前行！

（记者：童瑶　采编：童瑶　编辑：景千贝）

成型1602班　郝泽宇：不忘初心，方得始终

图1-180　郝泽宇

郝泽宇（图1-180），成型1602班学习委员，曾多次获得奖学金，多次被评为“校三好学生”“院三好学生”，曾担任校大学生艺术团副队长，组织、参加多项演出活动，参演的小品曾获湖北省第六届大学生艺术节一等奖和三等奖。

毕淑敏说：“所谓初心，不必华丽，但必须坚固。”我们的初心，是活出自我。活出自我，活得自在洒脱，才能在平凡的日子里守住心底的柔软，守住心中的光芒。郝泽宇便是一个活得自在洒脱的人。

大学生活本就应该丰富多彩。郝泽宇大学期间积极参加社团活动，并担任学校大学生艺术团副队长。这是他第一次承担管理类学生工作，日常组织队员训练、确定训练内容、开展队内活动，不仅锻炼了他的管理能力和组织能力，而且锻炼了他与人合作的能力。社团工作很烦琐，他“累并快乐着”。除了社团工作，他连续四年担任学习委员，除了要保证自己成绩优异，还要帮助班级同学提高成绩。他认为担任学习委员不仅能锻炼自己合理安排时间的能力，而且能让自己体会其他班干部的不易，更加理解其他从

事学生工作的同学的难处，在一定程度上锻炼自己和老师、长辈交流的能力，让自己做事更加认真负责。他坦然地说，自己是活泼开朗的那一类人，在面对一些事情的时候希望自己能沉着、冷静。

谈及兴趣爱好时，郝泽宇把篮球运动员勒布朗·詹姆斯当作榜样。他欣赏詹姆斯在运动场上的从容和冷静。詹姆斯出身贫寒，但他从未放弃自己。他曾说："你必须成为在这个领域里最勤奋的人，才能有成功的机会。"找到方向并一直努力下去，这便是不忘初心。郝泽宇对天文学很感兴趣，会关注黑洞、火星探测器之类的新闻。三毛有言："一个人至少拥有一个梦想，有一个理由去坚强。心若没有栖息的地方，到哪里都是在流浪。"郝泽宇很喜欢儿时读过的《根鸟》和《牧羊少年奇幻之旅》，这两部书讲述的是少年寻梦追梦的冒险故事。书中主人公近乎理想主义的勇敢和执着精神十分打动人，他觉得这正是当代大学生所匮乏的，希望自己能够心怀梦想，更加勇敢坚定地去寻找适合自己的道路。

"不要因为走得太远而忘记为什么出发。"这是郝泽宇用来激励、警醒自己的格言。他建议学弟学妹们提前规划大学生涯，尽快确定奋斗目标，遇到机会要勇敢地抓住；要学会独立，不依赖他人；要学会主动了解信息，积极寻找机会、做出选择。这些是他在大学四年里总结的经验，希望帮助学弟学妹们吸取教训、少走弯路。

艾尔蒙格说："即使与浩瀚的宇宙相比渺小得不值一提，我也是自己的全部。"每个人都是独立的个体，都值得活出自己的价值。相信郝泽宇在以后的研究生涯中定能坚守初心，不断努力，活出自我。

（记者：高歌　采编：邹欣妍　编辑：霍鑫）

材科sy1603班　刘波：和光同尘　静水流深

图1-181　刘波

刘波（图1-181），中共预备党员，材科sy1603班学生，被评为"校优秀学生干部""校优秀学生会干部"，在全国大学生数学竞赛中获三等奖；曾任材料学院通讯社社长、材料示范学院学生会副主席；参加了澳大利亚蒙纳士大学短期交流，并进行总结汇报；多次参加志愿服务工作，累计工时达200余小时，获得A类推免资格，至本校攻读博士学位。

回望旧时光影里的刘波，他像一位怀着好奇心的探险者，在大学这片新的领域中寻觅着宝藏。在这场历时四年的探险中，他不断前进，寻得属于他的一片天地。

“砚滴将干难句癖，愧吾三日未临书”

对刘波而言，“学会学习，爱好学习”不是一句空话。在学海里泛舟的他，有着良好的自我管理意识。他说在大学期间要学会拒绝诱惑，从身边的小事做起，比如主动放下手机，多去图书馆。在图书馆可以静下心来学习，何乐而不为呢？对于时间管理，刘波有一套自己的方法：利用便利贴、表格等写下自己每天的计划，完成与否都留下记录，这样心中便有了大致了解，有利于自身总结。

求学不是埋头苦读，要利用好身边的资源，有效地提高自己。在大二下学期，通过参与学院的暑期项目，刘波来到澳大利亚的蒙纳士大学交流学习。在短暂的交流过程中，他不断学习和探索，发现国内外学习模式的差别，总结各自的优劣，取长补短，并在此后的学习生活中加以运用。

“陪你从第一步走到每一步”

刘波不仅在学习中颇有心得，而且在社团工作中也有十分出色的表现。初入学的他对社团充满好奇，便加入了材料学院通讯社与材料示范学院学生会等多个社团。在这些组织中他遇到了一群志同道合的伙伴，大家一同努力推动社团发展，他最初的兴奋与好奇演变成了最终的责任和担当，后来他通过竞选成为材料学院通讯社编辑部部长、材料学院通讯社社长。这一路走来并不容易，他坦言有时候压力会大到让人喘不过气，但他从来不是孤军奋战，社团里的每个人都相互激励、相互帮助，一同战胜困难。

“陪你从第一步走到每一步”，这句话是他在社团里一路成长，从干事干到社长的写照，接过接力棒，不断发展社团文化特色成为刘波放在心底的愿景。他肩负起宣传的重任，激发集体力量，编印学院刊物《积材轩》《材料之星》《名师名导》等，多次举行线上、线下读书交流会……

“越努力，越幸运”

勤奋者废寝忘食，懒惰者总没时间。即使学习和社团工作占据了刘波许多时间，他也从没放弃过对科研的尝试和钻研。自入学起他就不断参与各类科研项目，参加专业竞赛，虽然有时结果不尽如人意，但他能从中学习各种技能并总结经验。在实验室遇到困难时，他积极和导师沟通，顺利走出困境，在哪里跌倒就在哪里站起来。

“找对了方向，越努力，越幸运。”一路上他不断尝试，不断努力，一切都成为珍贵的回忆留在心间，化作继续前行的力量。

四年的大学生活已经结束，新的征程才刚刚开始，刘波与武汉理工大学的缘分还未尽，此时的他整装待发，将继续探寻新的宝藏。

（记者：贺豪　采编：张佳喜　编辑：张佳喜）

成型zy1601班　殷逸雄：保持热爱，奔赴山海

图1–182　殷逸雄

殷逸雄（图1–182），成型zy1601班班长，任职期间，班级成绩在年级位列第一，班级连续三年获得“校优秀班集体”荣誉称号。他曾获得三次社会工作奖，被评为“优秀共青团员”、剑桥英语视听说高级课程“优秀学员”等，作为项目负责人完成题为“人工智能在材料成型领域现状调查”的“校创”项目。毕业后前往恒大新能源全球电池研究院工作。

“不努力，是会被合并同类项的，所以你要做那个被提取出来的公因式。”殷逸雄的大学四年，正是他不断完善自身，努力成为“公因式”的四年。

班级成绩蝉联年级第一，校“优秀班集体”、校“五四红旗团支部”等荣誉称号的获得离不开成型zy1601班每位同学的努力，更离不开担任四年班长的殷逸雄的付出。回望来时路，殷逸雄笑着说：“我已经当班长十年了。”从初中第一次组织班会时的紧张局促，到现在的游刃有余，他认为最重要的是勇于尝试，在每件事情结束后进行总结和反思。他习惯将自己的计划和感悟记在本子上，日积月累，本子上的字句越来越多，见证了他自我能力的提升。

他说：“作为班长，我做得最多的是交涉和协调。要想当好班长，我认为最重要的是有责任心并且足够真诚。”在任务分配方面，“不患寡而患不均”，有同学在某一阶段任务较重时，殷逸雄会主动去分担一部分。班长是管理者、组织者，更是实施者，他带领大家一起参观晴川阁，领略“晴川历历汉阳树”的美好，也组织大家一起去汉口坐轮

渡，感受长江的波澜壮阔。不论是辛亥革命武昌起义纪念馆还是举行野餐的公园，都留下了成型zy1601班同学们的足迹，而班级的凝聚力正是在这一次次的活动中日渐增强。除此之外，他还作为项目负责人带领班级同学申报“校创”项目并顺利结题。担任班长，不仅让他的工作技能稳步提升，而且让他的临场发挥能力、组织管理能力得到了锻炼，更重要的是他有更多的机会去接触班级里的每一个同学，收获了沉甸甸的友谊。日后，他希望自己能更加细心，遇事多思考，尽可能照顾到更多同学的想法和感受。

“满腔热血都要留给心之所向”，殷逸雄对英语的学习便是如此。他经常主动出击，抓住各种可以学习英语的机会。面对“哑巴英语”的现象，他认为语言的学习其实是一个输出的过程。从大一下学期到大二下学期，他利用课余时间去英语补习机构学习。在那里，不仅有英语基础课程，而且有自由讨论、话剧、时装秀等丰富多彩的活动。让他印象最深刻的是一次大型话剧演出活动，台下观众有三四百人，而他作为帷幕拉开后第一个出场的人，压力很大，尽管排练十分认真，但在上台前还是感觉心扑通扑通地跳，像是要从嗓子里跳出来。不过表演很顺利，他回忆说：“表演结束的时候所有的压力都没有了，那种感觉真的很棒。”从此，对于舞台表演，他更加从容、自信。

谈到话剧的排演时，他说从剧本的写作到道具、服装的准备，再到一次次的排练，一个个动作的纠正，一点点人物感情的拿捏，都是和小组成员一起完成的，这期间非常累，但和同伴们结下了深厚的友谊。当问到他是如何坚持下来的，他说“我就是喜欢英语”，从语气中能够感觉到他的这份喜欢是源于内心纯粹的热爱，没有掺杂功利性目的。于他而言，喜欢就是把它变成自己生活的一部分。没有“天然”的英语语言环境，他就想办法让自己“沉浸”在特定的英语语言环境中，如每周都会抽一个晚上的时间去华师参加“英语角”，在那里，讲师是地地道道的英国人，台下所坐的大部分是外国学生，大家全程用英语进行沟通交流，这样除了让他的英语口语得到了锻炼，还让他近距离地体验了文化差异，感受到异国风情。相比于中国传统文化中的谦虚、内敛，外国人的开放与自信让他为之一振。他们可以走上讲台侃侃而谈，即便所讲的英语并不标准甚至带有浓重口音，这种洒脱与不羁深深地感染了殷逸雄。在这种氛围里，他潜移默化地受到影响，更加放得开，真正做到了把内在的知识外化，勇敢地用英语表达自己的想法。除此之外，他还结识了很多外国朋友。闲暇时间，他会约他们一起谈天说地、溯古论今。“只有发自内心地热爱才能登峰造极”，这句话用来总结他的英语学习实在是恰到好处。

“不如意事常八九，可与人言无二三”，情绪低落的时候，殷逸雄选择自我消化。他热爱运动，除了跑步，每天都会去健身房锻炼。运动带给他的是轻松，是自信，是坦荡。他还是院篮球队的一员，他们队在“新生杯”篮球赛中获学校第四名，在年级篮球赛中获得学院第三名的好成绩。“热情、执着、严厉、回击和无惧”是黑曼巴精神所在，他立志将这种永不言弃的精神落实到生活的方方面面。

“你在背单词时，阿拉斯加的鳕鱼正跃出水面；你在计算数学题时，太平洋彼岸的海鸥振翅掠过城市上空；你在上晚自习时，极圈上的夜空五彩斑斓。请别着急，在你为自己的未来踏踏实实地努力时，那些以为从来不会看到的景色，那些以为终生不会遇到的人，正一步步向你走来。”殷逸雄认为最重要的是做好当下的事，不要过度规划未来，将手头的事情做好，各种美好一定会纷至沓来。他鼓励学弟学妹们抓住大学的美好时光，多尝试、多探索，做自己真正想做的事，坚持自己的所爱。我们祝愿即将走出象牙塔、迈向人生新阶段的他，能够继续保持热爱，奔赴下一片山海。

（记者：郝倩　采编：郝倩　编辑：郑雨欣）

研途有为

材研1502班　卜童乐：用最大的热情做自己最想做的事

图2-1　卜童乐

卜童乐(图2-1)，材研1502班学生，本科期间加入材料学院通讯社新闻部，文字功底深厚，热爱篮球。从事钙钛矿电池方面的研究，发表SCI二区论文一篇。研一担任班长，凭借优异表现获得国家奖学金、学业奖学金等。

和学长的第一次见面是在逸夫楼，他当时正在做实验，得知我们来了以后，匆匆下楼。坐在走廊尽头的椅子上，我有些紧张。随着交流的深入，我发现他是一个很随和的人。

学长说，他在本科期间加入了材料学院通讯社新闻部，平时会负责一些新闻稿件的审读，不仅要消除语病，而且要对文章结构等进行分析。长此以往，他提升了自己对文字的把控能力，这对日常的学习、科研大有益处。

在谈到本科期间的学习生活的时候，学长说大一时他也很迷茫，不知道未来的路是怎样的，对于学业也没有具体的规划，只是平时好好上课，完成作业，在课余时间打打篮球，假期有空闲时间就去旅行，放松自己。其实这并不是真正的迷茫，学长在没有找到方向的时候，没有停留在原地，而是顺其自然地前行，安安静静地完成学习任务，注重体育锻炼，塑造强健的体魄，这些积淀成为他日后提升的基础。

到了大二、大三，因为没有充分了解相关专业实验室的具体情况，学长对科学研究并没有产生浓厚的兴趣，所以没能坚持下去。正是因为有切身体会，学长尤其强调要敢于尝试，发现自己真正擅长的领域，然后全身心投入。

到了大四的时候，做完毕业设计，学长了解到钙钛矿电池这个全新的领域，产生了浓厚的兴趣，于是进入了刚刚组建不久的实验室。因为实验室建立时间不长，很多硬件设施还没到位，人手也很少，在我们看来这对于学生是很不利的，学长却说这样能有机会和老师们面对面地学习交流，能更快地成长起来。

研一的时候，学长担任班长，先后获得国家奖学金、学业奖学金等。在我们问起科研方面的困难时，学长说首要困难是设计不出实验方案。有时候老师会告知具体的实验流程，学生只需按部就班地完成；可很多时候老师也没有具体方案，这就需要学生自己去查资料、进行设计，并考虑其可行性。由于自己做的实验别人也在做，如果进展较慢，自己的研究成果可能会被抢先发表。这个过程是很艰难的，没有合适的实验方案，一切都无法进行。有了方案，就要花大量时间去完成实验，这个过程也很累，一次实验可能要花费十几个小时才能完成，只有每天坚持才能得到最终结果。假期学长没有回家，早上7点就到实验室开始工作，晚上11点多才回宿舍，宿管大叔抱怨说："下次再这么晚回来，你就住在实验室吧。"

学长从事钙钛矿相关研究，对细节要求很高，如在产品表面镀膜时，每一层膜都要致密，不可以出现气孔，否则前功尽弃。学长有一次做出了一个性能超常的样品，想复制之前的过程，制备更多样品出来，于是回想当时用了什么仪器，在什么条件下操作的，甚至天气状况都被考虑在内。花了三个多月时间，他终于成功复现了试验。在这个过程中，学长还注意到湿度变化对材料性能的影响，撰写了一篇相关论文。正是因为学长的细致与认真，他才能找到属于自己的一片风景。

采访进行了近一个小时，气氛轻松愉快。眼看天色已晚，我们结束了采访，学长匆匆返回实验室。我们走到楼下，回头看去，几乎每一间屋子都亮着灯。它们今晚会亮到何时，我无从得知，但是我相信，坚持努力的人永远不会被辜负。

（记者：郝程远　编辑：陶申）

材研1401班　郑顶恒：海那边追梦的人

图2-2　郑顶恒

郑顶恒(图2-2)，中共党员，材研1401班学生，荣获2015—2016学年"校三好研究生"荣誉称号，获得国家奖学金。硕士期间发表论文五篇(两篇SCI一区论文和三篇EI论文)，申请国家发明专利一项，获得武汉理工大学自主创新基金研究生国际交流项目的资助。2016年11月赴日本东北大学金属材料研究所进行为期半年的交流学习。

联系到郑顶恒学长的时候，他还在海的那边。记者对他进行了线上采访。

生活就是现实

“生活并不是一个亟待解决的问题，而是一个需要体验与接受的现实。”这是他的QQ个性签名。当被问及对生活的感悟时，学长说：“生活是一个漫长的过程，这个过程中的酸甜苦辣都要亲自体验。”焦虑和迷茫也许是许多大学生的困扰，但这些都是必须经历的阶段。“有时候适当放慢自己的节奏，抛开生活中的琐事，思考自己想要什么，逐渐明确自己的目标。等焦虑和迷茫过去，你会走得更坚定。”郑学长语重心长地说。郑顶恒在学业和科研两方面都有着丰硕的成果。对于这些成果，他很是谦虚，坦言曾在大三下学期因科研而成绩下滑。“因为当时单纯地想去了解，便一股脑扎进去了，其实还应视个人兴趣和需要适当地取舍，鱼和熊掌不可得兼。”研究生阶段，课程安排很灵活，有充裕的时间进行科学研究，他认为最重要的是合理安排时间。

是困难，也是督促

科研之路上，他遇到过许多挫折。他的第一篇论文经历了八个月的修改、两个月的审核和三个月的重修与重审。第一次用英文撰写论文困难重重，在导师的亲自指导下，他一遍遍地修改，花费时间是必然的。在这一过程中，他收获了很多宝贵的经验。收到审稿意见后，他会仔细研究，对自己的论文进行细致修改，直至达到审稿要求。他告诉笔者，正是这些困难给了他锻炼自己的机会，督促他做得更好。

海对面是另一个世界

在许多人心目中，出国留学很陌生、很遥远。学长对出国表达了自己的看法：“最大的好处是增长见识，开阔眼界，接触不同的人，遇到不同的事，欣赏不同的景，能够站在另一个角度看世界、看中国。”留学日本东北大学的这段时间里，他学会了独立解决各种问题，锻炼了自己的生活技能。“我只是觉得既然出国了，就要坚持到底。”一个个困难出现在他的留学生活中，他总是抱着坚持下去的决心，一次次地将其克服。笔者相信，在日本，郑顶恒学长一定能不忘初心，取得更大的成就。

与他的聊天是短暂而意味深长的，采访结束后，他又投入了枯燥的学术研究中。未来的路很长，面对前方的目标，他告诉我们：“该做的尽力而为，剩下的顺其自然。”

（记者：秦煦森、邬琳、任静柯　编辑：成子巍）

材研1401班　杨雨诗：认真做事，踏实做人

图2-3　杨雨诗

杨雨诗(图 2-3)，曾获得国家奖学金，以第一作者身份发表四篇 SCI 论文，申请一项专利，获得“卓越研究生”称号。

在和杨雨诗学长的谈话中，可以明显感受到他是一个严肃认真、淡定平和的人，他在回答问题时语言简洁、有条理。一个优秀的人一定有过人的品质。

当被问到在大学有哪些难忘的经历时，学长说最令他难忘的是进入新材料研究所吴庆知老师的课题组，研究“制备纳米羟基磷灰石”，其次是学习叶卫平老师的课程“计算机在材料科学中的应用”和邵刚勤老师的课程“晶体结构解析与精修”。利用课余时间，他还学习了 MATLAB 和 Python 编程语言，这让他的大学生活十分充实、快乐。生活中的学长真心待人，为人诚实，坚守着自己向学的初心。他目标明确，一路前行，最终活成了自己想要的模样。遇到不顺心的事时，他会看看小说、电视剧，偶尔打打游戏。人生不是一帆风顺的，在积极乐观的人眼里，挫折和失败不是拦路虎，而是推动自己前进的力量，是上天的馈赠。

有很多同学沉溺于娱乐而放松了学习，导致自己距离梦想越来越远，学长深感遗憾，建议这些同学找到自己的兴趣爱好，并将其发展为特长。其实，学习的过程是艰难的，此时的拼搏是为了获得以后真正的快乐。

对杨雨诗学长的采访到此结束了，我们从中受益匪浅，要学习学长认真做事、踏实做人的生活态度和坚守初心、安心向学的精神。希望这对每个人的学习生活有所帮助，祝愿学长事事顺心、学业有成！

(记者：尹钰婷　编辑：杜林远)

材研1401班　李戈：坚持是制胜的法宝

图2-4　李戈

李戈(图2-4)，材研1401班学生，曾任材料学院研究生工作办公室学生助理、材研1401班班长、材料学院研究生会科创部部长等职务，荣获“校三好研究生”“校优秀研究生干部”“优秀研究生会干部”等称号，参与申请两项发明专利。

虚心求教　砥砺前行

别人只看到李戈所获得的荣誉，却不知他付出的艰辛。科研中最艰难的是找不到方向，实验室的管理相对而言较为松散，他只能自己阅读大量文献，主动和导师交流，向师兄、师姐请教，制订合理的实验方案。“分配的任务一定要及时完成，因为别人信任你才让你做的。”认真负责的态度成就了今天的李戈，这也是他不同于常人的闪光点。在工作中，最难熬的日子莫过于每年的答辩：夜以继日地忙碌，从早到晚都在办公室收集材料，一刻也不能休息。他怀揣谦虚与崇敬，在岁月里砥砺前行。如杨绛所说：人能够凝练成一颗石子，潜伏见底，让时光像水一般在身上湍急而过，自己只知身在水中，不觉水流。

充实生活　超越自我

本科期间曾任学习委员的李戈，在研究生阶段担任班长、研究生工作办公室助理及科创部部长的职务。压力没有击垮他，反而让他的研究生生活更加充实。曾经，李戈并非一个善于交际的人，但是担任班长后他很快和其他同学熟悉起来，通过组织多次活动让班集体更加团结，更有凝聚力。研究生工作办公室助理的身份让他有更多和学院教师以及优秀学长交流的机会，细心的他发现每个人身上都有值得学习的地方。众多良师益友让他在平时的生活和工作中遇到困难时能得到不少帮助。完成任务的过程极大地锻炼了李戈的组织协调能力和抗压能力，他熟练掌握了办公软件的操作技巧，获益匪浅。尽管学生工作占用了不少时间，但在李戈看来，一个人的收获和他的付出是成正比的。他享受这样的忙碌，每一天都过得充实。“有一次，利用课间十分钟，我骑车回寝室帮辅导员统计了一项数据。”他说，“遇到麻烦的事情，先想解决办法，不要总是抱怨，抱怨是没有用的。”

生活中的李戈，喜欢听英文歌、看电影、打乒乓球。在他看来，有效率的工作建立在良好休息的基础上，暂停是为了更好地开始。

心怀梦想　永不停歇

谈及未来时，李戈打算继续沿着新能源材料与器件的研究方向发展。未来的路也许布满荆棘，而他将坚持自己的内心，一路追寻。大多数人之所以感到迷茫，是因为害怕付出之后得不到自己想要的结果。但我们唯一能做的，就是付出最大的努力，给自己一个机会，去证明当初拼命要做的事情是对的。这正是李戈现在所处的状态。

最后，对于学弟学妹们的学习生活，李戈给出了自己的建议：第一，经历越多，收获越多，切忌浪费时间；第二，遇到问题不要抱怨，要想想怎么解决；第三，制定切合实际的目标并为其做充足的准备。愿更多后起之秀在逆境中成长，让自己的人生之路豁然开朗。

（记者：王亚男、李星甫　编辑：韩佩柔）

材研1504班　贺家煜：心怀支教　践行本职

图2-5　贺家煜

贺家煜(图2-5)，中共党员，材研1504班党支部书记，研究生国家奖学金、校卓越奖学金获得者。他参加研究生支教团，在首届中国青年志愿者服务项目大赛中获银奖，所在研究生支教团多次获得国家级、省级志愿服务奖。研一期间发表两篇论文，参加学术会议并作口头报告。他被评为“校优秀共产党员”“校优秀共青团员”“校优秀研究生干部”。

一个获得保研资格的本科生在贵州的大山里用一年时间教授四个班的地理课，并且在研究生期间仍然不忘帮助那些孩子，他就是贺家煜，2016年研究生国家奖学金的获得者。

心怀支教　无私奉献

花一年的时间，做一件有意义的事。贺家煜带着这样的想法在保研成功后踏上前往贵州的路途。作为武汉理工大学第十六届研究生支教团的一员，他将在那里支教一年。在本科期间，他曾担任材料科学与工程学院青年志愿者协会会长，多次参加各项志愿服务活动，因此和志愿服务结下了不解之缘。2015年9月，贺家煜回校读研。虽然离开了大山，但他仍心系贫困地区的孩子们，在生活、学习等方面给予他们支持。贺家煜组织开展的"心手相牵·爱洒千里"党建系列活动得到学校和社会的一致认可。在志愿服务广州交流会暨首届中国青年志愿者服务项目大赛中，他作为团队成员参加"武汉理工大学研究生支教团'理工·滴滴GO'爱心平台"项目并获得银奖。"'一年陪伴，一生牵挂——特别的爱·给特别的你'特殊儿童关爱计划"于2015年11月荣获贵州省首届"金立杯"优秀志愿服务项目大赛金奖，2015年12月获第二届中国青年志愿服务项目大赛银奖。

"做自己力所能及的事，为贫困地区的孩子送去温暖，我从中获得了巨大的幸福。"贺家煜与许多孩子至今仍保持着联系。对贺家煜来说，帮助这些孩子是为志愿服务做出自己的贡献，也是一件让人生更有意义的事情。

努力学习　践行本职

从贵州支教回来，贺家煜提前进入实验室并努力适应新的学习环境。他知道，从支教老师的身份过渡到学生的身份，在状态上需要很大的转变。在学习上，贺家煜保持着课前预习、课后复习和课堂上做笔记的好习惯。因此他各门功课成绩优异，平均学分绩点高达4.3，学期末获得国家奖学金。在学术研究上，他积极与同学和老师交流，把科研看成大事，研一期间发表两篇论文，在2016年中国国际功能材料大会暨第九届中国功能材料及其应用学术会议上做口头报告，并获优秀报告奖。

针对进入大学后同学们普遍感到迷茫的情况，贺家煜说自己也经历过这种状态，不知道应该做什么，后来他发现身边的同龄人在科研、学习以及其他方面都非常突出，便以他们为目标激励自己不断前进。

当学习和科研遇到困难时，贺家煜会调整自己的心态，避免陷入烦躁。在空闲时他会约同学打羽毛球，运动健身能使他放松，从而找到解决问题的方法。为了将来能从事航空航天材料研发相关的科研工作，贺家煜一直在努力学习和积累科研知识，不断进步。

合理规划生活工作

贺家煜在学习和志愿服务上的成绩是毋庸置疑的，在学生工作上他也有出色的表现。他担任班级的党支书和材料学院2014级、2015级研究生的兼职辅导员。被问及如何兼顾工作与学习时，贺家煜回答："重点还是放在学习上。至于如何兼顾，比较重要的有两点：一是合理安排时间，二是提高办事效率。合理地规划今天要完成的任务，在规定的时间内完成，不给自己拖延的机会，这样可以大大提高效率。只要养成这样的习惯，许多问题都会迎刃而解。成功并非一朝一夕就能取得，除了天赋外更多需要自身的努力，而养成良好的习惯是关键。"

在生活上，贺家煜积极服务班级，关心同学。在校寝室风采大赛中，他作为寝室长代表寝室参赛，顺利通过微信票选和风采展示答辩环节，所在寝室获得了"校标兵寝室——模范之星"称号。

贺家煜今天的成功是他过去努力的结果，而他还将通过不断努力和学习来突破自我。他用自己的行动告诉我们，认认真真做好每一件事，今天的努力会在未来大放光彩。

（记者：庄振明、奚莹莹 编辑：郑芮）

材研1406班 詹孟宇：锲而不舍 勤能补拙

图2-6 詹孟宇

詹孟宇(图2-6)，材研1406班学生，成绩优异，获得国家奖学金、CPIC奖学金、研究生一等奖学金，两次被评为"校三好研究生"。她利用课外时间指导本科生的"国创"比赛和毕业设计，申请两项专利，撰写SCI论文一篇。她协助导师完成了与企业的合作，把专业知识应用于实践，研制出来的产品已实现产业化。

她成绩优异，积极上进，有着明确的学习目标，通过自己的努力获得了国家奖学金，被评为"校三好研究生"；她具有较扎实的专业基础，研究生期间申请两项专利并撰写一篇SCI论文，协助导师完成与企业的合作；她在工作上兢兢业业，乐于奉献；她诚实友善，乐于助人，具有较强的集体荣誉感，积极发挥党员的模范带头作用，为大家树立了榜样。她就是材研1406班的詹孟宇。

成绩优异　注重方法

詹孟宇成绩优异，对于学习方法，她提出四点建议。

第一点，课前预习很重要。老师会按照自己的思路讲课，能否跟上老师的节奏决定了对知识的掌握程度，课前预习不仅能让自己对即将学习的知识有大致的了解，而且对自己没有弄懂的问题，能在老师讲解的时候印象更加深刻，即带着问题去听讲。第二点，上课要集中精力，认真听讲。老师对知识点反复琢磨过，所讲的都是重中之重，这有利于学生把握整体学习方向。第三点，养成记笔记的好习惯。俗话说，好记性不如烂笔头，记下来的笔记以后可以经常翻看，有利于知识的巩固，能让自己在期末复习中轻松很多。第四点，课后要巩固。有些一知半解的知识点需要课后反复琢磨并与同学、老师讨论才能掌握，所以复习巩固很有必要。

潜心科研　紧抓时间

谈到科研能给自己带来什么时，她说能让自己充满活力，让生活更加充实。为了解决科研过程中出现的问题，她自学相关专业知识，查找相关资料增长见识，提高自己解决问题的能力和与人沟通合作的能力。

对于学习、工作和科研的平衡问题，她认为这三者并不冲突。对于学习，要抓住课堂上的时间，集中精力，认真听讲，做好笔记，课后抽出时间复习巩固；对于工作，能在办公时间内完成的任务绝不拖到下班时间；对于科研，要多看、多想、多问，利用图书馆、数据库等资源，课余时间多与同学、老师交流。学习与科研是相辅相成的，专业知识掌握了才能更好地进行科研，科研能力的提高有利于对专业知识的理解。总而言之，抓住分分秒秒，不要让时间从指缝溜走。当然，也要劳逸结合，这有益于提高工作和学习的效率。

真诚友谊　一路相伴

从高中到大学，詹孟宇认识了很多朋友，他们陪伴她一起成长。高中的朋友来自同一个城市，在一起谈论的大多是学习、娱乐以及众所周知的事情。大学的朋友来自五湖四海，各地的人文风情、风俗习惯是大家谈论的话题，这让她大开眼界，对世界有了更清晰的认识。另外，通过交流，大家能互相学习思维方式，提高各方面的能力。

迎难而上　展望未来

从开始的一无所知到现在成为一个“材料人”，詹孟宇一路走来，有欢声笑语，也有泪水和挫折。遇到困难和瓶颈时，她也想过退缩，但是同学的鼓励、老师的关怀让她更加坚定了信念，当障碍被清除以后，她会有满满的成就感。有些事情，体验过才会刻骨铭心。

关于未来的职业规划，詹孟宇谈到，在参加工作的前两年，要对项目本身进行熟悉和了解，积极参与到项目中去，将自己学的技能和知识应用起来；接下来的两年，希望能在项目中承担更大的责任，不仅自己成为某个业务领域的专家，而且能把自己学到的东西分享给整个团队，助力团队成功。此后两年，踏踏实实地争取成为管理者。

詹孟宇的座右铭是“勤能补拙”，她一直在努力，我们祝福她越走越远，也希望越来越多的青年才俊在武汉理工大学的舞台上涌现。

（记者：赵泽昆、陈思行　编辑：成子巍）

材研1401班　邹奇瑛：奋进之路无止境

图2-7　邹奇瑛

邹奇瑛（图2-7），材研1401班学生，成绩优异，曾获得硕士研究生国家奖学金、校一等奖学金，已发表两篇SCI一区论文（JCR分区）。

古往今来，一个优秀的人总能清醒地认识自己的处境，朝着自己的目标努力前行。邹奇瑛就是这样。

锲而不舍

邹奇瑛研究的是医用方面的高分子材料“改性的聚酰胺酰亚胺”。当被问及在研究过程中遇到的困难时，她说：“在材料成型和合成上遇到较大问题，理论和实践有时候并不相符，所以需要自己摸索将理论应用于实践的方法。”他们在实验室待了三四个月，不断地修改论文，不断地改进方法，最终才把课题圆满地完成。学姐指出重复的过程是枯燥的，他们不能一味地重复，要在重复中不断地发现问题并将其解决。

谈及对学弟学妹的建议时，她指出学习是最重要的，尤其强调英语的重要性。“研究生的论文要用英语写，如果英语基础不扎实，会因为很多语法问题反复修改，耽误时间。”

谁都不是生来即坐拥荣耀，只有在拼搏的过程中锲而不舍，才能迎来鲜花和掌声。

自得其适

研究生的生活与本科生的生活相比，管理上更加宽松，自己能安排的时间更多。研一学习相关文献，研二进行课题研究并做实验。虽然研究方向比较专一，但是学习任务仍然很重，如何平衡显得尤为重要。

邹奇瑛学姐说，她会把周一到周五的时间安排得比较满，让自己忙起来，上课不可以松懈，要认真听课、做笔记，做实验要严谨细心，一丝不苟地完成自己的任务。周末可以放松一下，做自己想做的事情。邹奇瑛起初并没有打算考研，经过家人的劝说以及自己对材料专业未来前景的分析，她选择了考研这条道路，让自己变得更优秀，成为更自信、更有竞争力的人。

积极向上

邹奇瑛的课余生活十分丰富。本科时期她曾担任班委，让自己从内向逐渐变得开朗，能更好地与别人相处。她并不避讳自己有恋爱经历，称他们能够互相安慰和鼓励，共同进步。一味地沉迷于学习并不能让自己的大学生活变得多姿多彩，只有放下胆怯，勇于尝试，才有机会迎来更美好的生活，遇见那个让你愿意用真心与其相处的人。

邹奇瑛在最后表达了对武汉理工大学评教制度的肯定，鼓励学弟学妹们提升自己，成为更好的人。优秀的人总有很多令人欣赏的品质，我们在欣赏的同时要努力让自己变得同样优秀。谁都可以成功，只要你肯迈出第一步，并坚持走下去。

（记者：张姝炜、赵晏　编辑：成子巍）

材研1401班　曹流：静以修身　俭以养德

图2-8　曹流

曹流(图2-8)，材研1401班学生，曾获国家奖学金、校一等奖学金、校二等奖学金，被评为“校三好学生”“院三好学生”“学术活动先进个人”。

在大学中，有的人选择沉溺于游戏，有的人选择碌碌无为，有的人选择静心明志。曹流属于最后一类。第一次联系他时，他说自己正在做实验，每天大部分时间在实验室。

本科和研究生期间，曹流多次获奖学金和荣誉称号，他却称自己“一直不是学霸”。从谈话中我们能看出他的风趣幽默。生活中，曹流开朗外向，喜欢与同学出去聚餐、看电影。他喜欢硬笔书法，“最爱戴着耳机练字”。

曹流说自己“本科的时候贪玩”，对大四才进入实验室颇感惋惜。他建议学弟学妹“要积极争取早一点进实验室，这对今后选课题、选方向都很有帮助，要多与老师及师兄师姐沟通，大胆提出自己的想法。英语的学习要重视，如果想做研究，良好的英语水平必不可少。”

在实验室里，曹流学习了很多知识，接触到学科前沿，得到沈卫国老师的悉心教导。沈老师不仅在科研方面给他提供了很大的帮助，而且在品茶、篆刻、摄影、书法等方面颇有研究，时常与曹流交流讨论，在为人处世方面给他提出了很多建议。曹流在研究生阶段发表了六篇SCI论文(JCR一区)，这是对科研的热爱结出的硕果。说到大学期间有趣的事情，他笑着说：“在实验室里睡过觉，用消防栓冲过澡。”当我们问：“有没有特别遗憾，一直想做却没有尝试的事？”“就是未曾通宵做实验。”曹流的回答与众不同。

曹流说学习之外一定要拥有一个能够持续钻研的兴趣爱好，劳逸结合。时间安排很重要，自己要有合理的规划，不要做对自己没有帮助的事。在课余时间，他认为去做兼职也是不错的选择，可以锻炼自己的能力，结交新的朋友，还可以改善经济条件。千万不要将时间浪费在游戏上，让自己后悔莫及。

对于毕业后的规划，曹流建议学弟学妹们要判断自己是否适合读研，因为在实验室做实验不仅需要极强的自制力，而且需要解决难题的恒心和毅力。想要去攻克它，才会耐心地一次又一次进行试验，然后对比数据，等到问题解决时，才会有满足感。做实验是寂寞的，但同时也是幸福的。“如果以没有找到好工作为由而读研，我觉得是浪费时间，因为……读了研也不好找工作。”

最后，曹流赠予我们一句话：“夫君子之行，静以修身，俭以养德。”这是他的人生信条，也值得我们循之而前行。

（记者：余佳琦、徐欣杨　编辑：陶申）

材研1501班　李乃意：随性人生　我自精彩

图2–9　李乃意

李乃意（图2–9），中共党员，材研1501班党支部书记，先后获得国家奖学金与研究生一等奖学金，被评为“校三好研究生”“校优秀研究生干部”等。他积极参与课题组项目，发表两篇SCI论文，申请两项专利。他积极参与体育赛事，与同伴一起在“理工杯”学生排球赛中获得男子组第二名的优异成绩。

听闻我们来访的目的，李乃意的眼里闪过一抹光亮，激动自豪之余有历尽艰难困苦的淡然与从容。“在本科期间，我便听说过‘材料之星’，他们有的是科研达人，有的是工作达人，还有的是孜孜不倦的学霸。当时我觉得他们很厉害，从来没有想过自己会和‘材料之星’这个优秀的代名词有关系。如今自己将作为‘材料之星’被采访，我欣喜万分。细细想来，自己无愧这一路成长的历程，亦未负这一荣誉称号。”

李乃意的经历有两处给我们留下了极为深刻的印象：一是与室友于逐梦路上相互扶持、鼓励；二是目标明确，执行果敢，奋力拼搏，问心无愧。

“你们也会采访我的室友吗？”李乃意瞥见奶茶店外匆匆掠过的身影，突然问道。想来刚刚路过的是他的室友。他接着说：“我的室友们都很优秀。”

在和李乃意的深入交谈中，我们了解到，他和三个室友已是七年的同学，和其中两个是七年的室友，当年一同考研的日子是他们一生中难忘的记忆。当时他们一个保研本校，三个准备考研，他们一直彼此鼓励，早出晚归，坚持着，努力着，进步着。如今，他们一起攻读硕士学位，依旧是室友，仍然互相陪伴、鼓励。“一起优秀才是真正的优秀！”这句话在他们身上得到了充分体现。他们庆幸能拥有这样的缘分，相伴彼此七年。他们感恩能互相扶持，不枉青春年华，共逐梦想。他们从未察觉成长路上的孤单，相信无论何时，身边总有战友，无论何地，前方都是光明的。

如果说本科期间的他是“工作狂”，那么研究生期间的他便是“科研达人”。我们素来佩服目标坚定的人，尤其佩服果敢有魄力、有目标便坚持执行的人。

本科时的他，也曾经迷茫，对于考研还是工作，举棋不定。“其实当时的我更倾向于就业，所以把更多的精力放在找工作上，希望能提高自己的综合能力。但看到众多就业信息中，自己心仪的职位那么少的时候，我放弃了。”在距离考研只有两个月的时候，他决定继续深造。确定方向后，他摒弃杂念，破釜沉舟。披星戴月的考研生活于他而言是一次问心无愧、来路可期的长跑。在研究生阶段，他的两篇SCI论文、两项专利尤为引人注目。

本科期间的他喜欢不断尝试，兴趣爱好较为广泛，参与学生工作较多；而研究生期间的他深深爱上了科研。“之前热衷于学生工作，现在每天待在实验室，体验每一个新发现带来的前所未有的愉悦。”有人说文献枯燥，实验漫长，科研是条不归路，但在他看来每一种尝试都是值得的。“累了就打打排球，当作科研生活的调剂，放松够了才更有动力。有时会和课题组其他同学分享自己的研究成果，因为方向不同，他们也不太懂，但与他们沟通制备方法及原理时，有时也能产生新的火花。”被问及是否会继续攻读博士学位时，李乃意表示，他更喜欢将理论知识与实际应用相结合，因而会选择就业，如今他已和心仪的公司签约。

李乃意和我们分享了许多求学路上的经验，他仿佛一位阅历丰富的旅者，向即将启程的游子讲述着远方的瑰丽景象，期待我们通过努力迎来属于自己的精彩。

（记者：郑芮、宋宇雯　编辑：胡嘉瑞）

材研 1501 班　阳敦杰：秉工匠之心　践卓越之行

图 2-10　阳敦杰

阳敦杰（图 2-10），材研 1501 班学生，因本科期间成绩优异，被保送至武汉理工大学，在研究生阶段进入材料复合新技术国家重点实验室，屡获校一等、二等奖学金，被评为“学术活动先进个人”，发表一篇SCI论文、一篇中文核心期刊论文，已申请两项专利。

在“材料之星”的采访活动中，笔者有幸采访了材研1501班的阳敦杰，他和笔者畅谈了自己的大学生活，以及一路走来实现自我价值的心路历程。

严格自我要求　责任亦是态度

刚进入大学时，阳敦杰担任班级的学习委员。他坦言参加竞选时只是想锻炼一下自己，可当选后发现学习委员并不是随随便便就能当好的。如果自己的学习成绩不够好，何谈督促同学们学习呢？想到这里，他暗暗下定决心当好班里的“领头羊”，在课堂上认真听讲，在课前认真预习、课后认真复习，每一节课、每一次作业、每一场考试，他都对自己严格要求。自此，阳敦杰便一直在班级名列前茅，同学们对他心服口服，经常找他讨论问题，整个班级学风浓厚。

大三时，阳敦杰担任班长；研一时，他担任班级篮球队队长，带领队伍夺得年级赛的第一名；实验室团队里，他担任党支部书记……一路上，他前行的脚步从未停止，对自我的严格要求亦从未放松。如果说大一担任学习委员时的严格自我要求是出于一种强烈的责任感，那么在之后的大学生活中，这种严格的自我要求早已被阳敦杰内化为自己的一种品质、一种态度。

潜工匠之心　走科研之路

大三进入实验室的阳敦杰确定了自己未来的方向——科研。“一方面是因为材料专业的学习需要较多的实验研究的支撑，另一方面是因为自己比较喜欢。”阳敦杰如是说。在本科毕业后，阳敦杰丝毫不愿松懈，早早地联系了导师，还未开学便已进入实验室工作了两个月。平时他宁愿多花一点时间，坚持将学习与实验分开，如果同时进行，实验时容易出错，导致花费更多的时间。实验室的同伴大都在配好材料后，便去做其他事情，等反应结束再记下结果。但阳敦杰宁愿晚一点离开实验室，也要在反应过程中潜心凝神、全神贯注地观察并记录，这样可以帮助他更好地理解反应原理，更有助于他在反应过程中及时发现问题并解决问题。“实验的过程也需要你密切关注并做好记录，这是对科研的基本态度。”

专注能让你不断深入探究，把一件事情做到极致。专注是内心笃定而着眼于细节的执着、坚持的精神，是大国工匠必须具备的精神特质。“术业有专攻”，一旦选定方向与道路，就要一门心思扎根下去，心无旁骛。

书当读万卷 路当行万里

每天晚上，阳敦杰都是最后一个离开实验室的人。一个人在实验室时，他总喜欢阅读一些反映学科前沿的论文或理论书籍。有些纯英文的论文晦涩难懂，想要将其看懂并完全理解，需要耗费大量的时间与精力，可是读完后的成就感与汲取知识的获得感会让阳敦杰孜孜不倦、乐此不疲。

书当读万卷，路亦当行万里。本科四年间，阳敦杰最珍贵的回忆便是大二暑假的出国交流经历。“就是想出去看看。”他先后赴德国德累斯顿工业大学与奥地利莱奥本矿业大学交流学习。身处陌生的国度、陌生的校园，阳敦杰感到无比新鲜与有趣。他体验了不同的授课方式，结识了热情友善的教授，学会了操作先进的仪器设备，收获颇丰。他说：“多出去看看，拓宽视野，总是好的。”

“读万卷书，行万里路”是知与行的有机结合，虽然读书时会偶感枯燥，行路时会偶遇崎岖，但在满满的收获面前，这些都不值一提。或许很久之后，当我们回想起当初在黑夜里踽踽前行的时候，记忆深刻的不是孤单或路长，而是波澜壮阔的海和夜空中闪耀的星。

工匠精神的核心内涵是敬业、专注和创新，阳敦杰正是秉持着工匠精神，在追求卓越的道路上大步向前。

（记者：匡盈盈、蔡浏熠　编辑：罗雨晗）

材研1505班　陈雨晴：奋斗之路上不断前行

图2–11　陈雨晴

陈雨晴（图2–11），中共党员，材研1505班学生，曾获国家奖学金、校一等奖学金，被评为“校三好研究生”等。研究生期间在清华大学核能与新能源技术研究院学习，认真刻苦，勤于思索，追求上进，发表SCI一区论文六篇。

陈雨晴，曾经获得国家奖学金和校一等奖学金，研一期间担任材料学院党总支干事，研二期间在清华大学核能与新能源技术研究院学习。她笑言，曾在本科阶段与武汉理工大学失之交臂，而今更加珍视研究生三年的点滴生活。

存鸿鹄之志，便步履不停

陈雨晴本科就读于武汉工程大学无机非金属材料工程专业，经过四年努力学习，以优异的成绩考上了武汉理工大学材料科学与工程学院的研究生。

当问及她的求学经历时，她说考研改变了她的人生轨迹。她选择考研的理由，一方面是想要提升自身学历，另一方面是新能源材料专业对女生而言，相比以前所学专业在就业上机会更多。清晰的自我认识让她在考研的路上走得愈发坚定。她很庆幸自己选择了考研，她说虽然考研不是唯一一条通向成功的道路，但是读研给她提供了一个更好的平台，让她可以更加深入地研究感兴趣的领域。既然可以继续提升自己，就不要轻言放弃。

学海泛舟，以心为桨

陈雨晴在读研期间，学习成绩优异，排名年级前十。在她的观念里，取得优异成绩并不是最终的目标和结果，在追寻目标和结果的过程中充分挖掘自己的才能更为关键。

在这一方面，阅读专业书籍和论文给了她很大帮助。在专业课程的学习上，她有针对性地研读专业教材，为从事科研工作打下扎实的基础；通过对其他课程的涉猎，她对整个学科的结构和应用背景有了宏观的认识。在探索的过程中她也曾感到迷茫，曾想过放弃，正是在浩瀚书海中寻得的真知，让她最终坚持下来。

博观约取，厚积薄发

成功并非偶然，而是一次又一次尝试与努力的结果。

当问及研二期间在清华大学核能与新能源研究所学习的经历时，陈雨晴说她收获良多，她从课题组的老师和同伴们身上学到了严谨、细致、坚持不懈的人生态度。一个成功的科研项目背后是一群科研人员的不断尝试与努力。在实验室，她负责材料的制备与形貌结构表征、电化学性能测试与分析等方面的数据处理、论文撰写等工作。她协助老师筹办各种锂电国际会议、讲座，负责部分国家自然科学基金项目和中国科技部以及北京市计划项目，以第一作者身份发表SCI论文一篇。这一切都离不开她的不断努力与尝试。

善治善能，材优干济

陈雨晴不但在科研方面有所建树，而且在管理方面也十分出色。在研一期间她担任材料学院党总支干事一职，负责整理党务资料，协助党建工作，负责学院党委会议、专项问题会议议题的收集、审核等工作；负责组织党委会议、专项问题会议、中心组学习及全院性会议；负责整理会议记录，编发会议纪要，进行周工作安排，并协助组织、协调、督办、检查上级部门的方针政策和院党委决定、决议的贯彻执行；负责学院中心工作，起草学院各种综合材料，组织拟订有关全院性的规章制度。同时，她还是研究生科技协会综合部干事，负责主办学术微沙龙、闻贤讲坛，协办各类科技人文讲座，协助举办各种校园活动，负责学生会的人事管理、监督考评、培训创新等方面的工作。

当谈及如何处理这么多的工作时，她说要锻炼工作中的管理能力，一方面注重培养团队合作意识，团队中的每个人都有自己在某些领域的才能与天分，要充分发挥其作用；另一方面要合理分配任务，在实际工作中提高效率和准确度。

赫胥黎说，拥有斗争精神的人，欢迎雷霆与阳光。陈雨晴相信，当才华不足以撑起野心时，就应该沉淀下来蓄势待发。“路漫漫其修远兮”，此话与君共勉。

（记者：田正豪、何文倩　编辑：赵晏）

材研1505班　何秋：追求卓越　宁静致远

图2-12　何秋

何秋（图2-12），中共党员，材研1505班学生，曾获国家奖学金、校一等奖学金，被评为“校三好研究生”“优秀共产党员”等。她学习认真踏实，研一期间始终保持平均分第一的成绩；热爱集体，担任班级组织委员及院研究生会秘书部干事，积极组织和参与学院及班级的各种活动，屡获“优秀志愿者”称号，将在武汉理工大学攻读博士学位。

烟雨蒙蒙的下午，我们在西院图书馆四楼采访了何秋。她本科就读于武汉工程大学，硕士就读于武汉理工大学，硕果累累。

何秋的硕士研究生初试成绩排名第一，尽管有着扎实的专业基础知识，她在研究生阶段的课程学习中也不曾懈怠。很多研究生认为，课程学习不及科研重要。何秋认真对待每一堂课，从不迟到或旷课。她总会提前到达教室，坐在第一排。"'书到用时方恨少'，如果你认为课堂知识不重要，那是因为还没到用它的时候。我们以后的路还很长，你怎么知道我们以后不会用上呢？那时可能就没有这种学习的机会了。"她认为按时上课、遵守课堂纪律和考试规则是对老师的尊重，也是个人品质的重要体现。

对待学习十分认真的何秋，也非常乐意为大家服务。她在研究生一年级时申请成为材料学院研究生会干事，同时担任班级的组织委员。她曾组织本科生"走进实验室"活动，带学生们参观了官建国老师的课题组的实验室，让本科生对科研有所认识；协助完成新生篮球赛、材料学院研究生论坛等学院活动的后勤服务工作；负责会议签到、公务消费报销工作，参加高考防替考工作等，曾两次获得材料学院的通报表扬。在班级工作中，她积极协助班长处理班级事务，热心帮助同学，曾两次获得"优秀班干部"称号。除此之外，何秋还负责购买实验室的日常用品，若有同学向她申请所需用品，她总能及时提供，给大家带来便利。事情虽小，但能体现她对待工作严谨负责的态度。她认为帮助他人是体现自身价值最直接的方式。

每个研究生都有来自科研的压力，何秋也不例外。她本科期间从未接触过电化学方面的实验，在全新的领域进行探索，多少让她有些忧虑。她把忧虑转化为学习的动力，每天都会早起来到实验室。她说，清晨空气的味道会让人振奋。从最初学会阅读英文文献，到后来慢慢熟悉各种实验仪器的操作，再到进行数据分析，她很感谢这一路上帮助她的师兄师姐。科研道路从来不会一帆风顺。她研究过几种锂离子电池材料，采用第一种方案时，实验进行了近半年也没有成功的迹象。她又选择第二种方案，反复地实验、调整方案，再实验。很多次，她醒来的第一件事是去取烘箱中的样品。最终，实验成功了，她得以在*Small*(影响因子8.6)期刊上发表自己的第一篇学术论文。"在组里有很多更加优秀的同学，但是我依然很满足，因为自己进步了很多。"每个人的条件都不尽相同，只有和自己比较，才有意义。

何秋对待很多事情都秉持"尽人事，听天命"的态度。她说："我们应该享受过程，努力让自己满意，这才是最大的成功。"被问及日后的志向时，她说想在科研的路上继续前行，因为乐在其中。皇天不负有心人，努力的人必将走得更远。

(记者：杨凯、赵晏　编辑：赵晏)

材工1603班　唐平：着眼平凡，不凡自来

图2-13　唐平

唐平(图2-13)，中共预备党员，材工1603班学生，材料学院学工部辅导员助理，曾获校一等奖学金，被评为“校三好研究生”等。他热爱运动，所在球队在“卓研杯”篮球赛上获得第一名。他已签约中冶南方工程技术有限公司。

初夏的雨淅淅沥沥，天灰蒙蒙的，而唐平的身上散发着青春、阳光的气息，充满了正能量。

唐平曾凭借优异的成绩获得“校一等奖学金”，而在聊到他的学习时，他表现得很谦虚，认为比自己优秀的人还有很多。我们问他如何在学习、工作和运动之间找到平衡，唐平说以“紧迫性”来区分不同的事情，重要的先做，次要的后做但不是不做。即将毕业并参加工作的他，对于未来充满信心，而这与他研究生阶段对自我发展的合理规划密不可分。

体育锻炼究竟应该作为一个爱好，还是应该成为自己科学作息的一部分，其实是困扰很多大学生的一个问题。大多数人对于体育锻炼的认知停留在有时间就去做，没有时间就抛诸脑后的阶段。唐平建议我们把体育锻炼当作一种有规律的活动。唐平曾加入材料学院男子篮球队，参加过第十六届“卓研杯”篮球赛，该队最终获得了冠军。或许我们无法像他那样热爱篮球，但是可以借鉴他的运动理念。打篮球不一定要打得豪情万丈、热血沸腾，自己也可以在日常的锻炼中获得蜕变。正是抱着这个朴素的念头，他在团队中甘于担当后卫，虽很少收获满场掌声，却依旧是团队的脊梁。

在研究生期间，唐平曾担任近一年的辅导员助理。对他而言，这不过是一份平凡的工作，却使他的能力得到很大提升，让他积累了一笔宝贵的财富。担任辅导员助理的那段时间里，沟通是他工作的基础，不论是与辅导员沟通，还是与学生沟通，都要保证及时准确，只有良好的沟通才能使工作顺利进行；仔细是他工作的要求，在新生报到时，档案整理、户口迁移等工作，都需要他认真仔细地去做。他觉得自己不仅服务了同学，而且提高了沟通交流和协调能力。正是这样的一段工作经历，让唐平看上去

较同龄人多了一份自信与从容。

在科研方面，唐平不断地摸索，他不会因为实验的枯燥乏味而怀疑，也不会因为努力无果而困惑，更不会因为导师的严格要求而崩溃。最初他也有些迷茫，只是按部就班地去做，但他并没有放弃，习惯平凡并不等于甘于平庸。他依然重复着枯燥的实验，事情逐渐出现了转机。在一次实验中，由于失误，他添加了过多的某种材料，使得原本较难互融的材料轻易地混合在一起，这让他尝到了坚持的甜头，也让他对科研产生了浓厚的兴趣。在考试结束后，唐平在实验室加班加点对近30种不同配方的彩色沥青进行性能评价实验，成功研制出符合行业标准的彩色沥青产品。没有荡气回肠的灵光乍现，只有一个个日夜的坚持不辍。“每一次尝试都让我们距离目标更近了一步。”

平凡，是他对自我的认知。不凡，是他对未来的期盼。永远不要高估现在的自己，也永远不要怀疑拼搏背后的价值。天道酬勤，怀揣平凡之心，相信他一定会成就自己的不凡人生。

（记者：吴锐、杨鹏　编辑：赵晏）

材研1502班　阳涵：一直在成长

图2-14　阳涵

阳涵(图2-14)，中共党员，材研1502班学生，曾担任校研究生会公关部副部长、材料学院研究生会主席，曾获国家奖学金、校一等奖学金，被评为“校优秀研究生干部”“校三好学生”等。他发表SCI论文一篇，申请专利一项，参加中国材料大会2017暨银川国际材料周、第九届中国功能玻璃学术研讨会暨新型光电子材料国际论坛等国际学术会议，并作学术报告。已签约华为技术有限公司。

初见阳涵，仅仅是几句简单的交流就显出他的成熟稳重、阳光而有涵养。

阳涵在武汉理工大学就读七年之久，他的本科生涯可以用“活在当下”四个字来概括：悦纳、品味、投入和体验正在做的事情，享受生活，把自己的每件事情都做好。在读研期间，为了更好地锻炼自己，他曾担任校研究生会公关部副部长、材料学院研究生会主席。

在研一下学期，阳涵参与了基层党支部宣传建设工作，负责各个研究生班级党支部每月党组织生活新闻稿件的编辑工作。这份工作并不轻松，他经常要面对大量稿件，且要在一定期限内完成任务，所以半夜给投稿人回复修改意见是常有的事。阳涵并没有觉得麻烦，反而乐此不疲。“我很喜欢这份工作，最主要的原因是我对于文字的兴趣，另一个原因是作为一名入党积极分子，能够从事基层党建工作，为学院做一点力所能及的贡献，我感到非常自豪。”

在材料学院研究生会，阳涵完成了从一名部门干事到研究生会负责人的转变。“我觉得最大的区别在于责任意识。”他意识到自己所做的决定、开展的工作，并非只与自己相关，整个组织如何高效地运作，怎样为全院学生提供更好的服务才是重点。“身上背负的责任驱使我全身心地投入学生工作。我很感谢这段经历，参与学生工作并非为了赢得荣誉或者他人的赞扬，在这个过程中，我用实际行动践行了自己的责任观，收获颇丰。”把责任作为前进动力的阳涵不仅做好自己的分内工作，统筹安排各种活动，还在例行的学生活动之外创新性地开展了一系列活动，并且时刻保持和干事的沟通交流，争取做到最好。

人都是在不断学习中成长的，阳涵也不例外。在繁杂的学生工作中，他不骄不躁，认真对待各方面的工作，不断成长，最终成为现在的他：有担当，有责任感，有优秀的统筹能力和无私的奉献精神。

即使工作忙碌，阳涵也没有迷失自己，他清楚地知道作为一个学生的本分，依旧保持着对学习和科研的热情。在读研期间，阳涵脚踏实地，潜心钻研，努力学习专业知识，在学术领域勤奋耕耘，最终发表了一篇SCI论文，申请了一项发明专利。

通过这些年来的学习，阳涵清楚地认识到自己并不是真正适合做科研的人。于是他试着去面试华为供应链方面的岗位，并且成功拿到了录用通知。置身于大千世界，每个人都有属于自己的位置。摆不正自己位置的人，会陷入迷茫。无论身处何处，最重要的是对自己有明确的定位，阳涵正是这样的人。

在采访中，阳涵笑着说：“我不觉得自己有多么优秀。我一直处在努力学习的过程中，努力学习如何认清自己，如何顾全大局，如何把担当和责任落到实处。也许成长就是这样的一个过程吧，一个不断学习的过程。”

一路走来的阳涵，有太多优秀之处，他不断充实自己，一直在成长。愿所有的材料学子都能像阳涵一样，在学习中成长，做最好的自己。

（记者：王晨宇、张雨馨　编辑：王哲）

材研1608班　李明：学如山中路　更往高处行

图2-15　李明

李明(图2-15)，材研1608班学生，在国际顶级期刊*Advanced Functional Materials*以第一作者身份发表学术论文两篇，参与多篇综述论文撰写，多次参加全国学术交流会议，并作口头汇报，获第三届中国(国际)能源材料化学研讨会优秀墙报奖，在自己的研究方向申请发明专利一项，已被受理。

李明是一个懂得取舍的人。在初入大学时，面对全新的生活，他并没有被打乱节奏，相反，他的任务从来都是明确的——学习。

“学问尚精专，研摩贵纯一。”李明深知研究学问最重要的是做到“专”和“精”。面对众多选择，他结合自身的能力素质与目标方向作出了冷静的分析评判，决定将更多的时间花在学习上。诚然，这使得他的大学生活失去了一些乐趣，但他并不后悔。有得必有失，舍去那些于人生规划而言不那么重要的东西，更专注于对他更有益的事情，这样的抉择使他在大学生活中不再迷茫。

为了能够有所收获，他每天早早地来到实验室阅读文献、查找资料、撰写实验方案，终于在国际顶级期刊*Advanced Functional Materials*发表了两篇学术论文。他深知做科研不能闭门造车，为了更好地学习和交流，他多次参加全国学术交流会议并做口头汇报，获第三届中国(国际)能源材料化学研讨会优秀墙报奖。外出学习让他增长了见识，他为自己的研究成果申请了发明专利，勉励自己不断地完善自我、超越自我。

作为一个学生，李明从来没有沉迷于享乐，他把更多的时间和精力花费在科研上，并一直坚持了下来。他明白自己想要的是什么，清楚要达到心中的目标应该怎么做。

谈及未来的目标时，他说会继续努力。在他眼中，学习如同登山，唯有一条路，那便是不停向上攀登。李明坦言，面临选择时，他能从身边良好的学习环境中汲取动力，不断前行。

最后，李明特别感谢麦立强教授和武汉理工大学纳米重点实验室的培养，他会在学习和科研的路上走得更远，用实力赢得好运，用努力拼出成功。

(记者：张雨馨　采编：杨臻　编辑：张雨馨)

材研1702班　刘子文：敬其在己　不慕在天

图2-16　刘子文

刘子文(图2-16)，中共党员，材研1702班学生，曾获国家奖学金、卓越奖学金、校一等奖学金以及“长飞”社会奖学金等，被评为“校优秀共产党员”“校优秀共青团员”“校三好学生”“校优秀学生干部”“校优秀学生社团会长”“研究生社会工作先进个人”“优秀毕业生”“优秀毕业研究生”等，获得第二届全国高校无机非金属材料基础知识大赛一等奖、“校园最美发声者”全国征文大赛一等奖等，已签约华为技术有限公司。

“君子敬其在己者，而不慕其在天者，是以日进也。”在武汉理工大学求学的过程中，刘子文始终以此为人生信条，不懈努力。研究生提前毕业的他没有选择继续读博，而是参加一场场面试，最终拿到了华为、小米、东风本田、奥克斯、汉能和天合光能等众多知名公司的录用通知。考虑到自己的职业目标以及岗位与自身专业的匹配度，他选择了签约华为，成为一名结构与材料工程师。

充实自我　投入学习与科研

在刘子文看来，对于大学生而言，最重要的还是学习。不管将来是选择就业还是选择深造，都需要自身取得优异的成绩。于是刚进入武汉理工大学读大一时，他就参加了材料学院试点班的选拔考试，并顺利通过。在这个班里，他遇到了很多优秀且刻苦的同学，这些同学激励着他，让他不敢懈怠。因此，本科期间他每学年都拿到了校奖学金，大四时还拿到了“长飞”社会奖学金。由于对专业知识掌握得比较扎实，他和其他几位同学代表学校参加了2016年在西安举办的第二届全国高校无机非金属材料基础知识大赛并获得了一等奖，赛后他还作为唯一的获奖学生代表发言。

研究生期间，除了认真学习以外，他还积极投入科研，先后参与“良性溶液印刷石墨烯/纳米银线基多功能复合薄膜”“基于银纳米线电极的半透明钙钛矿太阳能电池的研究”等课题，主导并完成了“新型透明加热玻璃”等横向科技项目，以第一作者身份发表SCI论文一篇并有一篇SCI论文在投，另参与发表SCI论文一篇、申请专利两项。他的科研成果曾入选2017年中国国际石墨烯创新大会百项成果展。因在学习和科研上表现优异，他先后获得研究生卓越奖学金、校一等奖学金、国家奖学金等。

历练自我　热心学生工作

学生工作一直是刘子文所热爱的。对他而言，选择学生工作是因为热爱，坚守学生工作是因为责任。

本科期间他担任湖北省学生联合会理论调研部副部长，参与团省委“青年之声”平台建设相关工作，参与中国少年先锋队湖北省第六次代表大会、“永远跟党走”湖北省庆祝建党95周年大学生歌咏会、2016年“创青春”湖北省大学生创业大赛以及“我为核心价值观代言——寻访身边的最美新生”省级分享会等活动的前期筹备工作，参与2016年全国“大众创业、万众创新”活动周宣传品征集活动、澳门大学荣誉学院访问团与湖北省大学生代表交流座谈会等活动，并积极围绕团省委、省学生联合会中心工作开展专题调研，提出相应建议，为团学工作提供决策依据。同时，他还担任武汉理工大学路过文学社社长，组织开展了“路过文化节”暨发刊仪式、“路过其声”诗歌朗诵会、图书漂流、樱花诗赛、“一二·九”诗歌散文大赛等活动，社团获得湖北省“青年书香号”称号，被评为“校五星级社团”，其本人获评“校优秀学生社团会长”。

研究生期间，他先后担任校研究生会办公室学生干部和材研1702班班长等职务。在研究生会，他负责协调日常工作，包括会议管理、财务管理、物资管理、人员信息管理等，因工作表现优异，连续两学期获得通报表扬。在班级建设上，他热心为班上同学服务，积极组织班级活动，充当老师与同学们沟通的桥梁，为同学们排忧解难。

学生工作经历培养了他高度的责任感，帮助他提升了待人接物的能力，使他结识了更多的朋友，而这些经历为他的求职奠定了基础。

坚守自我　寻找心仪的工作

在投简历、找工作之前，刘子文也考虑过是否读博。不过，经过一番深思熟虑，他觉得自己更适合去职场上摸爬滚打，实现人生抱负。找准了自己的定位后，他不再犹豫，向众多与材料相关的企业投递了简历，参加了多场宣讲会。两个月里，他不断地投简历，参加笔试、面试，失败了好几次。失败的经历让他知道了怎样去打磨简历，怎样在面试中更好地展现自我。

他说，简历一定要简要凝练，突出重点，用事实说话。简历的格式、排版都有一定的讲究，重点包括学校、科研(项目)经历、实习经历、学生工作经历、个人荣誉等。另外，针对不同公司的招聘要求，简历在投递前需要进行适当修改，要有侧重点。简历做好了，才会引起人力资源主管的注意，收到的面试邀约自然会多一些。

面试是求职过程的重中之重。面试之前需要在公司官网、微信公众号上了解自己即将面试的公司的信息，梳理自己的简历内容，如果公司对英语有一定要求，还需要准备英语自我介绍等。另外，还可以在网上寻找面试该公司的经验介绍，从中了解对于自己要应聘的职位，公司最看重什么，从而有针对性地查漏补缺。

吸取这些教训后，他在求职中变得更加从容自信、得心应手，因而收到了不少用人单位的录用通知，找到了一份满意的工作。

结语

知道自己热爱什么、想要什么，就朝着这个目标努力奋斗，紧紧抓住身边的每一个机会。要知道自己付出的努力都不会白费，参与的每一项活动、每一个竞赛、每一个项目，都有可能在求职时成为吸引面试官的闪光点，帮助自己找到最适合的工作。敬其在己，不慕在天，越努力越幸运，相信每一个为梦想拼搏努力的人都能有所收获。以梦为马，未来可期！

(记者：周雄　编辑：李道成)

材研1607班　姚佳序：坚守时初心未老　回首处依旧少年

图2-17　姚佳序

姚佳序(图2-17)，中共党员，担任材研1607班班长，被评为“研究生社会工作先进个人”“研究生学术活动先进个人”，两次获得研究生一等奖学金，以第一作者身份发表SCI论文两篇，申请国家发明专利一项。代表材料学院参赛，与同伴一起获得第三届、第四届“卓研杯”乒乓球比赛团体冠军。

没有参与精彩纷呈的社团活动，没有取得笑傲群雄的优异成绩，也没有风风光光地保研，本科期间姚佳序一如人群中的你和我，普通而又平凡。如今即将研究生毕业的他，却在三年里发表数篇SCI论文，多次获得研究生一等奖学金，获得多项荣誉称号，并且在体育比赛中屡获佳绩。在被问及是什么力量助他完成从平凡到不凡的华丽逆袭时，姚佳序淡定而从容地说了两点——坚守初衷，大胆尝试。

在本科阶段，姚佳序只想做好自己的事，完成课程学习，偶有闲暇参与一些兴趣活动，虽然小有成就但谈不上优秀，那时他觉得这样没什么不好。直到本科毕业的时候，他才发现曾经和自己朝夕相处的同学们有的漂洋过海踏上留学征程，有的进入更好的高校继续深造，有的进入知名企业投入工作，自己却早已习惯了这四年生活的平庸和无趣，加上来自求职和考研过程中的各种打击，他终于在研究生入学的那一刻坚定了心中的信念，必须让自己接下来的三年不再虚度。

本科毕业后的暑假，他留在实验室，开始了科研生活。但科学研究之路从不会一帆风顺。研一的课程相当繁重，实验室的工作极具挑战性，他经常承受着巨大的压力，在两者间忙得焦头烂额。“那时也曾想过放弃。”他回忆道，“但总觉得不甘就此半途而废，更不能忘记最初定下的目标，最后还是咬咬牙挺过来了。”凭着这种坚守初衷的精神，他逐渐适应了繁忙的生活。后来，在指导老师王涛教授和实验室师兄师姐的帮助下，他在科研的道路上越走越远，申请了专利，并在SCI期刊上发表了论文。至今，姚佳序仍对老师和师兄、师姐们心存感激。

不过，科研是一件考验毅力的事情，刚开始会觉得好奇，后来需要不断重复相同的工作，处理琐事，还需要学会承受失败。他变得浮躁，感到寂寞。好在他是一个敢于尝试的人，担任材研1607班班长、辅导员助理及校研究生会干事等职务，参与了不同的学生工作。他说：“去不同的地方遇见更优秀的人，会让自己充满拼搏的动力，也让自己感到充实。”他说最喜欢的电影是《肖申克的救赎》，之所以勇敢尝试和做出改变，是因为不希望自己像剧中人物一样被周遭的环境所禁锢。

姚佳序自称是一个“理工男”，不擅长文艺活动，却一直对乒乓球情有独钟。他在“理工杯”和“卓研杯”乒乓球赛中均取得过优异成绩。谈起乒乓球时，他说：“从小就很喜欢，但遗憾的是本科期间取得的最好成绩只是材料学院的亚军，在研究生期间和优秀的队友一起连续两年赢得‘卓研杯’乒乓球赛的团体冠军，圆了自己的冠军梦。”

兜兜转转，即将毕业的他最终打算留在武汉——这座他已经生活多年的城市。在秋季招聘过程中，他凭借自己的实力获得多家知名企业的青睐，最终进入一家大型企业，成为一名研发工程师。谈起求职过程时，他说：“面试的时候一定要提前了解企业概况并充分展示自己的闪光点，这样才能脱颖而出。”

在被问及现在的自己和七年前的自己有何不同时，他眸光一闪，嘴角上扬：“刚进大学时我就有对未来的美好憧憬，中间虽然迷茫过、受挫过，但最终还是用实力证明了自己，没有辜负青春时光。与七年前相比，今天的我可能更加成熟稳重，不过在内心深处，我还是那个少年，向往着美好的未来，满怀热忱。”

（记者：孙旭玖　采编：沈雨晗　编辑：雒怡浩）

材研1708班　张倩倩：于平凡处生花

图2-18　张倩倩

张倩倩（图2-18），材研1708班学生，中共预备党员，曾获国家奖学金、校一等奖学金、永环奖学金，被评为“校三好学生”。2017年9月进入材料学院高分子与复合材料系攻读硕士学位，研究方向为“阻燃复合材料的制备与性能研究”，已发表SCI论文五篇（其中以第一作者身份发表三篇）。

在采访中，张倩倩十分谦虚，说自己是个平凡的人，但她所取得的各项荣誉和科研成就证明了她的优秀。

和大多数人一样，张倩倩的求学之路并不顺利。因为高考失利，所学专业不是很理想，迷茫随之而来，所幸这种状态没有持续太久，她在大三时选择进入实验室，跟着师兄师姐们做实验。在与各种仪器和化学试剂打交道的过程中，她逐渐习惯了这种生活，慢慢不再抗拒。“没有办法选择，那就做到最好吧！”经过一年稳扎稳打的学习，张倩倩顺利考入武汉理工大学材料学院，攻读硕士学位。

提到研究生生活，科研是必不可少的。张倩倩告诉我们，实验就是要多做，要克服枯燥，而后才会慢慢喜欢上它。可能是因为这份淡然和坚持，在遇到困难时，她从不临阵脱逃，而是选择查阅文献、请教老师，直至解决问题。有时遇到周期特别长的实验，一做就是一两个月，其间不断合成，等结果，再进行性能分析，她没有被压垮，反而更有毅力。

“做人一定要有目标、有计划，计划中的事一定要完成，可以制定奖惩制度来激励自己，如果没完成，后期一定要补上。”可行的计划加上极高的执行力，再加上奖惩分明的激励机制，“平凡普通”的张倩倩一步一个脚印地迈向成功。成功不在于难易，也不在于方法，而在于付诸行动。张倩倩没有把计划束之高阁，她脚踏实地，日积月累，于无声处听惊雷，于无色处见繁花。

在以第一作者身份发表的三篇SCI论文里，有一篇发表在国际一区，因此我们向张倩倩请教英语学习的心得。如何才能让自己的英语水平达到专业级别呢？她很谦虚地说了四个字：循序渐进。从一开始对英语感到头疼到顺利通过四六级考试，再到能熟练撰写英语论文，张倩倩靠的不是报学习班、跟风买网课，而是日复一日的苦练与积累。现在她依然没有停下英语学习的脚步，每天利用BBC电台练习听力和口语。

虽然科研生活节奏紧张，但是张倩倩始终相信劳逸结合的方式才是最有效的。科研重要，但身体更重要。她并不赞同一直紧绷着神经做科研。实验做累了，她就打会儿羽毛球，或者和好友出去逛街吃饭。她还喜欢看书，从文学作品中汲取能量。这种张弛有度的做法，正是她在科研道路上越走越远的秘诀之一。她始终坚信拥有好的身体和心理素质，才能以更充沛的精力站在实验台前。

常言道“单丝不成线，独木不成林”，在一路成长的过程中，张倩倩的老师和室友给了她很大的帮助。在采访过程中，她多次提到给予她很多指导的王钧教授，并对他表示深深的感激。王教授幽默风趣的教学风格以及渊博的学识令她深为叹服。张倩倩表示，如果继续深造，她会选择继续师从王教授。优秀的室友对她也起到了不小的激励作用。“我们每天早上都起得比较早，起来之后就去实验室。”她很开心地说。好的学习氛围能使人自然而然地受到鼓励和感染。在导师的指导、同伴的帮助以及自己的坚持和努力下，张倩倩闯出了自己的一片天地！

最后，她给学弟学妹们提出一些建议：尽早确立目标，如果想工作就利用课余时间多实践；如果想要考研，就尽早进实验室，找师兄师姐或老师了解专业情况。大学期间应该做的是好好生活，悄悄努力，默默长大，渐渐厉害。

（记者：宋佳瑛　采编：张佳喜　编辑：张佳喜）

博学宏才

材博1402班　杨进：自在乾坤　胸有丘壑

图3-1　杨进

杨进(图3-1)，材博1402班学生，曾获得国家奖学金、卓越奖学金、校一等奖学金，被评为“校三好研究生”“优秀毕业研究生”等，获武汉理工大学研究生科研成果奖，发表SCI论文两篇、EI论文三篇、中文核心期刊论文两篇，授权发明专利两项。

“我觉得自己是个挺疯的人。”材博1402班的杨进说。他明亮的眼眸闪烁着光芒，周身洋溢着不一样的自信与风采。

把酒添红，趣意横生

他看起来安静内敛，起初并没有让我把他和各种运动联系到一起，直到他不经意说起自行车这个话题。骑自行车是他极喜欢的一项运动，他曾约上三五好友，绕东湖骑行三个小时。

“我的兴趣挺多的。”说到兴趣，话匣子自然而然地打开了。除了时常和电影、歌曲作伴，杨进更喜欢游泳、打乒乓球，台球也打得挺好。不管是小时候就有的兴趣，还是在读博时养成的爱好，他无一例外地坚持了下来。做实验时专注，放松时也要尽兴，做到学习与娱乐界限分明又互相促进，才不辜负青春年华。

值得一提的是他的一项比较特别的爱好——做菜。在企业实习期间，或许是受到一位阿姨的启发，或许是出于对生活的热爱，这个爱好不知不觉地深入到他心里。他会经常尝试各种新的菜式，也会向外国留学生请教特色美食的做法，每当美味得到认可时，内心便涌起简单而满足的喜悦。他说：“想做好一道菜，要学会控制火候，注意作料放入的顺序以及手法工艺。只有做到每一个环节准确无误，才能烹制出色香味俱全的佳肴，科研工作也是如此。”

凌寒松柏，俯仰生姿

他积极参与国家“十二五”科技支撑计划、国家青年基金项目等，读博期间发表SCI论文两篇(其中一篇发表在本领域顶级期刊，为本校近五年来首篇)、EI论文三篇、中文核心期刊论文两篇，授权发明专利两项，杨进的科研成果令人瞩目。他还积极参加了国际材料与结构研究实验联合会于2015年9月7日至11日组织的博士实践培训，并获得相关证书。2015年10月18日至22日他在新加坡参加第十五届国际聚合物混凝土会议，并受邀做学术报告。

成绩是过程的彰显，是所作所为的直接体现。成绩越是光彩夺目，过程越是困难艰辛。他大三进入实验室苦练基本功，研一时感觉对实验各环节上手很快，渐渐将对科研的兴趣转化为热爱。他曾通宵加班，完成数据检测。在实验进度吃紧的情况下，杨进在学习上也不曾放松，他用“挺好也挺险”来形容自己曾经熬过的那段日子。他曾获得2015—2016学年度“博士国家奖学金”，2016—2017学年度“卓越奖学金”、“校一等奖学金”，被评为“校三好研究生”“优秀毕业研究生”，获武汉理工大学研究生科研成果奖。

凭着一股倔劲，他无数次将压力有效地转化为动力，从最初在工作、学习任务分配上有所欠缺，到现在能够根据事情的优先级合理安排，这一段不长的路，杨进走得有声有色。

素履所往，一苇以航

胸中有丘壑，眼里存山河。采访之中，杨进能够深入浅出地解释所做的工作，他讲话简明扼要而不失风趣，可见他与人相处时的真诚与热情。他对留学生师弟悉心指导，和同学合作互助，营造了一个和谐的人际环境，从而能够心无旁骛地投身科研事业。他总结说，在科研中，细节、钻研与创新是三个最为重要的因素。细节体现在过程与操作之中，注意偏差，并及时记录分析，是完善细节的有效方法；钻研要有不怕苦的精神，困难可以激励我们，不要在失败中错失成功的机会；创新，即在不断重复时，不要忘了自己行动的目的，一个新的想法也许就是突破的关键。

未来，杨进依然会带着那份自信去完成每个规划，去达到每个目标，因为热爱不衰，热情不减。面对广袤的未知世界，怀着一颗虔诚的心去探索、发现，静下来不断审视自我、超越自我，迎接激情澎湃的人生。

(记者：倪倩　编辑：杜林远)

材博1402班　任文皓：人有时得逼下自己

图3-2　任文皓

任文皓（图3-2），材博1402班学生，在武汉理工大学-哈佛大学纳米联合重点实验室从事纳米电化学储能研究，参与国家重大科学研究计划，已发表SCI论文十余篇，两项国家发明专利被受理。

采访的时间很短，只有五分钟。在这短短的五分钟里，“效率”这个词频繁出现。作为一名博士研究生，任文皓的任务是很繁重的，他一周七天都在实验室里做实验。

“人有时得逼下自己。”这是在与任文皓的交谈中我印象最深刻的一句话。这句话确实不如“心灵鸡汤”般让人觉得醍醐灌顶，它太普通了，却实实在在地解答了大家心中的疑惑——怎样才可以成为一个自律的人？

多少人兴冲冲地进入实验室，又有多少人悄悄地溜走。实验室的工作比较枯燥，任文皓说，即使是本科生，每周也应该至少来实验室四次。他最初进入实验室时已是研究生，身边很多本科生学弟在实验技能和熟练度上都比他优秀，可他并没有因此而退缩，反而迎难而上。围绕纳米电化学储能这一国际研究热点，他开展了一系列基础性研究工作，以第一作者身份发表SCI一区论文三篇、EI论文一篇。这些成果的取得与任文皓的付出是密不可分的。

当被问及做好实验需要具备的主观条件时，学长斩钉截铁地说：“态度！”态度决定一切。任文皓正是一步一个脚印地前进，才能取得今天的成果。“宝剑锋从磨砺出，梅花香自苦寒来”，他用自己的努力践行了这句话！

这么多年的实验室生活让任文皓学到了许多，短短的几分钟采访也让我受益匪浅。“人有时得逼下自己”，相信任文皓会更加用心地践行这句话，会在未来取得更好的成绩，实现人生理想，做一个对社会有用的人。

（记者：邱俊淇　编辑：韩佩柔）

材博1402班　陈宗武：谦卑为始　当仁不让

图3–3　陈宗武

陈宗武(图3–3)，材博1402班学生，连续两年排名年级第一，多次获得国家奖学金，被评为“校三好研究生”“优秀共产党员”等，师从吴少鹏教授，已在国际知名期刊上发表SCI论文七篇，作为骨干参与完成国家“863”计划、国家自然科学基金项目、国际合作项目等，申请国家发明专利三项。

各种奖杯和荣誉证书能摆满一个陈列柜，这样一个令我们敬佩的人，就是材料科学与工程学院2014级博士生陈宗武。我们有幸采访了这位优秀的学长，他没有想象中的那么严肃，而是很随和，言语间透出自信与幽默。

正在准备毕业论文的学长，每天都待在实验室，生活过得充实而忙碌。谁能想到现在令人钦佩不已的学长，曾经和我们每个人一样？他没有显赫的出身，用他自己的话说是“从山里来的孩子”，从本科开始就在武汉理工大学学习，平时上课认真听讲，课后及时完成作业，期末努力复习，没有花太多时间在实验室做实验。或许是因为侧重点不同，或许是出于异于常人的认真，虽然陈宗武学长没有实验成果，但是他的本科成绩仍非常突出，他于2012年被保送攻读硕士学位，后来又以优异的成绩于2014年提前进入攻博阶段。

“坦率地讲，回顾过去，我只能说值得，没有浪费时间。”采访过程中不难发现，学长是一个珍惜时间的人，不管做什么都合理规划，为了达到自己的目标，不浪费每一分每一秒。有多少人能像他一样，回首时无怨无悔。

“其实我和你们差不多，对实验也没什么兴趣。”这句话让我们产生了些许震动。“但是选择了，就要坚持下去。”震惊立刻转变为敬意。成功的人都是这样，既然作出了选择，就要坚持下去，不能让自己后悔。

他不仅坚持了下来，而且在这个领域做到了最好。

当被问到闲暇时间的兴趣爱好时，学长笑起来：“可以说喜欢看电视吗？”“我不善运动，不过喜欢骑自行车，空闲下来就看看电视，和别人聊聊天。”

谈到未来的规划时，与其他毕业生首先考虑单位的科研条件不同，学长首先考虑的是工作的性质以及自己是否有足够的可支配时间，这再次印证了他对时间的重视。"计划进高校，当老师也不错，可以充分挖掘自己的才能，同时有时间做自己想做的事。"

学长说自己崇拜的是那种能以非凡毅力做事情的人，我们相信，他正在朝着那个方向前进。"遇人当谦卑为始，遇事则当仁不让。"这是学长的人生信条，谦逊、稳重、踏实是他所具备的品质。同在材料学院，学长用自己的努力指明了我们前进的方向，有这么优秀的人领路，是我们的幸运。

（记者：余佳琦、刘志雄　编辑：陶申）

材博1403班　蔡祎：以梦为马　诗酒趁年华

图3-4　蔡祎

蔡祎（图3-4），材博1403班学生，曾获得国家奖学金、卓越奖学金，被评为"校三好学生""优秀毕业生"等。她曾参加国家级大学生创新创业训练计划项目、全国节能减排大赛和材料设计与制备大赛，并取得优异成绩，发表SCI论文十一篇。

蔡祎从大二开始进入实验室，在潜心科研的路上，于枯燥中收获点滴喜悦，于淡然中收获多项荣誉。岁月是璞石的刻刀，她渐成最美的模样。

世间可得双全法　不负韶华不负心

大学期间的社团活动异常丰富，因为善良的本性和对慈善的兴趣，蔡祎仅选择加入爱心扶助类社团，在周末帮助老人或者辅导小朋友，从中收获帮助他人的喜悦。

对于社团活动的选择，蔡祎建议大家一定要根据个人性格和兴趣爱好来确定。每个社团的性质不尽相同，很多时候参与社团活动能够培养我们处理事情以及团队管理的能力、与人沟通的能力。在学习与社团活动之间要找到自己的平衡点，锻炼能力的前提是不能耽误学习，做好统筹安排最为重要。当社团活动与学习有冲突时，要以学习为主，并反思学习中遇到的问题究竟因何产生，从而对症下药。在时间安排方面，蔡祎的建议是提前制订计划。当事情比较多的时候，把它们按照优先级排序，了解自己每个时间段要做的事情，这样能够提高办事效率。

行到水穷处　坐看云起时

曾经她可以选择辅修其他专业，但坐在实验室中细细思索，她最终选择了实验，选择与五颜六色的试剂、大大小小的实验仪器为伍。她说，材料是一门神奇的学科，每当检验自己的样品时，都仿佛亲眼见证奇迹的诞生。

谈及自己的论文时，蔡祎认为论文是工作的结果，是选择的产物。一篇论文形成的第一步是确定存在的问题和本次实验的目的，然后以解决问题为导向设计实验方案，在实施过程中必然会遇到一些困难，这就需要不断调试，包括深入研究实验机理，不断探索。论文则是以文字的形式将自己的实验与探索过程记录下来。蔡祎周六、周日都在实验室，她说做研究需要能让人静下心来的严肃环境，而寻找方法、解决问题的过程是颇具挑战性和趣味性的。

每一个不曾起舞的日子，都是对生命的辜负。她永远保持着好奇心，在不断的实验中验证真理，寻求突破。做实验很苦，须耐得住寂寞，守得住繁华，自律和好奇心是前行的法宝。

岁月静好与君同

对世界抱有一颗好奇心，大胆地尝试，找到自己真正的兴趣所在，并为之努力奋斗。这是蔡祎给学弟学妹们的建议。

“非淡泊无以明志，非宁静无以致远。”蔡祎有自己想走的路，即使明日天寒地冻，路遥马亡，她也能坚守最初的梦想，发展自己的兴趣，主宰自己的人生。

（记者：胡嘉瑞、陈淑梅　编辑：陶申）

材博1401班 杨爽：不忘初心 方得始终

图3-5 杨爽

杨爽(图3-5)，材博1401班学生，发表学术论文四篇，申请专利一项。他积极参加校、院组织的各项活动，在研究生期间担任研究生会部长，带领社团成员开展一系列活动。

他叫杨爽，是一名在读博士生。在校期间，他勤奋学习，积极投身科研工作，在学术上取得诸多成果。

人生是一场不断尝试的旅途

几年前，杨爽怀揣着梦想走出校门，期望用拼搏和努力闯出自己的一片天地。一年后，他发现自己专业知识的储备不够，于是放下工作，重拾书本。有人说他勇气过人，做了一件很多人想了很久也没敢去做的事情，但是他说："我只是觉得自己的专业知识太少，在工作的时候会有很多局限性，需要静下心来学习，没有考虑以后会怎样。"

无论是对待科学研究，还是社团工作，他都选择尝试新的事物，不断丰富人生体验。在科学实验中，他不局限于当前研究方向，不断拓展与创新；在社团工作中，他认真负责，担任研究生会部长期间，带领社团成员开展一系列活动。此外，他积极参加校、院组织的各项活动及社会活动，不断丰富自己的阅历。当被问起为何要如此忙碌时，他说："我觉得人生不应该给自己设限，要不断地去尝试自己感兴趣的事情，成功与否暂且不谈，在过程中你会收获很多，我觉得这很有意义。"

青春该是什么模样没有人能够定义，人生该怎样度过也从未有过范本。在二十几岁的年纪，不沉溺于过去，不焦虑未来，去想去做去体验，去跑去追去感悟，不断尝试才会发现生命中的惊喜。

心和身体都在路上

有人曾说，去读书和旅行，心和身体至少有一个要在路上，但杨爽觉得两者都要在路上。做实验之余，他积极参与体育运动，跑马拉松、打乒乓球，生活忙碌而充实。“我觉得人生不应该拘泥于工作，做了很久的实验终于有成果和坚持跑完马拉松都会带给我很大的快乐，前者让我觉得自己的学习、实践能力被肯定，后者让我觉得自己不只会工作。”

在学习和科研工作中，他认真严谨、实事求是，通过阅读文献和动手实践不断扩充自己的专业知识储备；在马拉松的赛场上，他坚持不懈，用毅力和汗水为青春增添光彩。在路上不仅仅是为了追求成功，更是一种生活状态。只有在路上，你才会发现生活的方式不止有一种，生命中还有很多值得追寻和体验的东西，还有很多想法值得我们去实践。每个脚踏实地的当下，都是为精彩未来埋下的基石。

“我很少去想未来会是什么样子，我是个活在当下的人，觉得有些事情只要功夫到了就会自然而然地发生。”当被问到对未来的设想是什么时，赵爽如是说。作为重回学校潜心科研的博士生，他经历过那些艰苦的日子。研究生考试复习，大量阅读文献，重复数十次的实验结果依旧不尽如人意，那段时光里他倍感压力，也暗自焦急，但终究咬牙坚持，不曾放弃，才有了一个更明媚的未来。

“我的文章几乎都是在博士生阶段发表的。当时一起做实验的有很多人，我先重复别人的实验，总结经验，熟悉操作。自己的实验相对比较复杂，一时难以出成果，看到别人已经发了文章，也会觉得比较着急，不过埋头于自己的实验当中，就不会太关注别人了。”美好的事情总是不期而遇，惊喜常常在未察觉时悄然降临。

当被问到是什么让他坚持至今时，他说：“我觉得是因为自己对所做的事情有着浓厚的兴趣吧，最不顺利的时候也没想过放弃。我认为兴趣特别重要，如果你一点儿兴趣也没有，再怎么勉强自己可能也很难坚持下去。如果有兴趣就会积极地寻找解决方法。”实验室里，有他拿着文献潜心研读的身影，有他认真观察、详细记录实验结果的身影，有他眉头紧锁、寻找解决方法的身影；马拉松赛场上，有他不问结果、坚持向前的身影；人生路上，亦有他坚持不懈、努力前行的身影。

人常言：“不忘初心，方得始终。”初心人人都有，能否坚守则因人而异。在不断努力的道路上我们会发现，只要坚持不懈、恪守初衷，成功不过是水到渠成的事。

（记者：马静茹　编辑：杜林远）

材博1301班　罗雯：活出自己的风采，走出别样的人生

图3-6　罗雯

罗雯(图3-6)，本科就读于武汉理工大学材料科学与工程学院高分子材料与工程专业，2013年以年级第一的成绩被保送至本校直接攻读博士学位，主要从事锂、钠离子电池负极材料的微观结构与性能研究，在国际学术刊物上共发表论文二十六篇，获得国家发明专利一项。2016—2017年，赴法国洛林大学接受联合培养，其间在国际材料学术会议上获得最佳演讲奖。

2013年9月，罗雯进入武汉理工大学材料复合新技术国家重点实验室进行科学研究，2016—2017年赴法国洛林大学学习，在物理与化学-多尺度复合介质实验室开展科学研究。截至采访时，罗雯已在国际学术期刊以第一作者身份发表SCI论文九篇，在中文核心期刊发表论文一篇，获得国家发明专利一项。她获得过研究生国家奖学金、中国建材优秀博士奖学金等，在第二届国际绿色能源科技大会上获最佳演讲奖。

在科研的道路上勇往直前，罗雯没有少吃苦，也从不怕吃苦。她告诉我们，机会是很多的，不要等到它们都摆在你面前时才行动，你会因为无法看懂、无法交流而错失它们，因此学好一门外语实在大有裨益。在研究生阶段，罗雯在一次与加拿大某教授的交流中意识到自己英语能力的不足，不能把握住与教授交流的机会，于是立志苦读。在研一、研二期间，罗雯每天晚上十一点做完实验后，开始学英语，到凌晨两点才休息。功夫不负有心人，她的英语水平突飞猛进。读博期间，她凭借流利的英语口语，协助课题组组织承办了中美华人纳米论坛、自然能源材料会议等国际高端会议，她的工作得到了中外参会学者的肯定和赞许。在学习英语之余，罗雯意识到为了自己以后的发展，只学习一门语言是不够的，她开始努力学习法语。如今，她已熟练地掌握这门语言。近期几位法国诺贝尔奖得主来学校演讲，罗雯作为接待人员之一和他们沟通交流，这成为她学习生活中值得纪念的经历。

在法国学习期间，罗雯受益匪浅。法国人的工作理念深深地影响了她。法国人工作时间不长，虽然每天晚上五点就下班了，但是他们的工作效率极高，罗雯也要求自

己高效学习，劳逸结合。“不能一味埋头苦干，开阔视野也很重要。”她笑着说。罗雯在本科阶段走遍了祖国大江南北，在法国学习期间又游历了欧洲各国。她认为，这些经历带给她的不仅仅是感触，还有无尽的奋斗动力。

罗雯多次提到，她的朋友们在她悲伤难过的时候陪伴她，在她困惑不解的时候开导她，在她孤单迷茫的时候安慰她。她说，我们要广交朋友：一是开阔心胸，使自己不至于在茫茫学海中迷路；二是与人交流，碰撞思想，以期看到更远的未来。

“学习和工作，其实不一定是痛并快乐着的。带着兴趣，带着希望，和朋友们一起，我们可以一直保持快乐。”

（记者：雒怡浩、谢丰　编辑：张姝炜）

材博1202班　刘飞华：独立不倚　厚积薄发

图3–7　刘飞华

刘飞华(图3–7)，中共党员，材博1202班学生，先后获得博士研究生国家奖学金、武汉理工大学研究生科研成果奖、研究生一等奖学金等。2014年9月作为国家公派留学生，获国家留学基金管理委员会资助赴美留学。他以第一作者身份发表SCI论文五篇，在武汉理工大学攻读博士学位。

“这是一个在面对困难时内心越来越强大，抗打击能力越来越强，最后变得无所畏惧的过程。”刘飞华在描述他过去几年的博士生活时如是说。

2012年，刘飞华凭借优异的成绩获得免试直博资格，此后他获博士国家奖学金。2014年，他得到联合培养的机会，前往美国宾夕法尼亚州立大学进行科学研究。截至采访时，他以第一作者身份发表SCI论文五篇，其中四篇一区、一篇二区，所发表论文被引用超过220次。

在谈到国外学习的经历和收获时，刘飞华直言：“培养独立的能力很重要。”诚然，依赖他人的人是难以进步的，更不用说在学术领域有所建树。一方面，每个学生的课题和方向不同，在遇到问题和瓶颈时，刘飞华首先考虑的是如何靠自己的能力解决问题而非求助他人，只有这样才能真正达到训练思维能力、逐步提升自我的目的。“当然，跟导师交流是必要的，经验丰富的人往往看得更深更远，这能开阔你的眼界。”刘飞华说道。另一方面，科学研究是一个长期的过程，课题的完成往往需要阶段性目标的规划，这就要求学生能够合理地分配时间，具备自我管理的能力。

读博对于刘飞华来说，更多的是对自己心态的一种磨炼，使他逐渐敢于面对新的事物。生活是充满变数的，在紧张的日程中增加新的任务，尤其考验合理规划和安排时间的能力。刚开始时会紧张、慌乱，甚至会怀疑自己，但是遇到类似情况多了，就能够从容不迫地应对。在谈到去美国的经历时，刘飞华说，除了获得科研方面的成果，他还学会了一些必要的生活技能。其实，所谓“独立”，身心皆有，两者相辅相成，缺一不可。

“博观而约取，厚积而薄发。”这是苏轼在《稼说送张琥》一文中劝诫好友时所阐述的治学之道，从刘飞华的经历中也能看到这一点。从初入实验室到发表成果，这是一个漫长的过程。“前期的专心实验为后期成果的取得打下基础，并积累经验。”当被问及处于实验前期或者遇到实验失败而看不到实验结果的时候是否会感到迷茫时，刘飞华坦言：“的确会迷茫，甚至还会怀疑自己。但只要坚持做，一旦出现了改善的迹象，后续一切都会水到渠成。”他坚信，尽管有很多技术和产品还处在实验阶段，但随着其性能的不断提高、成本的不断降低，经过多年的完善，许多新材料的应用前景会越来越好。所以，不必担心自己做的材料无用或者用处不大。如果有好的想法，不妨去试一试，去闯一闯，去搏一搏。

作为学生，刘飞华认为，不论是在本科阶段还是在研究生阶段，都应该学会沉淀自己，不要急于求成，同时也不要放过身边的每一个机会，只有这样，才能使自己变得更加优秀。他还强调，要清楚自己想要做什么，正确认识自我才能够让你少走很多弯路。

临分别时，刘飞华笑着告诉笔者，比他优秀的人还有很多，所以学无止境。

（记者：邹婉娟、朱昱颖　编辑：崔晶晶）

材博1501班　韦秀娟：以梦为马，不负韶华

图3–8　韦秀娟

韦秀娟(图3–8)，中共党员，材料学院2015级博士研究生，曾获博士研究生国家奖学金和“校三好学生”荣誉称号。研究生期间以第一作者身份发表多篇SCI论文，获得国家发明专利一项，申请国家发明专利两项。她积极参加国际学术活动并多次获得“优秀志愿者”荣誉称号。

在江城武汉，韦秀娟已悄然度过了四年。从初入武汉理工大学的研究生新生，成长为集“校三好学生”“校卓越研究生”“优秀博士生”等荣誉称号于一身的“材料之星”，四年于她宛如一场逐梦的旅程。

聊起求学经历，她兴高采烈地为我们讲述她的故事，我们能感受到她对科研工作的执着追求和发自内心的热爱。对她而言，旁人看来枯燥乏味的科学研究自有一种令人魂牵梦萦的美。

在刚刚进入大学时，韦秀娟并不清楚材料学科未来的发展趋势和就业前景。“我不知道自己要去做什么，那时候很迷茫。不过还好，一路走来，我的收获颇丰。”当她开始接触并不断深入探索材料科学领域，逐渐领略其魅力后，她意识到这正是她的兴趣所在。韦秀娟把科研作为自己的必选项，不断地深造。在经历了漫长岁月的洗礼后，她依旧坚持着、努力着，为了成为自己期望的样子。

韦秀娟坦言，在选择读研学校时，自己是慎重的。“武汉理工大学有浓厚的科研氛围、完备的实验设施，有助于我潜心研究，我很高兴可以在这里求学。”她每天花费大量时间在实验室里进行科学研究，不怕失败，从中总结经验教训。“在一两次实验中，你不可能获得自己想要的结论。实验就是如此，不断发现错误，调整项目方案，这才是科研的意义所在。”

在大学相对宽松的环境里，韦秀娟把生活安排得丰富多彩。这位热衷于学术的才女并非整日待在实验室，她积极地利用闲暇时间去尝试更多自己喜欢的事情，如读书、看电影、旅游、长跑……“学会合理地安排自己的时间很重要。‘凡事预则立，不预则废。’只有学会规划，才能做更多自己喜欢的事。”

天色渐晚，采访进入尾声，韦秀娟又要投入科研工作了。告别后，她的背影消失在走廊的尽头，笔者不禁想起孔子的话：“其为人也，发愤忘食，乐以忘忧。”韦秀娟始终保持着对科研的热爱，这种于科研中汲取知识的乐业精神，这种追求卓越的进取精神，正是值得我们学习的理工精神。她犹如一颗明星，指引着更多的材料学子奋勇前行。

（记者：胡佳平、刘璇　编辑：王哲）

材博1502班　蒲宗华：我不是学霸

图3–9　蒲宗华

蒲宗华(图3–9)，材博1502班学生，连续两年获得研究生国家奖学金，连续三年获得卓越奖学金，被评为“校三好研究生”。他热爱科学研究，积极参与国家自然科学基金项目等研究，以第一作者身份在国际知名期刊发表论文十一篇。

“我不是学霸。”采访伊始，蒲宗华如是说。

蒲宗华本科和硕士分别就读于福建师范大学及西华师范大学，成绩处于中上等水平。起初蒲宗华发现自己和他人的差距很大，而考研很有难度，成绩并不是很优异的他差点儿放弃，不过好在通过不断地自我鼓励，他坚持了下来，熬过了这一阶段。“准备考研的过程真的很艰辛，那个时候不断告诉自己既然决定了就不要放弃，再坚持一会儿、努力一下，说不定就成功了。等到结束的时候回头看，发现没有想象中的那样难。”蒲宗华的语气很轻快，那段难熬的日子对他来说是很有意义的，不仅让他对困难有了新的认识，而且增强了他的心理素质，使他在未来的科研道路上更加有实力。

蒲宗华跟着导师在中国科学院长春应用化学研究所学习了两年，这期间，他养成了严格要求自己的习惯。在进入武汉理工大学攻读博士学位期间，他一度压力很大，担心自己无法取得成果，让大家失望。因此，他一周七天都在实验室里看文献、做实验、写文章。“现在已经没有那么大的压力了。”蒲宗华说，“勤能补拙，既然不如别人聪慧，就要比别人付出更多的努力。”

在采访中，蒲宗华坦言，过去学习成绩方面的不足确实对他有一定影响，但他在科研上取得的成绩让人赞叹不已。蒲宗华本科期间就已拥有实用新型专利，读博期间以第一作者身份在国际知名期刊发表SCI论文十一篇。当笔者问及他取得如此多成果的原因时，他用两个词回答——兴趣和责任。

“我发表论文，不是带着功利性的目的，而是因为真的热爱自己所研究的课题，所以我才能坚持做科研。”当兴趣成为生活中的一部分，你会渐渐意识到自己一直在前进的路上，蒲宗华用自己的经历验证了这句话。正是源于这种热爱，蒲宗华取得了如此优异的成绩。与此同时，他强调做事情还要看清现状，不能只凭一腔热血，要学会承担责任。

在读博期间，薄宗华的导师给予了他很大的帮助。“我觉得自己不应该辜负导师，当然也不能辜负自己。”在这种意识的驱使下，他继续保持对自己严格要求的习惯，最终成功发表十一篇论文。“这离不开导师和其他同学的帮助。我不是学霸，但我有对科研的热爱，有做好科研的责任心，这是我前行的动力。”

谈起日常生活时，他笑着说：“生命在于运动。”蒲宗华每周都有固定的时间去跑步或打篮球。他认为运动是一件一举两得的事，不但能锻炼身体，而且能放松心情。他在本科和研究生阶段都参加过校运会，曾经拿到项目第四名的好成绩。

对于还在备战考研的学弟学妹们，蒲宗华建议，明确自己未来的方向，这样会更有动力，不至于中途放弃。关于如何选择未来的研究方向，他表示首先要考虑兴趣，其次要考虑该研究方向的难易程度，以及自己的能力和决心。“要相信自己，不是学霸也可以有自己的一片天。”

“成功的花，人们只惊羡它现时的明艳！然而当初它的芽儿，浸透了奋斗的泪泉，洒遍了牺牲的血雨。”蒲宗华，一个不是学霸的强者，在人生路上不断努力前行，他的未来，一定会更加美好。

（记者：刘前、谌玉莲　编辑：王哲）

材博1401班　徐小明：走别人没有走过的路

图3-10　徐小明

徐小明(图3-10)，材博1401班学生，曾获博士研究生国家奖学金两次，卓越奖学金三次及2018年新威“储能英才”一等奖学金，参加华中科技大学第三届新能源博士生论坛并获优秀报告一等奖，以第一作者身份在国际学术期刊发表SCI论文两篇，曾被知名学术期刊网站专题报道，获得国家发明专利两项。

“走别人没有走过的路。”这是徐小明对自己的评价。作为武汉理工大学材料学院纳米重点实验室的直博生，他在读博期间多次获得奖学金，在科研的征程上成果丰硕，先后以第一作者身份在国际学术期刊*Nature Communications*(影响因子12.35)和*Nano Energy*(影响因子13.12)上发表SCI论文两篇。论文发表后，得到知名学术期刊网站Nanowerk和Materials Today的专题报道，产生重要国际影响。此外，他还获得国家授权发明专利两项。

许多人在科研的道路上遭受挫折而一蹶不振，但他不惧失败。在被问及做科研什么品质最重要时，徐小明说了很多，有不怕吃苦的坚毅，有不断坚持的毅力，有不怕失败的乐观……他在本科期间发表第一篇论文的过程中，被拒绝了许多次，虽有挫败感，但不曾想过放弃。在师兄、老师的指导和鼓励下，他一次次修改论文，最终论文成功发表。从开始做实验到发表论文，他用了三年时间。做科研就是这样，要经历一次次的失败、一次次的挫折，最后才能迎来好的结果。

科研贵在创新。在采访过程中，他谈起科研的现状：国内在科研方面的创新太少，很多人都是在国外科学研究的基础上进行深入研究的。而他喜欢做别人没做过的事，走别人没走过的路。他曾受古代八卦图中哲学思想的启发，发现了一种分子式为CaV_4O_9的新型材料，并制备了CaV_4O_9纳米线。这种材料在世界上首次被发现。

科研令他的生命焕发活力，但他的生活不只有科研。他平时负责实验室论文投稿的管理，曾参加各种学术交流活动。最让人印象深刻的是，他前往加拿大参加“2018能源、材料和光电国际会议”，在大会上做全英文报告，得到了大会组织者和多位与会专家的高度评价。

最后，徐小明建议学弟学妹们："大学阶段是人生新的开始，要学会做好人生规划，根据自己的兴趣找寻方向。"的确，若志趣不远，心不在焉，虽学无成。只有找到自己的兴趣所在，才能越走越远。

（记者：彭明霞　采编：张启蒙　编辑：张雨馨）

材博1603班　王恒：博学审问　慎思笃行

图3-11　王恒

王恒（图3-11），中共党员，材料2016级博士研究生，以第一作者身份发表SCI论文三篇，以第二发明人身份获得授权专利两项，先后被评为"校三好研究生""院优秀共产党员"等，获博士研究生国家奖学金，连续三年获博士研究生卓越奖学金，入选"双一流"引导专项人才培养计划，赴英国埃克塞特大学交流学习。

"博学审问，慎思笃行"，在过去三年的博士研究生阶段，王恒一直践行着这八个字。一系列学术成果和荣誉的取得，离不开王恒的辛勤付出。

科研在很多人看来是枯燥的，甚至是看不到未来的，但是在王恒眼中，科研中蕴藏着令人意想不到的惊喜。他热爱科研，喜欢那种无意间发现新现象的乐趣，享受实验成功带来的快乐。从硕士研究生到博士研究生，王恒转换了研究方向，这意味着要重新开始，付出比别人更多的努力。在博一期间，王恒在每天晚上八点半上完课后还会去实验室工作，他始终坚信"一分耕耘，一分收获"，科研成果都是从一次次的实验、一次次的数据分析中得到的。当然，科研之路不可能是一帆风顺的，有时难题像一座座大山挡在面前，他能做的只有翻过去。有时候论文写不出来，实验一次次失败，但王恒从未想过放弃。在遇到困难的时候他会和老师、同学交流，在写论文累了的时候就去跑步放松，在他看来没有什么坎是迈不过去的。

谈及他的成果和荣誉时，他说要特别感谢导师傅正义教授，感谢实验室提供的平台和机会。在读博期间，傅老师一直是他的榜样，老师对待科研的严谨态度和辛勤付出的精神一直影响着王恒，激励着他前进。王恒很喜欢和实验室的其他同学交流，他说即使大家的研究方向不同，和他们交谈也能拓宽思路，学到很多东西。

生活中的王恒是一个有计划、有安排的人。他认为确立一个合适的目标，然后高效地实现它，对人生有很重要的作用。明天的生活状态，不由未来决定，而是由今天的生活状态决定。2018年11月，王恒作为优秀博士研究生赴英国埃克塞特大学交流学习。他说印象最深刻的是大家都非常努力，他们成果的取得都离不开在实验室里的一番苦干。

作为一名共产党员，王恒对自己的要求是用实际行动带动身边的同学进步。在大二就成为正式党员的他多次参加植树、爱心义卖等公益活动，不断激励和帮助着身边的同学，起模范带头作用，从而获得“院优秀共产党员”的荣誉称号。

在科研之余，王恒喜欢跑步和读书。运动能使人拥有良好的身体状态，而读书能让人获得精神上的鼓舞与慰藉。王恒最喜欢的书是《平凡的世界》，过着平凡生活的平凡人，却有着不平凡的坚韧的信念。这本书一直激励着他在科研的道路上不畏艰难。王恒建议学弟学妹们多看经典书籍，从书中获取灵感，用书籍指导自己前行。

谈及未来的规划时，王恒表示会在科研之路上一直走下去，相信他定能乘风破浪，扬帆远航。

（记者：邹慧倩　采编：武瑞怡　编辑：林心铭）

材博1603班　邝攀勇：科研在于沉淀与积累

图3-12　邝攀勇

邝攀勇（图3-12），中共党员，材博1603班学生，多次获得卓越奖学金、国家奖学金，被评为“校三好学生”等，两年时间发表SCI论文三篇。

“慢慢沉淀，不断积累，终有收获。”这是邝攀勇在采访过程中一直挂在嘴边的话。邝攀勇的科研之路可以用两个词概括：脚踏实地、厚积薄发。

邝攀勇在两年多的博士学习期间，已发表SCI一区研究论文三篇，有两篇SCI研究论文在投，有一篇SCI综述论文正在撰写。丰硕成果的取得离不开邝攀勇对自己的严格要求和对科研的热爱。初到武汉理工大学时，他没有急于求成，高强度的实验安排锻炼了他良好的动手能力，如影随形的紧迫感促使他从容且有计划地完成每一项任务。因为他明白不能把时间、精力只集中于一项工作，所以同时开展多个实验，撰写多篇论文，极大地提高了科研效率，基本保持着每学期完成一篇论文的进度。他说自己非常享受处理数据、作图绘图的过程，一张机理图会用一天甚至几天的时间来完成，哪怕一个符号位置稍有偏差或者配色不太满意都会修改，直至得到自己满意的结果。

他说，成绩的取得与武汉理工大学提供的优质平台和导师余家国教授的精心培养密不可分。学校测试中心齐全的仪器设备为样品的表征测试提供了极大的便利，为学生节省了大量时间。余家国教授对待科研兢兢业业、一丝不苟、精益求精的态度时刻影响着他，在每周一次的汇报中，他能与导师及时沟通交流，发现问题并及时改正，避免走弯路。不仅如此，余家国教授对实验室的有序管理培养了他良好的作息习惯，让他能够保证充足的研究学习时间。课题组成员和睦相处，互相帮助，共同进步，这样的环境使得他能够顺利地开展研究。

当被问到除了科研，还有什么让他着迷时，他不假思索地说是实验室足球俱乐部每周一次的足球运动。虽然这只是一项不足10人参加的小型运动，却能让他全身心投入并享受运动所带来的乐趣。他觉得要劳逸结合，合理安排学习与运动的时间。每天腾出一两个小时去锻炼，可以开拓思维，达到事半功倍的效果，长此以往，做研究的效率会得到提高。在谈到本科生参与课题组实验的过程中科研水平薄弱、状况百出等问题时，邝攀勇说，每个人开展科研都是从零开始的，需要不断积累，量变最终会带来质变。在参与科研竞赛的过程中，心态是最重要的。无论成功与否，最宝贵的是在参与过程中所收获的动手能力、感知能力、思考能力以及学到的理论知识。进入研究生阶段，你会发现曾经的实验经历使得自己比他人更敢于动手、敢于尝试、敢于突破。有付出才会有回报，科研能力是一点一点培养起来的。邝攀勇刚成为研究生时，阅读文献会碰到大量陌生的英文单词，做实验会遇到许多意想不到且难以解决的问题，但他认为每一个困难都是锻炼并提升自己的机会。

最后，邝攀勇建议刚接触科研时不要想太多太远，在什么阶段就思考什么样的问题。许多现在看起来难以理解、难以解决的问题，随着理论知识的积累和科研水平的提高都会迎刃而解。另外，英语水平并不是影响科研的主要因素。进入科研领域后，大家都处于同一起跑线上，唯有勤奋刻苦、脚踏实地、专心投入才能获得进步。总之，科研不能急于求成，要慢慢沉淀，不断积累，才会有所收获。

（记者：崔晶晶　采编：刘波　编辑：朱昱颖）

材博1601班 胡平：科研路上的苦行者

图3-13 胡平

胡平(图3-13)，中共党员，材博1601班学生，申请国家发明专利两项并获得授权，以第一作者身份发表SCI论文三篇，曾获博士研究生国家奖学金和武汉理工大学博士研究生卓越奖学金，荣获第十三届中美华人纳米论坛纳米研究墙报奖，参与国家重点基础研究发展计划、国家自然科学基金、国家基础科学人才培养基金等项目。

“路漫漫其修远兮，吾将上下而求索”是他对自己求学和科研经历的总结。从园林学士到材料博士，他绝口不提其中的艰辛，只感慨一句“贵在坚持”。他就是科研路上的苦行者——胡平。

追求理想 不畏艰难

每个成功的人都要经历些坎坷，胡平也不例外。因为高考失利，他没能进入理想的学校，园林专业也不是他的兴趣所在。在这种情况下，胡平并没有消沉，经过一番权衡后，他决定跨专业考研。在选择专业时，胡平根据自身兴趣选择了材料学科。

跨专业考研不是一件容易的事，更何况材料学科竞争激烈。胡平就读的本科学校没有开设材料专业，所以在考研路上他只能孤军奋战，努力而坚定地朝着自己的目标默默奋斗。

因为没有系统地学习过材料专业课程，所以胡平第一次考研未能成功。但他并未气馁，终于在第二年获得了武汉理工大学的研究生入学资格。入学后的第二年，他便在科研方面取得突破，发表相关成果。

科研之路 有志竟成

胡平的科研之路是从研究生阶段开始的。“如果有机会，可以从本科阶段开始做实验，越早越好。”在采访过程中，胡平这样说。越早进入实验室，就能越早获得参加竞赛和研究课题的机会，而研究经历对于材料学子来说十分重要。“人的精力有限，走科研这条路要专心。”科研很多时候是枯燥的，尤其是在陷入瓶颈期出不了成果的时候，而摒弃杂念、专心致志不是一件容易的事。胡平始终带着饱满的热情全身心投入科研，日复一日，原本粗心大意的他逐渐变得沉稳细心。

胡平的研究领域是纳米电化学储能与器件，截至采访时，他已经以第一作者身份发表SCI一区论文三篇，另有两篇论文在审，申请发明专利六项，其中两项已获得授权。“武汉理工大学材料学科的平台好，经常有相关领域的专家学者来作报告。”只要有感兴趣的报告，他便会积极参加。他表示，听报告不仅可以最快、最直接地了解相关领域的前沿研究，而且能够拓宽知识面，得到更多启发。

互帮互助　共同奋斗

在生活中，胡平是个乐观开朗的人，喜欢游泳和跑步。如果在科研中遇到低谷，他会约两个朋友去爬山、旅游。“一个人总需要一两个可以无话不谈的朋友，倾诉自己的烦心事，快速调整自己的心态，才能活得快乐、轻松。”在纳米实验室的这些年，胡平收获了真挚的友谊，还书写了一段爱情故事。

胡平表示他能有今天的成绩不只是靠自身的努力，更得益于麦立强老师的鼓励和纳米实验室所有老师和伙伴的帮助与支持。科研路上困难重重，有挑战也有机遇，只有一路披荆斩棘，经历破茧的痛苦，才能体验到化蝶的快乐。

（记者：刘璇　采编：傅武毅　编辑：雒怡浩）

材博1603班　张国彬：深邃的理性　过人的智慧

图3–14　张国彬

张国彬(图3–14)，2016级博士生，曾获国家奖学金，在实验室协助导师进行设备采购和运营管理，以第一作者身份在学术期刊发表SCI论文两篇，以骨干成员身份参与导师的重大科研项目，多次参加重点研发专项会议，2018年8月随学校领导参加在北京举办的答辩赛。

阿尔伯特·爱因斯坦说："我们最美好的经历是对神秘的体验。它是身处真正艺术和真正科学发源地时的基本情感。对这种情感毫无知觉、不再有好奇心，也不再有惊诧感觉的人，虽生犹死，如同一根被掐灭的蜡烛。我们意识到存在着我们无法洞悉其详的事物，感觉到最深邃的理性和最灿烂的美，这些只能通过其最原始的形式为我们的理性所感知——正是这种认识和这种情感构成了真正的宗教虔诚。在这个意义上，并且仅仅在这个意义上，我是一个笃信宗教的人。"在笔者眼中，张国彬何尝不是这样一位对科学研究有着虔诚信仰的"教徒"？

2014年考入武汉理工大学攻读硕士学位，2016年选择留在本校攻读博士学位，张国彬已在学术期刊*Nano Energy*和*Chemistry Of Materials*上以第一作者身份发表两篇SCI论文，其影响因子分别高达13.12和9.89。同时，他积极参与重大科研项目，参加重点研发专项会议，以优异表现获得2018年度国家奖学金。

取得这样令人瞩目的科研成就的过程，并不是一帆风顺的。和常人一样，他也经历过实验失败的无可奈何，也曾在科研过程中踟蹰不前，在办公桌前冥思苦想。"是什么让你能够坚持下来呢？""兴趣与执着。"张国彬简单地回答道。他对待科研，犹如孩童面对感兴趣之事一般，要一探到底，绝不放手。对未知保持着好奇，让他在博士阶段依然坚守澄澈之心，持续探索纳米材料的未知领域，笑对成败。

科学研究长路漫漫，有几人耐得住寂寞，又有几人守得住清贫？张国彬告诉笔者，他在选定一个方向进行深入研究时，经常会发现改变研究方向也许能够取得不一样的成果。是坚持原路、勇往直前，还是另辟蹊径、出奇制胜？

张国彬选择坚持自己的初衷，把新发现的那条路让给别人，实现共赢。"哪怕最后没有得到理想的结果，也可以给自己一个交代，知道这个方向是行不通的。"这种做法体现了他的理性、睿智与气度。他不在乎是否取得成果，而在乎钻研的深度；他不在乎个人的得失，而在乎团队协作与产业发展。这般返璞归真的心性，让张国彬以踏实的脚步走在科研的路上，与其他同学优势互补，得以共同进步。

伯特兰·罗素说："没有坚持不懈的劳动，任何伟大的成就都是不可能的。这种劳动令人如此全神贯注，如此艰辛，以至于使人不再有精力去参加那些更紧张刺激的娱乐活动。"张国彬将全部的身心献给实验室，对他来说，放松的方式是闲聊与运动，简短的聊天足以舒缓紧张的情绪，操场上的晨跑亦可缓解疲劳。在他看来，与人交流科技领域的新鲜事是极有趣且舒适自在的。协助导师购买和管理实验室仪器是一种责任，更是一种锻炼。"和别人交流也需要学习，会遇到各种各样的难题，能够锻炼人际交往能力。"

对张国彬的采访更像是与一位大朋友聊天，笔者被他对待科研的态度打动。他遵从自己的内心，对待科研严谨勤奋，且不乏乐观。正因如此，他才能在科研的道路上走得坚定、走得长远。

（记者：张雨兮　采编：张凯程　编辑：林心铭）

材博1601班　张昺榴：暮雪朝霜，毋改英雄气

图3-15　张昺榴

张昺榴（图3-15），材博1601班学生，在博士生入学考试中取得了年级第一的好成绩，两次被评为“校三好学生”，曾获得国家奖学金和卓越奖学金，发表SCI一区论文一篇、二区论文两篇。

“选择什么不是最重要的，最重要的是为了什么而选择。”张昺榴先与笔者谈起上大学以来最深刻的生活感悟。入学之初，他十分迷茫，在就业与考研间不知何去何从，但他深知，尝试是成功的前提。开门店、做健身教练、做销售，都是他曾有过的职业规划。每一次尝试，他都力求做到最好。谈及坚持最久的健身时，他坦言，自己曾有过一段疯狂的日子，整日泡在健身馆，挥汗如雨，练就了一副好身材，甚至萌生成为全职健身教练，将青春奉献给健身事业的想法。但健身工作的不稳定性让他犹豫再三，他最终放弃了。经过两个月的奋战，他考研成功，开启了人生的新篇章。

当笔者问：“想给学弟学妹们什么建议？”他说：“尽早进入实验室，一定要主动与师兄师姐交流，提高实验的参与度，肯定会有收获的。”初入实验室，他也懵懂无知，但凭借着对实验的一股热情，积极与学长讨论，与大家打成一片，非常顺利地开展研究。回想起三篇SCI论文发表过程中的点点滴滴，没有幻想中的灵光乍现，只有日日夜夜坚持不懈。为了得到最准确的实验数据，他全身心投入，每一个环节都重复多次，寒暑假申请留校更是常态。他甚至牺牲睡眠时间，一连好几天熬夜。困难如凄风冷雨般袭来，但浇不灭张昺榴热情的火焰，反而让他的初心历久弥坚。

回顾自己一路学习的历程，张昺榴还是强调“选择”。只有发自内心的渴望作出的选择才真正具有内在驱动力，才能让你全力以赴。“无论遇到什么困难，都要一路向前。”张昺榴如此坚定。在社团活动与学习上，他有自己的选择。张昺榴认为不应被

社团的活动形式拘束，参加社团活动是一条锻炼能力的途径，但不是唯一途径，校园之外的社会拥有更广阔的天地。一个合格的大学生应该具有良好的社会适应能力，勇于走出象牙塔，成就更成熟干练的自己。“以适道，行人生”，学习也是如此，方法最重要，选对了方法，世界就是你的。许多人都在模仿别人的学习方法，去追随别人的影子，却不知最适合自己的方法只能一步一个脚印地摸索出来。

“数十载长河浩荡，九万里风鹏正举。”新时代已经来到，谈及未来的发展时，张昺榴的眼里闪烁着兴奋的光芒。他反问笔者："科研的意义是什么？”答案已不言而喻。走到博士这一阶段，经济追求已不再那么重要，对自我价值的追求才是他最大的驱动力，对社会作贡献是他的终极目标，生命不息、奋斗不止是他的人生信条。于他而言，奋斗不仅是实现目标的手段，而且是一种生活方式、一种成就自己的人生选择。

暮雪朝霜，毋改英雄气。敢于啃硬骨头、敢于涉险滩的张昺榴将不忘初心，在科研道路上越走越远。

（记者：王守豪　采编：周瑞鑫　编辑：林心铭）

材博1603班　庄泽超：在科研中沉潜

图3–16　庄泽超

庄泽超（图3–16），材博1603班学生，多次获得国家奖学金、卓越奖学金，在国际知名刊物发表SCI论文十余篇。

自然界中存在一种沉潜法则：企鹅在将要上岸时，会猛地低头，从海面扎入海中，拼力沉潜，潜到适当的深度，摆动双足迅猛向上，犹如离弦之箭蹿出水面，腾空而起，落于陆地之上，画出一道完美的弧线。沉潜是为了蓄势，为了积聚破水而出的力量，甘于沉下去，才能浮上来。在科研中也存在这种沉潜法则，庄泽超向我们展示了沉潜的力量。

缘起

讲起自己对科研的初心，庄泽超回忆，在大学本科时期他并没有确定自己要走科研这条路。一次偶然的机会，他在一所省级研究院实习，发现自己非常喜欢发现问题和解决问题的过程，进而结合自己执着较真的性格认真思索了一番，确定自己喜欢并且适合走科研这条路，希望能在科研这条路上实现自己的价值。大四时，他选择保研到本科就读的母校福建师范大学攻读硕士学位，正式踏上了科研的征程。

庄泽超与武汉理工大学结缘，是在硕士期间翻阅学术文献的时候，他了解到麦立强老师的实验团队，并在第一次进入麦立强老师的实验室时就被其浓厚的科研氛围和良好的团队关系所吸引。因此，他选择在武汉理工大学材料学院师从麦立强老师攻读博士学位。

沉潜

论文是科研人员研究成果的见证，庄泽超已发表十余篇论文，其付出的努力可见一斑。对于科研，他始终保持着严谨认真的态度，每一个实验数据都是他心血的结晶。在一次实验中，他测得的一个数据出现了偏差，但在复杂的实验环境下无法弄清楚到底是哪里出了问题，他就一处一处地排查可能出现问题的地方，不断地进行实验，坚持了一个月左右才完成这个数据的采集，为整个研究的成功打下了基础。在发表第一篇英文论文时，他没有用软件直接翻译，而是查阅大量英文文献，学习科研术语的正确表达方式，一字一句地撰写，耗时三个多月才完成。正是在科研中的坚持与付出，让他能够沉潜蓄势，取得如此丰硕的成果。

此外，庄泽超对科研有着独到的见解。他认为做科研就像是盖楼，只有基稳才能楼高。想要做好科研，首先，要学好基础知识，各门基础课程是科研路上的奠基石。其次，要明确自己的科研内容，翻阅学术文献是非常重要的。阅读科研文献不仅能够增加我们的知识储备，而且能让我们了解到学科领域的发展程度以及没有解决的问题，从而确定自己的科研内容。再次，要积极与他人交流。交流是传递思想的最好途径。“闻道有先后，术业有专攻。”每个人的思想见解都不同，多与他人交流能使自己的思维更加开阔。最后，也是最重要的，必须饱含热情，坚持不懈。科研这条路布满荆棘，饱含热情能够让自己保持思维活跃，坚持不懈才能到达成功的彼岸。

展望

对于未来，庄泽超希望自己能在科研的道路上继续深造，让自己的知识储备与能力更上一个台阶，有机会从事科研工作，为祖国的科学发展贡献自己的力量。

最后，他对学弟学妹们说："希望你们能够珍惜时间，学好每一门基础课程，培养兴趣爱好，规划自己的人生，砥砺奋进，为祖国的建设添砖加瓦。"

（记者：邱雪源　采编：邱佳恒　编辑：孟馨玥）

材博1701班　吴绍文：十年饮冰，难凉热血

图3-17　吴绍文

吴绍文(图3-17)，中共党员，材博1701班学生，2015年考取武汉理工大学硕士研究生，2016年顺利拿到透射电子显微镜大型仪器操作证，自此连续三年担任实验仪器助管。2017年他申请直博，以第一作者身份发表论文一篇，2019年发表论文一篇，顺利通过中期考核并获得卓越奖学金及国家奖学金。

人要有信念，但仅有信念是不够的，还要用行动和坚持来发挥信念的最大效用。吴绍文便是用行动彰显信念力量的人。

"开始的勇气和坚持的恒心"

"路漫漫其修远兮"，吴绍文在材料这条路上一步一个脚印地走了近十年。在回忆初心时，他提起本科时一次参加节能减排大赛的经历。通过微观形貌测试和性能测试，他成功地证明了一块压片陶瓷上无色透明薄膜的存在。这让他惊喜地发现了微观世界的多彩与奇妙："我眼中看到的并不是全部，一点小小的改变就能对结果产生巨大的影响。"这是他第一次真正意义上接触科研，这次经历使他找到了值得坚守一生的事业。

只有预期的目标，没有既定的结果，这是吴绍文对于科研的理解。在这条不可能一帆风顺的道路上，吴绍文难免有一筹莫展的时候。实验不顺、投稿被拒对他来说并

不是什么稀奇的事，可他从未想过放弃。他相信只要再坚持一下，就能迎来柳暗花明的时刻。正是抱着这样的想法，他在科研方面屡有突破。他不断探索，不断追求，于2017年在*Solar Energy Materials and Solar Cells*上以第一作者身份发表论文一篇。在博一期间，吴绍文跟随导师去曼彻斯特参加学术交流会。在会上，吴绍文受到启发，回来后改进实验，在*Energy & Environmental Science*上发表论文一篇，这是他读博期间发表的第一篇文章。

他想对刚刚接触科研的学弟学妹们说："科研不仅限于实验台，看文献同样很重要。要多看、多交流、多思考，要学会站在巨人的肩膀上，做一个会思考的研究生，而不是一个勤奋的技术员。"

"靡不有初，鲜克有终。"吴绍文毕业后打算去高校或者科研机构继续从事材料科研工作。"一定要坚持下去。"吴绍文反复强调，也不断实践着。

"化整为零，分工合作"

除了科研之外，吴绍文还相当重视学生工作。他连续三年担任实验仪器助管，后又担任实验室党支部书记。在忙于科研的同时兼顾学生工作是一个不小的挑战，吴绍文对此有着自己的诀窍——化整为零、分工合作。他将工作分成几部分，重要或紧急的事情会专门留出时间处理，相对琐碎的事情则会放在实验测试的间隙完成。吴绍文发现，每一项工作都有适合的人，他精准地做出判断并分配工作，自己再从中协调，这样大大提高了工作效率与完成质量。

"以自己喜欢的方式生活"

"在静与闹、孤独与合群之间，必有一个适合于我的比例或节奏。"吴绍文热爱旅行，假期喜欢与三五好友一起感受山川风物、四时美景；他偶尔看看日本动漫，喜欢其中无边际的想象力，这也是他学习日语的原因之一；对于生活，他有着独到的见解，认为以自己喜欢的方式生活，才是幸福的。

"不尝试，你永远不知道自己能做什么。"这是吴绍文最喜欢的一句话。一个人的潜力是巨大的，不试试又怎么知道呢？他将带着这样的信念继续前行，为他所热爱的科研事业贡献力量。

（记者：胡悦娟　采编：张雨馨　编辑：伍龙生）

材博1603班　齐凯：温和至性，气质如兰

图3–18　齐凯

齐凯(图3–18)，中共党员，材博1603班学生，已发表SCI论文七篇、国际会议EI论文一篇，申请发明专利两项。她曾参加中国共产党武汉理工大学第三次代表大会、第五期湖北省大学生党员“双育”示范培训班，被推荐参评全国高校“百名研究生党员标兵”。

坐在电脑前，回顾自己在武汉理工大学学习的八年，齐凯无愧于心。无论是在学术方面还是生活方面，她都颇有收获。

学术——不遗余力

学海无涯，泛舟齐进。在本科阶段，她三年的平均学分绩点为4.212，冠绝群雄，名列第一。顶着“学霸”头衔的她不骄不躁，性情温和。面对枯燥的学习内容，她总能静心潜读，总结精髓。她不喜欢刷题，也不喜欢在图书馆自习，但她知晓老师所讲的重点，善于总结是她的备考利器。她总是毫不吝啬地将总结的内容通过班群分享给全班同学，与大家齐头并进。

因成绩优异进入学硕班的她，在本科毕业后经过多番考量，毅然踏上了直博的道路。学习之路任重道远，自称“跟风读博”的她，用四年半的时间证明了“虽为戏言，勇往直前”这句话。在这个阶段，她从“小白”做起，坚持阅读各种文献，总结实验数据，积累科研经验。此后，她真正开始了科研生活，在完成导师分配的任务的同时，不断摸索自己的方向，最终在自己选择的课题上收获良多，在专业期刊上发表多篇高质量论文。为了取得这些成果，她不知道进行了多少夜以继日的实验，又进行了多少翻来覆去的修改。

生活——锐意进取

忙碌之余，齐凯也像其他女孩那样爱追剧，但她深知事情的轻重缓急，从来不会

耽误学习。此外，她深刻意识到身体的重要性，遂养成了坚持锻炼的好习惯。她喜欢邀请好友一起打羽毛球，在球场上尽情地跳跃、奔跑。她不仅参加学院举办的各项文娱和竞赛活动，而且多次参加学校的太极拳表演方阵。生活的精彩给了她前进的无限动力。

在本科阶段，她积极进取，成为一名共产党员。在研究生阶段，因表现优异，她作为优秀学生党员代表，参加了中国共产党武汉理工大学第三次代表大会和第五期湖北省大学生党员“双育”示范培训班。班里大多数人是一起直博的同学，学习已经占用了他们大部分精力，齐凯却勇于挑战自己，毅然担任班长，尽心尽力地处理班务，不让琐事耽误自己和同学们的学习时间，最终带领全班同学一起取得了优异成绩。

未来——心之所向

正如她所言：“没有人能一开始就把路走好，一个阶段要有一个阶段的目标。”回顾过去的八年，她曾备感孤独但终未心灰意冷，曾迷茫无助但从未迷失方向。虽一路走来，磕磕绊绊，但光芒万丈，足够精彩。独自在异地求学已有八年，她归家心切。毕业季将至，她打算回到家乡，在太原理工大学任教并继续从事科研工作。祝她前程似锦，愿她不断前行！

（记者：李楠　采编：李岚　编辑：孙旭玖）

材博 1701 班　卜童乐：博观而约取，厚积而薄发

图 3-19　卜童乐

卜童乐(图 3-19)，中共党员，材博 1701 班学生，多次荣获研究生国家奖学金、校卓越奖学金、“中国建材”优秀博士奖，被评为“校三好研究生”等。他多次参加国内外学术会议并获得优秀报告奖、最佳海报奖等。累计发表 SCI 论文三十篇，其中以第一作者或共同第一作者身份发表论文十五篇，两篇入选 ESI 高被引论文，一篇入选 ESI 热点论文。

没有高调和炫耀，卜童乐是那种不声不响就把什么事都做好的人。

卜童乐是硕博连读生，他提到自己的研究方向是比较热门的新方向，没有较多的先例供他参考和借鉴，更多需要自己不断地发现、评判、探索以及创新。他说：“我发现挺简单的，就坚持读下去了。”如此轻描淡写，让我们颇为吃惊。实际上他每天起早贪黑泡在实验室里，不断努力突破。巴斯德有句名言：“告诉你使我达到目标的奥秘吧，唯一的力量就是我的坚持精神。”在艰难的探索中，能真正坚持下来的，终究只有少数人。事实证明，卜童乐就属于这种沙里淘金的人。

被问及如何能发表数量如此多的论文时，他说要有善于发现的眼光，并且有目标、有规划地去实践探索。在研究中我们会遇到一些普遍存在的问题，其中可能包含被大家忽视的细节，这些就是突破点。说到科研经历时，他兴致勃勃地提到自己的一项研究成果。在研究过程中，他发现很多文章谈及使用一种商业化纳米材料的器件性能很好，然而该材料的性能和合成材料性能有很大区别，于是他通过对比研究发现并证明了该材料性能优异的根本原因，并提出了一个提升性能的普遍性策略。这一研究成果得到审稿人的一致好评，该论文发表在国际学术期刊*Nature Communications*上，成为高被引论文。这就是他从别人忽视或不在意的细节处找到研究方向和思路，并通过自己的研究发表高水平论文的经历。

曾多次参加国内外学术会议并获得优秀报告奖、最佳海报奖的他说，只有努力把自己变得更优秀才能获得更多的机会。他会将自己的时间安排得满满当当、井井有条：早晨起来浏览期刊上更新的论文，预约图书馆的座位，夜里挑灯完成实验。他的圈子里不乏优秀之辈，他乐于向他们学习，与他们合作。在澳大利亚蒙纳士大学留学期间，他开展了多项国内外合作课题研究，并取得了丰硕的成果。“蓬生麻中，不扶而直。白沙在涅，与之俱黑。”优秀的人总是会相互吸引、相互滋养、相互成就。但是，卜童生不是一个只知道不停转动的陀螺，他会挤出空闲时间组织大家打篮球或下厨做大餐，用自己的方式放松身心。

对于学弟学妹，他特别强调：兴趣是最好的老师。他说选择有时候比能力更重要，要把自己的力量用在更合适的方向上。正是因为对科研有着浓厚的兴趣，他才会努力钻研而不感到劳累。“人无癖不可与交，以其无深情也。”他选择了自己爱好的研究方向，从此义无反顾。张洁说：“任何一种兴趣都包含着天性中有倾向性的呼声，也许还包含着一种处在原始状态中的天才的闪光。”

博观而约取，厚积而薄发。卜童乐奔跑时的热情，失意后的坦然，遭遇挫折后的不屈，历经困苦后的从容，让他总能如同朝阳般令人感动和着迷。

（记者：何思　采编：高希羽　编辑：霍鑫）

材博1703班　李诵斌：走在科研的道路上，坚定且从容

图3-20　李诵斌

李诵斌(图3-20)，2017级博士研究生，致力于磁电陶瓷及其薄膜材料的制备及多铁性能方面的研究，先后在国际学术期刊发表SCI论文十五篇，其中以第一作者身份发表十二篇。

暮春四月，春光融融。在万物复苏时，我们采访了李诵斌，他谈吐儒雅又不乏幽默。对李诵斌的采访，一直离不开两个字，那就是“科研”。有人说科研是一条高风险的道路，选择了就很难回头；有人说做科研，如果到最后没能拿出成果就会抱憾终身。李诵斌更注重走好每一步，在科研道路上坚定而从容。

在国际学术期刊以第一作者身份发表SCI论文十二篇，这样的成绩在博士生中也是少有的。对于大学生而言，论文是绝不能忽略的一环。从课程论文到项目论文，再到毕业论文，论文几乎伴随每一个大学生的整个大学生涯。在写论文方面，李诵斌积累了许多宝贵的经验。首先，他强调“如何突出论文的创新点是论文撰写的重中之重”。无论是数据分析，还是结论的提出，都要体现出作者自己的思考。其次，要善于总结。他说自己会从阅读过的优秀文献中总结一些写作技巧和思路。最后，要精益求精。他在写第一篇SCI论文时，先后大改了十余次，从框架到语段，从用词到语法，李诵斌都字斟句酌，以至于终稿和初稿之间判若云泥。尽管有导师的指导，然而如果没有一颗精益求精的心，想必他不会取得如此成果。当然，数据之于实验犹如双足之于完人，对数据精确可靠的追求体现着李诵斌性格中的求真和严谨。这不仅仅是他对于科研的态度，更是其对人生的追求，而这恰恰成了他科研道路上成功的基石。

“学以致用”，参加各种竞赛正是对所学知识最好的应用。李诵斌在本科期间曾带领团队参加学校节能减排社会实践与科技竞赛。学习的过程正是不断创新的过程，李诵斌以敏锐的洞察力选择了“太阳能环保吸热陶瓷”这一项目参加比赛。尽管这个项

目是研究生阶段的课题，但是他带领团队不断查阅文献并动手实践，最终获得了创新性的成果。参加竞赛时只有知识是不够的，合作不可或缺。作为团队的领导者，李诵斌重视所有成员的参与体验，根据不同队员的特点分配不同的任务，既不让某一个队员负担过重，又不使某一个队员缺乏参与感。大家分头查找文献、讨论问题，合作十分愉快。参加竞赛不仅使李诵斌巩固了所学知识，而且使他的领导能力得到提升。

读博后，李诵斌的学术研究能力有了质的提升。在导师王传彬教授的指导下，他一直致力于磁电陶瓷及其薄膜材料的制备及多铁性能方面的研究。全新的研究方向拓宽了他的知识领域，他尝试从不同角度思考问题、解决问题，保持严谨的学术作风。当被问及导师在自己科研中的影响时，李诵斌很果断地说："言传身教！"一方面，王传彬教授在指导学生时不会限制学生的研究方向，鼓励学生大胆创新；另一方面，在协助导师完成科研项目时，李诵斌坦言自己不仅提升了创新能力，而且进一步开阔了视野。尤其是撰写结题报告时，虽然此前经验几乎为零，但他经过导师点拨，将写作框架和撰写要点铭记于心，能够从容应对。另外，在科研过程中，李诵斌很看重与人沟通的能力。因为制订的实验计划在导师的指导下会更加完善可行，而钻研许久的实验难题，在师兄师姐们的点拨下也许会迎刃而解。科研切不可闭门造车，要与导师、学长、同伴保持积极的沟通交流。交流的过程是不断锻炼待人处事能力的过程，这在李诵斌看来是弥足珍贵的。

谈到兴趣爱好时，李诵斌的回答很简单：喜欢打篮球和跑步健身。他向我们解释："博士生大多在实验室和寝室之间往返，偶尔出现在体育场，这是我们最真实的状态。"很多人可能无法忍受每天重复着枯燥无味的生活，也许只有经历过才会懂，才能更好地诠释"耐得住寂寞"这句话的含义。在笔者看来，这是一种很好的生活状态，静心、自律、不断前进，是当代大学生应有的风貌。

毕业之后，李诵斌将前往长江存储科技有限公司从事与半导体有关的工作。我们询问他，如果在读博期间学到的相关材料知识在今后工作中用不上怎么办？他说："我们在读博期间从事大量的课题研究是为了培养良好的科研素养，掌握解决问题的思路，储备可供参考的方法和经验，养成独立思考的习惯。做到了这些，无论从事什么工作，都能得心应手。"

志在山顶的人，不会贪恋山腰的风景。面对成绩和荣誉，李诵斌没有丝毫的满足和放松，相反，他十分谦虚和低调。他说："我身边优秀的同学大有人在。"或许正是基于对自己清楚的定位，李诵斌才能朝着前方不断迈进。

对于大一的学弟学妹，李诵斌强调了最基础、最重要的一点——保持学习的习惯。至于课余时间如何安排，是参加社团活动还是科研竞赛，他建议道："学弟学妹们对自己的职业发展要有清晰的定位，知道在大学最想要收获什么。如果是交际能力、组织能力，社团活动是不错的选择；如果是学术能力，科研竞赛是最佳途径。但不论选择什么，学习都是不能怠慢的。”

尽管在武汉理工大学的八年求学生涯即将结束，但笔者相信这对于李诵斌来说是起点而不是终点，认真付出过的青春，都是值得纪念的。愿即将去往新天地的李诵斌依旧在科研的道路上走得坚定且从容！

(记者：龙新阳　采编：余良康　编辑：霍鑫)

群英荟萃

学海G-610室：做自己人生的霸主

图4-1　胡越

胡越(图4-1)，复材1401班学生，入校以来平均学分绩点为3.89，曾多次获得“院三好学生”荣誉称号以及校三等奖学金。他积极参与各项活动，在校合唱比赛中与同伴们一起荣获团体二等奖；曾作为团委宣传部的一员，参与策划第十三届“材思飞扬”材料文化节开幕式以及材料学院2015届毕业生欢送晚会。他在武汉理工大学桌游协会担任副会长。他已进入武汉理工大学大飞机结构设计实验室读研。

图4-2　刘洪滔

刘洪滔(图4-2)，复材1401班副班长，曾获得上纬奖学金、华昌奖学金，参与“校创”项目“雨水收集再利用技术在海绵城市中的应用”，以“良好”等级结题。热衷于社会实践的他，在武汉博文教育培训中心素质拓展比赛中担任组长并带领小组取得第一名；在华硕(SET)营销精英挑战赛中学会与他人沟通，调解组员间的矛盾。他已被武汉理工大学录取，并以353分的优异成绩获得研究生二等奖学金。

图4-3　尚颖皓

尚颖皓(图4-3)，中共党员，复材1401班学生，曾获得“校三好学生”“校优秀共产党员”荣誉称号以及国家励志奖学金、校三等奖学金。他积极参与各类知识竞赛，参与“国创”项目“多铁性金属有机骨架材料弹性性能及力电耦合研究”并顺利结题，参与“校创”项目“锆基块体非晶纳米晶复合材料的制备与腐蚀性能的研究”并以“优秀”等级结题，一篇论文已被CPCI-S收录。他已被保研至四川大学高分子科学与工程学院。

图4-4　林挺

林挺(图4-4)，中共预备党员，复材1401班生活委员，在校期间成绩优异，先后获得校三等奖学金、华昌奖学金、亚唯奖学金以及“校三好学生”荣誉称号，积极参加第四届上海“中技杯”混凝土大赛并荣获二等奖，作为项目负责人申报学校自主创新研究基金本科生项目“雨水收集再利用技术在海绵城市中的应用”，以“良好”等级结题。他已被北京航空航天大学材料学院录取。

图 4–5　尹滕

尹滕(图 4–5)，中共预备党员，复材 1401 班班长。连任三年班长的他积极建设班级文化，带领班集体先后获得“校标兵班集体”“校优秀班集体”荣誉称号。他成绩优异，曾获得“院优秀共青团员”荣誉称号以及亚唯奖学金、CPIC 奖学金。他积极参加武汉理工大学学生自主创新研究项目“雨水收集再利用技术在海绵城市中的应用”，以“良好”等级结题。他已被北京航空航天大学材料学院录取。

图 4–6　夏一帆

夏一帆(图 4–6)，复材 1401 班学生。他在大学期间参与青年志愿者协会的活动，组织过义务卖报，并担任心理素质拓展协会外联部部长。他在武汉大学修读经济学双学位，绩点为 3.54。他在雅思、托福、经企管理研究生入学考试等英语考试中均取得优异成绩，通过申请收到多所美国高校的录取通知书，将赴美国凯斯西储大学读研深造。

2015 年，一个名为“学海霸主 610”的寝室群悄悄诞生了，随后它陪伴着六个大男孩度过了最难忘的大学四年，他们分别是复材 1401 班的胡越、刘洪滔、尚颖皓、林挺、尹滕、夏一帆。G 栋 610 室没有宽敞的空间，却有和谐的生活氛围。从大二成为室友开始，他们相互帮助，并驾齐驱，一起奋斗，如今都找到了自己未来的方向。图 4–7 为他们的合影。

夏一帆将到美国凯斯西储大学读研深造，林挺和尹滕已被北京航空航天大学录取，刘洪滔和胡越相约在武汉理工大学继续攻读硕士学位，尚颖皓将前往四川大学开启自己的硕士学习生涯。

图 4–7　学海 G–610 室成员合影

临近毕业，回首往昔，谈起“学海霸主”这个名字时，他们笑得有些腼腆。“当初是初生牛犊不怕虎，就取了这个名字。”“不不不，那证明我们是有前进的目标的。”笑过之后，他们补充说：“取这个名字是想要走在前列，让大学生活过得更加精彩，不负韶光。”

“学习时，我们会一起收集、整理资料，分享至QQ群，实现资源共享。对于数学类、背诵类、专业类的问题，我们都有擅长的人负责解答。”在考试之前，他们发现个人收集、整理资料，工作量比较大而且浪费时间，于是进行分工合作，每人负责一至两章并分享各自的成果，最终都取得了优异的成绩。在平时，尚颖皓的成绩很好，他会给室友们答疑；申请出国的夏一帆会带着室友们一起学习英语，并在室友们准备考研时搜集一些与英语相关的资料。

他们的默契合作不限于学习，还体现在班级活动以及生活的方方面面。因为尹滕任班长，刘洪滔任副班长，林挺任生活委员，所以对于班上的一些活动安排，他们会一起商讨方案的可行性，一些娱乐活动、智力游戏会在宿舍小范围内模拟运行后再确定是否实施，以此增强班级的凝聚力，营造良好的班级文化氛围。大二时，团支书和学习委员曾提议组织夜跑活动，他们在寝室讨论时也认为适当锻炼有益于增强体质、促进学习，于是班长尹滕带头积极参与，生活委员林挺为班级购买了跳绳、毽子等用品，丰富了活动内容，促进了班级同学间的感情交流。除此之外，身为寝室长的夏一帆还购买了哑铃、乒乓球、单杠、排球、篮球等体育器材，便于室友们在忙碌的学习之余锻炼身体。

很多大学生有“拖延症”，自制力不强，经常玩手机或者沉迷于打游戏。在学海G-610室，按时就寝是基本要求。他们会相互督促、相互提醒，在复习期间限制娱乐活动，在不知不觉间形成了积极向上的氛围，对每个人都产生了潜移默化的影响。“大一的时候室友都玩游戏，我也一起玩。现在没有人一起玩，一个人玩没什么意思，渐渐地就不玩了。”夏一帆如是说。林挺十分佩服夏一帆，称他自制力很强，准备雅思、托福考试的时候，每天准时练习口语，让自己备受激励。从大一开始就和学霸尚颖皓是同学的胡越则提到，大一时周六、周日大家都在玩，尚颖皓会一个人从早到晚待在自习室，正是受到尚颖皓的影响，他始终保持着努力学习的劲头。

“我们比较注重劳逸结合。”胡越说，学习之外，寝室聚餐、卡拉OK、电玩竞技都是他们在周末放松自己的活动，娱乐的时候就该好好娱乐，学习的时候也应该全身心投入。寝室三人曾组队共同参加“校创”项目，并顺利结题；寝室四人曾共同参加陶艺大赛并荣获二等奖。他们自觉讲究寝室卫生，安排了值班表，保持室内整洁；他们还购买了墙纸进行装饰，营造了良好的室内环境。在寝室文化创意大赛中，他们突发奇想录制了视频，并以PPT的形式答辩，获得三等奖的好成绩。在每次星级寝室的评比中，他们都会重新整理打扫寝室。在大家的共同努力下，学海G–610室从一星级升到四星级，最终被评为“校文明寝室”。

在相处过程中，性格内向的尚颖皓渐渐变得开朗活泼起来，“如今的社会更需要口才好、情商高的人，我也希望自己能说会道”。刘洪滔的逗趣搞笑、尹滕的任劳任怨、林挺的谦虚热心、胡越的真诚踏实、夏一帆的欢脱热情……这些都是“学海霸主”不可或缺的元素，构成了彼此相伴、共同奋斗的光辉岁月。

“我最庆幸的是在大一参加了英语培训，这让我在生活中渐渐充满自信和热情。”“我最骄傲的是在大学期间学会了规划，参加了许多竞赛，达到了自己的目标。”“我最开心的是在大学遇到了我的女朋友——王暮雪。”

“我们彼此最幸运的是在大学认识了这一群好兄弟！”虽然以后不在同一个地方，但他们会为每个人加油！“学海霸主”的故事还在继续……

（记者：成子巍、金成静　编辑：胡嘉瑞）

学海A–706室：青春的河流　少女的白马

2014年，她们相遇于理工大，彼时年少；四年里，她们同舟共济，相互扶持；2018年，她们成长蜕变，共圆学子梦。李雪、王暮雪、姚菊、舒馨、王雪琴和李崇瑞六人，共同经历四年，辛勤付出，最终成为曾经梦想的更好的自己。

深邃黛蓝——李雪

图4–8　李雪

李雪（图4–8），复材1401班学习委员，在大学期间先后获得校二等奖学金、永环奖学金、上纬奖学金，并获得“院三好学生”“院优秀学生干部”荣誉称号。她热爱集体，勇于奉献，组织班级夜跑活动，积极参与班级建设。她曾任文工团综艺部副部长，参与新生才艺大赛并获得三等奖。李雪已考取清华大学研究生。

“真正的梦想家，就是敢想、敢拼搏的人。”李雪说。也许是受在清华大学工作的父亲的影响，也许是出于自己一刹那的念头，她想考清华。没有迟疑，没有彷徨，她立刻开始着手查找和收集相关信息，先人一步开始复习，有条不紊地制订备考方案，义无反顾地执行。她目标坚定，哪怕道阻且长。学业以外，她一直将生活过得精彩而充实，而世界从不辜负每个有梦想的人。担任学习委员，组织班级夜跑活动，她尽心尽力地想为班级这个大家庭多做贡献。作为综艺部副部长，她指导学弟学妹们准备新生才艺大赛。带着光和热，她一直勇往直前，无所畏惧。

皎皎月白——王暮雪

图4-9　王暮雪

王暮雪(图4-9)，中共党员，复材1401班学生，大学四年必修课平均学分绩点为4.083，排名班级第二、年级第六，先后获得校一等奖学金、惠柏奖学金、亚唯·复材校友奖学金等，连续两年被评为“校三好学生”。她在大一进入实验室，坚持参与科研创新，曾获材料学院“普赛达杯”高分子材料设计与制备大赛三等奖。王暮雪已考取厦门大学研究生。

当这个世界有太多喧嚣，当周围的人都在忙碌奔波，你是否还能听清自己内心的声音？大一进入实验室，对生物医学怀着浓厚兴趣的王暮雪在科研上一路坚持。科研路上，不是两三天的投入就能换来丰硕成果的，日日夜夜的操劳与坚守，才是科研成果这幅宏图的底色。在最初的热忱被慢慢消磨后，大浪淘沙，留下的是坚守初心、对科研充满热爱的她。生活不会辜负每一个流过汗与泪的人，凭借着优异的成绩和在科研方面的稳扎稳打，王暮雪成功考入厦门大学，曾经的日日夜夜都是可贵而难忘的回忆。

坚韧绛紫——姚菊

图4-10　姚菊

姚菊(图4-10)，中共党员，复材1401班团支部书记，曾获得国家奖学金，被评为“校三好学生”“校优秀学生干部”等。她积极参加各类竞赛，在“中技杯”混凝土大赛中获一等奖，在武汉理工大学2016年大学生节能减排社会实践与科技竞赛中获二等奖，在2017年CPIC复合材料制备大赛中获二等奖。姚菊已考取四川大学研究生。

成功向来青睐有准备的人。“中技杯”混凝土大赛、武汉理工大学2016年大学生节能减排社会实践与科技竞赛、2017年CPIC复合材料制备大赛，在各类竞赛中总有她活跃的身影。她从不满足于已有的成绩，总是一步步攀登新的高峰，一次次刷新大家对努力的认知。学业优秀的她在班级里还担任团支书的职务，为支部建设贡献自己的力量。在她的带领下，班干部都尽职尽责地完成任务，同学们也积极参加班级组织的各项活动。在这样一个团结友爱的大家庭里，她收获的不仅是沉甸甸的友情，还有他人的尊重。她似乎永远精力充沛，从不停歇。以梦为马的她，正向着更广阔的天地疾驰。

活力明黄——舒馨

图4-11　舒馨

舒馨(图4-11)，复材1401班学生，曾先后获得亚唯·复材校友奖学金与永环奖学金，并获得武汉理工大学学习进步奖、CPIC复合材料制备大赛二等奖、“我形我塑”陶艺大赛三等奖。她先后任学生自强社社长和社团联合会主席，在任期间推广爱心书屋，服务同学，组织社团拔河比赛，加强社团间的联系。热心阳光的她怀揣着留学梦，收到多所国外高校的录取通知书，最终赴伦敦大学学院深造。

她总是那么耀眼，时刻绽放在嘴角的微笑仿佛在昭告全世界：“我来了，就在这里！”活泼开朗的她先后担任自强社社长和社团联合会主席，积极为同学服务，圆满完成各项任务。热心阳光的她一直有一个留学梦，虽然有过动摇，有过彷徨，也曾和其他同学一起为考研做各项准备，但随着时间的推移，她越来越明白自己想要的是什么，越来越清楚梦想在哪里。既然选择了远方，便只顾风雨兼程。下定决心的她立即开始行动，那是一段孤独的日子，任何人都无法提供最准确的信息，一切只能靠自己尝试与摸索。她屡次投递简历，屡次遭到拒绝，正当心灰意冷之时，伦敦大学学院传来好消息。一切都是偶然，一切又都是必然。

沉稳绀碧——王雪琴

图4-12　王雪琴

王雪琴(图4-12)，复材1401班心理委员，先后获校二等奖学金、CPIC二等奖学金、亚唯·复材校友奖学金。她积极参与各项学科竞赛，荣获第四届上海“中技杯”混凝土大赛一等奖、武汉理工大学2016年大学生节能减排社会实践与科技竞赛二等奖。王雪琴已考取华南师范大学研究生。

初次见面，她似乎不善言辞，但这并不妨碍她成为同学们心中尽职尽责的心理委员。在她看来，担任心理委员并没有影响她的日常学习生活，反而使她很快认识并了解了班上的同学。王雪琴在学习上十分努力，获得过校二等奖学金、CPIC二等奖学金以及亚唯·复材校友奖学金。与此同时，她积极参加多项竞赛，并获得优异成绩。她那瘦小的身体里仿佛蕴藏着巨大的能量，沉稳而有力。考研准备期间，她一步一个脚印，稳扎稳打，最终考入华南师范大学。

夺目朱红——李崇瑞

图4-13　李崇瑞

李崇瑞(图4-13)，中共党员，复材1401班学生，先后获得校二等奖学金、永环奖学金、上纬二等奖学金，被评为“校三好学生”“校优秀学生通讯员”等。她曾担任材料学院通讯社社长，为学院的宣传工作贡献力量。她勤勉自律，参与校大学生节能减排竞赛并荣获二等奖。李崇瑞已成功考研，成为上海大学和中国科学院宁波材料技术与工程研究所的联合培养生。

从大一开始作为记者采访“材料之星”，到四年后成为被采访对象，曾担任材料学院通讯社社长的她与“材料之星”间的缘分如此深厚。社团工作期间，她积极参加学院宣传工作，曾获得“校优秀学生通讯员”荣誉称号。成绩优异的她已成功考研。谈及考研的初衷时，她说当时并没有什么特别的想法，只是希望有一个更加适合自己发展的环境，而且当时身边的同学都在准备考研。在这样的氛围下，她走上了自己的考研之路，每天泡在自习室、图书馆。一本本书籍见证了她的成长，成为她走向更好未来的阶梯。

缤纷岁月　流光溢彩

推开学海A-706室的门，那里有五个可以与自己共进退的伙伴，只是想一想就能得到莫大的安慰。她们互谈抱负，并肩备战；她们共享闲情，陶冶情操。她们每周定时大扫除，亲手装饰寝室，参加创意寝室大赛。她们收拾行囊，一起出游，饱览祖国大好河山。她们出谋划策，默契配合，组织班级活动，为班级建设贡献力量。在这里，有一段独属于这六位少女的缤纷岁月。

2014年的入学恍如昨日，2018年的毕业仪式近在眼前。时光在不知不觉中消逝，回忆过去几年里经历和体验的种种，没有伤心与难过，只有相互扶持的温暖与感动。

她们在自己的天地里绽放光彩，又点染了彼此的缤纷世界。步调一致的她们成为彼此最坚强的后盾。愿她们以后的每一步都走得更加坚实有力。

（记者：胡嘉瑞、林心铭　编辑：胡嘉瑞）

学海A-616室：芝兰之室　芬芳满堂

图4-14　魏雯颖

魏雯颖（图4-14），材料xs1401班学生。她勤奋学习、刻苦钻研，大学前三年平均学分绩点和综合测评均位列班级第一；她获得一次国家奖学金、两次国家励志奖学金，多次被评为"校三好学生""校勤奋好学先进个人"。她两次获得全国大学生英语竞赛C类二等奖，获得"外研社杯"全国阅读大赛二等奖、湖北省翻译大赛三等奖，在武汉理工大学直接攻读博士学位。

图4-15　郭晶晶

郭晶晶（图4-15），中共党员，材料xs1401班学生。她多次获得校级奖学金和"校三好学生"荣誉称号。大一时担任团支书的她和团支部成员一起努力，所在团支部获得"五四红旗团支部"荣誉称号，她个人获得了"社会工作先进个人"荣誉称号。热爱舞蹈的她多次参加材料学院的舞蹈比赛活动，获得包括金秋艺术节二等奖在内的多个奖项。她已保研至武汉理工大学。

图4-16　史杰琳

史杰琳（图4-16），材料xs1401班学生，平均学分绩点排名班级第二，三次获得校一等奖学金和"校三好学生"荣誉称号，被评为"创新创业先进个人"。作为学海A-616寝室长，带领寝室成员在2015—2016学年度获"校标兵文明寝室"称号，以小组成员身份参与全国大学生节能减排社会实践与科技竞赛并获三等奖。她爱好广泛，所在队伍A.I.M.获得首届理工"好舞蹈"大赛二等奖。她已保研至上海交通大学。

图4-17　何博文

何博文（图4-17），材料xs1401班学生。她两次获得"校三好学生"荣誉称号。她曾担任班级心理委员，获得"校优秀学生干部"荣誉称号。她曾参加第九届全国大学生节能减排社会实践与科技竞赛并获三等奖，拥有实用新型专利一项（ZL 2016 2017130409）。作为成员申报本科生"国创"项目一项，在国际知名期刊发表论文三篇。

图4-18 王卉

王卉(图4-18),材料xs1401班学生,曾获得校一等奖学金、校二等奖学金,多次被评为“校优秀学生干部”“校志愿服务先进个人”“校优秀团员”等。她积极参加暑期社会实践活动,为学院及班集体的建设与发展发光发热。现于武汉理工大学本硕连读。

图4-19 姚依

姚依(图4-19),材料1401班学生,她勤奋学习,潜心科研,积极参加社会公益活动,连续两年获得奖学金,被评为“校优秀学生干部”,2016年获得“荣威新能源杯”第九届全国大学生节能减排社会实践与科技竞赛三等奖。

子曰:“与善人居,如入芝兰之室,久而不闻其香,即与之化矣。”用“芝兰之室”来形容学海A栋616室最合适不过。

大学四年间,宿舍的六名成员魏雯颖、郭晶晶、史杰琳、何博文、王卉和姚依在学习、科研和社会工作上都有着突出的表现。其中,魏雯颖同学曾获一次国家奖学金、两次国家励志奖学金、多项国家级及省级英语竞赛奖项;姚依、何博文、史杰琳同学获第九届全国大学生节能减排社会实践与科技竞赛三等奖;郭晶晶同学作为班级团支书和材料试点学院本科生党支部组织委员,两次获得“社会工作先进个人”校级表彰;王卉同学作为“校志愿服务先进个人”“校优秀学生干部”,多次受到校级表彰。宿舍多次被评为“校标兵文明寝室”和“校文明寝室”。毕业前,宿舍中的五人获保研资格:一人保研至上海交通大学硕博连读,两人直博武汉理工大学,两人保研武汉理工大学。还有一人选择为理想的大学和专业继续奋斗。A栋616室的六个性格迥异的女生,从大二起朝夕相伴,用短暂的三年时光,书写了属于她们自己的青春传奇,也获得了属于集体的欢乐和荣光。图4-20是她们的合影。

图4-20 学海A-616室成员合影

一起拼搏的日子,难以忘怀

对于优秀寝室来说,良好的学习氛围必不可少。这种氛围源于她们在学习上对自己的严格要求。在平时的学习过程中,除了保持良好的学习习惯,她们经常会在寝室讨论当天课程中遇到的问题，最大程度地发挥集体的聪明才智，使每个人都能对问题有新的认识和理解。备考期间，她们常结伴前往自习室复习，互相勉励，每晚对复习中的疑问进行总结分析，及时解决。“其实学习没有那么枯燥死板，如果你用心去学，沉浸其中，就能真切地感受到获得新知识的快乐。考试不是学习的目的，也不是学校和老师为大家设置的条条框框，它只是检验学习效果的一个手段。想要学好，应该先从心态上进行调整。要意识到，大学的学习不仅是为了掌握可能对我们未来人生有帮助的相关专业知识，更是为了从中养成良好的思维习惯，端正处事态度。”在被问及学习秘诀时，学霸魏雯颖自信满满地说。

在大多数同学的印象中，参加各种科技竞赛要经历漫长的准备、艰难的突破、紧张的答辩，而结果未知。因此，许多同学望而却步。姚依、何博文、史杰琳分享了她们一起参加第九届全国大学生节能减排社会实践与科技竞赛的经历。她们在大一时就加入了导师制平台，期望作为材料学子能够早日在科研方面有所突破。因为有着同样的目标，在大二上学期，她们主动召集了实验室里同样有参赛意愿的同学，组队报名参加比赛。同在一个寝室的三人交流起来更加方便。备赛期间，她们每周末都相互督促，一同早起去实验室。在师兄的启发下有了大致的主题和方向后，她们分工合作，查阅资料，经过讨论明确了具体的研究背景和意义。不仅如此，方案设计十分重要，除了要有实际意义，紧扣节能减排主题外，还要有创新点和可行性。在模型的搭建、外壳材料的收集和处理、平台材料的选用、处理系统的电路设计、控制系统的合理性以及使用的便捷性等方面，她们遇到了很多困难。“整个比赛最迷人的地方在于你会有很多机会接触和学习在课本上根本学不到的知识。”回顾比赛过程时，史杰琳如是说。“我们搭建了一个污水处理系统模型，并申请了一项实用新型专利。”何博文对比赛结果十分满意：“我们以模型和专利为支撑参与了比赛评选答辩，最终获得了三等奖。”“在竞赛过程中，最重要的是耐心和坚持。搭建模型的过程很烦琐，只有保持耐心并且坚持下去，才会有回报。”姚依说。

美好的回忆，铭记一生

在生活中，她们充满爱心，一起报名参加国庆节光谷献血站的志愿服务活动，在地铁站附近发传单，招募献血志愿者。在王卉的号召下，她们于寒假期间报名成为武汉科技馆志愿者，为前来科技馆的小朋友们讲解科学小知识，带领他们观看科技模型。“在参加这些活动的过程中，我们不仅增进了相互之间的了解，而且丰富了自己的阅历。”

在寝室建设方面，她们编排了寝室值日表，相互督促，寝室公约施行起来也毫不费力。在寝室创意文化大赛中，她们发挥每个人的特色，购买贴纸、小饰品，各自设计了独特的墙面装饰，最终获得一等奖。学习之余，她们还会通过寝室聚餐、外出游玩、唱卡拉OK等活动来放松。因为对唱歌跳舞都有浓厚的兴趣，在郭晶晶和史杰琳的带领下，她们自发成立了“BTG组合”，一起策划、编排歌舞串烧节目，并将其作为英语口语课考试的展示作品，还为毕业晚会准备了舞蹈节目。“在大学就应该大胆尝试新鲜有趣的事，突破自我。”说完，她们集体跳了一小段舞蹈。

大学四年，时光荏苒，她们在最美好的青春年华携手绽放出了最耀眼的光芒，在彼此的生命中留下了最美好的回忆。带着“BTG”的阳光活力和对彼此的祝福，她们将在成为更优秀的自己的路上继续前进。

（记者：汪苏妍、秦煦森　编辑：王哲）

学海G-319室：条条大路通罗马

图4-21　袁浩桢

袁浩桢（图4-21），中共党员，材化1401班学生。他热爱运动，作为材料学院篮球队的一员，一直坚持刻苦训练，大一与队友一起在“新生杯”篮球赛中夺得第三名，大二、大三在“理工杯”篮球赛中与队友共同努力，连续两年打入“八强”。在学习上，他不落人后，曾获“校三好学生”以及“院三好学生”荣誉称号。如今，他选择在材料科学的道路上继续前进，已收到伦敦大学学院的录取通知书。

图4-22　任鹏程

任鹏程（图4-22），中共预备党员，材化1401班学生，担任副班长。他参与国家创新项目“三维纳米生物电极的设计及柔性‘糖’电池的应用”。他在大二下学期申请修读第二专业，并在假期积极参加社会工作，担任一家大型教育机构的线上物理教师。他紧跟学科前沿，了解行业发展动态，有自己的职业发展规划，已经签约TCL华星光电技术有限公司。

图4-23　崔俊超

崔俊超（图4-23），复材1401班学生，曾获国家励志奖学金，被评为“校三好学生”“优秀实习生”。在各类实践活动中，他都能全身心投入，在过程中发现问题、克服困难、总结规律、优化方案，从而推进项目进度，取得满意的结果。他已考取北京航空航天大学研究生。

图4-24 邓杲

邓杲(图4-24)，新能源1401班学生。他兴趣爱好广泛，对生活充满激情，积极乐观，不断追求新事物。他热爱运动，对跑步、篮球、足球、羽毛球、台球等运动有所涉猎。他待人友善热情，乐于助人，时刻为朋友着想，在别人需要时伸出援手。学习上，他刻苦认真，已被北京航空航天大学录取。

同窗四载，他们相互陪伴、相互扶持，共同走过人生最美好的大学阶段。时光如白驹过隙，当初的他们从全国各地汇聚于此，如今即将承载着希望的种子，在更广阔的领域茁壮成长。

图4-25 学海G-319室成员合影

大二更换寝室之后，学海 G-319 寝室的故事便拉开了帷幕。故事的主人公们是成功拿到英国伦敦大学学院录取通知书的袁浩桢，以优异成绩考研至北京航空航天大学的崔俊超和邓杲，签约TCL华星光电技术有限公司的任鹏程。在一起生活三年，他们不仅收获了深厚的友谊，而且创造了独属于他们的精彩。图4-25是他们的合影。

自力更生，寝室创业

住在鉴湖校区的同学也许听说过“59store”打印店，这家打印店就是学海 G-319 的产业。据崔俊超说，该项目由任鹏程牵头，目的在于迎合“互联网+”趋势，探索“互联网+”风潮，挖掘这一商业模式背后的逻辑理念。除此之外，他们还希望能获得一定的收入。

谈到创业缘起时，他们说经过仔细观察，发现整个宿舍区存在打印难、打印费用高的问题。为了方便同学并进行探索，四人决定成立“互联网+”打印店。同学将需要打印的文件发给他们，打印完成之后他们直接将文件送到寝室，周到的服务让他们在广大同学中赢得了良好口碑。正是在四人的共同努力下，打印店才有了如今的名气。

问起打印店背后的故事时，崔俊超告诉记者，在打印店运营期间，其实有很多困难，如合作商停止供应纸张和墨水、终止线上服务等。遇到这些问题的时候，大家绞尽脑汁，通过寻找新的原料供应商、从线上转至线下、简化操作、使用支付宝等工具收款等办法顺利解决了问题，从而将打印业务提升到一个新的高度。

同舟共渡，竞赛得奖

材料学子在本科期间大多会参加一些科研项目或比赛，他们也不例外。“参加创业大赛的创意主要来源于我之前的一次健康餐创业经历。我们做好前期的市场问卷调研、项目策划和比赛答辩准备等重要工作后，明确分工，及时沟通，顺利进入决赛。凭借精彩的项目策划介绍和冷静的自由提问答辩，我们取得了第三名的成绩。”邓杲这样说道。

正如世界上不会有同样的两片叶子，寝室里的四个人有不一样的技能。当项目遇到困难时，总会有人站出来解决问题，这就为项目的推进创造了必要条件。凭借着四人的努力，他们顺利拿到了三等奖，为自己的大学生活添上浓墨重彩的一笔。

当记者问到他为什么会参加竞赛时，崔俊超深有感触：“事实上，这是我个人对专业的探索。只有通过实际操作，我们才能对材料专业有直观感受，而不是停留在一维和二维世界的被动认知上。参加比赛的初衷是提升认知。通过比赛，我们甚至可以了解一个行业。”正是凭借这种想法，他在大学四年里不断开拓，品味材料之美。

本不精彩，成功逆袭

当被问及为什么四个人专业方向不同却都可以这么优秀时，四个人异口同声地说，和别人相比他们其实没有那么优秀，只不过都有自己的特点，能取得今天的成绩归功于大三的不懈努力。

袁浩桢谈到自己学习雅思的经历与其他人不太相同。“我当时也报了补习班，但是感觉没有多大作用，就回去自己准备，多刷阅读题，多积累写作素材。”每个人的成功都不是理所当然的，都离不开自己的辛勤付出。

“考研与否，看个人意志。考，就坚持到底；不考，就安心工作。最后，也许大家会看到一样的风景。就我个人而言，考研算是最优解。与大家一样，我赢在坚持，没什么特别的。在这方面，每个人对自己负责就好。”以优异成绩考入北京航空航天大学的崔俊超这样告诉记者。在考研期间，崔俊超和邓杲就是这么做的，将考研作为自己的全部“事业”。“学习一直不怎么用功，到了大三下学期才‘浪子回头’。在考研阶段我明确自己的目标，心无旁骛，取消所有的社交活动，毫不松懈地为目标冲刺，所以最后取得了较满意的成绩。”他们战胜了浮躁，用自己的努力打开了北京航空航天大学的大门。

同为室友的任鹏程则毅然放弃了考研，投身工作，想要在实践中续写自己的精彩。

"我想先工作，最后应该还是会去读研究生。"条条大路通罗马，四人都在用自己的方式展现着材料学子的坚毅与卓越。

（记者：吴睿鑫、郝倩　编辑：赵晏）

学海D-306室：非学无以广才　非志无以成学

图4-26　陈如意

陈如意（图4-26），中共党员，材科jd1401班学生。他先后获得国家奖学金、袁润章奖学金、中国建材学习标兵奖、校青年五四奖章，被评为"校优秀共产党员""校三好学生标兵""勤奋好学优秀个人"等。他学习刻苦，作为党员，能严格要求自己并且积极帮助身边的同学，已被保送至清华大学攻读硕士学位。

图4-27　李少祥

李少祥（图4-27），材科jd1401班团支部组织委员，被评为"校三好学生"，获得校一等奖学金。他有较强的团队意识与号召力，能组织班级同学积极参加学院的各类活动，为班级团支部活动的开展作出贡献。他积极参与校级创新创业项目，已保研至武汉理工大学。

图4-28　程闰之

程闰之（图4-28），材科jd1401班学生，曾获得校三等奖学金，被评为"院三好学生"。他在日常学习和工作中认真负责，与周围同学相处融洽。程闰之现已保研至武汉理工大学。

图4-29　刘依凡

刘依凡（图4-29），材科jd1401班学生，曾获得校二等奖学金，被评为"院三好学生"，主持校级创新创业项目一项。他从不放松对自己的要求，始终以高标准鞭策自己，督促自己不断进步。在学习方面，他不怕吃苦，现已保研至武汉理工大学。

随着毕业季的到来，又一批优秀毕业生即将离开武汉理工大学。在学海D-306室住着四位"学霸"，他们分别是陈如意、李少祥、程闰之、刘依凡。四年时光转瞬即逝，他们默默努力，默默拼搏，用心编织的梦已经实现。用他们的话说，集体成功的关键是相互鼓励、互相帮助，共同营造良好的氛围，拥有共同的目标，并为此共同奋斗。

问及他们读研的初衷时，他们的回答有一个共同点，那就是想要成为更优秀的自己。他们认为，专业知识学习只是基础，要学会运用知识，朝着自己的目标奋斗、前进，才能真正提升自己。

本科期间，四人都通过导师制平台进入了实验室。他们不仅提高了基本的学科素养，而且发现了科研的乐趣，实验室的经历为他们走好之后的路奠定了良好的基础。谈到科学研究时，陈如意直言，想要在材料研究方面取得成就，要有一颗坚守的心。材料研究是枯燥的，需要不断重复，夜以继日。学习也是如此，没有什么投机取巧的方法，只有始终如一，将课本知识吃透，不断积累，才能灵活应用所学。“平时不要一天到晚待在寝室里，学校提供了这么好的学习环境，我们要善于利用；多去图书馆、自习室、实验室，积极参加各种活动，一定能有不少的收获。”要做到“锻炼自己的身体，武装自己的头脑”，在大学里，做有意义的事情才是最重要的。

作为共同生活了几年的室友，他们相处得十分融洽。日常生活中，陈如意热爱运动，带动寝室其他成员锻炼身体，他们经常在星期五相约羽毛球场；李少祥热爱学习，乐于助人，营造了整个寝室良好的学习氛围；程闰之心细，总是把寝室收拾得井井有条；刘依凡性格温和，总是能化解彼此之间的小摩擦。他们的相遇是一场意外，也是缘分使然。他们相遇相知，将小小的寝室打造得像家一样温馨。虽然来自不同的家庭，他们却像亲兄弟一样。一起经历酸甜苦辣，一起走过坎坷崎岖，四年的点点滴滴使他们更加懂得珍惜大学的青春时光，珍惜彼此间的真挚友谊。面对困难，他们毫不畏惧，相互支持，不断进取，攻克难关。“我们相信，不管什么困难都可以共同克服。”

最后，他们建议学弟学妹们尽快融入大学生活，做好规划，定好目标，早做准备。机会是留给有准备的人的，要将时间用在更有用的事情上，不断磨炼自己，提高能力。最重要的当然是好好学习，别把该学习的时光浪费在没用的事情上。

未来的路还很长，他们将要分别，但彼此珍重。他们会勇往直前，攀登更高的山峰。

（记者：陈籽傲、姜天和　编辑：胡嘉瑞）

学海A–611室：惺惺相惜　一路相伴

图4–30　曹诗雨

曹诗雨(图4–30)，材料jd1401班学生，曾获得校一等奖学金、校二等奖学金，被评为“校三好学生”等。她曾担任材料学院通讯社秘书长、材料试点学院本科生党支部宣传委员、班级团支部书记，带领团支部跻身理工青年“十大精英团队”，获得“校五四红旗团支部”等荣誉称号。她现于武汉理工大学硕博连读。

图4–31　顾玉萍

顾玉萍(图4–31)，材料jd1401班学生，多次获得国家励志奖学金，被评为“校三好学生”“校优秀共产党员”等。她曾任全球材料精英计划武汉理工大学分支主席，参与组织国际视野讲堂、英语角等多项活动，2017年10月赴美参加材料科学与技术国际会议。她性格开朗，曾是材料学院星光合唱团的一员。她已被保送至中国科学院上海硅酸盐研究所。

图4–32　华婧辰

华婧辰(图4–32)，中共党员，材料jd1401班副班长。她热爱科研，成绩优异，发表SCI一区论文三篇，并多次获得校二等奖学金。她热心公益，获“志愿服务先进个人”荣誉称号。她在校级辩论赛中获二等奖，已被保研至武汉理工大学。

图4–33　梅芬

梅芬(图4–33)，中共预备党员，材料jd1401班学生，曾获得国家励志奖学金。她担任体育委员三年，组织过多次体育活动。她多次参加学校“理工杯”学生羽毛球赛并获奖，已被保送至中国科学院上海微系统与信息技术研究所。

图4–34　肖涵

肖涵(图4–34)，中共党员，材料jd1401班学生，曾任团支部书记、国际化示范学院学生会外联部干部、全球材料精英计划武汉理工大学分支副主席等。她工作认真负责，被评为“青春团支书”“校优秀学生干部”“院优秀共产党员”等，已被保送至浙江大学信息与电子工程学院。

2014年，她们进入武汉理工大学，后经过考试进入材料jd1401班。

“从此，我们五人有幸成为室友，一同居住于学海A栋611寝室。回首大学生活，从开始对彼此感到陌生到如今情同姐妹，大家一同进步，相互帮助，都取得了不错的成绩。”曹诗雨、顾玉萍、华婧辰、梅芬和肖涵五人，在自己的努力以及同伴的鼓励、陪伴下，充分发挥自己的特长，刻苦学习，终有所成。她们五人，一人直博浙江大学信息与电子工程学院，一人保研至中国科学院上海硅酸盐研究所，一人保研至中国科学院上海微系统与信息技术研究所，其余两人均保研至武汉理工大学。图4-35为她们的合影。

学习刻苦　力争上游

图4-35　学海A-611室成员合影

自从成为室友以来，她们在寝室谈论最多的话题就是学习。每天入睡之前，大家都会一起回顾当天学习的新内容，分享学习心得，提出疑问并相互解答。她们坚信，一个人可以走得很快，但一群人可以走得更远。在课余时间，她们经常一同出入图书馆、自习室，相互促进，共同进步。她们的努力得到了相应的回报，大二学年全寝室平均学分绩点高达4.17。

作为国际化示范学院的学生，她们坚持每天一同早起背诵英语单词。在大家的相互陪伴下，原本乏味的记单词过程变得饶有趣味。周末，她们会一起去学校的英语角，提升自身的口语水平。在寝室里，她们时常用英语交谈。顾玉萍喜欢看美剧，有时没有找到带字幕版的，直接看英文原版也毫不费力。在这样良好的氛围中，英语成绩自然提高得很快，大学三年里，有一人获得湖北省翻译大赛三等奖，寝室成员均以高分通过大学英语六级考试。

追求卓越　刻苦钻研

自导师制实行以来，寝室每个人都积极响应并投身于科学研究中。在周末以及节假日期间，她们相约一同早起去实验室。在暑假和寒假，寝室五人都会选择留校做科研。科研并非一日能成之事，面对屡次失败，需要有坚强的意志和坚定的信念。当科研遇到瓶颈时，寝室五人总是相互鼓励，一同寻找解决的办法。功夫不负有心人，在大学三年时光中，寝室两人各发表SCI论文一篇，一人荣获全国大学生节能减排社会实践与科技竞赛三等奖，五人都参加过“校创”“国创”等项目，并取得了不错的成绩。

积极实践　热爱公益

寝室五人不仅在学习和科研上取得突出的成绩，在学生工作以及志愿服务中也有出色的表现。寝室五人先后担任过班干部，班级准备举办活动的时候，是全寝室最兴奋的时刻，五个人聚在一起为如何成功举办活动建言献策，经常讨论到深夜。肖涵和曹诗雨都担任过团支书一职，她们带领团支部先后多次获得“校五四红旗团支部”称号，跻身理工青年“十大精英团队”。肖涵因工作出色被评为“青春团支书”，曹诗雨曾在校“五四”评优表彰大会上作为代表发言。

寝室五人在院级、校级社团中担任重要职位。顾玉萍在老师的帮助下引进“全球材料精英计划”，成功建立武汉理工大学分支并担任主席。起初，同学们对该组织并不了解，参与的积极性不高，为此她和老师沟通协商，通过宣讲和举办活动加深大家对该组织的了解。她一直以开阔学生的国际化视野为目标，工作认真负责，不仅成功组织了国际视野讲堂、英语角等活动，还完成了组织同学赴美参加国际会议等任务。在材料科学与工程国际化示范学院教授委员会会议上，她以主席身份向包括美国工程院院士、麻省理工学院教授在内的资深教授介绍“全球材料精英计划”的工作进展，得到了教授们的一致肯定。寝室其他几人在各自的社团中也取得了不错的成绩：肖涵获得“校优秀学生会干部”等荣誉称号，华婧辰获得“院文艺先进个人”等荣誉称号。

在课余时间，她们积极参加学校组织的各类活动，并取得较好的成绩：顾玉萍在美国材料科学与技术2017年年会本科生海报比赛中获得第三名；梅芬在校运会上获得后抛实心球项目第三名，与队友在羽毛球混合团体比赛中获得第五名；华婧辰获得校级辩论赛二等奖、院级演讲比赛一等奖以及logo设计大赛一等奖。

作为新时代的青年人，寝室五人均热心公益，先后参加过支教、湖北省科技馆志愿服务等志愿活动，获得各界社会人士的一致好评。华婧辰荣获“志愿服务先进个人”荣誉称号。她们不断学习，追求卓越，寝室中四人为党员，一人为预备党员。

一个人努力能让自己变得优秀，多人并肩而行则能让自己走得更远。A栋611室的五位同学在大学四年从彼此身上都学到了很多，她们不断完善自己，奋力拼搏，铸就人生中一段绚烂而无悔的芳华。

（记者：郝程远、韩雨欣　编辑：张姝炜）

学海G-314室：求同存异　和而不同

图4-36　张才益

张才益(图4-36)，中共预备党员，复材1402班学生，多次获得校一等奖学金、校二等奖学金、惠柏奖学金等各类奖学金，连续三年被评为"校三好学生"；成绩优异，排名年级第二，已发表论文一篇。他在大一暑假与同学成功创办"双城教育"家教机构，已保研至上海交通大学，直接攻读博士学位。

图4-37　谢国兴

谢国兴(图4-37)，中共党员，复材1402班学生，曾获中国建材特等奖学金、上纬一等奖学金等各类奖学金，被评为"校优秀共产党员""校三好学生""校优秀团员"等。他曾任材料学院本科生党支部复材党小组组长、材料学院本科生第一党支部组织委员，协助所在支部连续两年获得"校先进基层党组织"荣誉称号。他已被保送至华东师范大学攻读硕士学位。

图4-38　覃明盛

覃明盛(图4-38)，复材1402班学生，已申请发明专利一项，以共同第一作者身份在国际学术期刊上发表论文一篇，参与发表论文数篇。在大二上学期，借助学院导师制平台，他主动联系武汉理工大学-哈佛大学纳米联合重点实验室的老师，从事科研工作，已保研至武汉理工大学，攻读硕士学位。

图4-39　何朋斐

何朋斐(图4-39)，中共预备党员，复材1402班学生。他曾担任班长，带领班级荣获"校优秀班集体"称号，因工作能力突出被评为"优秀学生干部"。此外，他曾担任校网球协会技术部部长、会长，服务整个协会，协会被评为"校三星级协会"。他和队友代表材料学院在校网球比赛中斩获团体第六名，已考取武汉理工大学硕士研究生。

梅花谢，樱花开，又是一年毕业季。四年前，四名互不相识的青年怀揣着各自的梦想进入武汉理工大学，谁也不曾想过，他们会成为挚友。在学海G-314寝室，他们用自己的青春书写了属于自己的篇章。不知是环境造就英才还是英才创造环境，张才益、谢国兴、覃明盛和何朋斐四人分别保研、考研至上海交通大学、华东师范大学及武汉理工大学，他们多次获得各类奖学金，发表了具有一定影响力的文章。

西奥多·罗斯福说：“失败固然痛苦，但更糟糕的是从未尝试过。”张才益致力于科学研究，他从最简单的操作开始一步步学习。“不积跬步，无以至千里；不积小流，无以成江海。”实验过程中的失败在所难免，他咬牙坚持了下来。在大一暑假期间，张才益与同学创办了“双城教育”家教机构，不仅提高了许多中学生的学习成绩，而且对自己产生了深远的影响。原本较为腼腆的他，为了能够与学生轻松地交流而努力练习演讲，从刚开始的磕磕绊绊到后来的侃侃而谈。他变得活泼开朗了起来，这归功于他勇于尝试、敢于坚持的精神。在闲暇时间，张才益广泛涉猎自己感兴趣的文学作品。他觉得自己之所以能一步一步达到目标，根本的驱动力是兴趣。

谢国兴担任材料学院本科生第一党支部组织委员，他坦言开始的时候并不敢担任这一职务，后来经过激烈的思想斗争，他认为如果已经决定做一件事，就要把这件事做好，“万事开头难”，敢于迈出第一步是很重要的。谢国兴多次协助支部委员组织火车站新生迎接、烈士陵园祭扫、血站无偿献血、去敬老院看望老人等志愿服务活动。当被问及为何能够对工作如此尽责时，他说兴趣是推动力，如果对某一事物有了兴趣，便会自然而然地投入更多的精力。每次活动之前，他都会谨慎细致地思考可能遇到的问题，如确定路线、需要使用什么交通工具及合理开支经费等。

覃明盛积极参与导师制项目，培养自己的科研兴趣，不断创新，取得了满意的成绩。他坦言科研不是一件简单的事，也许付出了时间和精力却收效甚微。选择科研这条路就要做好打持久战的准备。只有兼具持之以恒的毅力和坚定不移的信念，付出才会有回报。别人在休息的时候，他在实验室；别人在娱乐的时候，他在实验室；别人在放假的时候，他还在实验室。正是凭借这种持之以恒和吃苦耐劳的劲头，覃明盛取得了丰硕的科研成果。

何朋斐在大学四年中与社团工作结下了不解之缘。作为校网球协会会长，他不仅负责会员们的技术训练，而且致力于服务整个协会。每年大一新生入会以后，每位学长都要负责多达十余名新社员的训练，导致每名新社员的练习时间大幅度减少。当被问及如何处理这种情况时，他告诉我们，在他看来，最重要的不是新社员们在学长的指导下练习了多长时间，而是他们自己是否有兴趣和毅力去坚持自己的爱好。

这样各不相同的四个人，采用“求同存异”的方法，在寝室相处得非常融洽。拥有很强自制力的他们，懂得在适当的时间做合适的事。有时，他们结伴去实验室做实验；有时，他们一起“开黑”玩游戏。夜深人静时，其他室友已然熟睡，还在学习的人会降低音量，不影响他人。当考试来临，他们会选择在白天各自去图书馆学习，晚上回到寝室对当天发现的问题进行讨论。此外，四人还会不定时地进行“寝室小夜谈”。“聊天的时候人会无意识地流露出最近的心理状态，如果存在问题，我们能进行开导，缓解其心理压力。”

在采访的最后，他们提到大学生应该多去看看世界，拓展自己的视野；要敢于尝试，想做什么就大胆去做；与他人相处时做到先人后己，多为他人着想；平时可以安排娱乐活动，学习的时候就认真地学习，专心做好手头的事。四个人都强调：在大学阶段，要找到自己的兴趣，要有理想和目标，并为之努力奋斗。

（记者：林芳妃、蔡浏熠　编辑：罗雨晗）

学海G-620室：六月天城，建出自己的城堡

图4-40　陈全贵

陈全贵(图4-40)，中共党员，高分子1401班学生，曾获得校三等奖学金、中国建材奖学金等，被评为“校优秀共产党员”“校优秀学生干部”等。他参加过国家级大学生创新创业训练计划、CPIC复合材料设计大赛等，还担任过班长、辅导员助理等，带领班级、团支部分别获得“校优秀班集体”和“五四红旗团支部”等荣誉称号，2018年考取四川大学高分子科学与工程学院研究生。

图4-41　丁傲

丁傲(图4-41)，高分子1401班学生，曾获得校二等奖学金、校三等奖学金、长飞奖学金、CPIC奖学金，被评为“校三好学生”“院优秀学生干部”“院三好学生”等。他刻苦学习，努力钻研，平均学分绩点排名班级第三。他曾担任学生会生活部副部长和网络协会秘书部副部长，协助举办校材料文化节、校运动会等活动，已考取武汉理工大学材料学院研究生。

图4-42　何家键

何家键(图4-42)，高分子1401班学生，曾获得校三等奖学金。他努力学习，积极参加各类活动；爱好音乐，在课余时间自学乐理知识、吉他演奏与编曲。2018年考取华南理工大学材料科学与工程学院光电信息科学与工程专业研究生。

图4-43　朱哲

朱哲(图4-43)，高分子1401班学生，曾获得校新生奖学金。他努力学习，积极参加各种集体活动，热心公益，前往血站担任志愿者，2018年成功考取武汉理工大学材料学院研究生。

图4-44　江仁全

江仁全(图4-44)，高分子1402班学生，曾创办教育培训班，在项目亏损的情况下，仍坚持免费给予两个家庭经济困难学生学业上的帮助。在任副班长期间，所在团支部跻身“全国百优团支部”。他曾任学生科学技术协会创业部副部长，组织模拟招聘大赛等活动，曾获校二等奖学金、CPIC奖学金，在第九届华中地区数学建模大赛中获三等奖，被评为“院三好学生”，成功拿到世界“500强”企业之一的广东美的制冷设备有限公司的录用通知。

图4-45　吴志辉

吴志辉(图4-45)，高分子1402班学生，曾获得永环奖学金。他积极参加科研活动，以项目负责人身份成功申报武汉理工大学学生自主创新项目“通过主客体作用调节天然高分子微胶囊的释药特性”，以“良好”等级结题。他积极参与学生工作，曾担任材料学院网络信息与技术协会秘书部副部长，2018年考取武汉理工大学材料学院研究生。

奥斯特洛夫斯基说：“共同的事业，共同的斗争，可以使人们产生忍受一切的力量。”学海G-620寝室的陈全贵、丁傲、何家键、朱哲、江仁全、吴志辉，就是这样一群年轻人，虽然来自不同班级，却亲如家人，三年中相互扶持，相互鼓励，每个人都找到了属于自己的精彩。图4-46是他们的合影。

图4-46　学海G-620室成员合影

大学期间，最重要的当然是学习。本科四年里，寝室多人获得各项奖学金及荣誉称号。他们在学习上相互勉励，一起研究、讨论问题，在寝室营造了良好的学习氛围。在考研期间，六人更是互相督促，“学霸”丁傲在几个月的时间里坚持早上不到六点就前往自习室，就连没有选择读研的江仁全也直言与大家一起学习，收获了许多。大家一起学习，相互鼓励，很大程度上提高了学习效率，最终陈全贵以专业课第一名的成绩考入四川大学，何家键以第六名的成绩考入华南理工大学材料科学与工程学院，吴志辉、丁傲、朱哲也以高分相约在武汉理工大学继续深造，江仁全成功拿到跻身世界“500强”企业的广东美的制冷设备有限公司、百威(武汉)啤酒有限公司等近十家公司的录用通知。

学习成绩优异的他们，在科研竞赛方面有突出的表现。多人通过导师制平台进入实验室，并且取得了学术成果。寝室六人相互扶持、相互鼓励，不懈怠、不放弃。参加科研竞赛开阔了他们的视野，让他们不仅仅局限于书本学习，锻炼了他们勇于探索的能力。与此同时，六人热心公益、乐于奉献，积极参加社团活动。六个人兴趣相投，让大学生活更加丰富多彩。

在学海G-620寝室，不仅学习氛围良好，文化氛围也非常浓厚。何家键是一个热爱音乐的男孩，一坐下就忍不住弹起了吉他，我们的采访是在他的吉他声中进行的，他的吉他给寝室生活增添了不少色彩。此外，六个人经常一起聚餐，去梅岭踏青，在元宵节吃汤圆，为室友庆祝生日……每个人的善良和真心，造就了这个温馨的大家庭。他们空闲时也曾一起打游戏，但绝不会沉迷；六个人相互提醒，适可而止，绝不会让游戏影响到大家的学习。在第二届寝室文化创意大赛中，他们精心地装饰了自己的小窝，最后取得了第二名的好成绩。寝室里每个人都有强烈的使命感，深知公共利益高于个人利益，因此每个人都十分用心地去完成每一次集体任务，这让他们相处起来更加和谐，彼此亲密无间。

“物以类聚，人以群分”，优秀可以“传染”。三年过去了，他们即将分别。正如江仁全所言，要知道自己是谁，想要什么，大学期间可以多尝试，只有明确自己的目标，才能做出正确的选择。分别在即，相信他们可以带着武汉理工精神越走越远，永远铭记，彼此珍惜。

(记者：张照易、薛煜川　编辑：崔晶晶)

学海D-319室：理想永无止境　奋斗永不停歇

在学海D-319寝室，有四个阳光帅气的男孩：王继泽、李泳兴、刘三万、付泽瑶。在大学四年的时光里，他们互帮互助，相互督促，共同努力，共同进步，谱写了一曲美妙的生活乐章。

图4-47　王继泽

王继泽(图 4-47)，中共预备党员，材料xs1501 班学生。他曾任材料科学与工程国际示范学院学生会主席，曾获校五四青年奖章，先后获得校二等奖学金一次、校三等奖学金两次，在湖北省“挑战杯”大学生课外学术科技作品竞赛中获一等奖，在校节能减排大赛中获二等奖，被保送至武汉理工大学。

寝室长王继泽，无论是在学生工作方面，还是在科研方面，都有所建树。作为材料科学与工程国际示范学院学生会主席，他每天都非常繁忙。“学习和工作这两方面一定要把握好，最关键的是找到它们之间的平衡点。”王继泽说。谈及科研方面的感受时，他认为最重要的是勇敢地迈出第一步。“好的开端是成功的一半。”正是凭借这种不怕困难、勇敢拼搏的精神，王继泽先后获得湖北省“挑战杯”大学生课外学术科技作品竞赛一等奖和校节能减排大赛二等奖。未来，他将在本校继续深造，向更高的目标迈进。

图4-48　李泳兴

李泳兴(图 4-48)，材料gj1501 班学生。他曾任材料科学与工程学院学生会主席，获“校优秀学生会主席”荣誉称号以及校二等奖学金两次。他曾参加“易行”“生之源”等志愿活动，任湖北保康社会实践队副队长，已拿到工作录用通知，岗位年薪超过17万元。

任学生会主席期间，李泳兴把重心放在学生工作上。虽然每天要处理的事情很多，但他几乎从不熬夜。他认为，合理安排每项工作的时间段，提高工作效率，才是上策。从事学生工作增加了他的阅历，使他积累了很多经验，对未来就业有很大帮助。除了学生工作，李泳兴还热爱志愿服务和社会实践工作。在大学期间，他参与了数十次志愿服务活动，并作为湖北保康社会实践队副队长，为大山深处的孩子送去爱心。“志愿服务工作带给我最大的收获是能认识更多的人，从帮助别人的过程中获得许多快乐。”李泳兴说。认真负责的工作态度和丰富的阅历不仅让他获得“校社会工作先进个人”“校优秀学生会主席”等荣誉称号，而且使他赢得了企业面试官的青睐。毕业前，他已拿到年薪超过17万的岗位的录用通知。

图4-49　刘三万

刘三万(图 4-49)，材料1501 班学生，曾获国家励志奖学金两次、校三等奖学金一次，获“校三好学生”荣誉称号两次，参与校“创新杯”创业大赛并获金奖。他已申请多项国家发明专利，其中三项初审合格，将于华中科技大学武汉光电国家研究中心直接攻读博士学位。

与王继泽、李泳兴不同，刘三万在大学生活中看重的是学习与科研。在学习方面，他养成了好习惯，注重劳逸结合。在科研方面，他不断探索，不懈追求，不断尝试新的挑战，已发表论文数篇，并在校“创新杯”创业大赛中获得金奖。此外，他曾担任辅导员助理，在学风建设方面贡献自己的力量。刘三万对于光电材料十分感兴趣，已获得华中科技大学武汉光电国家研究中心的直博资格，在实验室开展相关的科研工作。

图4–50　付泽瑶

付泽瑶(图4–50)，材料xs1501班学生。他曾四次获校二等奖学金，被保送至武汉理工大学攻读硕士学位。

付泽瑶同样注重科研兴趣的培养，在科研过程中努力探索、不断创新。他对于生物陶瓷的想法获得了导师的支持，并主动参与课题组的各项研究。他还多次向国内外教授汇报自己的研究成果，获得教授们的一致好评。对于如何做科研，付泽瑶说：“科研过程中最为重要的是克服困难的心态和方法。你一定要相信自己的研究方向是对的，不要半途而废。”他认为实验课程非常重要，因为学好实验课不仅对毕业设计大有裨益，而且为以后的科研奠定了基础。

采访过程中，四人分享了他们能保持良好关系的秘诀。他们都有着十分明确的目标，并坚持努力奋斗。这让他们养成了相互督促、取长补短的习惯。在临近期末考试的时候，他们经常一起去图书馆自习，相互鼓励，“学霸”刘三万还时常为其他三人答疑解惑。他们在学习的时候都非常专注，避免了在寝室里相互影响。另外，他们非常注重沟通，注重分享，时常聚餐，一起参加体育活动，增强了彼此间的信任。

采访临近结束时，他们建议学弟学妹不要停止对未来的追求，要坚持不懈地努力，做自己想做的事，学会发现自己的兴趣。

(记者：夏天昊　采编：杨一帆　编辑：朱昱颖)

学海A-102室：遇见花开　花开四瓣

图4-51　付丹妮

付丹妮（图 4-51），成型 1501 班学生，曾获武汉理工大学第三届“奉献杯”志愿服务文化节“公益圆梦”志愿服务项目赛三等奖、第三届湖北省青年志愿公益项目大赛暨湖北省青年公益创业专项赛和关爱困境未成年人“希望伴飞计划”项目大赛三等奖，先后获得校三等奖学金及“院三好学生”荣誉称号，考取南方科技大学研究生。

图4-52　韩慧莉

韩慧莉（图 4-52），成型 1501 班学生，前三年必修课绩点排名年级第三，先后三次获得“校三好学生”荣誉称号，两次获得国家励志奖学金。她参加全国大学生节能减排社会实践与科技竞赛并获特等奖，参加武汉理工大学“创新杯”课外学术科技作品竞赛并获能源化工类特等奖。她已被保送至南方科技大学。

图4-53　禹林

禹林（图 4-53），中共预备党员，成型 zy1501 班学生，获第三届中国“互联网 +”大学生创新创业大赛三等奖、武汉市第六届“互联网 +”大学生创新创业大赛优秀奖、武汉理工大学第十七届“创新杯”科技文化节创业大赛金奖，获评“校三好学生”三次，获校二等奖学金三次、社会奖学金一次。她已被保送至华中科技大学。

图4-54　王哲涵

王哲涵（图 4-54），成型 zy1501 班学生，参加校“新生杯”乒乓球比赛并获第三名，2015 年在校乒乓球比赛中与队友一起获团体赛第四名。她已考取武汉理工大学，攻读硕士学位。

2015 年 9 月，付丹妮、韩慧莉、禹林、王哲涵在武汉理工大学相遇，美好自此开始。她们相知、相惜，深厚的友情陪伴她们走过四个春夏秋冬，走向更好的自己。图 4-55 为她们的合影。

谈及学习时，她们特别有默契：“如果有人在学习，我们都会保持安静。”对她们而言，寝室有时也是自习室。不仅如此，“有问题先思考”是她们的共识，“要先有自己的思考，想不明白的时候大家一起讨论”。凭借着这样良好的学习氛围和相对独立的学习习惯，四名女生在学习上收获颇丰。在大学三年的必修课绩点排名中，韩慧莉排在第三，禹林排在第五。付丹妮和王哲涵凭借优异的成绩分别考上了南方科技大学和武汉理工大学的研究生。回顾考研的历程，她们表示需要做到的就是坚持。王哲涵说，备考时间是有限的，因此要做到高效学习。付丹妮告诉记者："劳逸结合是必要的，适当放松自己是在为下一阶段的学习做准备。"王哲涵为考研学子提了一些小建议："笔试之前不要吃自己之前没吃过的东西，以免身体出现不适，影响发挥。英语学习真的需要积累，每天做一篇阅读是少不了的，再准备一些好词好句每天看看。"

图4-55　学海A-102室成员合影

在大学四年里，四名女生都通过导师制平台提早进入实验室进行科学研究。韩慧莉获得了全国大学生节能减排社会实践与科技竞赛特等奖，禹林获得第三届中国"互联网+"创新创业大赛三等奖、武汉市第六届"互联网+"创新创业大赛优秀奖。科研之路并不是一帆风顺的，这些成果的取得，离不开她们付出的汗水和时间。韩慧莉告诉记者："其实刚开始参加比赛的时候，我根本不知道自己的团队能闯到第几关，但只要把每个环节都做到足够好，全力以赴、不留遗憾，结果总会对得起付出。""越努力越幸运"是她的座右铭，她和队友们正是付出了足够的努力，珍惜每次机会，把握细节，力求完美，才能在节能减排比赛中通过层层筛选，"幸运"地从全国213个团队中脱颖而出，获得特等奖。禹林告诉记者，她们组队参加"互联网+"大赛，从不知道计划书怎么写到项目方案获得多位评审的认可，从说话紧张、动作僵硬到后来答辩时从容应对，蜕变来源于自信，来源于专注与努力。为了顺利通过答辩，禹林从各个方面严格要求自己，不仅要保证语言上的流畅和简明，而且要加强表情和动作的控制，甚至考虑评委可能提何种问题，应该做出什么样的答复。在四名女生看来，科研经历远比最终的结果更重要。"即使你在科研中付出了很多也没有取得理想的成果，但尝试就会有收获，可能是积累了别人没有的经验，可能是提升了自己的专业技能，这些都是宝贵的财富。也许从暂时来看，你做了无用功，但在今后的科研道路上，这些经验总会用到。"付丹妮告诉记者，在考研面试的时候她之所以能够获得很高的分数，很大程度上得益于在实验室所做的科研工作。这些科研工作的经历让她提升了专业水平，开阔了视野，积累了宝贵的科研经验。

在日常生活中，学海A栋102寝室的四个女生相互尊重、相互包容，都为宿舍的建设贡献自己的力量，她们寝室获得"校标兵文明寝室"的荣誉称号。四个性格不同、爱好各异的女生创造出丰富多彩的宿舍文化。被大家称为“身边的大众点评”的王哲涵，对美食有独到的理解，寝室聚餐从没踩过“雷”；“焊接一姐”韩慧莉，智慧与美貌并存；“十八哥(666)”禹林，聪明伶俐；“神山吉祥物”付丹妮，热心公益，积极参加社会志愿服务活动。她们将每年的12月25日作为寝室的团队建设日，相约在这一天合影聚会。这样愉悦的环境，使她们得到放松与调整，能够以更加饱满的热情去迎接新的挑战。

天下没有不散的筵席。转眼间，四名女生即将踏上不同的人生旅途。在武汉理工大学的四年里，她们共同生活，彼此鼓励，相互帮助，不断超越自我，成为更好的自己。倘若多年以后，她们回首往事，定不会忘记彼此为理想努力奋斗的身影，定不会忘记在宿舍遇见彼此的小确幸。

（记者：张凯程　采编：张雨兮　编辑：林心铭）

学海A-338室：既然选择了远方，便只顾风雨兼程

图4-56　刘思近

刘思近(图4-56)，材化1501班学生，三年平均学分绩点排名年级第三，先后三次获得奖学金，并被评为“院三好学生”。她被保送至北京航空航天大学。

图4-57　卢璐

卢璐(图4-57)，材化1501班学生，三年平均学分绩点排名班级第二，先后获得校一等奖学金、“长兴”材料社会奖学金，获“校三好学生”荣誉称号，被保送至北京航空航天大学。

图4-58　秦睿

秦睿(图4-58)，中共党员，材化1501班团支书，三年平均学分绩点排名年级第五，先后两次获得奖学金，并被评为“校优秀学生干部”。她考上武汉理工大学，攻读硕士学位。

图4-59　杨婷

杨婷(图4-59)，中共党员，材化1501班学生，先后获得国家励志奖学金、国家奖学金(两次)，获评“校三好学生”(两次)、“校三好学生标兵”，获武汉理工大学第八届大学生化学实验知识竞赛二等奖、材料科学基础知识竞赛三等奖，被保送至西安交通大学。

大学是学子们历练的熔炉，四名从不同专业转入材料学院的女生，一起住进了学海A-338室，书写了属于她们自己的传奇。图4-60是她们的合影。

图4-60　学海A-338室成员合影

她们从各个学院以佼佼者的身份转来材料学院，虽一路艰辛，步步血泪，但初心不变，坚定不移。经过努力，她们各有所成。刘思近、卢璐均保研至北京航空航天大学，杨婷保研至西安交通大学，秦睿成功考取本校研究生。在大学期间，秦睿曾获得校级奖学金，担任团支书，并获得“校优秀学生干部”称号。杨婷曾获得国家奖学金，被评为“校三好学生标兵”，辅修会计学双学位。刘思近曾获得校级奖学金，辅修新闻学双学位。卢璐曾获得校级奖学金，曾任文艺委员。

四个女生虽然来自不同的院系，但是心中都有为了达到自己的目标而不懈努力的强大力量。跨专业需要勇气，她们面对如此棘手的情况表现出超乎寻常的韧性与耐心。“咬咬牙，坚持一下就过去了。”这一句简单轻松的话背后那巨大的努力又有谁能知晓？跨专业后的课程之多可想而知，不少人都是在这一阶段开始自暴自弃，但她们不仅没有出现这种情况，反而更加努力，笑对困难。在那段补修的黑暗日子里，她们是彼此的一束光。

远方就在那里，去远方的路上却不知道要经历多少意外，一丝的不坚定都会让建起的高楼转瞬之间化为尘土。杨婷曾因为一些特殊原因，错过了西安交通大学的面试，眼看与成功失之交臂。杨婷没有一丝放弃的念头，她主动联系西安交通大学招生办公室的老师，从老师那里得到了导师的联系方式，在不给导师造成困扰的前提下为自己争取到了一个线上面试的机会。机会一旦降临，为了心中的远方而准备已久的她便用自己的实力紧紧地抓住了机会，最终进入了理想的学校。

时势造就英雄，环境影响成长。想要去远方的不止一个人，如果在路上能找到一起奋斗、一起努力的伙伴，那就再好不过了。在一个寝室里，室友便是去往远方的路上最好的战友。室友们互相帮助的最好办法，是形成一种良好的学风。大二后，寝室中有两个人选择了辅修双学位，更为紧张的课程安排让她们没有了周末的休息时间，其他两个人也受到影响。渐渐地，对于四个人而言，周末成了用来充实自己的“工作日”。最好的学习方法或许不是互相监督，而是互相鼓励。拖延症是不少大学生难以摆脱的一个毛病。在她们寝室，这种情况一开始也难以避免，但她们相互提醒，争取每个人都能在第一时间完成任务，久而久之，拖延症便荡然无存。

经过无数个日日夜夜的不懈努力和风雨兼程，这四个女孩用坚定不移的行动证明了自己，往后将继续奋勇前行。

（记者：邓雨萌　采编：马泽驰　编辑：郝倩）

学海 F-317 室：以舍为家，拧心结绳

图 4-61　贺孟强

图 4-62　孙凯

贺孟强（图 4-61），中共预备党员，成型 1501 班学生，大学三年平均学分绩点排名年级前三，先后获得国家励志奖学金以及“校三好学生”荣誉称号，被保送至上海交通大学。

孙凯（图 4-62），中共党员，成型 1501 班学生，多次获得“院三好学生”荣誉称号，多次获得校级奖学金，于武汉大学进修工商管理专业双学位，考取西安交通大学研究生。

图 4-63　仲杨

图 4-64　张良伟

仲杨（图 4-63），中共党员，成型 1503 班学习委员，带领班级参加校级朗诵比赛并获优秀奖，被保送至华中科技大学。

张良伟（图 4-64），中共预备党员，成型 1501 班学生，多次获得国家励志奖学金和“校三好学生”荣誉称号，被保送至华中科技大学。

“坐井观天，只有一孔之见；登山远望，方知天外有天。”爱登山的人大多是热爱生命、勇于挑战自己的人。今天我们聚焦一个热爱登山的寝室，他们曾经一起攀登许多名山。这四位主人公分别是保研至上海交通大学的贺孟强、考研进入西安交通大学的孙凯和保研至华中科技大学的仲杨、张良伟。

采访时他们都侃侃而谈，比起自己，他们了解更多的其实是室友。当被问到彼此如何相处时，他们纷纷表示寝室氛围很重要。寝室就像他们自己的家，起初大家来自不同的地方，带着各自的生活习惯，逐渐从陌生到熟悉，自然而然地融合到一起，带动这个集体向好的方向发展。他们寝室曾获评“校标兵文明寝室”一次、“校文明寝室”两次、“院优秀文明寝室”一次。

正如群山由一座座风格迥异的山峰组成，他们都有自己的独到之处。张良伟喜欢思考，平时爱下象棋，对阅读更是情有独钟。除了从图书馆借书看，他还会在手机上使用“微信读书”。他在2018年到图书馆借书114本，获得“阅读之星”的称号。室友说他每天回宿舍都带着几本书，晚上熄灯之后有时也会就着自己的小灯徜徉书海。成绩最好的贺孟强对每件事都非常认真，总是尽力做到最好，连续三年获国家励志奖学金，对他而言，自制力和毅力是最重要的。他曾坚持每天跑步5千米，一个月从不间断。他说跑完150千米不仅是对身体的锻炼，而且是对意志的磨炼。身为学习委员的仲杨，在大三学年组织班级同学准备作品《走向远方》，在图书馆里录音、剪辑，最终在“诵古今经典，展理工妙音”朗诵比赛中获优秀奖，使全班同学的课外学分都加了5分。孙凯是个外向的人，乐于交际。他热爱篮球，在“新生杯”和“毕业杯”篮球赛上都有出色的表现，他说打篮球不仅提高了他的技术，更让他交到很多朋友，增长了见识。平时他经常带着其他室友一起锻炼。

当谈及保研、考研以及竞赛的经历时，每个人都曾面对困难。当尘埃落定，回想过去，记忆里的酸甜苦辣一一浮现在眼前。仲杨的保研之路并不是很顺利，他曾处在保研线的边缘，担心希望越大、失望越大。他没有轻言放弃，在老师的悉心指导与鼓励下，经过充分准备最终保研成功。经历考研的孙凯最有感触，他说那段时间没有休息的时候，书一遍遍地翻，知识点一个个地背，不要轻易受身边人的影响，要端正自己对考研的态度。面对考研和修双学位的双重压力，他想过放弃双学位的学习，但消极的人视困境为挫败，积极的人视困境为挑战，经过深思熟虑之后他觉得时间是可以挤出来的，何必因为一点小障碍而裹足不前？他坚持了下来，双学位顺利结业，考研也取得了好成绩。在“维耕杯”钢结构桥梁设计与制作大赛期间，张良伟周末白天要去武汉大学修双学位，晚上要前往实验室，虽然饱尝来回奔波之苦，但这并没有消磨他的积极性，他最终和室友一起合作完成了项目并取得优异成绩。在整个过程中，大家不仅配合得更加默契，而且加深了感情。贺孟强说他参加“互联网+”比赛写商业计划书的时候遇到了前所未有的挑战，需要了解很多财务方面的知识，研读相关书籍，尽管遇到很多困难，但他们团结一致，共渡难关，从校赛、省赛到国赛，一路过关斩将，最终获得铜奖。

与绝大多数在大学期间取得优异成绩的学生一样，他们对自我时间的管理都是非常成功的。在学好专业课的同时，他们充分利用课余时间，提前进入实验室，打下一定的科研基础，参加各种竞赛，在周末修读双学位，让自己变得更强大、更优秀。他们的经历谈不上传奇，但足够精彩，足够让他们引以为傲，足够值得借鉴。

宿舍里的点滴总是那么美好，他们每次回忆都会带着笑。幸福是什么呢？这便是最好的回答。

（记者：何昕　采编：张剑波　编辑：雒怡浩）

学海 D-719 室：无惧风雨，扬帆起航

沈涛，中共党员，复材1501班学生。他以队长身份带领团队获得全国暑期“三下乡”社会实践活动优秀团队称号，跻身2017年校十大精英团队。他先后获得“社会实践活动先进个人”“校优秀共青团干部”“院优秀学生干部”荣誉称号，获全国大学生节能减排社会实践与科技竞赛特等奖、第六届武汉大学生“互联网+”创新创业项目大赛优秀奖以及亚唯奖学金。2018年，他带领团队在湖北省“三下乡”活动中获“优秀实践团队”荣誉称号，在2018年校大学生节能减排社会实践与科技竞赛中获一等奖，在校第十七届“创新杯”大学生创业大赛中获金奖。他被保送至北京航空航天大学。

赵成龙，复材1501班学生，曾任团委办公室副主任，参加返乡支教活动，被评为“优秀志愿者”，获“CPIC杯”复合材料技术竞赛二等奖、“普赛达杯”高分子材料设计与制备竞赛三等奖。他已考取武汉理工大学研究生。

马沁，复材1501班学生，先后获得国家励志奖学金、惠柏奖学金、亚唯复材校友奖学金，获“校优秀共青团干部”“校优秀学生干部”“院优秀学生干部”等荣誉称号，参加“CPIC 杯”复合材料技术竞赛并获二等奖。他已考取中国科学院上海硅酸盐研究所研究生。

向文灏，复材1501班学生，前三年绩点排名全班第二、年级第三，先后获得亚唯复材校友奖学金、国家励志奖学金以及“校优秀三好学生”荣誉称号，参加“CPIC 杯”复合材料技术竞赛并获二等奖。他被保送至中国科学技术大学。

四年前，四名少年带着对大学生活的憧憬，踏入武汉理工大学的校门。四年后，在鉴湖校区的操场上，初夏的晚风带走了残存的热意，少年们即将迎来分别。沈涛被推

免到北京航空航天大学，向文灏被保送到中国科学技术大学，赵成龙留在本校继续深造，马沁则考入中国科学院上海硅酸盐材料研究所。图4-65是他们的合影。在即将振翅高飞之际，四人接受了我们的采访。

图4-65　学海D-719室成员合影

求同存异　相互促进

沈涛的工作能力十分突出，大三学年担任学院团委副书记，协助老师开展并完成许多工作；向文灏严谨细致，在学习和科研上都取得了傲人的成绩；赵成龙是体育爱好者，大一加入院足球队并带队夺取"新生杯"足球赛冠军，大一大二分别加入学生会和团委；马沁是一个外表低调、内心火热的"学霸"。虽然四个人的性格和兴趣爱好有所不同，但他们都将学习放在首要位置。他们认为，虽然大学生活丰富多彩，有各种各样的活动可以提升自己，但根本任务是学习。四个人相互帮助、相互促进、共同提高，打造出一个"学霸寝室"。

风雨同舟　劈波斩浪

大二期间，四人集体报名参加了"CPIC杯"复合材料技术竞赛。在谈及这次经历时，向文灏笑着说，这次活动让大家看到了赵成龙有担当、有责任心的一面。参加竞赛时，四个人都有各自的事情要忙，赵成龙作为组长，带领大家克服种种困难，整理材料。许多个寂静的深夜，四盏台灯绽放柔和的光芒，照亮了整个寝室。如果说赵成龙是船长，为学海D-719这艘船指明航向、规划路线，那么沈涛、马沁、向文灏就是这艘船上的水手，他们使出全力，挥动船桨，迎浪而上。最终，功夫不负有心人，他们荣获二等奖。通过这次乘风破浪的经历，四人都收获了许多宝贵的经验，彼此更加信任，配合也更加默契。

在采访的最后，四个人想分享给学弟学妹们一句话："少一些功利主义的追求，多一些不为什么的坚持。"无论对于平时的学习生活、学生工作，还是对于考研、科研工作，这句话都适用。四个人在各自选择的道路上坚定地走下去，度过了四年的时光，或有风雨，或有惊喜。回首过往，他们或许心中满是感慨，又或是风轻云淡，但新的挑战近在眼前，我们祝福四人在新的征程中再接再厉，迎来属于自己的更美好的明天。

（记者：金博闻　编辑：朱昱颖）

学海 A-627 室：期待的明天如约而至

图 4-66　韩雨欣

韩雨欣（图 4-66），中共预备党员，复材 1602 班学生，曾任材料学院通讯社秘书部副部长、年级委组织部部长。获"普赛达杯"高分子材料设计与制备竞赛三等奖、"CPIC 杯"复合材料技术竞赛二等奖和最佳海报奖，参加学院"希望家园"暑期社会实践并获一等奖，先后获永环奖学金、亚唯·复材校友三等奖学金。她曾组织或参与多项志愿活动，包括世界材料领导论坛、军运会等，已获 C 类推免资格，至本校攻读硕士学位。

图 4-67　陈菊

陈菊（图 4-67），复材 1602 班学生，曾获国家励志奖学金，被评为"校三好学生"，先后获年级运动会 200 米项目第二名、陶艺知识竞赛一等奖、"我型我塑"陶艺制作大赛二等奖 、"CPIC 杯"复合材料技术竞赛一等奖，以第一作者身份发表论文一篇，参加"国创"项目并顺利结题，已获 B 类推免资格，赴上海交通大学攻读硕士学位。

图 4-68　徐路路

徐路路（图 4-68），复材 1602 班学生，曾任科学技术协会秘书部副部长、班级生活委员与权益委员，先后获国家励志奖学金、上纬奖学金，被评为"优秀裁判员"，获"光威杯"复合材料竞赛三等奖，毕业后就业于广州市益瑞新材料有限公司。

图 4-69　赵烁

赵烁（图 4-69），中共党员，复材 1602 班学生，曾任文工团器乐部部长、星光合唱团钢琴伴奏。她曾获"校三好学生"荣誉称号，先后获"长兴材料"奖学金、亚唯·复合材料一等奖学金、院陶艺大赛二等奖、"CPIC 杯"复合材料技术竞赛一等奖、"长江杯"青少年钢琴比赛三等奖。她已收到南洋理工大学的录取通知书。

图4-70　鲁亚妮

鲁亚妮(图4-70),中共党员,复材1602班学生,曾任班级团支书、院马克思主义理论学习研究会秘书长、武汉理工大学WUTE电动方程式赛车队车身组副组长。她曾获“校三好学生”荣誉称号,先后获长飞奖学金、利德尔一等奖学金,获“爱在理工”演讲比赛二等奖、“自强杯”演讲比赛一等奖、中国大学生电动方程式汽车大赛三等奖、“CPIC杯”复合材料技术竞赛一等奖,以第一作者身份发表论文一篇,参加“国创”项目并以“优秀”等级结题。获B类推免资格,至南方科技大学攻读硕士学位。

图4-71　曹文静

曹文静(图4-71),中共党员,复材1602班班长,曾任年级委生活部部长,院马克思主义理论学习研究会理论学习部部长、秘书长,先后获惠柏奖学金、“CPIC”奖学金、社会工作奖,获“CPIC杯”复合材料技术竞赛一等奖。获B类推免资格,至武汉理工大学攻读硕士学位。

在学海A-627寝室的才艺展示类评比材料中写着这样一句话:“我们不是艺术生,但我们热爱艺术的生活,寻找着生活的艺术。”六个性格各异的女孩,怀抱着追求卓越的信念,以相似的进取之姿活出了各自的艺术范儿。

寝室长韩雨欣的座右铭是“执行力就是生命力”。在大学期间,她曾获“院优秀共青团员”、社会工作奖、“普赛达杯”高分子材料设计与制备竞赛三等奖、永环奖学金等荣誉,这与她个人的执行力是有很大关联的。她坦言,自己一开始其实是个有严重“拖延症”的人,有过因拖延导致事情堆积的痛苦经历。她并没有为过去的错误找借口,而是以此来鞭策自己,“如果不想重蹈覆辙,就立刻去做”。此外,为了缓解学习与社团工作的压力,她每周会为自己预留一天休息时间,通过绘画、游泳或跳舞等方式放松自己,以更好的状态面对之后的事务。曾在多个部门任职的她最喜欢材料学院通讯社秘书部,部员们亲如一家,在这里的经历让她收获友谊的同时奠定了她从事组织类工作的能力基础。

奉行“快乐至上”理念的陈菊,是寝室的开心果。她曾经因意外选错实验室,却并未因此产生不安与抵触情绪,反而抱着“多学一点儿”的积极心态踏上了自己的科研之路。她先后获得国家励志奖学金、“CPIC杯”复合材料技术竞赛一等奖等荣誉,以第一作者身份发表论文一篇,参加“国创”项目并顺利结题。对于她而言,只要有机会掌握新知,就是一件很快乐的事。她很少因为娱乐而耽误工作,往往选择先将眼前的事情完成,若是在途中遇上让自己感到失落的事,也能保持积极的心态,并用完成这件事带来的成就感激励自己。

徐路路是寝室六个人中兴趣最广泛的那一个。在以学习为主的前提下,她每个月给自己制订不同的主题计划，如插花、茶道、木雕等，涉猎多个领域。一旦碰到极喜欢的，她便将“一个月”的学习期延长，以求对其更深入地了解与掌握。诸多尝试是她学习新知的开端，让她得以领略世界的奇妙与丰富。她从生活中蘸取斑斓的颜料，而后回馈给生活一抹流光溢彩的虹。与试图在同一段时间里掌握多项技能的人相比，徐路路的清晰与专注显得尤为特殊，这源于一次期末考试与社团活动的冲突。当时，想要兼顾两件事的她最终并未获得自己想要的结果，于是明白了“学须专心致志”，面对多项事务时应适当取舍、合理安排，而不能一心二用、急于求成。

赵烁曾任文工团器乐部部长，大二时进入星光合唱团担任钢琴伴奏。从小学习钢琴的她获奖无数，高中时因课业暂时搁置钢琴的爱好，大学时又幸运地将其拾起。因为钢琴，她认识了很多充满活力与热情的朋友，并加入了星光合唱团的大家庭。在她眼中，星光合唱团是团结友爱的集体。在这里，从未考虑过唱歌的她有了开口的勇气，也有了整天排练的激情。她将这奇妙的机遇归结为大学的魅力之一：在大学的平台上，只要敢于尝试，多释放自己，就有可能发现自己无限的潜力。

鲁亚妮是武汉理工大学WUTE电动方程式赛车队车身组副组长，曾参与2017和2018赛季碳纤维全承载式车身的设计及制作，获“蔚来杯”中国大学生方程式汽车大赛二等奖。从大一时因导师制而与车队意外结缘，到后来与队友一起奔赴珠海参加比赛，她不仅结识了一群挚友，而且提前学习了专业知识，并将其应用于车身制造上，享受将理论付诸实践的乐趣。此外，她还喜欢读书和演讲，曾获读书分享会一等奖、“爱在理工”演讲比赛二等奖及“自强杯”演讲比赛一等奖等荣誉。综观她的大学生活，无论是学习、科研、学生工作，还是兴趣活动，她都取得了骄人的成绩。当谈及自己成功的原因时，她认为最重要的是好的心态——胜不骄，败不馁，一旦着手去做就要努力达到自己的目标。

曹文静对自己大学期间最满意的事是选择参加并通过了思政实践类辅导员选拔。初入大学时迷茫的她在学习过程中慢慢意识到，只有先充实自己，未来才会逐渐明朗。为了优先保证学习成绩，她经常和朋友一同自习以互相督促，同时有意识地提高自己的学习效率。在课余时间里，她把握诸多机会，使自己的沟通能力与团队协作能力均得到大幅提升；同时磨炼了耐心，变得更加不惧失败，敢于尝试和展示自己。为在毕业后继续做自己喜欢的学生工作，锻炼个人能力，同时减轻家里的经济负担，她参加了思政实践类辅导员选拔，并成功获得推免资格。回望大学四年，她清晰地感知到自己的成长，从迷雾中跳出来，明确了未来的方向。

从天南地北到斗室一间，她们在低谷时互相鼓励，在奋斗时共同进步。学海A-627寝室在过去三年里获得“最美寝室故事”、寝室创意文化大赛“我的寝室我装扮”一等奖、“校标兵文明寝室”等荣誉。她们在生活中偶有摩擦，但永远真诚。未来，或许她们各有各的方向，但友情不会就此止步。她们最初期待的明天，如春意盎然的四月，眉眼含笑，如约而至。

（记者：吴静娴　采编：吴静娴　编辑：伍龙生）

学海F-421室：聚为一团火，散作满天星

图4-72　刘长岳

图4-73　黄旭

刘长岳(图4-72)，中共党员，高分子1601班学习委员，专业课绩点4.0，排名班级第二，被评为“校三好学生”，曾获得国家励志奖学金。

黄旭(图4-73)，中共党员，高分子1601班学生，专业课绩点3.7，曾获校一等奖学金，被评为“校优秀学生干部”，在中文核心期刊发表论文一篇，师从硅酸盐建筑材料国家重点实验室黄健导师。他已获B类推免资格，至中山大学攻读硕士学位。

图4-74　李智

图4-75　郑叔阳

李智(图4-74)，高分子1601班学生，专业课绩点3.4，师从麦力强导师，发表SCI一区论文一篇，曾获“挑战杯”国赛大奖。

郑叔阳(图4-75)，高分子1601班班长，专业课绩点3.3，曾获CPIC社会奖学金。

时光荏苒，四年前四名迎着秋日暖阳踏进武理校门的少年，在四年后的今天即将各奔东西。他们在学海F栋421寝室互相帮助，彼此成就，书写了青春的华章。刘长岳、黄旭、李智、郑叔阳四人的研究生生涯将分别在北京航空航天大学、中山大学、天津工业大学、武汉理工大学开启。

作为山东人的刘长岳，出门在外看重一个“义”字。大学四年间他结识了许多朋友，在学习之余经常和朋友们一起打篮球，丰富了自己的课余生活。身为班级学习委员，他在和老师、同学沟通的过程中逐渐培养了自己的能力，树立起协作意识，成功带动其他人一起学习，营造了良好的学习氛围。对于自己考入北京航空航天大学，刘长岳表示只是在努力之余多了一点儿运气，但正如他室友所说“实力好的人运气一般都

不会太差"，大二就定下北京航空航天大学这个目标的他，在备考过程中付出了巨大的努力，取得这个成绩可谓理所应当。

作为寝室内最会生活的人，黄旭把自己大学四年的生活安排得丰富多彩。他会在周末跟朋友一起去湖北省博物馆、楚河汉街等地，也会在早上乘坐公交车前往汉口吃早餐。他不仅担任计算机协会部长，勤勤恳恳地处理社团事务，而且加入了街舞社，培养自己的兴趣爱好。此外，黄旭在科研方面取得了一定的成就，在中文核心期刊发表论文一篇。提到大学四年最有意义的事，黄旭认为是在大一时通过导师制平台进入实验室，在这里不仅有导师的耐心讲解，而且有师兄的悉心指点，这些都为他成功发表文章、取得现在的成就打下了基础。

李智在大一下学期通过导师制平台进入实验室以后，便将兴趣更多地放在了科研上。遇到困难的时候，他积极寻求师兄师姐的帮助，和同实验室的同学交流，寻找解决的方法。他在SCI一区期刊*ACS Applied Materids & Interfaces*上发表论文一篇，还和同学组队参加了"挑战杯"竞赛并获得国家级特等奖。提到大学四年的变化，他认为主要是学会了许多科研知识，培养了自主实验和处理问题的能力。相信这一切都是他之后在科研道路上取得成功的基石。

"过去的种种造就了现在的自己"，这句话用来形容郑叔阳再合适不过。他认为大学四年的种种经历都是有意义的，少了哪一次都不可能造就现在的自己。在考研过程中他褪去了浮躁，在学习之余进行娱乐，这让他变得充实，并掌握了更多的技能。大学期间他担任了两年班长，带领班级获得"标兵班集体"等荣誉称号，这段经历不仅让他学会了怎样去更好地聆听他人的意见，而且让他待人处事的方式更加成熟，让他得到了同学们的认可，这对他来说就是大学四年最大的荣誉。

寝室内的四人有着不同的性格和经历，他们在学习上互相督促，在科研上互相帮助，在生活中互相照顾，度过了大学四年这一段难忘的时光。

（记者：郑文泽　采编：沙孟琳　编辑：霍鑫）

热电磁材料与器件实验室2020届毕业生：扬帆职海，乘风破浪

热电磁材料与器件实验室由武汉理工大学材料复合新技术国家重点实验室与中国科学院物理研究所磁学国家重点实验室共同组建，由中国科学院沈保

根院士和张清杰院士任学术顾问，赵文俞教授任主任。作为热电磁材料及应用研发中心，实验室的研究方向包括热电磁耦合物理机制与新效应、高性能热电磁多功能新材料与器件、热电磁多功能新材料精细结构表征、高效热电或磁卡复合制冷技术及应用系统、热电磁能量转换双向控温技术及应用系统、热电磁薄膜高效热管理技术及应用系统等。

成员介绍：张振刚，材研1707班学生，硕士期间以第一作者身份发表SCI论文一篇，签约武汉天马微电子有限公司研发岗；柯波，材研1709班学生，硕士期间以第一作者身份发表SCI一区论文一篇，签约武汉天马微电子有限公司研发岗；郭信鸽，材研1709班学生，硕士期间以第一作者身份发表SCI论文一篇，留在实验室继续深造；陈常坤，中共党员，材工1805班学生，硕士期间以第一作者身份发表SCI一区论文一篇，签约歌尔股份有限公司；曹方明，材工1806班学生，签约华为技术有限公司；江浩澜，材工1807班学生，签约华为技术有限公司；向玉，材工1807班学生，签约重庆康佳光电科技有限公司；贺珍，中共党员，材工1804班学生，签约深南电路股份有限公司。图4–76为他们的合影。

图4–76　热电磁材料与器件实验室成员合影

受疫情影响，2020年的毕业季显得格外特殊。据统计，当年全国普通高校毕业生约874万人，同比增加40万人，毕业生所面临的形势及压力更加复杂严峻。在此背景下，有这样一支团队，从非985和非211大学本科毕业的八名硕士毕业生均找到了自己理想的工作，即将开启职业生涯，走向新的征程。他们勇于抓住机会，逆流而上，这离不开导师们的苦心栽培和他们自己读研期间的刻苦努力。

做好人生规划是硕士研究生阶段的一个重要课题，对于他们来说，多一次尝试或许就多一个机会。他们在访谈时表示，硕士研究生应当多参加各类宣讲会，这能帮助大家更多地了解当前的行业背景和就业形势，同时也能让大家更加明确自己的定位。在秋季校招期间，即使白天需要花费大量精力投身于实验，他们也会选择在晚上去参加自己感兴趣的宣讲会，选择有意向的公司投递简历，并全力去准备每一场面试。不得不说，各个公司在秋招季都会收到海量的简历，大部分人会被淘汰，但对他们而言，每次投递、网测、面试都是帮助自己积累更多经验的良机。因此，某次失利并不意味着后续没有机会。“其实在找工作的过程中，不论结果如何都会有所收获。”曹方明同学这样说。他在华为公司的第一轮秋招中被拒，但并没有因此放弃对华为公司的关注。凭借着第一次的经验，他在第二次简历投递及面试过程中显得更加从容，最终获得了华为公司的录用通知。

求职的成功，离不开他们几年来在实验室的辛勤付出，也离不开导师们的培养。他们说团队负责人赵文俞教授对他们有着极高的要求。由于学习工科专业常常需要与实验和数据为伴，他们从早上八点到晚上十点都待在实验室，赵文俞教授会更晚离开实验室，以身作则，激励大家奋力前行。实验室严格的管理使他们拥有更强的抗压能力及良好的心态，在面试中显得更加从容。在这个团队中，每位成员都严于律己，大家在交流与协作中共同进步。赵文俞教授会定期和学生交流，帮助他们排解困惑，指出前行的方向。正是因为有严格要求的导师，有一群互相帮助的伙伴，他们才取得了今日的成绩。

在谈及个人能力培养时，他们认为自己的优势都是几年来在实验室的研究工作中逐步积累的，如将开展研究前进行充分调研的经验应用于求职过程中，他们会事先了解自己感兴趣的公司，了解面试的岗位，并对公司的文化、产品等进行全方位调研。同时，在实验室定期的组会报告和PPT展示上，每位老师会对细节提出更高的要求，具体到PPT文字、标点符号、排版格式等，这些点滴收获使他们在今后的面试或工作中对细节的把握更加到位。向玉同学在接受采访时回忆起数不清的组会报告，非常感激赵老师曾给予他们的耐心指导，她说赵老师在每次汇报后都会针对每个人的PPT提出修改意见，一次又一次、一遍又一遍，也许没有做到十全十美，但他们都尽其所能做到了尽善尽美。

当提及硕士研究生期间所参与的科研课题和项目时，他们都感到非常自豪。在这个以追求创新为目标的研究平台上，他们有机会接触到更多、更前沿的国家级研究课题和项目，这帮助他们迅速开阔了视野，而深入的研究又让他们的综合能力有了质的飞跃。团队成员纷纷表示，在热电磁材料与器件实验室参与的各类项目，使他们比同批应聘者拥有更加丰富的经历，从而得到了招聘单位的青睐。

感恩，是这个团队的八名毕业生在临近毕业时最想表达的心声。除了科研过程中导师们给予的各种帮助，最近一段时间内点点滴滴的经历也让他们深受感动。虽然毕业设计和成果梳理的事务繁忙，但是导师们会放宽考勤要求，鼓励他们去参加各种招聘会，让他们合理安排时间。在他们眼中，赵文俞教授严格而不失包容的管理模式给了他们更具弹性的发展空间，让他们在全方位的能力培养中提高了自己的竞争力。他们没有辜负导师们的期望，以丰硕的成果为硕士研究生生涯画上了圆满的句号，即将开启人生新的征程。

在采访的最后，他们表达了对材料学子的祝福，并建议学弟学妹们充分利用研究生阶段的宝贵时光，努力完成自己的工作，利用学校的资源，学习不同领域的知识，并勇于向困难发起挑战。笔者衷心祝福他们前程似锦、大展宏图。

(记者：伍龙生、杨万里、钟文龙)